励学 · 经济学系列

国家社会科学基金重点项目(08AJY010)阶段性成果

现代房地产经济学

高波 编著

南京大学出版社

作者简介

高波　博士,经济学教授,博士生导师,任职于南京大学经济学院;现任南京大学不动产研究中心主任,国家教育部人文社科重点研究基地——南京大学长江三角洲经济社会发展研究中心教授;兼任世界华人不动产学会常务理事、江苏省房地产经济学会副会长、江苏省经济学会副秘书长等职;是国内数家大型企业和上市公司的高级顾问和独立董事。

高波教授出版了《转型期中国房地产市场成长:1978～2008》、《现代房地产经济学》、《发展经济学:要素、路径与战略》等著作10余部,在《经济研究》、《管理世界》等正规学术刊物发表论文120多篇,主持了国家社会科学基金重点项目(08AJY010)"扩大内需与引导住房理性消费的宏观经济政策研究"、国家社会科学基金项目(06BJY084)"中国房地产业:周期波动、宏观调控与健康发展"、国家自然科学基金项目(70672016)"文化资本、企业家精神与经济增长:浙商与粤商成长的经验研究"、教育部人文社会科学研究规划基金项目(05JA790036)"中国房地产市场:泡沫、调控与效应"等省部级以上研究课题10多项,获得了省部级以上科研奖励10多项。高波教授的研究方向是:发展经济学、企业家理论、房地产经济与金融等。

内容简介

房地产经济学是一门研究对象独特、现实性强、新兴而引人注目的应用经济学科。任何个人、机构和部门都与房地产经济活动发生直接的关系。家庭的消费和投资选择、公司的投资和经营活动以及政府的经济政策和市场管制都离不开房地产经济理论的指导,房地产经济理论研究和实践探索日新月异。

本书以房地产经济运行为主线,沿着房地产、房地产业、房地产制度、房地产市场和政府职能这一线索,构造逻辑结构。全书界定了房地产的内涵和自然经济社会特性;分析了房地产业成长的条件和规律;阐述了房地产制度理论和现实;研究了房地产市场的运行机制和房地产供求、房地产价格理论;探讨了房地产投资和房地产金融原理;阐明了房地产税收理论和实践;明晰了公共房地产和住房保障的政府职能;研讨了房地产周期波动与宏观调控的理论和实践。

本书既可作为高等院校经济学类和管理学类或房地产经济管理专业的高年级本科生、研究生及 MBA 的教材或教学参考书,也可供相关经济管理领域的研究人员、政府决策部门、房地产企业经营管理人员参考使用。

前　言

　　房地产经济学是一门以房地产经济运行现象及其资源配置活动为独特研究对象、具有很强综合性和交叉性、新兴而引人注目的应用经济学科。本学科根据经济学的基本假设,运用现代经济学分析方法,以解决现实问题为导向,为个人和企业提供房地产经济决策的科学依据,同时,注重从行业和市场层面揭示房地产经济运行的规律,研究房地产业政策,并从宏观经济角度,分析房地产经济运行的政府职能,研究房地产周期波动等现象。

　　在中国历史上,土地和房屋的租赁、买卖活动从来没有间断过,但现代意义上的房地产市场是在鸦片战争之后发展起来的。到新中国建立前,一些大城市的房地产市场已颇具规模。1949 年以后,中国房地产市场进行了全面的整顿和严格管理,在 1956～1978 年,随着对土地和房地产私有制的否定,中国的房地产业和房地产市场处于空白状态。1978 年改革开放以来,中国房地产市场逐步萌芽和发育,特别是 2000 年以后,中国房地产业高速增长,并迅速成长为国民经济的支柱产业,房地产市场日趋完善。中国房地产市场逐步成长和发育,从根本上提高了资源配置的效率,改善着人们的生活水平。这是中国经济转型期的一个重要成果。具体地说:① 中国持续的房地产制度创新,房地产市场已经成为房地产资源配置的基础。② 中国房地产业的高速成长,促进了城市化水平的持续提升,为传统社会向现代社会转变创造了更好的条件。③ 中国房地产市场与国际房地产市场的联系越来越密切,国际资本流动对中国房地产市场的影响力日渐增强。与此同时,中国房地产市场在国际资产市场中的地位不断突显。

　　当然,中国房地产业快速发展的同时,也存在一些影响社会和谐的问题。一是房地产价格上涨较快,与广大居民的收入水平及住房承受能力的差距较大。二是房地产泡沫发生的风险增大。房地产具有一定的虚拟资产特性,虚拟资本提供了市场投机的机会,当虚拟经济超过实体经济可以支持的程度时,就会形成经济泡沫。可以说,从经济泡沫到泡沫经济只是一步之遥,在房地产投机活跃和房地产虚拟经济规模快速扩张的条件下,极有可能导致房地产泡沫的破裂。行为经济学的研究表明,在房地产这种具有虚拟资产特性的市场上,非理性的消费、投资和投机活动是导致价格剧烈波动的决策基础。三是房地产市场秩序不够规范。房地产市场上存在的一些信用缺失、规则缺失、秩序混乱的现象既降低了效率,也容易导致经济社会的不和谐。四是在房价快速上涨、居民购房压力普遍加大的情况下,住房保障进展缓慢,不能适应房地产业快速增长的要求。

　　研究中国的房地产经济运行问题,需要有长期而扎实的跟踪分析,需要将一般规律与中国实践有效结合,需要有更多的专题性研究成果。1988年,我从攻读硕士学位开始,涉足土地经济学和房地产经济学研究,不知不觉已经在这一领域耕耘了20多年。1993年,我获得博士学位到南京大学工作后,一直为南京大学经济学系高年级本科生讲授《房地产经济学》这门课,后来又为MBA讲授《房地产经营与管理》。2004~2007年,我主持完成了江苏省社会科学基金项目"新一轮宏观调控背景下的房地产业政策及江苏省对策分析"(04ELB007)的研究。2007年,我领衔编著的《现代房地产经济学导论》,由南京大学出版社出版。2005~2009年,我主持完成了教育部人文社会科学研究规划基金项目"中国房地产市场:泡沫、调控与效应"(05JA790036)的研究,并在此基础上由经济科学出版社出版了专著《转型期中国房地产市场成长:1978~2008》(2009年版)。2007~2009年,我主持完成了国家社会科学基金项目"中国房地产业:周期波动、宏观调控与健康发展"(06BJY084)的研究,主要从房地产周期波动的角度,集中研究中国房地产业的中长期发展规律。关于这项研究,我和课题组主要成员已在《管理世界》《财贸经济》《经济理论与经济管理》《经济科学》《产业经济研究》《统计研究》《经济评论》《当代经济科学》《改革》《经济前沿》及 Frontiers of Economics in China 等学术刊物上陆续公开发表了40多篇学术论文。课题总报告也将作为专著出版。2009年,在应对全球金融危机的背景下,全国哲学社会科学规划办公室,向我下达了国家社会科学基金重点项目"扩大内需与引导住房理性消费的宏观经济政策研究"(08AJY010),我迅速组织人力投入课题研究。

作为一个长期跟踪研究的历史见证者和理论工作者,我目睹了中国房地产制度的改革、房地产业发展和房地产市场成长的主要过程,有深切的实际感受,是这个时代的幸运者。通过对这些课题的研究,我对房地产经济运行的特征和规律有了更深刻的认识。因此,我有了独立撰写一本《现代房地产经济学》的念头。呈现在读者面前的这本书,也是我对20多年来从事房地产经济理论研究和教学工作做的一个阶段性总结。

在发达国家,房地产业相对成熟,房地产市场比较完善,房地产经济活动主要是存量房地产的交易活动和大量房地产金融活动,这也成为房地产经济研究的主要内容。在我国,房地产业发展的时间较短,房地产市场仍不成熟,房地产开发投资活动十分活跃。因此,现阶段在中国撰写房地产经济学教材,既要科学阐述房地产经济运行的基础理论和基本规律,又要紧密结合中国房地产经济发展的理论前沿和实践中的热点问题展开分析,并使教材在普及房地产经济学知识,解释房地产市场现象,揭示房地产经济发展规律,解答房地产决策难题等方面发挥很好的作用。这是我在思考确定《现代房地产经济学》逻辑体系时提出的要求,并力争使本书在理论方法和结构体系上具有较大的突破和创新。具体地说,本书有以下几个方面的显著特点。

第一,本书围绕房地产经济运行的市场机制和政府职能这一主线,沿着房地产、房地产业、房地产制度、房地产市场和政府职能这一线索,构造逻辑体系。全书以房地产的自然、经济、社会特性为出发点,从经济理论和产业政策角度分析了房地产业成长的条件和规律;阐述了房地产制度理论和现实;研究了房地产市场的运行机制和房地产供求、房地产价格理论;探讨了房地产投资和房地产金融原理;阐明了房地产税收理论和实践;明晰了公共房地产和住房保障的政府职能;研讨了房地产周期波动与宏观调控的理论和实践。

第二,房地产经济学是应用性很强的学科,本书无论在内容安排上还是在观点论述上,都着眼于房地产经济的实践需要,介绍一些对现实具有较大指导作用的内容。同时,本书尽可能广泛介绍国内外学术界的最新研究成果,努力进入专业研究前沿,以提高学术研究水平。

第三,本书在理论方法上应用了现代经济学的大量研究成果,并注重体现房地产经济学的独特性,既丰富了现代经济学的研究成果,又拓宽了房地产经济学的研究视阈。

当然,房地产经济学研究还有非常广阔的空间需要继续拓展,还有大量现实性的问题需要进行专题研究。例如,转型期中国的房地产制度创新研究、如何更有效地实施房地产市场的宏观调控研究、快速城市化背景下中国房地产业成长研究、房地产企业研究、中国居民公共住房保障体系研究、国际房地产价格传导机制研究等。这些都有待同行共同努力。

《现代房地产经济学》的出版得到了许多人的大力帮助和热情支持。在此,我对他们表示最诚挚的谢意。南京大学商学院和南京大学经济学院的领导、同事和学生为本书的写作给予了长期的支持,特别是大家创造的良好学术氛围,对我既是一种激励也是一种鞭策。国内外的房地产经济理论研究专家和学者给予我许多有价值的建议,我在与这些同行的交流中获益匪浅,在本书中借鉴了很多学者的研究成果。在我从事房地产经济理论研究的过程中,江苏省及南京市的相关政府部门给我提供了调研、学习的机会和一些难得的数据资料。正是来自多方面的帮助和鼓励,才使本书如期出版。

呈现在读者面前的《现代房地产经济学》一书,是在 2007 年出版的《现代房地产经济学导论》的基础上重新确定逻辑体系而撰写完成的,部分章节参考了葛扬教授、厉伟博士和张志鹏博士撰写的内容。我指导的在读博士研究生骆祖春、陈健为本书的出版做了大量细致而具体的工作,充分显示了他们的才华和敬业精神。我指导的已毕业博士研究生李燕燕博士、洪涛博士、毛中根博士、宋勃博士、孙建波博士、邹琳华博士、王辉龙博士、王先柱博士、赵奉军博士,博士研究生王斌、王文莉和硕士研究生胡卫兵、尹睿智、梁颖、邓波、高戈、罗小刚、李雨等人为本书做了不少查找数据和绘制图表的具体工作。所以,《现代房地产经济学》一书的出版,也是上述各位共同努力的成果。在初稿完成后,我又对全书进行了多次的修改和完善。尽管我们做了大量细致深入的工作,但是错误之处还是在所难免,恳请各位读者给予指点和谅解。

南京大学出版社社长左健先生对本书的出版给予了大力支持。南京大学出版社耿飞燕编辑为本书的出版付出了大量的心血和辛勤的劳动。在此,我对他们深表敬意和衷心的感谢。

高　波

2010 年 5 月 20 日于南京大学商学院 2006 室

目　录

绪　论

内容提要

1. 房地产经济活动与经济学理论之间的关系。
2. 房地产经济学的研究对象和学科特点。
3. 房地产经济学与其他学科的关系。
4. 房地产经济学的主要研究方法。

一　房地产经济活动与经济学理论

作为一个重要的经济现象和研究领域,房地产一直受到经济学家的关注。时至今日,房地产经济活动与经济学理论研究之间已日益紧密结合,一方面,人们借助经济学的成熟理论和分析工具加深了对房地产经济运行规律的认识,澄清了关于房地产经济运行认识上的大量谬误;另一方面,房地产经济活动的一些独特现象也极大地丰富和发展了经济学理论,为验证假说提供了恰当的材料。

基于不同时期经济学研究重点的差异,经济学家对房地产及其经济现象的关注大致包括以下三个方面。

一是从财富增长的视角来讨论土地与房屋资产。经济学和财富历来就有着密切的关系,特别是早期的经济学家,把经济学看成是研究财富的学问。如穆勒在 1848 年出版的《政治经济学原理》一书中,对政治经济学的定义是:"研究财富的性质及其生产和分配规律的,包括直接或间接地研究使人类或人类社会顺利地或不顺利地追求人类欲望的这一普遍对象的一切因素所起的作用"(2005,第 13 页)。而房地产作为一种非常普遍和重要的不动产必然会进入古典经济学的视野。亚当·斯密(2004[1776],第 257~258 页)在对国民财富性质与原因的分析中也涉及到房地产,他在对资财的划分中根据房地产的用途来界定其性质,他指出:"仅供居住的国内房屋,也是这个部分(留供目前消费的)中的一个部分。投在房屋上的资财,如该屋是由其所有者自住,那么,从那时刻起,即失去资本的作用,就是说,它对屋主不提供任何收入。""租屋与人,可以取租,但房屋本身不能生产任何东西,租户仍须从劳动、资本或土地上所得的收入来付租金。所以,对于屋主私人,它虽提供收入,因而有资本作用,但对社会公众,则不提供收入,不能有资本作用。"根据用途,斯密也将房地产划归为固定资本,他指出:"一切有利润可取的建筑物,如商店、堆栈、工场、农屋、厩舍、谷仓等。这类建筑物,不仅对出租房屋的屋主提供收入,而且对纳租的人也是获取收入的手段。这种建筑和住屋大不相同。这是营业上的用具,也应该视为营业上用具。"在斯密前后,还有许多经济学家如配第、李嘉图、萨伊、杜能等人都对地租的性质提出了自己的看法。

马克思和恩格斯则从财富分配的角度分析了房地产的本质。恩格斯在其《论住宅问题》中较早地关注了产业革命后的城市住房问题,提出了"住宅缺乏现象"。马克思不仅提出了详尽的地租理论,还论及房地产的性质,指出:"资本能够固定在土地上,即投入土地,其中有的是比较短期的,如化学性质的改良、施肥等,有的是比较长期的,如修排水渠、建设灌溉工程、平整土地、建造经营建筑物等。我在别的地方,曾把这样投入土地的资本,称为土地资本。它属于固定资本的范畴"(马克思,1975[1894],第 697 页)。他还指出,"对建筑地段的需求,会提高土地作为空间和地基的价值,而对土地的各种可用作建筑材料的要素的需求,同时也会因此增加"(马克思,1975[1894],第 871 页)。当然,马克思也强调指出,决不能得出结论说,不能移动的物品本身一概都是固定资本。"它们,例如住宅等,可以属于消费基金,因而根本不属于社会资本,虽然它们是社会财富——资本只是其中的一部分——的要素"(马克思,1975[1885],第 234 页)。住房不仅作为一种财富和资本而存在,还由于能够满足人们的基本需求而成为重要的利益诉求和社会地位的象征。正如恩格斯在《英国工人阶级状况》中所说:人们遮风避雨的需要得到满足的方式,为所有其他生活需要得到供应的方式提供了一种度量标准。

二是从资源配置的视角来分析房地产市场。2001 年诺贝尔经济学奖得主、当代著名经济学家斯蒂格利茨(1997,第 10 页)认为:"经济学研究社会中的个人、厂商、政府和其他组织是如何进行选择的,这些选择又怎样决定社会资源如何被利用。"显然,房地产作为一种重要的资源,其配置问题必然得到关注,因此,房地产的供给、需求和价格就成为研究的重点。在 20 世纪 60 年代,房地产市场分析的主要形式是马歇尔方式,住房服务市场的供求均衡成为分析的核心;在《城市与住房》这篇现代名著里,穆特规范化和扩展了马歇尔的分析,提出了静态分析的住房市场模型。到 20 世纪 70 年代,由于居住区位理论和新城市经济学、非静态的耐久性住房模型以及斯威尼模型的完善,竞争住房市场模型的建立获得了一个快速、持续、系统的进步。20 世纪 80 年代在进一步综合 70 年代的各种发展方面取得了成效。近年来的房地产研究则开始致力于发展非完全竞争与非竞争住房市场的模型(埃德温·S·米尔斯,2003,第 24 章)。

事实上,不仅大量的微观经济分析模型在房地产研究中得到应用,即使一些宏观经济分析的原理也能够在房地产理论研究中找到用武之地。例如,曼昆所著的《经济学原理》(1999,第 3~17 页)第一章讨论的经济学十大原理,同样是进行房地产经济分析的重要工具。如其中,"原理九:当政府发行了过多货币时,物价上升"。而在房地产市场上,如果中央银行货币供给过量或者房地产信贷过于宽松,势必导致房地产价格上涨,所以从本质上看,房地产价格泡沫现象是一个货币现象。

三是从解释经济事实的视角来研究房地产经济现象。"在过去,大多数经济学家往往根据应该是什么来分析,这是一种旨在提供政策建议的规范方法。但是,近年来情况已经开始发生变化。许多经济学家现在开始试图解释事情为什么像现在这样,这是一种立足于推导和检验假说的实证方法"(张五常,2001,第 2 页)。房地产经济活动还存在一些特殊性,因此除了受到经济学一般规律的制约,还存在房地产经济的一些特殊现象,为经济学提供了值得解释的现象。如 Alchian 及 Allen 指出保持一定水平的空置楼宇作为一种"缓冲存货",有助于减低交易费用(谢贤程,1992,第 61 页)。再如,为了阐述整个市场是一个制度的混合物,其中有些使效率增加,而有些则使效率降低,诺思利用现代住宅财产的转化过程来说明,"制度决定了交换的成本有多大。构成资源的成本必须既能衡量交换的法律与物质属性,而且还要能衡量检查与实施协议的成本,并反映对交换形式的衡量与实施不完全程度的一个不确定性贴现。不确定性贴现的量将受关于住房条件的不对称信息(出售者是知道的)这类具体合约要素以及购买者的货币条件(购买者是知道的)的影响,它还受阻止犯罪的有效性这类共同体层次因素及价格水平的稳定性这类宏观因素的影响"(道格拉斯·C·诺思,1994,第 85 页)。也正是基于对香港租房市场价格管制的深入调查,张五常才形成了"租金消散"的理论,解释了在非专有收入的存在条件下,房东和房客为了使得租金消散最小化所采取的一系列奇特行为(张五常,2001,第 162 页)。

房地产经济活动与经济学理论的关系仍然在深化之中,随着一些新的经济学分析方法如行为经济学、空间经济学、实验经济学的日趋成熟,并被广泛运用于房地产经济问题的研究,经济学对于房地产业和房地产市场的探索也更加细致。同样,房地产经济活动的一些新现象,如房地产价格泡沫、全球房地产市场的互动,也对经济学解释提出了新的挑战。这些新进展意味着房地产经济学的研究需要更加专门化和系统化。

二 房地产经济学的研究对象和学科特点

关于房地产经济学的研究对象,学者们存在不同的看法。

在这些观点中,有的是侧重对房地产价值的分析。如丹尼斯·J·麦肯齐和理查德·M·贝兹(2003,第 4 页)认为,"房地产经济学是关于人们及其行为如何影响房地产价值的问题。一个正规的房地产经济学的定义可以是:房地产经济学是运用宏观经济原理和微观经济原理分析国家、地区、社区和邻里对房地产价值的影响趋势"。

有的研究强调对房地产行业资源配置及经济运行规律的探索。如曹振良(2003,第 8~10 页)认为:"房地产经济学是房地产经济运行过程的理论化和系统化,以揭示和反映房地产经济运行规律为宗旨,是应用经济学的一个分支学科门类。房地产业是一个独立的大产业,是产业结构链中重要一环,所以房地产经济学的基本学科定位应该是产业经济学范畴,归属于部门经济学","房地产经济学的研究对象是行业内外资源配置及其所体现的经济关系和运行规律"。再如简德三、王洪卫(2003,第 22 页)提出:"房地产经济学是一门部门经济学,在我国是一门新兴学科。它的研究对象是体现房地产业这一特定领域内特殊矛盾的经济关系、运行规律和房地产资源的利用与配置问题。所以,房地产经济就是研究房地产经济实践活动的一门科学,即是研究房地产领域内各种经济现象、经济关系和经济运行规律的科学,是研究和阐述房地产业基本经济理论和房地产经营管理的部门经济学。"

上述学者的看法都从不同侧面揭示了房地产经济学的独特研究对象,也都在各自的研究重点上取得了富有启迪的理论认识。之所以出现了对研究对象多样化的表述,不仅是因为研究者关注问题的角度有所差异,也是由于研究者对于经济学本身及经济学研究任务理解的不同。因为,在不同时期经济学的研究范式和研究重点是有所区别的。

根据笔者对经济学研究的理解,结合多年来对房地产经济理论的研究,认为房地产经济学是解释"房地产经济运行现象及其资源配置活动"的学问,根据房地产的特点,既要从个人和企业角度探讨房地产经济决策问题,又要从行业和市场层面揭示房地产经济运行的规律,还要从宏观经济角度,研究房地产周期波动等现象。可见,这是一门具有很强综合性和交叉性的应用经济学科。

根据上述对房地产经济学研究对象的界定,可以认为房地产经济学具有以下特点:

首先,房地产经济学遵循经济学的基本假设和运用现代经济学的分析方法,以解释房地产经济运行现象为目的。经济解释是政策应用的前提,要能够深入准确地解释房地产经济活动中的一系列独特现象,例如短期内房价的上涨或下跌、地区间房价的巨大差异、租金或房价管制的结果等,首要的是研究者需要深入地了解房地产经济活动本身,即细致地调查和了解房地产经济运行中真实存在的约束条件和选择机会。在这一点上,房地产经济学与微观经济学是不同的,它无法仅从数学模型出发,在办公室里就推导出人们行为转变的原因,或者仅依靠统计数据来作判断,而是要在熟悉相关政策、了解市场主体、掌握产品特性的基础上进行理论研究。需要强调指出的是,尽管房地产经济学在研究方法上更注重对房地产经济运行规律的把握,但是在研究的基本假设和分析方法上,房地产经济学仍然遵循了经济学理性人假设(完全理性、有限理性、演进理性、生态理性等,只是程度上的差异。对人类的非理性行为也给予充分的关注)和方法论个人主义、边际分析、均衡分析等分析方法。坚持这一前提,不仅能够有效保证房地产经济学实证研究的科学性,也使其在解释经济现象时具有独特的优势。

其次,房地产经济学探讨房地产资源配置问题,以解决现实问题为导向。尽管房地产经济学也存在一些深奥的理论问题需要研究,房地产经济学对于经济科学也有许多理论上的贡献,但相对而言,这门学科更侧重于解决现实问题,它必须能够有效解决现实中存在的房地产经济问题。因此,它被归属于应用经济学。由于房地产经济运行的基础是自然供给几乎不变的土地资源和作为生活基本需求的住房资源,以及作为生产要素的房地产,在房地产市场的供求均衡上,不仅由市场价格决定,同时也受政府政策和行为的重要影响。因此,房地产经济学所研究的资源配置问题不仅意义重大,而且十分复杂。具体来说,房地产经济学对资源配置方式的分析不仅能够作为个体消费投资的依据,而且也可以为企业决策提供支持,对中央政府和地方政府改革、完善住房制度以及进行宏观调控有一定的参考价值。正是由于影响房地产资源配置的因素具有复杂性,所以为了全面地解决房地产资源的优化配置问题,大部分的房地产经济学研究都进行房地产经济学微观分析和房地产经济学宏观分析,前者的研究重点是房地产市场的运行机制;而后者的研究重点则放在了房地产市场与城市经济的关系、政府调控对房地产市场的影响上。

第三,房地产经济学集中研究房地产业的政策与房地产经济活动,注重从产业经济学和部门经济学的视角分析问题。尽管目前对于房地产业的行业属性还有争论,需要讨论它究竟是纯流通领域的产业,第三产业,还是生产与经营兼备的生产经营性产业,即具有第二产业的特性,但房地产业和部门作为一个独立的经济领域却是被公认的。从整体上来考察,房地产业在国民经济中具有非常重要的地位,它以房地产投资、开发和营销为主线整合了多个相关行业和企业,涉及到政府、银行、社区、家庭等多个利益主体,也由此产生了专门的房地产主管机构、房地产法律体系、房地产产业政策等,从而共同形成了一个相对完整和具有独特运行规律的经济部门。与此相对应,房地产经济学在研究范围上就包括房地产业发展、房地产市场运行和房地产宏观调控等特定的领域。研究内容和对象上的独特性使得房地产经济学必须作为一门独立的学科来建立、完善和发展。

三 房地产经济学与其他学科的关系

作为一门具有很强综合性和交叉性的应用经济学,房地产经济学必须从多个经济学分支中获得养料,也必须借鉴其他经济学科的研究方法和理论成果。这就意味着,房地产经济学与其他学科,特别是各分支经济学科具有非常密切的关系。但是,房地产经济学绝不是其他经济学杂乱堆砌的产物,相反,这些学科各自为房地产经济学提供了不同的理论或方法支持。从总体上来看,无论是以价格理论为核心的微观经济学,还是以国民收入理论为核心的宏观经济学,或者是产业组织理论,都是房地产经济学的理论基础;而土地经济学、城市经济学、区域经济学、金融学、泡沫经济学和公共部门经济学等,也从不同侧面为房地产经济学提供了必不可少的材料和观点。具体来看,房地产经济学作为多学科的交汇,与其他学科之间存在以下关系。

(1)微观经济学和宏观经济学、新制度经济学、行为经济学和空间经济学为房地产经济学提供了基本理论和方法上的指导。

微观经济学和宏观经济学是现代主流经济学的核心内容,尽管它本身也有很多新的发展,但价格理论和消费者行为理论、厂商行为理论、一般均衡理论、国民收入理论、周期波动理论、经济增长理论是其他经济学分支学科的共同基础。房地产经济学也不例外,该学科所依据的一些重要理论,如地租理论、房价理论、房地产周期理论等都来源于微观经济学和宏观经济学的研究成果。同样,新制度经济学和行为经济学也为房地产经济学提供了有效的基本理论和分析方法。具体来说,新制度经济学不仅为房地产经济学提供了产权、交易费用、制度变迁等重要的分析工具,而且为土地制度、住房制度以及房地产的外部性、房地产价格管制等问题提供了深刻的见解。行为经济学则由于其对心理因素的重视而具有独特的功能,特别是对于房地产市场中存在的大量"羊群效应"、"非理性繁荣"等现象能够给予合理的解释。空间经济学是把空间要素纳入到一般均衡分析框架中,主要研究经济活动的空间分布规律,解释空间集聚现象的原因与形成机制,并从空间上探讨某一国家或地区的经济发展过程。房地产的位置固定性和产品的异质性,决定了房地产市场的区域性,研究房地产经济问题,只有最终落实到具体的空间位置上,才更有应用价值。这就要运用空间经济学原理,对房地产的空间分布和演化规律进行分析。当然,作为房地产经济学基本理论和方法的提供者,无论是微观经济学和宏观经济学,还是新制度经济学、行为经济学和空间经济学,都在持续的演化和发展之中,一些新的思想和方法也将会不断地为房地产经济学所借鉴和吸收。

(2)产业经济学和企业经济学为房地产经济学提供了可借鉴的分析范式。

针对房地产业这一独特的产业和部门,房地产经济学可以运用产业经济学以及企业经济学的分析范式。具体来说,"产业经济学是由对不同的市场结构及其对于经济福利的含义的分析所组成的,并且,尽管与新近的一些研究相抵触,一般的观点仍然认为产业经济学基本上是在利润最大化假设与边际分析工具的基础上发展的"(多纳德·海、德理克·莫瑞斯,2001,第3页)。显然,房地产业中普遍存在的较高程度的垄断性使其难以应用完全竞争的假设,而更适合采取垄断竞争以及非竞争市场的模型,恰好产业经济学提供了这样一个成熟的分析范式。产业经济学中广泛讨论的一些问题,如寡头市场中的战略与定价、产品差异、广告效应、价格歧视、市场结构与赢利能力以及公共政策等都可以直接运用于研究房地产经济学中的相关问题。如果需要进一步了解单个房地产企业是如何进行投资、开发与经营的,则可以根据企业经济学的一些研究结论,例如对企业目标的探讨、企业成长理论、公司财务理论、接管与兼并理论等。可以说,产业经济学及企业经济学分析范式的应用,一方面增强了房地产经济学研究的规范性和科学性,另一方面也可以探讨具有更加独特约束条件的房地产市场模型。

(3) 土地经济学和城市经济学为房地产经济学准备了坚实的学科基础。

"土地经济学是指以土地利用、土地制度和土地权属转移及收益分配为研究领域,以土地利用中的生产力组织和生产关系的调节为研究对象,以土地经济运行中有关问题的活动规律为核心研究内容的学科"(简德三、王洪卫,2003,第23页)。土地经济学作为一门独立学科从产生到现在虽不到100年的时间,但其理论体系相对比较完善,它与房地产经济学研究在一些内容上有交叉,为房地产经济学奠定了坚实的、必要的学科基础。例如,对土地的商品属性、土地制度、土地价值、土地课税、土地规划、土地利用等问题的深入研究理清了房地产经济学研究所涉及的土地资源配置问题。

城市经济学则是指以城市经济运行为研究对象,研究其经济关系及其经济活动规律的学科。对城市经济学来说,其研究范围主要是城市经济系统,包括微观、宏观城市经济系统和城市经济管理系统,它与房地产经济学在研究对象、范围和侧重点方面都存在着明显的差异。从研究内容来看,城市经济学非常重视地租、区位与土地利用三者之间的关系,并将城市空间结构理论放在一个重要的地位上。在我国,城市经济学除研究城市土地经理理论、城市土地制度和城市土地市场外,还对城市结构、城市经济环境、城市区域和城市经济管理等多方面进行了较为深入、系统的研究。这些研究成果无疑都为房地产经济学的深入探索创造了条件。除此之外,还有住宅经济学、区域经济学等相关学科与房地产经济学相互补充,共同发展。

(4) 金融学、投资学及财税学等都为房地产经济学具体领域的研究提供了专业知识。

房地产经济运行的特殊性,要求对房地产经济问题的研究必须有效利用多种相关学科的知识积累。特别是随着研究的深化,房地产金融、房地产投资、房地产税收等领域已逐渐独立成为一门学科。例如,作为美国排名第一的房地产专业,宾夕法尼亚大学沃顿商学院房地产系房地产专业所开设的课程中就有:"房地产法律:财金与开发"、"房地产金融:投资与分析"、"住房金融与住房政策"、"高级房地产投资与分析"等。显然,这些课程的学习和研究仅依靠经济学是不够的,而需要金融学、投资学和财税学等专门学科的知识支持。同样,在房地产经济学中,上述领域的研究也必须具备相应的知识。这些知识的应用不仅是了解房地产企业决策的机制,也是为了增强房地产经济学的应用性、提高房地产经济学理论解释和政策建议的准确性。事实上,房地产作为一项重要的资产,其投资功能日益明显,一般都将房地产作为一项重要的金融资产予以对待。因此,如何运用金融学的一般原理和泡沫经济学的理论来研究房地产的投资及经营问题,以使其保值增值,也是房地产经济学研究的一项重要内容。

综上所述,房地产经济学与其他经济学分支学科的相互关系如图 I-1 所示。

房地产经济学

微观经济学和宏观经济学　新制度经济学　行为经济学　空间经济学　｜　企业经济学　产业经济学　｜　土地经济学　城市经济学　｜　财税学　投资学　金融学

| 理论指导 | 范式借鉴 | 学科基础 | 专业知识 |

房地产经济学的理论基础

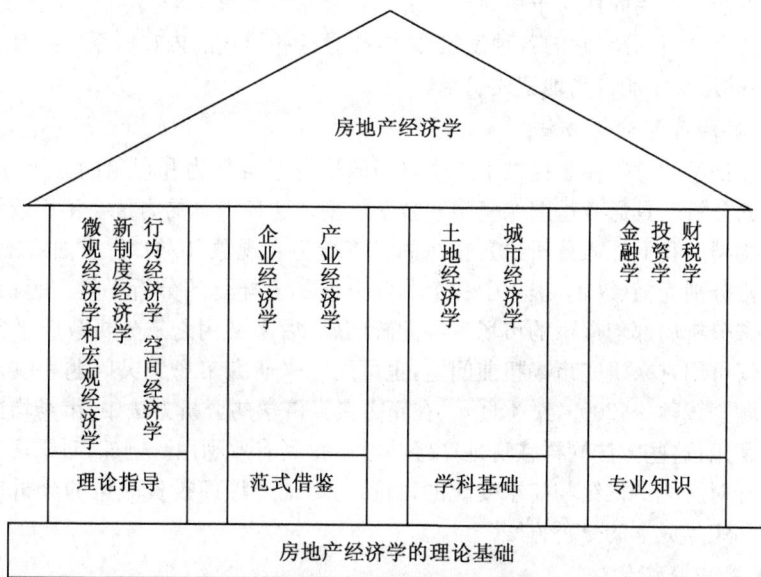

图 I - 1　房地产经济学与其他学科的关系

四　房地产经济学的主要研究方法

房地产经济学作为一门应用经济学,要求在研究方法上遵循经济学通常使用的实证分析方法,并在此基础上进行规范分析,归纳法、演绎法等基本方法都适用于房地产经济学研究。同时,房地产经济学众多的学科基础显示了这门学科所采取的研究方法必然是多样化的。虽然在分析某一方面或某一个房地产经济问题上只需要采取一种特定的研究方法,但是要整体研究和把握房地产经济问题,则必须借助多种研究方法。

具体来说,房地产经济学研究通常要使用以下多种研究方法。

1. 马克思主义经济学分析方法

恩格斯(1995[1884],第 742～743 页)曾总结说:"马克思的整个世界观不是教义,而是方法。它提供的不是现成的教条,而是进一步研究的出发点和供这种研究使用的方法。"所以,"马克思主义从根本上来说是一种认识世界的方法论。坚持马克思主义经济学,从根本上来说就是坚持马克思主义经济学的方法论,特别是《资本论》的方法"(林岗、张宇,2001,第 4 页)。《资本论》的研究方法包括继承与批评的研究方法、实证与抽象的研究方法、从抽象上升到具体的叙述方法、静态与动态的研究方法、历史与逻辑辩证统一的研究方法等(洪银兴,2005,第 43～53 页)。对于中国的房地产经济学研究来说,不仅在总体上以马克思主义为指导,而且在一些具体问题研究上也可以应用马克思主义经济学方法,特别是科学的抽象法。"马克思的抽象法包含相互联系的两个思维过程:一条是从具体到抽象的研究过程,其任务是从纷繁的经济现象中分析出最基本的和最简单的经济范畴;另一条是从抽象到具体的说明过程,也就是依据前一过程的结果,从最简单的最基本的范畴开始,循着由简单上升到复杂的思维过程建立逻辑体系"(洪银兴,2000,第 8～9 页)。马克思在《资本论》中对叙述方法与研究方法的使用同样对于房地产经济学具有指导意义,即在房地产经济理论研究时必须充分地占有材料,分析它的各种发展形式,探寻这些形式的内在联系。只有这项工作完成以后,现实的运动才能恰当地叙述出来。

2. 新古典经济学分析方法

新古典经济学的贡献在于提供了一个好用的研究经济行为和现象的分析方法及框架。这些强有力的分析工具通常是图像模型和数学模型,"这种工具的力量在于用较为简明的图像和数学结构帮助我们深入分析纷繁错综的经济行为和现象"。如"供求曲线图像模型,它以数量和价格分别为横、纵轴,提供了一个非常方便和多样化的分析工具。起初,经济学家用这一工具来分析局部均衡下的市场资源配置问题,后来又用它来分析政府干预市场的政策效果。不仅可用它来研究市场扭曲问题,也可用它来研究市场失灵问题和收入分配的福利分析等问题"(钱颖一,2003,第4页)。在新古典经济学的分析方法中,市场均衡分析和边际分析最为常用,这些方法同样在房地产经济学中得到有效利用。例如,对于房地产价格的分析就离不开对房地产供给与需求变化的讨论,对房地产厂商投资决策的分析也必然要用到边际收益和边际成本的分析方法。

3. 投入产出分析方法

以国民经济核算中的投入产出资料为基础数据,使用中国投入产出表、各省市投入产出表以及《国际统计年鉴》的统计数据,将国际通用的投入产出模型运用于房地产经济领域,分析房地产业与其密切关联产业的关联度,进行前向、后向、环向等不同层面的量化研究,通过国际和国内地区比较以及分析房地产业对相关产业带动作用的动态特征,分析房地产业与关联产业关系的变化规律、房地产业对相关产业的带动效应以及房地产业发展中存在的制约因素。

4. 产业经济学研究范式

产业经济学流行的研究范式有"结构—行为—绩效"范式等,而且通常采取的模型更侧重于非完全竞争市场和非竞争市场。20世纪70年代以来在产业经济学的研究中,芝加哥学派以及当代新产业经济学的研究范式正在兴起,这些研究仍然十分关注寡头垄断市场中的市场结构、公司行为和市场绩效问题,主要考虑到不完全信息和需求条件下行为的发生机制和均衡机制(刘志彪,2003,第2~4页)。在研究方法上,产业经济学通常强调采取计量经济学分析,同时也提倡通过案例分析来获得理论上的认识。对于房地产经济学来说,这些研究范式都是十分可行和有效的。

5. 现代计量检验方法

空间计量等大量现代计量经济学的分析方法,越来越多地被应用于房地产经济现象的分析,能更好地从定量和实证的角度,探讨房地产经济运行的规律。如协整、向量自回归和误差修正、脉冲响应等可以用来研究房地产经济变量与其他经济变量的关系,分析房地产业发展对经济增长的贡献。变参数模型和状态空间模型(SSM)可以用来研究居民消费倾向的时变趋势和影响因素。面板协整和动态面板技术用于分析不同收入群体的住房消费行为和不同区域房地产市场的特征差异。通过微观调查数据并运用Logit模型和Probit模型分析不同区域房地产市场居民购房的决定因素等。

6. 新制度经济学分析方法

新制度经济学一方面采用了边际分析的方法,另一方面也有所发展,它在行为假定上坚持经济当事人效用最大化和信息不完全、不对称,在分析方法上则更多地采取比较静态分析和动态分析。这些假定和方法对于理解房地产制度的实质、变迁等具有重要的作用。

7. 行为经济学分析方法

在20世纪90年代,行为经济学从一些心理学的试验结果开始起步,它结合了经济学和心理学,吸收了现代心理学中的经验证据,修正了经济学中某些有关人的理性的基本假定,在分析方法上也建立了以行为规则为核心的独特工具。房地产经济决策中普遍受到主观心理和情感的影响,对于这一影响因素,传统经济学很难涉及到,而行为经济学的方法则能够更好地揭示房地产市场上的行为和现象,例如有助于更准确地理解房地产价格的形成机制。

8. 比较分析方法

比较分析方法是经济学分析的基本方法。房地产市场具有很强的区域性,运用比较分析方法,可以更好地揭示房地产市场的区域差异。例如,分析中国与其他国家房地产市场的特征差异,比较不同地区房地产业的产业关联度,比较不同区域房地产市场的价格特征和周期波动差别,比较不同经济政策对调节房地产市场的效果。

除了上述几种主要的研究方法外,房地产经济学还有机地借鉴和利用新政治经济学、信息经济学、博弈论等分析方法和工具,加深对房地产经济运行现象及其资源配置活动的认识。

五　本书的逻辑框架

基于对房地产经济学研究对象的不同理解,目前一些有代表性的房地产经济学论著在结构安排上各具特色。有的从微观房地产经济学和宏观房地产经济学进行区分;有的从地产、住宅房地产、非住宅房地产的分类进行分析;有的从房地产理论与房地产实践活动两方面进行讲解。这些思路都有各自的道理,对于本书的内容安排有重要的启发意义。

对于本书的逻辑框架和叙述线索,主要依据两个基本原则来确定:第一个原则是依据房地产经济运行的过程;第二个原则是要适应绝大多数读者的思维习惯,便于读者学习和理解。因此,本书以房地产经济运行为主线,按照"房地产—房地产业—房地产制度—房地产市场和政府职能"这一线索,构造逻辑结构。具体来说,本书首先对房地产的内涵和属性进行深入分析;其次,对房地产业的形成和发展进行探讨;再次,以房地产制度、房地产市场体系和房地产市场运行机制为核心展开分析;第四,对房地产经济运行过程中政府的重要角色和职能进行研究;最后,作为本书的总结,集中讨论房地产周期波动与宏观调控,这也是房地产经济运行的关键问题。

根据上述研究思路,本书的逻辑框架如图Ⅰ-2所示。

```
              ┌──────────┐
              │ 房地产内涵 │
              └────┬─────┘
                   ↓
              ┌──────────┐
              │房地产业发展│
              └────┬─────┘
                   ↓
              ┌──────────┐
              │ 房地产制度 │
              └────┬─────┘
```

房地产经济运行

市场机制 / 政府职能

| 房地产市场 | 房地产需求与供给 | 房地产价格机制 | 房地产税收 | 公共房地产与住房保障 |

| 房地产金融 | 房地产投资 |

房地产周期波动与宏观调控

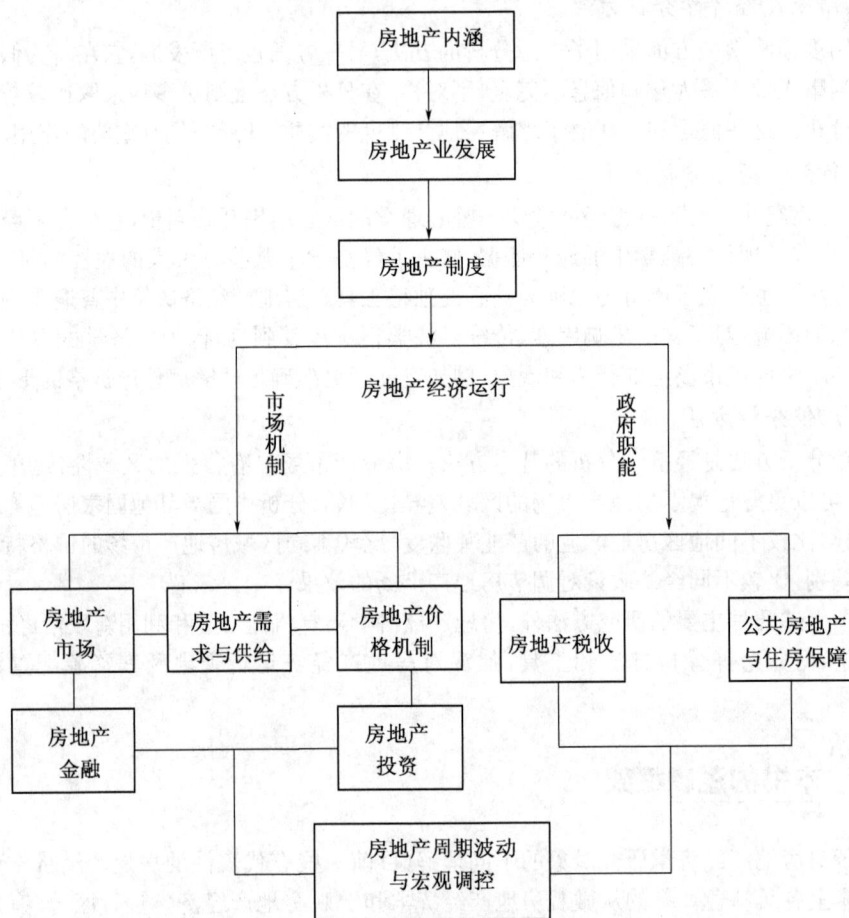

图 I-2　本书的逻辑框架

从上述的研究思路和逻辑框架出发,本书的内容除绪论外,共分为十一章,结构体系如下。

第一章集中介绍房地产的内涵与特性,明确一些基本概念,是房地产经济分析的起点。

第二章从产业视角介绍房地产业在国民经济中的地位及作用,分析房地产业的形成、功能定位及其与国民经济的相互关系,并描述了中国房地产业的发展历程。

第三章讨论房地产制度,介绍房地产制度的作用与内容,重点分析中国房地产制度变迁。后面各章,在这一制度规则和框架下,研究房地产经济运行。

第四章至第八章以房地产市场运行为主线,介绍房地产市场的特性与机制、房地产需求与供给、房地产价格机制,以及探讨房地产投资和房地产金融等问题。

第九章和第十章围绕房地产经济运行过程中的政府角色和职能,重点讨论房地产税收,分析公共房地产和住房保障等问题。

第十一章对房地产周期波动的理论加以探讨,阐述政府根据房地产周期波动规律对房地产市场进行宏观调控的措施和效应。

本章小结

本章作为全书的引论,主要对学科的研究对象和本书的逻辑框架进行探讨。为此,本章首先回顾了房地产经济活动与经济学理论之间的密切关系。在此基础上,探讨了房地产经济学的研究对象和学科特点,阐述了房地产经济学与其他学科的关系,梳理了房地产经济学的主要研究方法。最后介绍了全书的逻辑框架和内容安排。

通过本章的学习,可以对现代房地产经济学形成一个初步的、整体的印象,并能够了解房地产经济学的基本研究方法和主要研究内容。

本章思考题

1. 房地产经济学的研究对象是什么?
2. 房地产经济学的学科特点是什么?
3. 房地产经济学的主要研究方法有哪些?

参考文献

[1] 曹振良等. 房地产经济学通论[M]. 北京:北京大学出版社,2003.
[2] [美]道格拉斯·C·诺思. 制度、制度变迁与经济绩效[M]. 上海:生活·读书·新知三联书店上海分店,1994.
[3] [美]丹尼斯·J·麦肯齐,理查德·M·贝兹. 房地产经济学[M]. 北京:经济科学出版社,2003.
[4] [英]多纳德·海,德理克·莫瑞斯. 产业经济学与组织(上册)[M]. 北京:经济科学出版社,2001.
[5] [美]埃德温·S·米尔斯主编. 区域和城市经济学手册第2卷:城市经济学[M]. 北京:经济科学出版社,2003.
[6] 马克思恩格斯选集(第4卷)[M]. 北京:人民出版社,1995(1884).
[7] 洪银兴.《资本论》的现代解析[M]. 北京:经济科学出版社,2005.
[8] 洪银兴. 现代经济学[M]. 南京:江苏人民出版社,2000.
[9] 简德三,王洪卫. 房地产经济学[M]. 上海:上海财经大学出版社,2003.
[10] [德]卡尔·马克思. 资本论(第三卷)[M]. 北京:人民出版社,1975(1894).
[11] [德]卡尔·马克思. 资本论(第二卷)[M]. 北京:人民出版社,1975(1885).
[12] 林岗,张宇. 马克思主义与制度分析[M]. 北京:经济科学出版社,2001.
[13] 刘志彪. 现代产业经济学[M]. 北京:高等教育出版社,2003.
[14] [美]曼昆. 经济学原理(上下册)[M]. 北京:三联书店,北京大学出版社,1999.
[15] 钱颖一. 现代经济学与中国经济改革[M]. 北京:中国人民大学出版社,2003.
[16] [美]斯蒂格利茨. 经济学(上下册)[M]. 北京:中国人民大学出版社,2000.
[17] 谢贤程. 香港房地产市场[M]. 太原:山西经济出版社,1992.
[18] [英]约翰·穆勒. 政治经济学原理(上)[M]. 北京:商务印书馆,2005.
[19] [英]亚当·斯密. 国民财富的性质和原因的研究(上)[M]. 北京:商务印书馆,2004(1776).
[20] 张五常. 经济解释——张五常经济论文选[M]. 北京:商务印书馆,2001.

第一章　房地产：内涵与特性

内容提要

1. 房地产的定义、房地产与相近概念的辨析，以及对房地产的分类。
2. 从实物和空间、生活必需品和生产要素、财产和权利束等角度深入阐述房地产的本质。
3. 房地产的自然、经济、社会等多种特性。

　　房地产与其他产品在属性上的差异是房地产经济学能够成为一门独立学科的重要条件，也是房地产业、房地产市场得以形成的共同基础。尽管房地产是一个常用的术语，但是在经济学中，它的含义要比人们日常的理解丰富得多，全面地理解房地产的内涵和特性是进行深入研究的前提。

第一节　房地产的界定与分类

一　房地产的内涵

　　对房地产内涵的界定在各国各地区都有所差异。在英语中，与房地产名称相对应的词汇通常有 land，real estate 和 real property，其中英国多用 real property，而在美国则多用 real estate。虽然这三个单词是联系十分紧密的概念，但各自的具体涵义是不完全相同的。① land(土地)是指地球的表面及下达地心、上至无限天空的空间，包括永久定着在地球表面之中、之上、之下的自然物，如树木、水等；② real estate 是指土地上永久定着在其中、其上、其下的人工改良物，如构筑物和房屋等；③ real property 是指 real estate 加上与其有关的各种权益，包括权利、利益和收益。英语中 real estate 和 real property 两个单词尽管有上述不同的区分，但在一般情况下，经常是相互通用、不加明确限制的，在多数场合人们使用 real estate 一词来表示房地产。

　　在汉语中，房地产一词同样有多种表达方法，有些人用不同的词汇表达同样的对象，而有些人则用同样的词汇指称不同的事物。例如，在中国香港，人们对房地产经常使用"物业"一词，香港的物业这个词是从英国的 property 一词翻译过来的，在英国 property 也是指房地产。另外,香港通常也把房地产称为地产,房地产、地产、物业、楼宇等,几个词经常混用。

从当前的理论研究来看,对于房地产内涵的理解主要有以下几个代表性的观点:

一是关注建筑物及土地。如"房地产最常见的定义是全国范围内的存量建筑物、用于建造这些建筑物的土地和其他所有的空置土地。这些建筑物可能被公司、政府部门、非营利组织和类似的其他机构作为办公场所使用,也可能被普通家庭作为居住场所使用"(丹尼斯·迪帕斯奎尔、威廉·C·惠顿,2002,第2页)。

二是突出土地和其上的改进物及其权利。如"房地产是指土地及附着于土地上或附属于土地以及法律规定不可移动的所有建筑物。房地产的所有者拥有某些权利,称作一系列权利,这一系列权利包括:使用权、占有权、排他权和处置权,这些权利并不是绝对的,它们可以被私人的限制和政府的规定及法律合法地加以修正。总之,房地产或不动产就是土地及其改进物,以及与土地及其改进物的所有相联系的各种权利"(丹尼斯·J·麦肯齐、理查德·M·贝兹,2003,第4页)。

三是突出建筑地块的性质及其权利。如"房地产是指建筑地块和建筑地块上以房屋为主的永久性建筑物及其衍生的权利"。从这一定义出发,曹振良进一步将房地产区分为四类:承载用地及其财产权利;住宅房屋建筑及其财产权利;非住宅房屋建筑及其财产权利;与房屋建筑有关的城市基础设施建筑及其财产权利(曹振良,2003,第2~3页)。

归纳起来,房地产存在下列三种形态:即土地、建筑物与房地合一的情形。① 土地。最简单的情形是一块无建筑物的空地,这块空地既可以是没有任何投入的土地,也可以是经过了人们一定投入的土地,如进行了土地平整、铺设了地下管线、修筑了道路的土地。另一种情形是地上已有部分建筑物或附着物,但无视其建筑物或附着物的存在,把土地设想为无建筑的空地。② 建筑物。建筑物虽然必须建造在土地上,在实物形态上与土地连为一体,但建筑物有很大的独立性,在许多情况下可以把它单独作为一种资产看待。通常建筑物是由人工建筑而成,由建筑材料、建筑构配件和设备(如给排水、卫生、燃气、照明、空调、电梯、通讯、防灾等设备)等组成的整体物,包括房屋和构筑物两大类。其中,房屋是指能够遮风挡雨并供人们居住、工作、娱乐、储藏物品、纪念或进行其他活动的空间场所,一般由基础、墙、门、窗、柱、梁和屋顶等主要构件组成。构筑物指房屋以外的建筑物,人们一般不直接在内进行生产和生活活动,如烟囱、水塔、水井、道路、隧道、桥梁和水坝等。③ 房地混合物。当实物形态上土地与建筑物合为一体时,体现了房地产的完整实物形态。

然而,深入研究发现,房地产实际上具有更为复杂多样的内涵,人们通常感受到的房地产是一种实物和一个可供利用的空间;而从生活与生产角度来看,房地产是一种生活必需品和一种生产要素;对于国民财富积累和市场交易而言,房地产是一项财产和一组权利束。

因此,笔者认为,房地产作为一个经济学概念可以概括为:所谓房地产,是指由土地与定着于土地之上或土地之中的各种建筑物及基础设施而形成的位置固定的财产实体,以及附着于这种财产客体的一组产权及其相互关系的总称。

这一定义主要表达了以下几方面的认识。一是强调了土地是房地产的重要基础。虽然房地产通常是由建筑物和土地有机组成,土地可以有多种用途,但土地在房地产的形成和使用中具有决定性的地位。二是突出房地产的经济物品特性,或者说它的稀缺性。由于房地产是一种经济物品,它可以作为资产而存在,也可以作为生产要素而存在,因此房地产的开发必然是依据一定的资源配置方式和效率进行;它的获得通常通过某种竞争方式而实现。

三是注重房地产所具有的产权性质。作为一种经济物品,房地产的所有者必然要对其行使一系列的权利。正如阿门·A·阿尔钦(约翰·伊特韦尔等,1992,第1031页)指出的"产权是一种通过社会强制而实现的对某种经济物品的多种用途进行选择的权利"。在现实经济生活中,房地产的特征主要是通过一系列权利的使用和转移来体现的。

需要指出的是,本书所界定的房地产的外延尽管应该涵盖城市房地产和农村房地产,但就本书的研究重点而言,主要是研究城市房地产,这些分析结论从理论上来说也应该适用于农村房地产,不过还缺乏对农村房地产一些专门特性的深入探讨。

二　房地产与相近概念简析

虽然在生活语言中,房地产与不动产、物业等概念是可以通用的,人们无须进行详细区别。但是从学术研究的角度出发,却需要对这些词意相近的术语加以辨析。

(一)房地产与不动产的联系和区别

房地产与不动产的关系是一个经常引起争议的话题,从一些论著来看,一种观点是等同说,例如许多论著中都直接指出:"房地产又称不动产"(简德三、王洪卫,2003,第1页)。另一种观点是不动产包含房地产说。主要代表是曹振良(2003,第3页),他指出"房地产即不动产,或房地产属于不动产这一判断没有错;同样显然,相对来说不动产是个大概念,房地产是个小概念,后者只是前者的一部分"。可见,解决这一争议,需要准确了解不动产的内涵。

所谓不动产(immovable property),是相对于动产(movable property)而言的,一般是指性质上不能移动其空间位置之物或非经破坏变更则不能改变其空间位置之物,否则,移动其位置会改变其性质、形状或降低其价值之物。如土地、建筑物,以及附着于土地、建筑物上的不可分离的部分(如树木、水暖设备等)。不动产的出产物,如果尚未分离,亦为该不动产的一部分(《辞海》,1989年,第3483页)。与此对应的"动产"概念,则是指能自由移动而不改变其性质、形状或损失其经济价值的物品,包括不动产以外的物品,如金钱、粮食、衣服、家具等。

在法律上对不动产也有明确的规定。如在民法中,将财产(或称为"物")分为"动产"和"不动产"两类,如法国民法典第516条规定:"一切财产,或为动产,或为不动产"。对动产与不动产的划分,通常是依据其自然属性是否可以自由移动为标准的。不动产一般指土地及其定着物,所以广义的不动产不仅包括房地产,也常常包括不能移动或移动后会损失经济价值的财产。在美国,不动产"是指土地及其定着于土地之上或土地之中的建筑物,以及基础设施,包括水和矿藏等自然资源,还包括与土地所有权有关的任何权利和利益"。日本将"土地及其定着物"称为不动产。在德国,不动产主要限于土地,但其定着物为土地之重要成分,"土地的主要组成部分,为定着于土地之物,特别是建筑物及与土地尚未分离的出产物"。瑞士所指的不动产是"不动产登记簿上已登记的独立且持续的权利、矿山、土地的共有关系的所有部分"。可见,不动产是一种位置固定的财产,这类财产如果移动位置就不是原来意义上的财产。不动产,不只是一种经济物品和财产,而同时是一种权利关系,即人们与不动产相联系的产权。有的国家的不动产包括建筑改良物和非建筑改良物,甚至包括多年生的植物,中国台湾的不动产还包括农作物改良物。狭义的不动产则主要是指房产和地产。

当然，房地产业的产生和发展，大大丰富了不动产的内涵和外延，也是不动产这一概念有必要存在的重要原因。如果没有房地产这一类作为土地定着物的财产，不动产与地产的概念就完全等同，正是房地产概念的形成和房产与地产在实物形态上的不可分离性，对不动产的研究才变得更有意义。因此，可以说房地产作为土地的定着物，是不动产的主体要素。

可见，从严格的意义上来说，房地产只是不动产的一个主体要素，尽管我们在特定的语言环境下可以将二者等同使用。

（二）房地产与房屋的联系和区别

房屋（house）是人们最经常使用的一个更口语化的术语，它在许多场合的含义与房地产是相同的。但深入来看，房屋仅体现了房地产的一个方面的内容，它并不等同于房地产。从历史上看，房屋是人类生产、生活与发展的基本场所，建筑住房作为人类的一种生产活动，是和人类自身的发展同时出现的，是人类最基本的生产活动之一。在这一时期，房屋的说法是通用的。而房地产的生产经营作为独立的经济活动，特别是专门从事生产经营活动的房地产业作为一个相对独立的行业，则是在社会分工、商品经济、工业化、城市化等发展到一定水平和阶段时才出现的，并在这些条件的变化中房地产业得以发展。可见，房屋与房地产是两个不同的概念。

（三）房地产与物业的联系和区别

至于物业概念，"一般指单元性地产。一住宅单位是一物业，一工厂楼宇是一物业，一农庄也是一物业。故一物业可大可小，大物业可分割为小物业"（李宗锷，1994，第9页）。而在中国内地，物业是指"房屋及配套的设施设备和相关场地"。

从对专业术语的使用习惯来看，中国内地基本上都是习惯使用房地产这一术语。在中国香港，则通常使用"物业"这个词，其实质是房地产，但香港地区通常习惯上还把土地与房产统称为"地产"，如称房地产业为地产业、房地产商为地产商。在中国台湾，则更倾向于使用不动产的说法。

从研究对象出发，本书所涉及的房地产概念和不动产的概念是有区别的，也与通常所使用的物业一词有差异。但这并不排除从不动产的共同特性来分析房地产，同时，在涉及到其他地区（如中国香港）的论著时，可能会出现用词不同而内涵相同的状况。

三　房地产的分类

在房地产的范畴中，存在着多种多样的产品和服务，这些产品和服务虽然在满足人们的需求上具有相同特征，但是在各自的具体形态上却有较大差异。为此，人们在现实的应用中，又结合具体的房地产形态将其进行分类，这些分类不仅是对房地产产品和服务的一种具体化，同时也为房地产业和房地产市场的细化提供基础。清楚了解房地产的类别及其划分标准是深入研究房地产经济运行的重要前提。

依据关注点的不同，房地产可以从以下几个角度进行分类。

1. **按房地产开发经营内容分类**

房地产包括：① 建筑地块，是指与房地产开发和经营活动相关的那部分土地，它有具体的地号、面积、形状、四至、用途等。在城市规划区范围内,建筑地块的构成状况包括:住宅用地、商业金融用地、工业仓储用地、市政用地、公共建筑用地、交通用地、特殊用地、水域用地、农用地、其他用地等。② 房屋,是房地产企业开发建设过程的最终产品,是房地产经营活动的主体对象。它由房屋建筑结构、地基、房屋装修与设备、房屋外部环境等四个物质构成要素组成。③ 房地产服务,是指房地产业在其开发建设和经营管理过程中,为人们提供一系列经营性服务活动的总和。房地产服务活动也包括买卖、租赁、租售后的服务。如决策咨询、中介服务、拆迁安置服务、买卖、租赁服务、换房服务、房屋修缮、装饰等各种服务和物业管理服务(王全民,2002,第15~16页)。

2. 按房地产开发程度划分

可以分为以下五类:生地(指不具有城市基础设施的土地,如荒地、农地)、毛地(指具有一定城市基础设施,但尚未完成房屋拆迁补偿安置的土地)、熟地(指具有较完善的城市基础设施且土地平整,能直接在其上进行房屋建设的土地)、在建工程(指地上建筑物已开始建设但尚未建成,不具备使用条件的房地产)和现房(指地上建筑物已建成,可直接使用的房地产)。

3. 按地上物的类型和用途分类

房地产地上建筑物的房屋部分按用途来划分,可以分为住宅和非住宅房地产两种形式,其中非住宅房地产又可以进一步分为商业地产、工业地产、写字楼、旅游酒店、餐饮物业、娱乐物业、社会公共服务房地产等(如图1-1所示)。

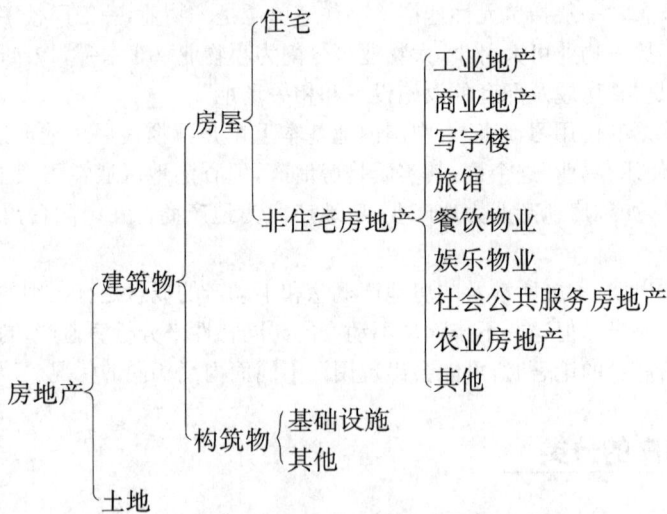

图1-1 基于地上物类型和用途的房地产分类

(1) 住宅是指供家庭或个人较长时期居住使用的房地产,包括普通住宅、高档公寓、别墅、集体宿舍(如单身职工宿舍、学生宿舍)等。

(2) 商业地产是指供出售商品使用的场所,包括商业店铺、百货商场、购物中心、超级市场、批发市场等。

(3) 写字楼是指用于办公使用的房地产,包括商务办公楼和政府办公楼。

(4) 旅馆是指供旅客住宿使用的房地产,包括宾馆、酒店、度假村、旅店、招待所等。

(5) 餐饮物业是指营业性的供人吃饭使用的房地产,包括酒楼、美食城、餐馆、快餐店等。

（6）娱乐物业是指供人们休闲或健身使用的房地产，包括游乐场、娱乐城、康乐中心、俱乐部、影剧院、健身馆、高尔夫球场等。

（7）工业和仓储物业是指供工业生产使用或直接为工业生产服务的房地产，包括工业厂房、仓库等。

（8）公共服务房地产则包括城市广场、公园、车站、机场、医院、学校等。

（9）农业房地产指供农业生产使用或直接为农业生产服务的房地产。

（10）其他房地产。

4．按所处不同区位、地段分类

可分为：城市中心、城市边缘、城市郊区、农村房地产等。

5．按建筑结构分类

可分为：钢结构、钢筋混凝土结构、混合结构、砖（或石）结构、木结构和其他结构的房屋建筑。

6．按建筑层数划分

以住宅为例划分为：低层（1～3层）、多层（4～6层）、中高层（7～9层）、高层（≥10层）、超高层（≥30层）。在现实中，人们通常也将7层以上11层以下的建筑称为小高层。而公共建筑高层高度≥24米，超高层高度＞100米。

7．按房地产的权属关系分类

可分为：① 国有房产，是指归国家所有的房产，包括由政府接管、国家经租、收购、新建以及由国有单位用自筹资金建设或购买的房产。进一步划分，国有房产可以分为直管产、自管产和军产。② 集体所有房产，是指城市集体所有制单位所有的房产。③ 私有房产，是指私人所有的房产。④ 联营企业房产，是指不同所有制性质的单位之间共同组成新的法人型经济实体所投资建造、购买的房产。⑤ 股份制企业房产，是指股份制企业所投资建造或购买的房产。⑥ 涉外房产，是指中外合资经营企业、中外合作经营企业和外资企业、外国政府、社会团体、国际性机构所投资建造或购买的房产。

8．按房地产是否产生收益划分

可以分为收益性房地产（如商店、写字楼、餐馆、旅馆、影剧院、厂房、农地等）和非收益性房地产（如政府办公楼、寺庙、学校等）两类。收益性房地产与非收益性房地产的区别标准不在于该房地产的现实收益状况而是指该房地产是否具有产生收益的能力。

9．按房地产经营使用方式划分

可以分为销售的房地产、出租的房地产、营业的房地产和自用的房地产四类。

第二节　房地产:从三个视角的理解

深入理解房地产的本质是进一步了解房地产经济、社会特性的前提,也是开展房地产经济学分析的重要基础。事实上,房地产这一抽象名词具有多个层次的丰富内涵,只有从多个视角来进行考察,才能够全面、准确地把握其本质特征。

一　作为一种实物和空间的房地产

从直观上理解,房地产是一种可以看得见摸得着的实物,人们通常所谈论的房地产往往是从某一建筑物的物质形态或物理特性的意义上讲的,因此生活中的房地产一般可以被看作特定的土地与建筑物在空间上的统一体。从历史上来看,人类所利用的房地产的具体形式也是多种多样不断演化的,例如古代的穴居、巢筑与现代化的大规模公寓建筑在外观上截然不同。从现实来看,人们对房地产的关注,更多的是考察其物理性质和基本功能,并以此作为消费及投资决策的基础。

作为实物形态的房地产,会在建筑材料、建造质量、构建技巧、用途等方面有所不同,它可以具体表现为土地的形状、平整程度,建筑物的外观、结构、设备、装修,基础设施完备程度等。从土地、建筑物和基础设施的物质形态来看,实物又可进一步分为有形的实体、该实体的质量以及组合完成的功能等三个方面。以房屋为例,有形实体方面,如该房屋的建筑结构是砖木的还是钢筋混凝土的;实体质量方面,如都是砖木结构的情况下,它是采用什么质量的砖和木材建造的,或者其施工质量如何;组合完成功能方面,如均为砖木结构并采用相同质量的砖和木材及相同的施工质量下,该房屋的平面格局及功能如何。

对于大多数人而言,房地产所提供的实物是一个空间。个人或家庭所注重的是特定房地产所能够提供的空间的大小而不仅是其外形的美观。空间特性是房地产区别于其他产品和服务的一个重要特征,它的功能也与所能提供的空间状况密切相关。适当大小的空间不仅能够使住户在房屋中存放必要的物品,而且也会影响到住户的活动和心情。现实中某一房地产的空间状况主要由其面积决定,但同时也与其高度和内部结构相关。由于用空间的概念来衡量比用面积更能恰当地反映出房地产的品质,所以不仅消费者在购买房地产时十分重视平面和立体空间布局,而且开发商也在平面和立体空间布局上进行创新,以提高舒适度。正是由于房屋内部的结构会改变空间,所以开发商与住户都会仔细权衡同样面积房屋在居室上的分割方案。

作为空间,房地产不仅是为了满足个人和家庭在居住、安全和隐秘性等方面的需求,还具有更广泛的社会功能。"住房建筑不仅仅意味着为人类遮风避雨。它确定了社会再生产活动的空间,必然会反映出性别、家庭和其他类型的社会联系。它还是制造业和商业活动的场所,消闲、教育和宗教活动的场所以及有秩序的社会交往场所。它是否或怎样起到这些作用,依赖于社会制度的性质——依赖于社会上占主导地位的生产、消费和再生产模式,社会的统治阶级、性别和种族联系,以及社会的种种文化需要和城市化形式"(约翰·伊特韦尔等,1992,第822页)。可见,作为空间的房地产是人类活动的一个中心,影响和改变了社会关系和人类行为的方方面面。

二　作为一种生活必需品或一种生产要素的房地产

房地产效用和功能的多层次性，使其兼有生活资料和生产资料的双重性质，从而作为一种人们生活中重要的必需品和生产活动中投入的重要生产要素发生作用。

从生活资料方面看，衣、食、住、行是人类的最基本需求，房屋具有为人们提供居住、工作和休息场所的功能。作为一种基本的生活必需品，房地产反映了消费升级与满足人们生存和发展的需要。具体来说，结构坚固、布局合理、造型美观、装饰雅致、设备齐全的房屋，使人们感到舒适、方便，从而满足人们享受生活的需求。房地产还为人们提供工作、学习、娱乐、社交的场所和环境，从而满足人们更高层次的需求。

生活必需品的性质要求个体和家庭都将购买或租用住房作为优先的消费项目，也要求国际组织在各种发展评价体系中将住房水平列为重要指标，还要求各国政府将解决居民住房问题作为政策安排的内容。应该指出的是，作为生活必需品的房地产并没有一个统一的绝对的标准水平，在不同国家、地区和不同时期，人们对于房地产的需求是有差异的，对于房地产需求本身也是可以进行调整的。例如，有时人们会为了获得增加其他收益的机会，放弃乡村宽敞的住房而到城市租房就业；有时人们也会为了获得郊区优美的别墅而驱车到城市写字楼工作。社会满足适当的住宅需求，不仅有助于稳定家庭生活以至整体的社会安定，而且也对生产有间接的影响。

从生产资料方面看，房地产（包括房屋和土地）又是进行生产和再生产的工作条件或必要场所，也是不可或缺的一种生产要素。

一方面，土地作为资源，是一种生产要素和生态环境要素，是人类生产、生活和生存的物质基础和来源，可以为人类社会提供多种产品和服务。“土地是财富之母，劳动是财富之父”，这句话不仅在农业生产中适用，而且在工业生产及服务业中也同样适用。另一方面，房屋作为一种生产要素的投入，也是人类社会任何生产、经营活动不可缺少的。所有的生产工具及投入要素包括机器及劳动力，同时还必须配合房屋及土地（即以办公室、厂房或仓库而存在）才能发挥相应的生产效益。与机器设备的性质相似，一部机器能在若干年内用于生产，则房屋也能提供一段很长时间的服务流量。

实践和理论研究都表明，同一宗房地产在提供居住功能的同时也可以作为生产活动的场所。例如，在工业化早期阶段许多国家的人们通常是在家庭作坊里进行生产经营，而不是在工厂车间进行。最常见的有简单的裁缝、纺织等工作。只有当这些家庭生产规模扩大时，居住地才会转变为工厂。随着网络信息技术的广泛应用，现代城市中也有越来越多的人采取了家庭办公的做法，使居住与生产又在更高的层次上合二为一。

作为一种生活必需品和一种生产要素，人们对房地产的需求具有普遍性。而且随着人类社会的发展，人口增多和经济水平的提高，人们在生活、生产等方面将对房地产有着更加广泛和更高的需求。

三　作为一项财产和一组权利束的房地产

财产是一个复杂的法律概念。在法学理论中，对财产有两种解释：① 在大陆法国家（如法国、德国等），财产是指可以占为己有的物，即有货币价值的权利客体。② 在普通法国家（如英国、美国等），财产不仅是指一些人们所拥有的具体物质，主要是指人们对于其所拥有的财物的权利。美国学者荷菲尔德指出："财产是法律关系而不是物，仅仅只有权利才能成为财产。"物只是财产权利的客体，不是财产本身。柯滨进一步指出："我们的财产概念已经改变，非实体的权利已经变成了财产，财产不再被视为物，或在某种意义上的客体，它已经变成了单纯的法律关系、特权和义务的豁免。"

在两大法系中，对财产的概念并没有统一而严格的界定，财产与产权常常被混为一谈。从经济学角度来看，财产与产权是有区别的。所谓财产（property），是产权的客体，是独立或相对独立于主体而存在、具有使用价值和稀缺性、并能够被人们所拥有的对象，是人们建立产权关系的客观基础。财产本身并不体现任何权利关系，而产权则是因财产的客观存在所产生的权利。所以，财产客体是人们建立或设置权利关系的对象，但并不意味着财产本身就是主体的意志。人们拥有财产当然包含着人与物的关系，体现着人对物的权利，但决不等于物本身。

作为一项财产，通常具备以下几个条件：① 能够与主体相分离或相对分离，而成为独立或相对独立于主体的意志而存在，并能够被人们所拥有的对象。因此，财产总是从属于人或由人组成的群体的，并能够被人们所控制和利用。② 对主体具有"有用性"，即必须具有使用价值，没有使用价值的东西对人们是没有意义的，也就不可能成为财产。财产的使用价值如何既取决于财产本身的性质，还取决于人们对它的认识、控制和利用的能力；财产的有用性不仅体现在本身固有的属性和多种用途上，而且体现在财产可以为人们带来一定的经济利益或其他好处。③ 是一种具有稀缺性的资源，相对于人们无限的需求来说，总是有限的。一种物品，缺乏稀缺性的特征，人们是不可能对它建立起财产观念，从而形成财产权利关系的，因而也就不可能成为财产。不仅如此，这种稀缺性及其稀缺的程度对财产价值或价格的大小具有一定的决定作用（黄少安，1995，第55～66页）。

从财产的外延来看，一种资源的特征是可以发生变化的，在某一时期是财产的资源在其他时期不一定是财产，在某一时期并非财产的资源在其他时期也许能成为财产，一种资源是否是财产或能否成为财产，关键看它是否符合财产的基本条件。财产不仅包括有实体形态的财产（有形财产），还包括无实体形态的财产（无形财产）；既包括动产，又包括不动产等。

显然，房地产作为不动产的主要形式，应该是符合财产的基本条件的。具体来说，房地产是从属于个人或群体的，并能够被人们所控制和利用。作为一种经济物品，房地产对于人们有着多种多样的使用价值，能够为人们带来一定的经济利益或其他效用。事实上，人们也将房地产作为家庭、厂商或政府的最重要的财产之一进行处置。

从各国情况来看，房地产在国民财富中具有非常重要的地位。在现实中，房地产可以通过流量和存量进行计量。房地产流量是指某地每年的新增房地产价值，减去由于折旧导致的存量减少额。而作为存量资产的房地产（包括建筑物总体价值和土地价值）则是国民财富的一部分。例如，1991年的一项研究，尝试对美国的房地产价值进行估算，希望按照房地产的类型（如居住、写字楼和零售商业）和业主类型（如个人、公司），对不同来源的数据进行综合。这项研究的结果表明，1990年美国的房地产价值为8.8万亿美元。而美联储1990年全国净资产的估算额为15.6万亿美元，房地产价值大约占美国全国财富总额的56%（丹尼斯·迪帕斯奎尔、威廉·C·惠顿，2002，第6～7页）。而据英国国家统计局报告，2005年英国的"总价值"是 5.8 万亿英镑,其中 59% 都是住宅资产,共为 3.4 万亿英镑,与此相比,在 1995 年全英的住宅资产总价值为 1.2 万亿英镑,占整个国民财富的 43%。

需要指出的是,作为一种主要财产形式,房地产既是实体资产,也具有虚拟资产的特性。概括而言,房地产的虚拟资产性质主要体现在三个方面。一是房地产作为一个整体进行出售时,其价格是采取资本化方式定价的。资本化定价是房地产具有虚拟性的根本原因,现代的地价就是地租的资本化和虚拟化形式,奠定了房地产虚拟资产的基础。二是对于地产所有者而言,地产具有永续性和投资增值性的特征,地产投资价值的核心在于所有权归属,它是除了金融资产以外的另一重要的虚拟资产。三是心理预期和其他心理因素在当今房地产这种非金融虚拟资产定价中发挥着越来越重要的作用。

房地产不仅是物,是财产,它实际上还反映了在物背后的人的关系,特别是它多方面地体现了人的产权关系。对于产权,著名产权经济学家阿门·A·阿尔钦将其定义为:"私有产权是给予人们对物品那些必然发生矛盾的各种用途进行选择的权利。这种权利并不是对物品可能用途施以人为的或强加的限制,而是对这些用途进行选择的排他性权利"(约翰·伊特韦尔等,1992,第 1031 页)。将这一定义应用到房地产上,可以发现房地产本身包含了一组非常复杂的权利束。具体来说,房地产产权,是指人们通过房地产而形成的经济权利关系,由人对房地产的关系而引起的房地产产权主体之间的关系,以及得到法律保护的权利。

作为法律意义上的产权,不仅具有了准确的抽象概念、严谨的内在逻辑和完整的理论体

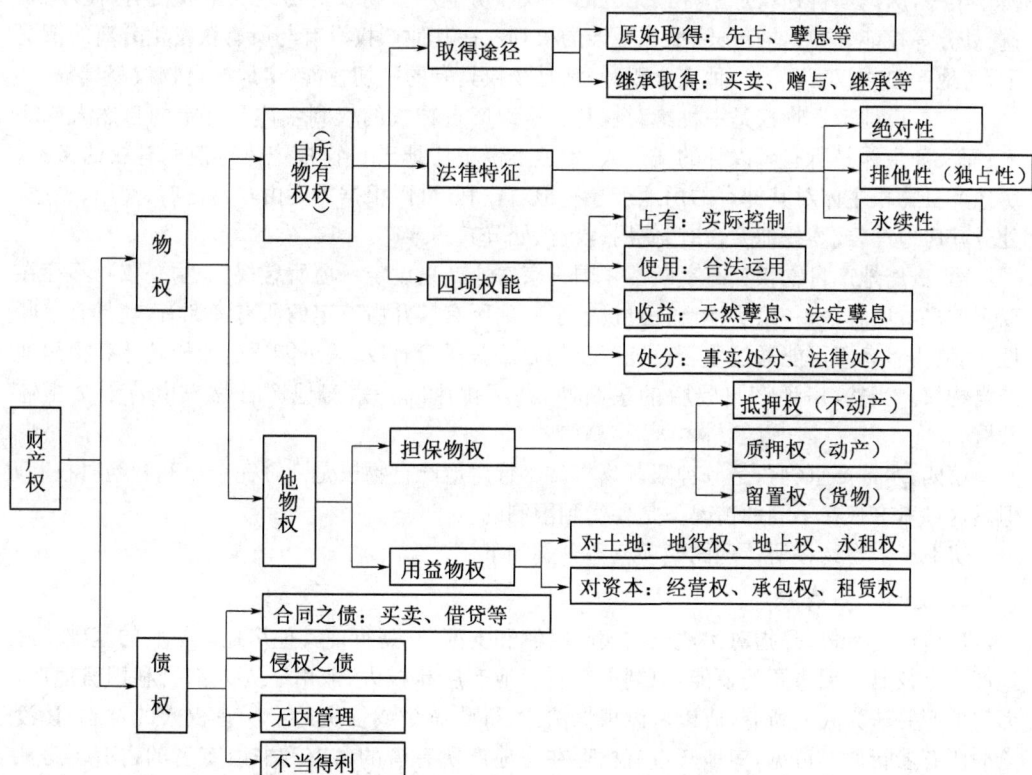

图 1-2 大陆法系财产权示意

系,而且更具操作性。需要指出的是,在不同的法系中对于产权特别是房地产产权的规定是有差异的。大陆法系的所有权是以对实物占有为直接内容的支配权,因此,不仅将所有权定位于有形物上,而且使占有直接表现所有权。英美法创制了抽象的权利存在状态(即 estate)作为不动产物权表现形式,这种状态使英美法的不动产物权均是一种针对抽象物的排他支配权利,而不是针对房地产实物的支配权(高富平,2001,第124页)。图1-2反映了大陆法系财产关系的基本框架(张永岳,2004,第254页)。

依据大陆法系的财产权,房地产作为一组权利束主要包括房地产物权和债权,其中房地产物权由自物权(即所有权)和他物权构成。物权作为一个法律范畴,是指权利人所享有的直接支配其物并排除他人干涉的权利,它是特定社会人与人之间对物的占有关系在法律上的表现。物权的支配性和排他性均来自于物的归属,即法律将某物归属于某人支配,从而使其对物的利益享有独占的支配并排他的权利。下面对这些具体权利束分别加以介绍。

(一)房地产的自物权

房地产自物权或所有权是指房地产所有者在法律允许的范围内,对其拥有的房地产享有占有、使用、收益、处分以及排除他人干涉的权利。也即房地产所有权人所拥有的权利是一种具有排他性的使用权、独享的收入权、自由的转让权的完全权利。但是,在现实中房地产所有权的行使受到一定的限制。一般而言,房地产自物权或所有权具有以下特征:

第一,房地产自物权是一种最充分的产权。房地产自物权对房地产享有占有、使用、收益、处分等权能,同时具有排除他人干涉的权利。在其他产权没有与所有权发生分离的情况下,房地产自物权表现为一种完全权利,凡是物权具有的一切权能,房地产自物权都具备。

第二,房地产自物权是一种绝对权利。房地产自物权的权利主体是特定的自然人或法人;而义务主体是所有者以外的任何人,承担不侵犯房地产自物权主体行使所有权的义务。房地产自物权主体对其拥有的房地产享有绝对权利,可以根据需要由自己占有、使用、收益、处分其房地产,或委托他人占有、使用、收益、处分其房地产。

第三,房地产自物权具有垄断性。同一宗房地产只设定一项所有权(一物一权),不存在双重或多重所有权,一宗房地产一旦设置了一项所有权并由特定的所有者拥有,就具有垄断性,其他所有者不可能通过重新设置产权的方法获得所有权,只可能通过产权转让获得房地产自物权。当然,房地产自物权的垄断性,并不排斥同一宗房地产自物权由若干个主体共有。

第四,房地产自物权是一种限制物权。尽管房地产自物权是一种完全权利和绝对权利,但是这种所有权在不同的情况下是要受到限制的。

房地产的自物权所体现的四项权益分别如下。

1. 房地产占有权

房地产占有权,是指对房地产的实际控制和支配,它是行使其他房地产权利的基础。房地产占有权是一项重要的权能,原则上归属房地产所有权人,但由于人人都要利用房地产,而房地产并非为人人所有,所以可以根据法律、行政命令或依房地产所有权人的意志,让渡给非所有者行使。可见,房地产占有权存在房地产所有者的占有和非所有者的占有。房地产所有者对房地产享有独占权,即这种占有是独立的、直接的占有;而非所有者的占有,通常是间接的、派生的占有,服从于房地产所有者的所有权。房地产占有权与房地产所有权人发生分离时,通常房地产也与房地产所有权人发生分离,分离出去的占有权便对房地产所有权形成一种限制。

2. 房地产使用权

房地产使用权,是按照房地产的特性功能及其用途加以利用的权利。房地产使用权的存在,是以房地产所有者或非所有者依法占有房地产为前提条件的。这是因为房地产使用权是直接在房地产这种物品上行使的权利,房地产使用权本质上是由房地产的使用价值决定的,必须在对房地产具有实际控制和支配权利的条件下才能真实地行使这种权利。房地产使用权是房地产所有权的重要权能,非所有者的房地产使用权是从房地产所有权中派生出来的一项权利。房地产使用者依法享有一定的权利,并承担一定的义务。

3. 房地产收益权

房地产收益权,是基于使用经营房地产所应取得经济利益的权利。房地产收益权是与房地产占有权和房地产使用权等权能紧密相连的,是一种连带物权。房地产所有权人可以自己直接经营使用房地产获取收益,也可以在保留房地产所有权的条件下让渡有关产权获取收益。非房地产所有权人在使用经营房地产时,同样可以获取相应收益,包括可以通过房地产转租获取一定租金收益。

4. 房地产处分权

房地产处分权,是指房地产产权主体对其占有产权的出卖、出租、典当、抵押、赠予、继承等行使处置的权利。房地产处分权,原则上归属房地产所有权人,但可以根据法律、行政命令或依房地产所有权人的意志,部分让渡给非所有者行使。房地产处分权关系到所有权的归属,因而是房地产所有权中一项根本性的权能,它是所有权的核心。

(二)房地产的他物权

从房地产所有权中分离出来的地役权、永佃权、地上权、承包权、房地产质押权和房地产抵押权等是房地产他物权。根据其功能不同,又可划分为用益物权和担保物权。

1. 用益物权

这是对他人所有的房地产在一定范围内具有使用、收益的权利,对于土地而言,主要有地役权、地上权和永佃权;对于资本则有经营权、承包权和租赁权等。现择其主要权利详述如下。

(1)地役权

地役权是指以他人土地供自己土地方便使用的权利。地役权可以包括多种多样的特权,比如侵占某人空间的权利,在某人地产上越过和运载货物的权利,经过某人土地排水的权利,或强迫某一财产所有者维修某所在地段公共车道的权利等。提供方便使用的他人土地,称为供役地;利用和享有便利的土地称为需役地。地役权是在他人土地上所设定的权利,地役权是粘着于需役地的。地役权关系的当事人分别被称为供地役人和需地役人。需役地所有人享有在供役地上地役权所赋予的权利,供役地所有人承担在供役地上地役权所设定的限制的义务。地役权因需役地而设,不得与需役地分离而转让,或成为其他权利的标的。

罗马法规定,需役地和供役地所有人变更时,不影响地役权的存在。供役地所提供的便利,应为需地役人可以直接利用的便利,而不是供地役人直接利用的便利。需役地与供役地应为邻近的土地,以两者距离得以实现地役权为标准。地役权有"永久性",临时存在的权利不是地役权。地役权不得附加期限和条件。提供供役地的义务和享有需役地的权利的地役权具有不可分割的性质。供役地所有人无积极行为的负担。

(2) 永佃权

永佃权是按一定期限(如年)向土地所有权人交付租金,长期地或永久地使用、收益其房地产的权利。永佃权又被称为永租权或永借权,是罗马法重要的物权之一。这是一种特殊的物权关系。永佃权人的权利和所有权人的权利几乎重合,是物权中除所有权外权利范围和权能最大的一种权利。其权利主要是:永佃人有长期和永久使用、收益的权利,有在不改变标的物的情况下,变更物的用途的权利;孳息与土地分离时,永佃权人即为所有权人,永佃权归永佃权人所有;永佃权人有转移其权利给继承人的权利;永佃权人有任意处分的权利(永佃权人可以把这种权利让与他人,也可以把它作为抵押权的标的物);永佃权人对永佃地有权设立地役权等其他物权;永佃权人受诉讼权的保护。

永佃权人要承担一定的义务,主要有:使用、收益永佃地,要加强管理不得减少其价值;按期向所有权人支付租金;永佃权人必须管理、修缮、缴纳赋税;转让永佃权时要缴纳一定的手续费给所有权人;出让永佃权时,应通过所有权人,否则丧失权利。

罗马法规定,永佃权设立的方法主要有:契约设立、遗赠或遗嘱、分配裁判、让渡等。永佃权消灭的主要原因是:永佃人的人格消灭、标的物的灭失、所有权的丧失、期限届满、当事人同意、永佃人死亡时无遗嘱、永佃权人权利被依法剥夺、永佃权人在相当长的时期内不行使其权利等。

(3) 地上权

地上权是以支付租金为代价,在他人土地上建筑房屋和其他附着物或培植竹木的权利,达到利用他人土地的目的。地上权人是否支付地租,可以根据法律、行政命令或依不动产所有权人的意志决定。地上权人的权利与义务,大体上与永佃权人的权利与义务相同。地上权人对不动产可以有占有、使用、收益和部分处分的权能;地上权可以出租、典当,设立地役权,也可以成为抵押权的标的物;土地所有者除要求按期缴纳租金外,在地上权存续期内所有权的大部分权能已基本丧失;对于地上权人的自由处分行为,土地所有权人不得加以干涉。但地上权的存续期,不一定与永佃权相同,要视具体的法律规定,可长可短,还可以不定期限。

2. 担保物权

这是为了担保债的履行,在债务人或第三人的房地产等财产上设定的物权,主要有以下两种。

(1) 房地产质押权

房地产质押权又被称为信托质权,是罗马法最古老的物权担保制度,即当事人一方按照市民法的方式将其物的所有权转移给债权人,债权人在债务清偿时返还原物。

(2) 房地产抵押权

房地产抵押权是指债权人对债务人或第三人不移转占有而供担保的房地产,在债务人给付迟延时,债权人则变卖担保物以其卖得的价金受清偿的权利。抵押权又被称为契约质权,是指债权人对于债务人或第三人占有的房地产,可以取得其债权的担保,但不能占有使用其房地产。除所有权外,地上权、永佃权以及典权也可以设立抵押权。抵押权担保的债权,债权人对担保物取得的物权具有不可分性,抵押权人就债权的全部行使权力。抵押权人如果在债权已届清偿期还未受清偿,则可向法院申请拍卖抵押的房地产,就其拍卖的价金而受清偿。抵押权可以由于担保的债权的消灭或本身单独的消灭而消灭。

(三)房地产的债权

房地产的债权是发生在债务人与债权人之间的关系,其直接指向是行为,间接涉及房地产的实物。具体包括房地产相关的合同之债、侵权之债等。如房地产租赁权是房地产债权的一种。

实践中,世界各国和地区根据社会经济发展的要求,对房地产产权进行设置,形成了各具特点的房地产产权体系。这种房地产产权体系的差别主要表现在:在房地产上所设立的各种权利名称不相同,各种权利的内容和含义有区别以及设置权利的多少不相等。例如,日本根据现代经济发展的要求,设置的土地所有权具有全面、持久的特点,是财产权的中心。在土地所有权之外,设置的土地权利主要有:占有权、地上权、永佃权、地役权、留置权、先取特权、质权、抵押权等。此外,还设置了与土地利用直接有关的土地权利,在这些土地权利中,与土地利用关系最强、最有代表性的是地上权和赁借权。地上权与赁借权都属于借地权,都是关于土地的用益权。日本在土地上设置的与土地利用直接相关的土地权利如图1-3所示。

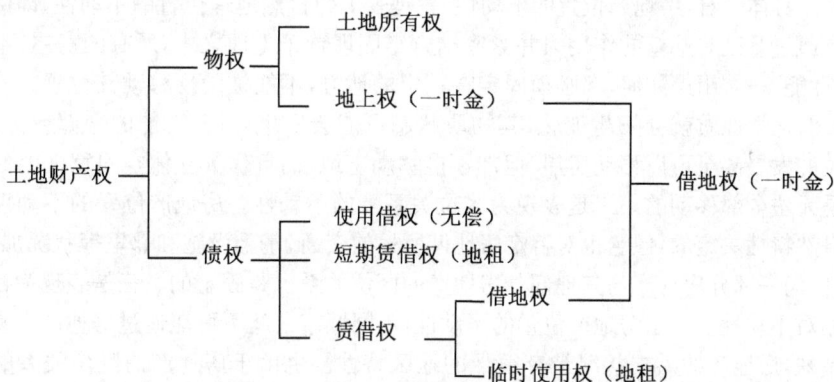

图1-3　日本设置的土地产权

在荷兰,在土地上设立的权利主要有:所有权、地役权、用益权、永佃权、地上权、抵押权等。在韩国,在土地上设立的权利主要是:所有权、占有权、地上权、地役权、留置权、抵押权、租赁权等。

总体而言,随着社会经济的发展,世界各国的房地产产权逐步发展和完善起来。房地产的各项权能,从房地产所有权中分离出来,成为独立的产权或形成不同产权的组合,使房地产的产权结构十分复杂,房地产产权的细分和组合日趋显著。例如在瑞典,组成房地产"权利束"的权利多达100余项。再如美国、英国、法国等西方国家,都建立了土地发展权制度。20世纪初,美国为保护土地资源而施行"土地用途分区规划",土地所有人有对土地进行非农业使用,开发土地的权利。所以,土地用途管制促成了土地发展权的产生。而土地发展权的设立有利于土地用途管制的实施,同时土地发展权制度的有效实施需要合理的土地用途管制制度的配合。所谓土地发展权是将土地变更为不同用途的权利,是对土地在利用上进行再开发的权利。土地发展权是可以与土地所有权分割而单独处分的产权,它既可以与土地所有权合为一体由拥有土地所有权的土地所有者支配,也可以由只拥有土地发展权不拥有土地所有权者支配,它是土地处分权中一项重要的权利束,土地发展权在土地权利体系中具有独立的意义和地位。可以说,房地产产权的分解、独立与组合及其规范化,是房地产经济发展和房地产市场运行规范化的前提和条件。

第三节　房地产的特性

房地产作为一种财产及产权,在自然、经济、社会等方面具有以下一些显著的特征。这些特性既是房地产经济学这门学科建立的前提,也是房地产经济学研究深化的依据。

一　位置的不动性

房地产位置的不动性(immobility)又被称为固定性,是指土地的地皮和土地之上或之中的建筑物、基础设施等定着物不能或不能经济地被大量搬动,这一点内在地决定了房地产的不动产属性。具体来看,房地产位置的不动性,一是表现为自然地理位置的不动性,即由于房屋的建造是通过基础对地基的作用力并紧密结合牢固埋置于土地之中,所有的房屋,不论其外形如何,性能怎样,用途如何,都必须固定在一定的地方,不能被随便移动其位置。若一经移动,其物理、化学性质就会发生变化,其物质状态可能会发生经济、功能的全部或部分损失。现代科技的发展甚至可以移动房屋,但却不能移动土地,而且作为立体空间意义上的整体房地产也是无法全部移动的。二是表现为区位关系上的不动性。房地产位置的不动性是由房地产的自然特性决定的,但它也对特定房地产所处的交通、基础设施和邻里等状况加以限制,可以说,任何一部分房地产与其他部分房地产的区位关系也是固定的。三是表现为社会经济位置的相对不动性。由于房地产位置的不动性,不同城市之间不可能通过房地产交易来调剂房屋的余缺,房地产的供求状况带有很强的地区特性。也由于房地产的区位关系的相对固定,各个地区的生活习俗、文化传统和思想观念都与本地区的房地产具有紧密联系。

需要指出的是,虽然房地产的地理位置是不变的,但由于房地产的位置体现的是多种因素综合作用的结果,房地产的区位状况,特别是交通区位、社会经济区位,会随着城市化和现代化的进程而不断地发生变化。在更长的时间里,房地产的区位及经济社会性质通常会或多或少地发生改变。

二　使用的耐久性

任何消费资料和生产资料都会在使用中遭受自然磨损和功能磨损,甚至经济磨损,然而,以建筑物和土地有机构成的房地产相对于其他商品而言,具有耐久性(durability)。一方面,土地具有不可毁灭性,非农用的土地可以反复地、持续地利用,地力虽因利用技术而变化,土地经济区位也随土地投资而改变,但地势、气候和土壤结构不易改变,土地利用得当,能反复利用,它具有永恒的使用价值,这一点已被人类发展的历史充分证明。另一方面,建筑物或基础设施相对于其他物品来说也具有耐久性,房屋或基础设施一经建成,只要不被拆迁或毁坏,使用期限一般可达数十年乃至数百年。在现实生活中经常会出现几代人使用同一宗房地产的现象。

　　房地产在使用上的耐久性也带来了它在社会经济上的一些特点。包括:由于房地产的耐久性,通常以房地产作为抵押物而获得长期信贷;房地产使用的耐久性使得对它的所有权和使用权可以分离,租赁成为常用的房地产经营手段;房地产使用的耐久性也对房屋质量及管理提出了一些独特规定,对房地产业的可持续发展提出了客观要求与可能。

三　异质性

　　房地产在位置上的不动性和在质量差异上的普遍性决定了它是一种差异化程度较高的产品,即具有异质性(heterogeneity)。可以说,每一幢房屋都会因其用途、结构、材料、装饰、样式、朝向、规模、高度、设备等的不同而产生许多相异之处。虽然一种房地产可能与另一种房地产非常相似,甚至具有经济上的可替代性,但这种相似是相关的各种权利,而不可能是房地产实体本身。

　　从房地产质量差异性来看,体现为土地与建筑物的差异化。土地的质量包括土地的理化性状、土地区位和生产能力等,常因土地的自然条件和经济、技术、社会条件的不同而有显著的等级差异,并成为确定土地利用方向和各类土地等级及其价值的客观依据。建筑物的价值与其所处的位置、建筑风格和式样、建筑标准等关系密切。可以说,没有价值完全相同的两座以上的建筑物,甚至在同一个住宅区的相同住宅,几乎每一平方米的价值都是不同的。在所有影响建筑物价值的因素中,建筑物所在的位置是影响最大的因素,并使建筑物之间具有明显的差异。土地的质量差异与建筑物的价值差别结合在一起,而使房地产的异质性明显地表现出来。

　　从房地产位置差异性来看,主要表现为区位差异、邻居差异和各项设施及工作地点的可达程度上的差异。具体来说,一是区位差异。由于特定地点的房地产的价值往往积淀了周围的社会资本,因此区位对价值的决定作用几乎是房地产所独有的。在西方,人们认为有关房地产投资的最重要的三点,第一是区位,第二是区位,第三仍然是区位。区位尽管不能代表房地产的一切,但它确实强调了区位对房地产价值的重要影响(柴强,2004,第4页)。从世界各国的情况来看,经济越发达的国家,房地产的价值越高;在一国内部,繁盛地区的房地产比落后地区的更为抢手;而一般城市的房地产也比农村的房地产价值更大。二是邻居差异。中国人有一句话:"近朱者赤,近墨者黑。"在房地产的选择上,邻居因素也很重要,邻居文化信仰、生活习惯和道德水准都会使住宅产生差异。三是各项设施及工作地点的可达程度差异。一宗房地产与重要场所(如市中心、机场、港口、火车站、汽车站、政府机关、工作地点等)的距离,从其他地方到达该宗房地产的可及性,从该宗房地产去往其他地方的便捷性都会造成这宗房地产的差异化。房地产与其他设施的距离可以分为空间直线距离、交通路线距离和交通时间距离。现在人们越来越重视交通时间距离而不是空间直线距离。例如,某些地铁物业尽管与中心区的直线距离较远,但消费者也很愿意选购。

四 | 投资、消费的两重性

作为一种重要的生活必需品和消费资料,由于房地产总价通常很高,其支出占家庭总支出的比率相当大,一般地,发达国家该比率均在1/4以上。同时,在诸多的生产要素投入中,房地产是一种基本的投入要素,房地产投资在公共投资和个人投资总额中占有相当大的比重。需要指出的是,与其他投资相比较,房地产投资流动性相对较差,其主要原因是:房地产价值大,交易双方在决策上都持十分慎重的态度;房地产的差异性使得投资者往往需要利用相当长的时间了解市场,寻找合适的买者并进行讨价还价;有一定比例的房地产在开发建造时,既定目的就是为自身用于生产或经营,这样该笔投资只能逐渐将其价值收回;当购置房地产是用于出租时,其投资也只能通过收取租金的形式来实现。

由于房地产具有投资和消费的两重性(duality),这就为人们在进行房地产消费和投资之间的转换提供了更多的可能,一宗房地产既可以完全用于家庭消费,也可以出租部分房间,在房价高涨或家庭支付困难的情况下还可以出售变现。虽然房地产的变现能力较差,流动性较低,但在通货膨胀的情况下,投资房地产比投资其他资产更具保值功能。因此,在现实中,房地产具有投资和消费双重功能。

五 | 增值性

房地产的保值性,是指投入房地产的资金的增值速度能够抵消货币的贬值速度,具体来说将资金投入一宗房地产一段时间后所收回的资金,保证完全能购买到当初的投资额可以购买到的同等的商品或服务。房地产既能保值,还有增值性(appreciation)。一般来说,引起房地产增值的原因主要有两方面,一方面是自然增值,包括居民收入增加、人口增长、居住水平提高等有效需求增加引起市场价格上涨;在普遍的通货膨胀情况下房地产可以保值增值;公共设施、环境美化等外部经济环境条件的改善导致房地产增值。另一方面是追加投资引起的房地产增值。如,室内外装修改造、更换或增加设备、应用新技术等。此外,房地产增值还具有延伸性,在某块土地上投入的开发性资本或劳动,不仅使这块直接被开发的土地增值,同时也使它的邻近未被直接开发的地段升值。这是由地块的自然延伸性所决定的。

需要注意的是,虽然随着时间的推移,房地产的价值在总体趋势中呈波浪式攀升,但不排除在一段时期内,随社会经济发展的变化而波动。当周围环境不断恶化、建筑功能滞后或建筑物使用年限变短时,房地产价值会出现降低,甚至出现连续下降。在一些土地所有权国有的国家,特定的房地产的价值会随着土地出让时间的期限而变化。

六 | 房地产产权的可分割性

房地产产权具有可分割性(divisibility)。从本质上说,交易是财产权利的转让,而不一定表现为财产实体的交换。每一种房地产权利所包含的权利的大小成为这种权利价格的基础。房地产交易可以是一束权利整体,也可以是部分权能的集合体或一束权利中的独立权利。房地产作为实体对财产的分割具有较强的限制,而作为权利对财产的分割则相对灵活、便利。

　　房地产除了可由个人单独拥有以外，还可借助法律和契约创造不同的所有权形式。由于房地产的价值高昂，所以所有权分散是一种必然的趋势。以共有形式形成的所有权分割的方式大致可分为三类：分别共有、公同共有以及信托共有。① 分别共有指一项房地产可分割为许多小单位，而每一共有人拥有其中一定单位。在分别共有的情况下，每一共有人可以独立处分其所拥有之部分。例如：发展商将住宅大厦地下停车场分割成不同的停车空间出售，在这种情形下，所有停车位的所有人为此停车场的分别共有人，每一停车位的所有者可以自行买卖转让其停车位之所有权或使用权而不必征得其他共有人之同意。由于此种共有形式每一共有人有其"应有部分"，此一"应有部分"即是所谓的持分，所以此种共有形式又可称为"持分共有"。② 公同共有，通常各公同共有人对共有的房地产并没有属于其自己所有的部分。对共有房地产的处分及其他权利之行使，必须经过全体共有人之同意。如房地产合伙投资辛迪加（syndicate）方式，一般采用公同共有之所有权形式。这种投资方式是由数人乃至数百人出资，投资于房地产开发与兴建，并按各人所占有资本比例或事先的约定分配盈余或分摊损失。③ 信托共有（基金式共有），属于企业组织中的股份有限公司，并在证券市场中以共同基金的形式发行受益凭证，向大众募集资金进行房地产投资，基金受益凭证之持有人为基金股东。如美国的房地产投资信托（real estate investment trusts，简称 RE-ITs）。

七　开发使用的外部性

　　外部性（externality）是指房地产的利用和价值经常受周围房地产利用及环境变动的影响。如果房地产开发与使用所发生的成本或利益由开发者或使用者承受，则此成本或利益为内部成本或内部利益；反之，产生的成本或利益不是由开发者或使用者承受，则称之为外部成本或外部利益。在房地产投资、开发与使用中，既有可能对周围地段带来外部经济，如修筑一条道路使得附近居民或企业因道路的开发而享受到的便利就是外部经济；也有可能造成外部不经济，如由于道路的修筑对生态环境造成了负面影响，并未由道路的修筑者所承担，所以隐含于该负面影响的成本为外部成本。外部性通常是间接的、无形的，而且是长期的。由于此种外部成本与利益在房地产开发使用时，并未被计入其成本与收益的分析中，所以就整个社会而言，可能导致房地产的低效率使用。具体来说，房地产的外部性可以划分为：宏观外部性和微观外部性、房地产外部经济与外部不经济、开发的外部性与消费的外部性、公共部门外部性与私人部门外部性等多种（曹振良，2003，第 115～117 页）。房地产开发使用之外部性问题，可以通过新的产权设置或界定来解决。一旦这种产权设置起来，外部性就被内部化了，这种外部经济或外部不经济不再存在。如果新的产权设置或界定的成本过高，则可以由政府出面加以管制和指导。

八　文化美学特性

　　建筑被称为凝固的艺术，房地产不仅能够传承和体现一定的文化观念，而且还蕴涵了丰富的美学价值和心理效应，这一现象被称为房地产所具有的文化美学特性（the nature in aesthetics and culture）。具体来说，一方面，房地产作为一种文化现象，反映了人们的价值观念和行为方式。房地产这种商品的生产和消费除受一般商品的消费偏好影响外,还在很大程度上受到民族风俗、宗教意识、生活习惯等因素的影响。例如,宗教信仰不同的地区住房也常出现很大的区别。著名作家林语堂在《建筑》一文中对包括住宅在内的中西建筑作过比较。他指出:"中国建筑……主要倾向是寻求与自然的和谐……不仅如此,中国建筑还辅以象征的意象……中国建筑引进了泛神论的因素,迫使人们考虑房子周围的风水……中国建筑的基本精神是和平和知足,其最好的体现是私人的住宅与庭院建筑。这种精神不像哥特式建筑的尖顶那样直指苍天,而是环抱大地,自得其乐。哥特式大教堂暗示着精神的崇高,而中国的庙宇宫殿则暗示着精神的安详与宁静"(林语堂,1988,第277页)。另一方面,房地产也满足了人们的审美需求,体现了人们的美学境界。由于美学思想萌芽于人们的衣食住行之中,房地产必然成为人们审美意识的重要对象。例如,由世界著名建筑大师贝聿铭担纲设计的苏州博物馆新馆充分考虑了苏州古城的历史风貌,借鉴了苏州古典园林风格,整个建筑与古城风貌和传统的城市肌理相融合,以其大胆精准的选址、体现继承和创新的"中而新,苏而新"的设计理念、追求和谐适度的"不高不大不突出"的设计原则,成为传统苏州和现代苏州文化的形象代表。再如名闻天下的丽江古城,也因其深厚的文化底蕴和美学价值而得到人们的广泛推崇和认可。由于房地产所体现的美学思想不同,而直接对建筑风格及布局产生影响。

总体而言,房地产的文化美学特性还具有重要的经济效应,即房地产的文化美学价值能够转化为财富。特别是当房地产所体现的文学和美学思想为大多数人所认同时,其价值通常会获得更快速的增长。房地产所代表的文化美学特征也反映了某一地区居民的生活方式,因而房地产能够在一定程度上成为一个地区或城市的本土文化方面的标志。

本章小结

本章首先对房地产的概念进行界定,并对房地产与房屋、不动产、物业等词的含义加以辨析,还介绍了房地产的一般分类方法。在此基础上,专门对房地产的本质从三个方面进行了深入阐述,最后集中介绍了房地产所具有的多种自然、经济、社会特性。

通过本章的学习,可以对房地产的内涵有充分的了解,并对房地产的自然、经济、社会特性有一个全面的掌握。

本章思考题

1. 对于房地产的内涵有哪些代表性的观点?
2. 作为一个权利束,房地产体现了哪些具体的权利?
3. 房地产具有哪些自然、经济、社会方面的特性?

参考文献

[1] 曹振良等. 房地产经济学通论[M]. 北京:北京大学出版社,2003.

［2］［美］丹尼斯·迪帕斯奎尔,威廉·C·惠顿. 城市经济学与房地产市场［M］. 北京:经济科学出版社,2002.

［3］［美］丹尼斯·J·麦肯齐,理查德·M·贝兹. 房地产经济学［M］,北京:经济科学出版社,2003.

［4］高富平. 土地使用权和用益物权——我国不动产物权体系研究［M］. 北京:法律出版社,2001.

［5］黄少安. 产权经济学导论［M］. 济南:山东人民出版社,1995.

［6］简德三,王洪卫. 房地产经济学［M］. 上海:上海财经大学出版社,2003.

［7］李宗锷. 香港房地产法［M］. 香港:商务印书馆(香港)有限公司,1994.

［8］林语堂. 中国人［M］. 杭州:浙江人民出版社,1988.

［9］辞海编辑委员会.《辞海》［M］. 上海:上海辞书出版社,1989.

［10］王全民. 房地产经济学［M］. 大连:东北财经大学出版社,2002.

［11］［英］约翰·伊特韦尔等编. 新帕尔格雷夫经济学大辞典(第三卷)［M］. 北京:经济科学出版社,1992.

［12］［英］约翰·伊特韦尔等编. 新帕尔格雷夫经济学大辞典(第四卷)［M］. 北京:经济科学出版社,1992.

［13］张永岳. 国际房地产概述［M］. 上海:上海人民出版社,2004.

第二章　房地产业：形成、定位与发展

内容提要

1. 房地产业的概念、构成，房地产业兴起和发展的社会经济背景。
2. 房地产业在国民经济中的性质定位与功能定位。
3. 房地产业与国民经济的相互关系分析。
4. 中国房地产业发展的历程与特征。

房地产业的形成和发展具有特定的社会经济背景，它是工业化、城市化推进的产物，也是产业结构和消费结构变化的体现。分析房地产业形成和发展的内在基础，考察房地产业在国民经济中的地位和作用，探讨房地产业与国民经济的相互联系，从而全面认识房地产业的发展状况和趋势。

第一节　房地产业的形成

一　房地产业的概念与构成

所谓产业，是指提供同样或相近产品和服务的企业的集合。围绕着房地产这一经济物品的生产和流通，众多的相关企业被抽象为一个集合，即房地产业。从当前一些论著对房地产业的定义看，可以说是大同小异。相同之处在于，都将房地产业看作一个独立的产业部门；认为房地产经济活动和经济实体是房地产业的基础；也都强调了房地产业中具体经营活动的多样性。差异之处则在于，对于哪一些经济实体和活动归入房地产业有不同看法。具体来看，有代表性的观点包括：曹振良、高晓慧（2002，第70页）认为，房地产业是由从事房地产开发、经营（出租、出售、信托等）、管理、维修和装饰等项活动和经济实体组成的行业。张红（2005，第29页）认为，房地产业是指从事房地产开发、经营、管理和服务的行业或产业。其中，开发是基础，经营是开发的产品得以实现的过程，而管理和服务是保证开发和经营顺利实施的手段。因此，房地产业是指从事房地产投资、开发、建设、经营、租赁、抵押、信托、维修以及装饰等经济活动的产业部门，它具有流通与服务两种功能。

综上可见，对于房地产业概念的准确界定不仅应该从"产业"范畴入手，还应从房地产业实践需要出发。从房地产业实践来看，房地产业是指以提供房地产产品为目的的相关企业及其经济活动的集合。具体来说，房地产业除了提供房地产直接产品的房地产开发经营业外，还包括以房地产为对象在相关领域中提供服务的行业，如物业管理业、中介服务业和房地产金融业、房地产保险业等，其中中介服务业又包括房地产咨询、房地产价格评估和房地产经纪等活动（见图2-1）。对于这一界定，需要加以说明。

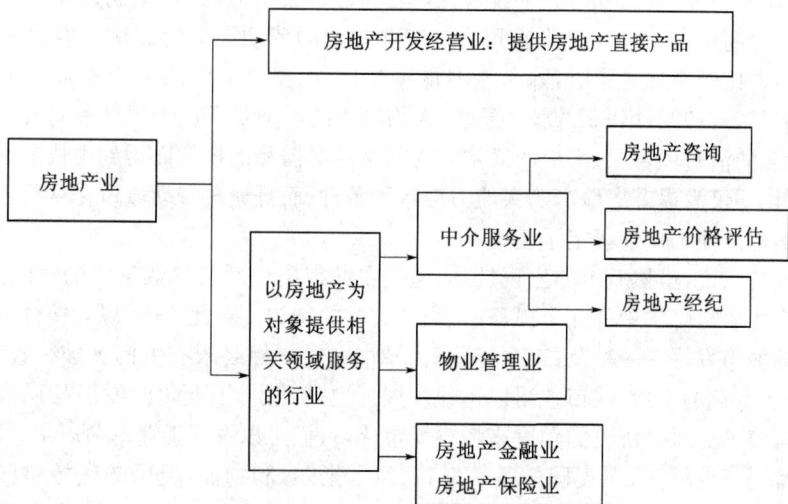

图 2-1　房地产业的概念与构成

一是关于房地产业与建筑业的联系和区别。二者密切联系是因为它们的业务对象都是房地产；而主要区别则在于建筑业是直接从事房屋生产和其他建筑物的建造、改造、装修安装等的一个物质生产部门，建筑业中的建筑企业同勘察、规划、设计等其他企业一同服务于房地产开发商，为房地产最终产品的形成作出贡献，但其劳动价值只构成最终房地产产品价值中的一部分。在产业不断细化的今天，上述原因导致了建筑业并不直接向市场提供房地产产品，向市场提供最终房地产产品的是房地产业。

二是在这些具体行业中，房地产开发经营无疑是主体，也是整合其他行业与资源的中心环节，这一行业直接提供具体的房地产产品，包括进行基础设施建设、房屋建设，并转让房地产开发项目或者销售、出租商品房等活动，通常所讲的房地产业也大都指这一中心环节。

三是关于房地产开发经营行业与其他行业的关系。虽然物业管理业与中介服务业、房地产金融与房地产保险等不是房地产开发经营的核心环节，但是在实践中这些行业在房地产开发经营中的地位和作用日益重要，又是导致房地产业差异化竞争的重要方式，成为房地产业必不可少的辅助环节。例如，一些房地产项目热销正是由于开发商在物业管理方面提供的优质服务。

二　工业化、城市化与房地产业的兴起

房地产业的兴起有着深刻的经济基础和客观的社会需求。18世纪产业革命以来，工业化与城市化的发展直接导致了迫切的城市住房问题，迄今为止，世界上几乎没有哪一个国家

可以不经历住房短缺的痛苦折磨就完成了工业化和城市化的。各国经济发展的过程中都不可避免地将发展房地产业作为有效解决城市住房问题的主要途径。因此可以说,工业化和城市化直接催生了房地产业的形成、独立和快速发展。具体来说,工业化一方面带动了城市化,另一方面也增加了人们的收入;城市化在导致城市人口持续增长的同时,也直接产生了大规模的住房需求,从而推动了房地产业的兴起。

"工业化是一种过程。首先,一般来说,国民收入(或地区收入)中制造业活动和第三产业所占比例提高了;其次,在制造业和第三产业就业的劳动人口的比例一般也有增加的趋势。在这两种比例增加的同时,除了暂时的中断以外,整个人口的人均收入也增加了"(约翰·伊特韦尔等,1992,第861页)。显然,人均收入的增加是有利于提高劳动人口的消费水平的,在众多的消费项目中,房地产通常因为其生活必需品的地位而得到更快的增加。深入来看,工业化不仅为提升房地产购买能力准备了条件,而且通过带动城市化从需求和供给两个方面为房地产业的形成奠定了基础。

对于人类来说,虽然城市的出现较早,但是在城市出现后长达数千年的时间里,寥落的城市只是广大农村经济中的几个孤岛,且受到农村的制约。对此,马克思有精妙的评述。在这一阶段的城市发展是一种"城市乡村化"。城市的发展始终未有大的突破。直至19世纪初,伴随着工业化的发展,城市才得以迅速发展。也就是说,工业化的发展与现代城市的勃兴是密不可分的。从经济史的角度来考察城市化,人们可以发现工业革命以来,几乎所有的新兴城市都是工业城市,如英国的曼彻斯特、纽卡斯尔、利物浦,美国的底特律、匹兹堡等。在这些城市早期的发展中,都紧密地依附于城市中的主导工业。耶兹在1970年对加拿大南安大略省乔治亚湾地区工业刺激城市发展过程的研究表明:在早期资本主义社会,工业化与城市化是紧密相连的,工业发展是城市成长和发展的最重要推动力。

城市化不仅作为工业化进程中一种不言自明的表征,而且还包含其他多种层次的内容,乡村人口向城市流动的过程则是城市化最基本的内涵,社会结构与生活方式、行为准则的变革也是城市化的必然结果。因此,随着工业化与城市化的持续推进,出现了一系列新的经济社会特征。一是工业化、城市化导致城市数量的快速增长。1950年,全球10万人口规模以上的城市有886座,而到了1967年,这一数字已增至1 700座以上。在近40年中,全球的城市规模较20世纪70年代又有巨大的发展。超级城市、巨型城市和星罗棋布的中小城市已遍布全球,城市的大量涌现与快速发展已成为现代经济成长的一个显著特征。二是工业化、城市化造成城市人口的持续增加。在1800~1950年,世界总人口由10亿增至25亿。时至今日,这股城市化的浪潮仍未有停息的迹象,反而发展愈来愈快。目前,世界城市人口已超过全球总人口的一半,城市人口为35亿,农村人口为34亿。三是工业化、城市化带动城市房地产业的迅速成长。大量的农村人口进入城市,不仅带来工业、商业房地产需求的急剧增长,而且带来了购买和租赁住宅需求的快速增长。因此,在发展中国家进入工业化和城市化的快速增长阶段后,这些国家的房地产业也就应运而生,逐步作为一个独立的产业而出现和成长壮大。

发达国家较早完成了城市化。目前,世界发达国家的城市化水平均在80%左右。从日本和韩国的情况来看,在经济快速增长时期,城市化水平也出现了显著的提高。如表2-1所示,日本从1950~1970年城市化水平提高了34.1%,年均提高约1.7%,之后就进入了相对平稳的时期,1970~1990年的20年间城市化水平仅提高了6%。韩国的城市化水平从1970~1990年获得了平稳增长,年均提高超过1%。当前中国的城市化水平相当于日本在

20世纪50年代和韩国在20世纪70年代的水平，正处于城市化水平较快上升时期。

表2-1 日本、韩国与中国的城市化水平比较

国家	城市化水平（%）			
	1950年	1970年	1990年	2004年
日本	37.3	71.4	77.4	79.0
韩国	28.0	50.2	74.0	84.0
中国	11.2	17.4	26.4	41.8

资料来源：有关年份的《中国统计年鉴》、世界银行数据库。

研究表明，一个城市的GDP总量与生产要素的房地产需求之间存在着很强的正相关关系，因为任何产业的发展必然以一定的生产要素房地产作为支撑。比如，银行业、保险业、法律服务业、商业服务业、咨询业的发展使得对写字楼的需求不断增加；而对宾馆客房的需求主要依赖于当地旅游、会议和商务访问量的持续性增加。而大量的城市人口的增加则从根本上支持了房地产业的持续发展。特别是对于那些正在不断提高城市化水平的国家而言，房地产业增长的空间较大。

房地产业不仅是城市化的产物，而且也是推进城市化发展和提高城市现代化水平的重要力量。例如，中国正处于人口城市化的快速发展时期，城市人口在总人口中的比重将迅速上升，而产生相应的房地产需求。从1978年到1998年，中国城市化率从17.92%上升到的33.35%。但从1999年开始，城市化进程明显加速，1999年城镇人口在总人口中的比重为34.78%，城市人口为43 748万人，而到2009年居住在城镇的人口为62 186万人，占总人口的46.6%（见表2-2）。

表2-2 1999年以来中国的城市化进展

年 份（年）	年底人口数（万人）	城镇人口数（万人）	比重（%）
1999	125 786	43 748	34.78
2000	126 743	45 906	36.22
2001	127 627	48 064	37.66
2002	128 453	50 212	39.09
2003	129 227	52 376	40.53
2004	129 988	54 283	41.76
2005	130 756	56 212	42.99
2006	131 448	57 706	43.90
2007	132 129	59 379	44.94
2008	132 802	60 667	45.68
2009	133 474	62 186	46.60

资料来源：国家统计局，《中国统计年鉴—2009》，北京：中国统计出版社，2009年；国家统计局，《中华人民共和国2009年国民经济和社会发展统计公报》，www.stats.gov.cn，2010。

三　产业结构演变与房地产业成长

　　如果说工业化、城市化为房地产业的形成提供了内在需求和特定经济社会条件的话，那么产业结构的演变则直接导致了房地产业的兴起和扩张。产业结构是指各产业部门之间、各产业部门内部、各行业及企业间的构成及相互制约的联结关系。产业结构一般划分为三次产业或三个部门，即第一次产业、第二次产业和第三次产业；或农业、工业和服务业。第一次产业主要是农业，是直接向大自然索取产品的产业，生产过程中大自然参与的成分较大。第二次产业主要是工业和建筑业，本质是一个加工产业，通过人类劳动改变物质原有的自然形态，以生产出人们所需要的各类产品。第三次产业主要是流通行业和各类服务行业，是为人们生产和生活服务，通过物质和劳务的交流来改善和提高人们的生产能力和生活水平。

　　英国经济学家和统计学家科林·克拉克所提出的配第—克拉克定理阐述了三次产业结构演变的规律：随着经济的发展，即随着人均国民收入水平的提高，劳动力首先由第一次产业向第二次产业移动，当人均国民收入水平进一步提高时，劳动力便向第三次产业移动。因而，劳动力在产业间的分布状况是：第一次产业减少，第二、三次产业将增加。

　　美国经济学家西蒙·库兹涅茨对国民经济结构变化作了更为详尽的研究，将国民经济活动划分为农业产业（A部门）、工业产业（I部门）和服务产业（S部门）。其中S部门包括商业、银行、保险、房地产、住房的所有权和其他服务。明确地将房地产业看作服务产业或者说是第三产业。依据这一分类，他得出了产业结构变化的规则：农业部门的国民收入在整个国民收入中的比重以及农业劳动力在全部劳动力中的比重均处于不断下降之中；工业部门的国民收入的相对比重大体上是上升的，然而，工业部门中劳动力的相对比重，如果综合各国的情况看，大体不变或略有上升；服务部门的劳动力相对比重，差不多在所有的国家中均呈上升的趋势，但是国民收入的相对比重未必与劳动力的相对比重的上升同步，综合起来看是大体不变或略有上升。

　　虽然第三次产业作为一个独立的生产部门而存在是现代社会才有的事情，但在二战后第三次产业却以异乎寻常的速度在各国发展起来。从发达国家的经验来看，在工业化开始时，第三次产业在国民经济中所占的比重一般不大；随着工业化的推进，第三次产业逐步发展，其增长速度与国民生产总值的增长速度基本一致；到工业化接近完成时，第三次产业在经济中已占据重要地位；而到了所谓的后工业社会，第三次产业则进入大发展的黄金时代，其产值占国民生产总值的比重开始超过50%（张培刚，2001，第520页）。因此，当前发达国家和发展中国家都逐渐采取了三次产业划分法。中国从20世纪80年代中期开始采用三次产业划分法，将第三次产业又分为流通部门和服务部门两大部门，其中房地产业被划入服务部门。

　　随着第三次产业的发展，第三次产业内部的结构也会发生变化。这种变化主要表现为从业人数的变化。例如，1960～1981年的21年间，在日本第三次产业中，增长速度最快的是房地产业（增长655%），其次是服务业（增长247%）、商业（增长219%）、金融保险业（增长217%）和运输通讯业（156%）。具体说来，日本的生产性服务的比重下降；非生产性部门（包括奢侈性部门、流通部门如金融、保险、不动产等部门）增长较快，其从业人数在1960～1981年增长1.89倍（张培刚，2001，第523页）。房地产业在第三次产业内部的快速崛起是符合产业结构演变的一般规律的,它内在地反映了房地产作为一种生活必需品和一种生产要素的产品性质,显示了产业成长背后存在的巨大有效需求。

房地产业部门的持续细化和分化是推动该产业持续成长的内在原因。具体来说,房地产业从以下几个方面持续地进行扩展。一是通过与金融业、保险业等产业的结合,实现了房地产金融业、房地产保险业等产业的成长。二是在专业化过程中房地产中介服务行业的兴起。例如,随着竞争的加剧和房地产业的成熟,房地产策划咨询业、房地产销售代理业、房地产广告业、房地产价格评估业、房地产法律服务业等新兴行业不断成长。三是专业化的物业管理日益成熟。随着房地产产品的升级,对物业进行专业化维修、养护、管理,以及对相关区域内的环境、公共秩序等进行管理的活动日益增多,拓展了房地产业的内容。

四　消费结构升级与房地产业扩张

消费需求结构与周期的变动是推动房地产业形成和地位上升的重要动力。通常而言,消费品可以分为基本性消费品、享受性消费品和发展性消费品三大类。居民消费层次结构升级的一般规律是基本性消费品比重逐步下降,享受性消费品和发展性消费品比重逐步上升。研究表明,居民消费结构变化规律的基本趋势是,随着收入水平的提高,食品消费在家庭消费支出中所占的比重逐步下降,其他支出即用于居住、出行、教育、娱乐等的支出逐步增加。这一规律具体反映在恩格尔系数的变化上。如中国的城乡居民家庭恩格尔系数就呈现出下降的趋势,特别是城镇居民家庭恩格尔系数下降的速度更快(见表2-3)。

表2-3　中国城乡居民家庭恩格尔系数

年　份(年)	城镇居民家庭恩格尔系数(%)	农村居民家庭恩格尔系数(%)
1999	42.1	52.6
2000	39.4	49.1
2001	38.2	47.7
2002	37.7	46.2
2003	37.1	45.6
2004	37.7	47.2
2005	36.7	45.5
2006	35.8	43.0
2007	36.3	43.1
2008	37.9	43.7
2009	36.5	41.0

资料来源:国家统计局,《中国统计年鉴—2009》,北京:中国统计出版社,2009年;国家统计局,《中华人民共和国2009年国民经济和社会发展统计公报》,www.stats.gov.cn,2010。

显然,房地产和食物、衣物等都是属于基本性消费的内容。在基本性消费内部的多种消费品中,也存在着一个不断升级的过程。一般来说,食物消费是最优先的项目,之后是衣着消费,衣着消费先升后降,逐步趋向稳定。随着恩格尔系数的下降,住房消费支出比重稳步上升。由于房地产是人们最重要的生活必需品之一,所以,当食品消费在家庭总消费支出中逐渐下降以后,家庭用于房地产的消费支出也会优先增加。同时,房地产的价值量大,能保值、升值,这也就使得房地产消费特别是住宅消费在总消费支出中所占比例较高,发达国家和地区通常达到20%~30%,而在一些发展中国家仅为10%左右。这就意味着,随着收入水平的进一步提高,人们将会把更多的支出用于房地产消费(见表2-4)。

表2-4　西欧国家的人均GDP和住房消费占居民总消费的比重

国家	1995年的人均GDP(美元)	1989年的住房消费占居民总消费的比重(%)
瑞士	36 430	—
丹麦	29 190	27.4
挪威	26 590	—
德国	26 000	18.4
奥地利	25 010	17.9
法国	23 550	18.9
瑞典	23 270	20.0
比利时	22 260	16.7
荷兰	21 300	18.6
英国	18 950	19.5
意大利	18 400	12.5
爱尔兰	15 100	10.9
西班牙	12 500	13.1
希腊	8 400	11.1
葡萄牙	6 900	

资料来源:Balchin, P. N. ed. , Housing Policy in Europe, London:Routledge,1996。

消费结构变动要受到收入水平和产业结构的重要影响。国际经验表明,人均GDP达1 000美元、3 000美元为居民消费结构发生转变的临界点。人均GDP突破1 000美元后的大约10年时间是居民消费结构急剧变化的时期,在这之后,居民消费结构将相对稳定。根据美国居民消费结构演变规律,住房的消费支出增长速度在10年左右时间的较大幅度波动后,呈缓慢而稳定的下降趋势。在人均GDP为1 000美元阶段,多数国家和地区居住消费比重在7%~16%;在人均GDP为3 000美元阶段,居住消费比重则提高到10%~18%。如根据联合国《国民经济核算统计年鉴》和各国统计年鉴,以美国、英国、法国、西德、日本、波兰、捷克、匈牙利、保加利亚等9国为样本,分析其人均GDP首次突破1 000美元时的居民消费结构发现,各国平均食品消费约占42.91%,衣着消费约占12.97%,用品消费约占

9.81%,住房消费约占 9.18%,劳务消费约占 21.18%;如果仅以美国、英国、法国、西德和日本为例,其住房消费支出比例最大为英国 13.8%,最小为法国 8.3%,可见其住房消费支出比例具有较高相似度。分析还表明,在人均 GDP 达到 3 000 美元阶段时,居民居住消费比重分化严重,主要发达国家该项支出比重都在 15% 左右,成为消费支出中仅次于食物的项目,而其余国家仍在 10% 左右。如美国、法国、英国、意大利等国在人均 GDP 为 3 000 美元阶段时,居住消费分别为 18%、14%、18%、13%。

第二节 房地产业的性质定位与功能定位

一 基于不同产业分类的房地产业性质定位

"房地产活动成为独立的产业后其产业怎么定位,是人们关心的问题,也是房地产经济学要论及的问题。房地产业的产业定位有两种含义:一是房地产业的产业性质定位,即在第一、二、三次产业中,房地产业属于哪类产业;二是房地产业的产业功能定位,即在基础产业、先导产业、支柱产业、主导产业中,房地产业属于哪类产业"(曹振良等,2003,第 17 页)。事实上,由于各国所依据的产业分类标准不同,在房地产业的性质定位上也就出现了或多或少的差异。

(一)国外和中国香港地区对房地产业的产业分类

从国际上的产业分类来看,较早地将房地产业作为一个独立部门来看待,但并没有过多地关注房地产业是第二次产业还是第三次产业。联合国在 1968 年修订的《全部经济活动产业分类的国际标准》,把经济活动分为十大类,房地产业属于第八类。房地产业是由四个部分构成的:出租和经营房地产(非住宅建筑,公寓房间,住宅);进行土地功能分区和房地产开发(用自己的账户);房地产出租(人);通过合同和收费方式经营的租赁、买卖、管理、评估房地产的代理(人)、经纪(者)和管理(者)。

美国在产业分类标准中,把全部产业划分为十大类,房地产业为第七类,在大类的下面包含两个小类,进一步又分为五个子行业,即房地产经营(除去开发商)和租赁房屋经纪人、拍卖商品和管理者、房地产权服务公司、小区规划分类和开发、自建自卖的建筑商。

加拿大在产业分类中,把房地产业划为第九类。房地产业包括以下行业:各类房地产(住宅与非住宅)经营商;各类房地产租赁机构;房地产买卖代理机构、代理商和经纪人;房地产评估、房地产管理商;房地产与保险结合的业务机构;房地产与担保、保险、法律事务相结合的业务机构等。

中国香港地区对国民经济产业活动分类与联合国的产业分类基本相同。香港的房地产业包括地产业和楼宇业权两个方面:地产业包括房地产开发公司、房地产经纪行、楼宇出租、房屋管理公司及楼宇清洁服务公司等;楼宇业权是业主以自己个人身份为租房者提供出租服务,以及住户、政府和私人非牟利集团等以业主身份为自己提供的服务等(张跃庆、丁芸,2004,第 20 页)。

由上述情况可以看出,联合国以及一些国家和地区,都是把房地产业作为一个很重要的专门产业来看待,并将有关房地产开发、销售、经营、经纪和管理活动都纳入这一领域。显然,这些活动与工业、建筑业这些传统的第二次产业是有本质上的差异的。

除了上述各国的产业分类标准外,以 MSCI(摩根士坦利)公司和 S&P(标准普尔)公司于 1999 年 8 月共同推出的全球产业分类标准 GICS(global industry classification standard)和伦敦金融时报(FTSE)的全球分类系统 GCS(global classification system)最为著名。其中,GICS 系统由 10 个经济部门、23 个产业组、59 个产业和 123 个子产业构成。而 GCS 由 10 个经济组、39 个产业部门和 102 个产业子部门构成。GICS 和 GCS 均为投资型的产业分类体系,其分类标准既以产品类型为基础,也结合了消费者的市场需求。从分类的结构来看,这类体系以消费特征为分类的主要依据,淡化了商品和服务的区别,也淡化了三次产业的概念。而在各大类所涵盖的细类方面,则着重考虑产品与产业投资价值的同一性,即从生产者向消费者立场转移。在西方国家和地区,由于房地产产品多被视为金融投资的工具,如由房地产产品衍生的"房地产投资信托"本身是重要的金融产品之一,所以 GICS 和 GCS 均将房地产业归于金融部门,这一点与基于三次产业划分基础上得到的行业分类标准有着很大的差别(详见表 2-5 和表 2-6)。此外,美国于 1997 年推出的北美产业分类体系 NAICS(north American industry classification system)取代了原标准产业分类 SIC(standard industry classification),NAICS 也将房地产业划归为金融业(张红,2005,第 31 页)。

表 2-5　摩根士坦利和标准普尔公司的全球产业分类标准(GICS)(部分)

40	FINANCIALS（金融）	4010	BANKS(银行)
		4020	DIVERSIFIED FINANCIALS(综合金融)
		4030	INSURANCE(保险)
		4040	REAL ESTATE(房地产)

表 2-6　伦敦金融时报的全球分类系统(GCS)(部分)

80	FINANCIALS（金融）	81	BANKS(银行)
		83	INSURANCE(保险)
		84	LIFE ASSURANCE(人寿保险)
		85	INVESTMENT COMPANIES(投资公司)
		86	REAL ESTATE(房地产)
		87	SPECIALITY & OTHER FINANCE(专业化和其他金融)
		89	INVESTMENT COMPANIES (INELIGIBLE FOR INDICES INCLUSION)(投资公司,不包括在指数中)

上述新的产业分类的出现,表明了房地产业的性质定位并非是固定不变的,由于这一产

业的特殊性,在具体的实践中还应该根据使用需要来进行产业划分。

(二)中国的房地产业分类

在改革开放前,中国的房地产业不是一个独立的产业部门。在经济转型过程中,房地产逐步纳入了市场经济的轨道,房地产成为企业经营的对象,房地产业也逐步成长起来,这就要求在经济活动分类中给予其适当的定位。在 1984 年 12 月 1 日,原国家计委、原国家经委、国家统计局、国家标准局批准颁发的《国民经济行业分类和代码》,把国民经济分为 12 类,房地产业属于第七类。当时确定了房地产经营管理业的内容包括:"对住宅、土地管理和经营单位;房地产开发公司及房管所兼营的房屋的零星维修"等。这个文献虽然有重大的历史和实践意义,但也带有明显的历史局限性,因为在这里所说的不是房地产业,其内容更倾向于房地产管理业。

1985 年 5 月,《国务院办公厅转发国家统计局关于建立第三产业的统计报告》确定了中国的产业分类框架,在第三次产业中包括了除农业、工业、建筑业等产业以外的所有其他产业部门。由于第三次产业构成庞大,所以又把它划分为两大部门,即流通部门和服务部门,同时把两大部门又分为四大层次。即第一个层次,流通部门;第二个层次,生产生活服务部门;第三个层次,提高科学文化水平和居民素质服务的部门;第四个层次,社会公共需要服务的部门。在这个文件中,将房地产业放到了第三次产业的第二个层次,即放到了为生产和生活服务的部门中,与金融、保险、地质普查、居民服务业、旅游业、咨询信息服务业、各类技术等产业并列。

1987 年 11 月 20 日,原国家城乡建设环境保护部《关于发展城市房地产业的报告》中,对房地产业含义作了进一步说明,"房地产业包括:土地的开发,房屋的建筑、维修、管理,土地使用权的有偿划拨、转让,房屋所有权的买卖、租赁,房地产的抵押贷款,以及由此形成的房地产市场"。更为全面地概括了房地产业所包含的活动和内容。

在强调与联合国《国际标准产业分类》标准接轨,并借鉴欧盟、北美、日本、澳大利亚与新西兰等国际组织和国家或地区的分类标准的基础上,中国国家统计局 2002 年颁布了基于三次产业划分的《国民经济行业分类与代码》(GB/T4754—2002),包括 20 个门类,95 个大类,396 个中类和 913 个小类,其中房地产业作为一大门类,在所有产业中排行第 11 位(分类代码:K),如表 2-7 所示。

表 2-7　《国民经济行业分类与代码》(GB/T4754—2002)(部分)

代码				类别名称	说明
门类	大类	中类	小类		
J				金融业	
	68			银行业	
	69			证券业	
	70			保险业	
	71			其他金融活动	
K				房地产业	

代码				类别名称	说明
门类	大类	中类	小类		
	72			房地产业	
		721	7210	房地产开发经营	指房地产开发企业进行的基础设施建设、房屋建设,并转让房地产开发项目或者销售、出租商品房的活动
		722	7220	物业管理	指物业管理企业依照合同约定,对物业进行专业化维修、养护、管理,以及对相关区域内的环境、公共秩序等进行管理,并提供相关服务的活动
		723	7230	房地产中介服务	指房地产咨询、房地产价格评估、房地产经纪等活动
		729	7290	其他房地产活动	

依据房地产业的分类及国家有关文件规定,以及中国房地产经济发展具体情况,房地产业主要包括以下内容:① 土地开发和再开发;② 房屋开发和建设;③ 地产经营,包括土地使用权的出让、转让、租赁和抵押;④ 房地产经营,包括房产(含土地使用权)买卖、租赁、抵押等;⑤ 房地产中介服务,包括信息、咨询、估价、测量、律师、经纪和公证等;⑥ 房地产物业管理服务,包括家居服务、房屋及配套设施和公共场所的维修、养护、安保、绿化、卫生、转租、代收代付等;⑦ 房地产金融,包括信贷、保险和房地产金融资产投资等(张跃庆、丁芸,2004,第20～21页)。

无论对于房地产业进行怎样的分类和性质定位,这一产业的独特性都为各国所认同,人们也从不同的角度或需要出发,从产业部门、经营环节、经济活动、经济组织及人员、技术等方面给出自己的定位。这些不同视角的定位结合,就构成了庞大而复杂的房地产业体系。

二 支柱产业:房地产业的功能定位

对于房地产业的功能定位,通常认为房地产业是在国民经济中具有基础产业、先导产业、主导产业以及支柱产业的地位和作用。深入分析表明,上述的产业功能定位虽然所用名词有所不同,但在其内容上则是大同小异的。如果要准确地反映房地产业的功能定位,支柱产业一词更为可取。事实上,一些政府和研究者也是这样看待的,例如2003年8月,中国政府首份明确对房地产业地位定位及政策导向的文件出台,即《国务院关于促进房地产市场持续健康发展的通知》。文件明确指出:"房地产业关联度高,带动力强,已成为国民经济的支柱产业。"

由于研究的重点各不相同,目前对支柱产业的界定并不统一,比较有代表性的界定例如《辞海》(1999年版)"支柱产业"条目作了如下概括:"支撑经济发展的关键产业部门,如房屋的支柱,故称。有以下特点:① 拥有先进的科学技术、在国民生产总值中占有较大比重。② 具有较强的市场扩张能力和较高的需求弹性。③ 生产率能保持持续和迅速增长的良好势头和巨大潜力。④ 能带动相关产业的发展,有利于扩大就业,提高宏观经济效益和社会效益。"

通过对多种界定的总结,可以得出以下几点认识:① 支柱产业是指在国民经济发展中起着骨干性、支撑性作用的产业;支柱产业通常在国民经济体系中占有重要战略地位,其产业规模在国民经济中占有较大份额,相对于其他产业对经济增长贡献份额更大。② 支柱产业包含了更为广泛的紧密联系的产业群。③ 支柱产业的存在是基于特定的经济发展阶段。④ 支柱产业能够对整个经济发展和其他产业具有强烈的前向拉动作用或后向推动作用。⑤ 支柱产业符合产业结构演进方向,有利于产业结构优化。⑥ 从产业的生命周期来看,支柱产业应当是处于产业生命周期的成熟阶段,这样才能在相当长的时期内保持较快的增长速度和稳定的经济效益。

依据上述特征,可以判断房地产业在国民经济中具有支柱产业的功能定位。

1. 相对于其他产业而言,房地产业能够对国民经济增长作出较大的贡献

在发达国家和地区,房地产业的发展所创造的国民财富在国内生产总值中所占的比重都已经达到10%左右,有的甚至高达20%以上(如表 2-8 所示),房地产业已经成为这些国家和地区国民经济的支柱产业之一(张跃庆、丁芸,2004,第 31 页)。特别是中国香港房地产业增加值曾高达 GDP 的 25%,与金融、贸易、航运、旅游共同成为香港的支柱产业。房地产业是美国国民经济的重要组成部分,是重要的基础产业,长期以来与医药业、汽车业并称为经济的"三大支柱"。

表 2-8 1998 年部分国家或地区房地产业增加值占 GDP 比重　　　　%

国家(地区)	美国	日本	英国	法国	韩国	中国台湾	中国香港
比重	11.4	10.4	12.2	10.8	8.0	10.86	19.0

2. 房地产业是一个横跨生产领域、流通领域和消费领域的产业部门,是一个内容广泛的紧密联系的产业群

虽然房地产业是以流通领域为主,但它同时参与房地产开发和经营的决策、组织、管理,同时还兼有部分生产职能,如勘察、设计、规划和土地开发等;它虽然不直接从属于消费,但又与消费过程紧密结合在一起,在消费过程中承担维修、改造、保养、装饰等生产任务,提供售后维修和物业管理服务。与这些环节相对应,房地产业包括了大量的分支产业,成为一个复杂的产业群。产业群的特征决定了房地产业具有高度的综合性,它既是一个由多行业、多部门、多学科相结合的产业部门,又是一个占用资金量大、资金周转较慢的资金密集型产业部门,还是一个物业管理周期长、售后服务任务重的服务性产业部门。因此,房地产业在国民经济中具有支柱产业的地位和作用。

3. 房地产业的支柱产业地位通常是由快速工业化、城市化的特定经济发展阶段决定的

在不同的经济发展时期,各产业在国民经济中所起到的作用是有差异的,但在工业化和城市化快速推进的时期,房地产业在国民经济中发挥着至关重要的作用。可以说,在发展中国家向现代化国家转变的过程中,通常都伴随着房地产业的兴盛及其支柱产业地位的确立。

例如,日本在二战后的经济发展过程中房地产业获得了持续增长,到 20 世纪 80 年代,房地产业在国民经济中已具有重要地位。再如,中国台湾地区在工业化时期把房地产业称为"火车头"工业,强调该产业在这一时期的突出作用。

4. 房地产业与相关产业的产业链长,关联度高,可以成为对其他产业具有强烈的关联和拉动作用的支柱产业

发展经济学家罗斯托认为,一个高速增长的部门,其效果可以通过回顾、旁侧和前向三个效应来促进国民经济的发展。从这一理论出发,可以发现房地产业与其他产业之间同样存在着三种形式的关联:一是回顾关联,即房地产业与向其提供投入要素的产业之间的联系;二是旁侧关联,即与房地产业不存在前向、后向联系,但其发展与房地产业有着间接紧密联系的其他产业;三是前向关联,即房地产业与那些直接以房地产产品为经济活动前提的产业之间的联系。

总体而言,房地产业涉及建筑、建材、交通、能源、冶金、轻工、化工、电子、通讯、机械等 40 多个行业的 2 000 多个品种,其中一些产业不仅与房地产业相关性较大,而且在国民经济中地位也较突出。一是房地产业对建筑业具有直接的带动作用,而建筑业在促进经济增长、增加就业上也具有重要的作用。二是房地产业对建材业、建筑机械设备业、冶金业、化工业、电子业、仪表业的发展具有重要的促进作用。三是房地产业对家用电器、家具等民用工业,以及对运输业、商业、服务业等第三次产业具有拉动作用。四是房地产业对金融业具有重要的推动作用。

关于房地产业对国民经济其他行业的带动作用,学者们已作了大量研究。研究表明,房地产业对相关产业的带动作用,可以归纳为投资效应系数和引致性消费系数。据统计,在 OECD 国家,房地产业具有波及面广、带动作用强的产业特征,在 35 个产业中有 23 个产业与房地产业密切关联,且带动效应基本上随着时间的推移而逐渐变大,对相关产业的影响程度不断加深。房地产业对关联产业的带动效应分别是:1977~1990 年,美国为 1.264~ 1.462,平均为 1.33;1970~1990 年,日本为 1.49~1.679,平均为 1.56;1968~1990 年,英国为 0.769~3.90,平均为 1.83;1968~1989 年,澳大利亚为 0.838 7~1.228 9,平均为 1.03 (参见表 2-9)。

表 2-9　OECD 四国房地产业对其他产业的总带动效应

代表产业	美国 (1977~1990 年)	日本 (1970~1990 年)	英国 (1968~1990 年)	澳大利亚 (1968~1989 年)
食品饮料烟草业	0.05	0.03	0.1	0.03
造纸业	0.05	0.05	0.1	0.05
化学工业	0.03	0.05	0.07	
建筑业	0.12	0.16	0.15	0.09
批发零售业	0.14	0.17	0.2	0.13
运输及仓储业	0.04	0.06	0.1	0.06

代表产业	美国 (1977～1990 年)	日本 (1970～1990 年)	英国 (1968～1990 年)	澳大利亚 (1968～1989 年)
金融保险业	0.09	0.09	0.17	0.09
房地产业	0.24	0.15	0.3	0.13
社会服务业	0.14	0.11	0.11	0.21
总效应	1.33	1.56	1.83	1.03

资料来源：叶剑平、谢经荣著，《房地产业与社会经济发展协调研究》，北京：中国人民大学出版社，2005 年，第 78 页。

根据 1997 年投入产出表的计算结果，中国房地产业每增加 1 单位产出对其他产业的总带动效应为 1.416，其中对金融保险业的带动效应为 0.145，居各产业之首。从 2002 年投入产出表计算结果来看，房地产业的带动效应为 1.24，其中对金融保险业的带动效应保持不变。根据 2005 年投入产出表的计算结果，房地产业的带动效应继续降低为 1.05。但是，国民经济核算中的房地产业产值并不能如实反映房地产业对宏观经济的贡献，从生产法角度看，房地产开发投资主要由建筑企业完成，可以粗略看作建筑业总产出的一部分。所以，我们也计算了建筑业的带动效应。与房地产业相比，建筑业的带动效应要大得多。1997 年、2002 年和 2005 年建筑业每增加 1 单位产出对其他产业的总带动效应为 2.13、2.16 和 2.42，1997～2005 年，建筑业的总带动效应在逐渐上升(高波等，2009)。

5. 房地产业的发展符合产业结构的演进方向，有利于产业结构优化

房地产业作为第三产业的重要内容，其发展必然会提升第三产业在国民经济中的比重，实现产业结构的逐步升级。同时，房地产业的发展也有利高新技术的应用和扩散，例如在开发设计上、在房地产交易评估上、在建筑材料上都使用了大量的高新技术，环保建筑、高科技建筑层出不穷。同时由于房地产业与其他行业间具有很强的关联效应，又会带动高新技术向其他产业扩散和推广，从而有利于转换产业结构、带动产业结构高级化。

6. 从产业的生命周期来看，房地产业在大多数发展中国家处于产业生命周期的成长阶段，因而能够在较长时期内保持较快的增长速度

任何一个产业都会经历兴起、成长、成熟以及衰退等阶段，房地产业也不例外。但是，房地产业的独特性在于，虽然在一些发达国家新开发的房地产较少，但房地产存量作为一种重要的产品或资产，在市场交易、房地产经营等方面形成的房地产业增加值在国民经济中比例较高，显示了支柱产业的重要地位。而在一些发展中国家，房地产业方兴未艾，虽然这些国家的房地产资产在全部国民财富中所占的比重并不高，但是每年的新增房地产数量较大，反映了房地产业正由兴起向高速成长阶段以及成熟阶段转变，并确立起房地产业的支柱产业地位。

第三节　房地产业与国民经济的相互关系

房地产业作为支柱产业，是国民经济的重要组成部分。但是，房地产业与国民经济之间并不是简单的部分与整体的关系，而是通过各种经济变量形成了千丝万缕的密切联系，通过多个传导机制产生了复杂多样的互动关系。

一　房地产业在国民经济发展中的主要作用

房地产业的支柱产业地位不仅是静态的，而且能够通过房地产业在国民经济中的动态作用得以体现。概括来说，房地产业是社会经济活动的基本物质前提，是国民经济发展的基本保证。房地产业是社会一切产业部门不可缺少的物质空间条件，更是构成各个产业部门不可或缺的基本要素。人口素质的提高、社会全面进步以及城市经济和城市现代化都以房地产业为基础。具体而言，房地产业在国民经济发展中的作用主要体现在以下几方面。

1. 房地产业发展有利于扩大投资需求和消费需求

在市场经济条件下，国内市场需求包括投资需求和消费需求两大部分。由于房地产具有消费和投资的二重性，房地产业的发展对扩大投资需求和消费需求都能够发挥重大的作用。从各国和各地区的情况来看，房地产业的投资通常在固定资产投资中占很高的比重，并且能够带动其他产业的投资。在消费需求方面，住宅消费在大多数国家和地区都成为消费热点，住房消费支出在大部分的居民家庭消费支出中，已处于第二、三位。因此，在特定的经济发展时期，房地产业的发展无疑是扩大国内需求、拉动经济增长的重要力量。

2. 房地产业发展有利于社会财富的创造

房地产业发展对社会财富的创造主要体现在三个方面。一是指房地产业增加值占GDP的比例通常居于各产业的前列，房地产业发展对经济增长发挥着非常重要的基础性作用。二是指土地使用，回收了大量土地资产收益。房地产业的发展为提高土地资源配置效率，实现土地保值增值提供了条件，也为各地区、各城市积累了大量资金，从而有助于加快城市基础设施建设和旧区改造。三是房地产业的发展带来房地产税收的大量增加，提高了国家和地区的财政收入。

3. 房地产业发展有利于促进区域经济增长和城市经济的发展

一个地区的人口构成和技术组合、现有劳动力素质，提供了本地区相当重要的劳动力资源。要满足这些劳动力资源的生活、生产条件，必须提供合理数量和质量的房地产存量。而一个地区的房地产存量（住宅、商业房地产、办公房地产、工业房地产等）则取决于其开发能力。可见，一个地区不断增加其房地产供给的能力是确保经济持续增长的至关重要的因素，房地产业的健康发展，能够推动地区经济的持续增长。

同时，房地产业是城市经济发展和城市现代化的重要基础，城市土地和房屋不仅是城市经济发展的空间，也是一个城市形象的物质外壳和主体。从国外城市发展的情况来看，通过房地产综合开发，通过科学规划、科学布局，以个性化的功能分区来安排城市的用地方向，并且保持不同用途土地的合理比例,能大大提高城市经济活动和社会活动的综合效益。

4. 房地产业发展有利于扩大社会就业

由于房地产业是劳动密集型行业,房地产业发展能提供大量的就业机会,包括规划设计、经营管理和销售、评估、物业管理等多个专业门类的人才,如果再包括相关的建筑业,其就业效应更明显。根据《中国统计年鉴—2008》提供的数据,2007 年我国房地产业从业人员为 171.97 万人,与房地产业直接相关的建筑业从业人员达到 3 133 万人。更重要的是,房地产业在促进农村劳动力流动,增加农民就业方面也能够发挥重要作用。房地产业的发展吸纳了大量的农民工,增加了大量的就业岗位。

根据对中国房地产业发展与国民经济关系的实证研究,在经济体制转轨过程中,房地产投资与 GDP 之间的互动关系,发生了较大的结构性变化。GDP 对房地产投资富有弹性,是决定房地产投资增长的重要因素。而房地产投资的冲击对国民经济有着大约 10～20 年的同向影响。由此可见,房地产业作为支柱产业对经济增长起着举足轻重的作用(梁云芳等,2006)。

二　国民经济主要经济变量对房地产业的影响

总体而言,国民经济对房地产业的作用主要表现在两个方面:带动或制约。即如果社会总供给与总需求大体平衡、通货稳定、结构协调、国民经济持续健康发展,房地产业就具有良好的发展条件和基础;反之,如果经济萧条或过热、结构失衡、国民经济整体效益及增长质量不高,房地产业的发展就会受到限制。具体而言,除了人口因素外,国民经济对房地产业的这种带动或制约作用是通过国民收入、经济增长、投资水平、消费水平、货币供应量和利率等经济变量起作用的。此外,汇率变化和国际资本流动也对一个国家或地区的房地产业发展产生影响。

1. 国民收入对房地产业的影响

国民收入是一个国家一定时期内(通常是一年),新创造的最终产品和劳务的市场价值总和,通常是用货币计算表示的。经济学中的国民收入可分为广义的国民收入和狭义的国民收入。广义的国民收入不是单一指标,而是几个高度综合、相互关联的总量指标,如国内生产总值、国内生产净值、国民收入等。狭义的国民收入是国民生产净值或国内生产净值减所有的间接税。国民收入的增长既能反映在一般消费者购买力的增长上,也能反映在可供投资的资源数量和社会投资水平的增加上。国民收入水平与房地产业发展之间的关系如何呢? Burns 和 Grebler(1976)的研究发现,国民收入与房地产业之间的规律性关系是人均 GDP 与 SHTO 值呈"倒 U 形曲线"(见图 2-2)。所谓 SHTO(the share of housing investment as a percentage of total output),是指住房投资占总产出的百分比,它是一个用来研究住房投资和国民经济关系的经济指标。Burns 和 Grebler 应用 SHTO 值对 39 个国家的样本进行了分析。这些国家处于不同的发展阶段,并且被研究者认定达到了足够的市场化程度。不同发展阶段的国家 SHTO 值处在不同水平上,一般来说不发达国家为 2%,经济发展到一定程度后达到 8%,发达国家一般为 3%～5%。每个样本对 SHTO 的描述包括了 SHTO 值和变动趋势。在排除各样本中外部附加因素的影响后,研究者发现 SHTO 值和人均 GDP 之间存在着二阶函数的关系。如图 2-2 所示,在人均 GDP(衡量一个国家或地区的经济增长水平)达到 1 550 美元左右时,SHTO 值达到最大值,并在峰值附近可以比较长期地保持稳定。

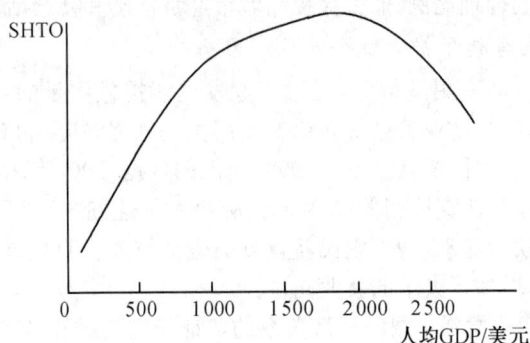

图 2-2　SHTO 倒 U 形曲线

2. 投资水平对房地产业的影响

社会投资水平是指在一定的社会经济条件下,各投资主体的投资数量的总和。房地产业与社会投资水平具有密切的相互联系,一方面房地产产品作为一种要素投入纳入到社会经济活动过程之中,它应当是构成整体投资水平的重要部分;另一方面社会投资总额中应该确定一定的比例用于满足人们对房地产产品的消费需求。如表 2-10 所示,在 20 世纪 70 年代到 90 年代,西欧国家的住房投资占总投资的比重在 20%～30%,住房投资占 GDP 的比重在 5% 左右,而这一时期,西欧国家的房地产业虽然基本已经处于成熟阶段,但住房投资仍占较大比重。

总体而言,社会投资水平和房地产业规模呈正相关关系。实际投资水平特别是固定资本投资的增加,直接刺激房地产业的发展。反之,投资水平的降低,特别是固定资本投资被抑制时,房地产业的发展也会受到一定程度的影响。同时,投资的部门结构也与房地产业发展存在着一定的相关关系,当投资的部门结构与房地产业的相关程度越高时,对房地产业的刺激和促进作用就越大;相反,当二者相关程度较低时,对房地产业的直接影响也就较小。

表 2-10　西欧国家的住房投资占总投资和 GDP 的比重　　　　　%

国家	住房投资占总投资的比重		住房投资占 GDP 的比重 (1970～1989 年平均值)
	1970～1989 年平均值	1992 年	
法国	29	27	6.20
瑞典	—	27	—
西德	28	26(德国)	5.89
意大利	27	26	5.51
希腊	27	23	6.34
荷兰	27	23	5.52
西班牙	26	20	5.82
丹麦	26	20	5.22

续表

国家	住房投资占总投资的比重		住房投资占GDP的比重（1970～1989年平均值）
	1970～1989年平均值	1992年	
卢森堡	—	20	
比利时	25	21	4.52
爱尔兰	23	22	5.67
奥地利	—	19	
英国	20	18	3.59
葡萄牙	19	17	4.22

资料来源：Balchin，P. N. ed.，Housing Policy in Europe，London：Routledge，1996。

3. 消费水平对房地产业的影响

从总量上来看，社会总消费水平就是个人可支配收入中扣除储蓄以后的余额部分。消费水平及结构的性质，会对整个国民经济及其内部各产业包括房地产业的发展产生重大的影响。

一般来说，在一个国家或地区，其消费水平越高，对房地产等高总价的耐用消费品的需求也就会越大；反之，如果消费水平降低，对房地产的需求也会缩减。可见，提高社会消费水平通常会有利于房地产业的快速发展。此外，在既定的收入水平和边际消费倾向的条件下，消费结构的变化也会影响对房地产产品的需求，进而对房地产业的发展产生拉动或抑制的效应。消费习惯也会对房地产的需求产生不同的影响。例如，有一些国家和城市，人们节衣缩食就是为了能够尽早拥有自己的住房，自有住房率较高，而在另一些国家和城市，自有住房率较低，人们宁愿租用住房，以更好地满足其他产品的消费。

4. 信贷规模对房地产业的影响

信贷规模是指经过借贷行为，协调社会盈余资金和不足资金的相对数量和绝对数量。由于受到整个社会信用创造体系的金融制度、社会经济总体状况等条件的限制，信贷规模在一定时点内总是有限的。由于信贷绝对规模和相对规模的这种约束，信贷在各产业间的分布产生差异，从而对各产业的发展产生重要影响。而房地产业由于具有投资量大、投资收益率较高及风险较大等突出特点，在房地产投资开发建设方面和居民消费信贷方面受信贷规模大小及其在不同产业间分布状况的影响更为强烈。一般情况下，当对房地产业的信贷条件放宽时，房地产业获得信贷规模就会增大，从而能够支持房地产业较快发展，而当投向房地产业的信贷受到各种条件严格限制时，房地产业的发展就受到制约。

5. 利率水平对房地产业的影响

一般而言，低利率对投资及信贷规模扩张有刺激作用，而高利率则会制约投资及信贷规模的扩大。低利率一方面有利于投资，是因为在其他条件不变的情况下，降低了房地产开发者及投资者的利息支出，在房地产单位售价不变的情况下，会使房地产投资开发变得更加有利可图，从而刺激了房地产投资规模的扩大；另一方面也可拉动房地产消费。这是因为，存款利率的降低,会降低居民储蓄的增长,增大居民的消费倾向,从而会在一定程度上拉动房地产的消费;贷款利率的降低,可使居民的利息支付成本降低,也会扩大房地产的消费信贷规模。如果提高利率,情况则正好相反。对于房地产业而言,不仅在投资规模上受到利率水平的直接影响,而且在消费水平上也受到利率水平的限制。正是通过对房地产投资规模和居民储蓄及消费信贷的影响,利率杠杆对房地产市场的走向具有调节功能,因而通常被各国政府采用,作为调控房地产市场的重要工具。

6. 汇率和国际资本流动对房地产业的影响

在经济全球化的背景下,汇率通过改变外资对东道国房地产市场的投资发挥作用。在开放经济条件下,资产价格不仅受自身供求因素的影响,也越来越多地受到汇率变动的影响。从经验来看,一国(地区)货币升值或贬值,都有可能对本国(地区)的房地产价格变化产生影响。例如,20世纪90年代,大量资本流入美国,使美元持续坚挺,与之相伴随的是美国利率的下降以及股票价格与房地产价格的上涨;再如1997年亚洲金融危机发生后,大多数发生危机的经济体伴随着本国货币急剧贬值而出现了股票价格下跌与房地产价格下跌的"三重危机"现象。在中国,人民币升值预期下的大量外资流入,对中国2000年以来的房地产价格上涨起到了推波助澜的作用。汇率的变动和大量国际资本的流入或流出,将对东道国资产市场产生冲击,导致资产价格的暴涨暴跌。

三　房地产业与国民经济的协调发展

房地产业与国民经济之间复杂的联系表明,必须努力实现房地产业与国民经济的协调发展。在保持国民经济持续、快速、健康发展的前提下,实现房地产业的健康发展和可持续发展。正如《国务院关于促进房地产市场持续健康发展的通知》所指出的,"促进房地产市场持续健康发展,是促进消费、扩大内需、拉动投资增长、保持国民经济持续快速健康发展的有力措施,是充分发挥人力资源优势、扩大社会就业的有效途径"。借鉴发达国家的经验教训,从中国房地产业发展的实际情况出发,促进房地产业与国民经济协调发展主要应注重做好以下几方面工作。

1. 促进土地资源的高效率利用与实施可持续发展战略

土地是一个生态系统,土地自然供给是固定不变的,因此土地利用不仅不能破坏生态平衡,还要以维护或重建生态平衡为基础。在房地产业的发展过程中需要大量利用土地,这就使得城市建设用地不断增长的需求与土地资源稀缺和不可再生性的矛盾十分突出。非农建设用地需求的不断扩大,对农业用地的保护提出了挑战。因此,在房地产业发展和房地产开发过程中,必须坚持实施可持续发展的战略,优化土地资源配置,统筹兼顾新区开发和旧区再开发,进一步挖掘城市土地的潜力,提高土地利用效率,实现生态平衡的良性循环。

2. 制定房地产业的长期发展规划,保持房地产业的适度增长

房地产业增长与国民经济增长相互影响,房地产业的健康发展为国民经济的发展奠定良好的基础。但房地产业的不合理增长也会对国民经济产生负面影响。特别是在工业化和城市化的高速发展时期,房地产业更容易出现投资增长过快的状况。如果忽视居民对房地产消费的负担能力,以及与其他产业之间的结构和比例关系,以致房地产业增长过快,如造

成房价上涨过快、开发面积与竣工面积过大、闲置率上升、投机现象泛滥等，就会影响国民经济的健康发展。因此，我国在未来的一段时期内，房地产投资占 GDP 或固定资产投资的比例、房地产业的增长速度都应控制在一个合理的范围和幅度内，以实现房地产业发展与国民经济发展的协调与和谐。

3. 提高房地产开发的社会效益与环境效益

作为人类生存和发展的空间，房地产不仅是人类社会经济发展水平的重要体现，也涉及到人类经济、社会生活和环境的各个方面。房地产开发要受到社会活动和生态环境的制约，房地产开发所提供的城市生存空间、活动空间、能量转换和物质循环条件，决定并直接影响着城市房地产业发展的规模、速度和效益。一方面，房地产开发必须符合改善生态环境的要求；另一方面，城市生态环境的保护，又为城市土地的开发和再开发创造出更为有利的条件。因此，在城市房地产开发和再开发过程中，合理协调处理房地产开发与生态环境保护的关系，统筹兼顾好经济效益、生态（环境）效益和社会效益三者之间的关系非常重要。

4. 建立健全房地产业发展及房地产市场预警机制

西方国家一般都建立了一套健全的房地产业预警机制及指标体系，即通过科学分析、预先设置警戒线或警戒指标，在房地产业发展轨迹发生偏离或严重偏离时，发出提示性或警告性风险信号，促使房地产业的参与者注意投资风险及市场风险，政府也采取相应的政策工具进行房地产市场调控。可见，要实现房地产业与国民经济的协调发展，必须研究和根据国民经济的增长周期，强化房地产市场的调查和研究工作，探讨房地产业周期波动的规律，在对房地产业和房地产市场进行合理规划、科学预测的基础上，建立并完善房地产业的预警机制，尽可能避免房地产投资和房地产业增长的大幅波动对国民经济带来负面影响。

总之，通过确立房地产业可持续发展的生产观、消费观，使房地产业的发展达到促进经济增长、推动社会进步、提高国民的生活质量、促使人与自然和谐的目标。

第四节　中国房地产业发展分析

一　中国房地产业的发展历程

中国经济转轨的不断进展，为房地产业的成长和发展创造了日趋完善的条件。在1984 年《政府工作报告》中，中国首次提出了"开展房地产经营业务"活动的方针。土地使用制度的改革、住房制度的改革以及城市开发建设管理体制的改革，为房地产业的发展创造了日趋规范的制度基础。回顾中国房地产业的发展历程，可以大致上划分为三个重要阶段。

1. 中国房地产业和房地产经济发展的理论准备和起步阶段（1978~1991 年）

在计划经济体制下，国家是以行政手段配置房地产资源的。城市职工的住房按计划分配，缴纳计划租金，对城市国有土地实行无偿、无期限使用。改革开放以来，理论界和实际部门的工作者，以马克思主义为指导，紧密联系中国的实际，积极探索在社会主义条件下如何解决住宅个人所有制和土地有偿使用的问题。

1980 年 4 月 2 日,邓小平同志发表的关于建筑业和住宅问题的讲话,既是对建筑业取得成就的肯定,也给建筑业指明了发展方向。邓小平指出:"从多数资本主义国家看,建筑业是国民经济的三大支柱之一,这不是没有道理的。过去我们很不重视建筑业,只把它看成是消费领域的问题。建设起来的住宅,当然是为人民生活服务的。但是这种生产消费资料的部门,也是发展生产增加收入的重要产业部门。要改变一个观念,就是认为建筑业是赔钱的。应该看到,建筑业是可以赚钱的,是可以为国家增加收入、增加积累的一个重要产业部门。在长期规划中,必须把建筑业放在重要的地位。建筑业发展起来,就可以解决大量人口就业问题,就可以多盖房,更好地满足城乡人民的需要。关于住宅问题,要考虑城市建筑住宅、分配房屋的一系列政策。城镇居民个人可以购买房屋,也可以自己盖。"①这就成为中国房地产业发展和房地产市场发育的指导思想和纲领。

在邓小平这个思想的指导下,对住房商品化的问题,对城市土地是否是商品,有没有价值,能不能按照商品经营,以及如何实行有偿使用等问题,进行了认真热烈的讨论,并且在一些基本问题上取得了一致的看法,对于房地产制度的改革和房地产业的发展起到积极的推动作用。

在理论研究的推动下,房地产管理体制的改革也开始起步。1980 年 7 月 26 日,国务院发布了《关于中外合营企业建设用地的暂行规定》。"暂行规定"指出:"中外合营企业用地,不论新增土地,还是利用原有企业的场地,都应当计收场地使用费","场地使用费可以作为中国合营者投资的股本"。城市土地有偿使用,改变了人们长期形成的土地无偿使用的传统观念,开始利用经济手段促进房地产资源的合理利用,提高了城市土地的利用效益;增加了国家和地方政府的财政收入,扩大了城市基础设施建设资金来源的渠道。这些改革措施的实施,推动了房地产业的成长。

1984 年召开的中国共产党第十二届二中全会,通过了《中共中央关于经济体制改革的决定》。"决定"在理论上突破了把计划经济与商品经济对立起来的传统观念,确立社会主义经济是有计划的商品经济。在有计划商品经济理论指导下,把房地产制度改革和房地产经济发展推进到了一个新的阶段。从 1985 年开始,城镇住房制度改革有了较大的进展。1988 年初,在总结全国各地住房制度改革试点经验的基础上,国务院召开了第一次全国住房制度改革工作会议,通过了《关于在全国城镇分期分批推行住房制度改革的实施方案》。1991 年又召开了第二次全国住房制度改革工作会议,进一步推动了住房制度改革。

1984 年以来,依据城市土地所有权和使用权分离的理论,深圳经济特区借鉴香港土地使用制度的经验,在坚持城市土地国家所有的前提下,按照土地所有权和使用权分离的原则,将城市国有土地使用权,按照一定的年期,出让给土地使用者,一次收取使用年期内的全部租金。取得土地使用权的土地受让者,可以对有限的土地使用权进行转让、出租和抵押。在这种思想指导下,深圳特区以协议、招标、拍卖三种出让方式,出让国有土地使用权。在深圳特区城市土地使用制度改革的推动下,1988 年在福州、海口、广州、上海、天津等城市,相继进行了出让城市土地使用权的试点,城市土地使用权市场逐步发育。

2. 中国房地产业发展的实践探索阶段(1992~1999 年)

1992 年 10 月召开的中国共产党第十四次代表大会,把建立社会主义市场经济体制作

---

① 这一讲话早最发表于 1984 年 5 月 15 日的《人民日报》。

为社会主义经济体制改革的目标模式,并对社会主义市场经济体制作了全面的阐述。中国的改革开放取得了突破性进展,出现了跳跃式的经济增长,房地产业也成为这个时期经济增长的热点。但是,房地产开发投资增长过快,房地产业的超常增长,大大超越了国民经济各部门的承受能力,房地产业内部投资结构不合理,出现了房地产空置的现象。为了克服国民经济发展中出现的问题,纠正房地产业发展过热的状况,中央在1993年下半年开始对国民经济实行宏观调控。通过宏观调控,整顿了房地产开发经营企业,规范了房地产开发经营行为。

3. 以住房分配货币化为动力,促使房地产业发展,并成长为国民经济的支柱产业(2000年至今)

1998年,国务院召开了第四次全国住房制度改革工作会议。会议决定停止住房实物分配,实行住房分配货币化,1999年底,住房分配货币化正式得到实施。居民的住房消费能力得到迅速释放,房地产成为人们的消费热点和投资热点,有力地促进了房地产业的发展,并迅速成长为国民经济的支柱产业。

二 中国房地产业发展的特征

在中国社会主义市场经济体制不断完善,国民经济高速增长,工业化、城市化进程加速推进,经济国际化程度迅速提高的条件下,中国房地产业得以兴起和高速成长。与此同时,房地产业的发展,也促进了经济增长和工业化、城市化进程,提高了人们的居住水平。具体地说,中国的房地产业具有以下特征。

1. **房地产开发企业土地购置面积快速增长后回落,土地市场交易波动较大**

2000年以来,房地产开发企业购置土地面积出现了稳步且快速的增长,2004年购置土地面积达到了最高点,之后开始逐步下降。2005年和2006年,连续两年房地产开发企业购置土地面积减少。2007年,全国房地产开发企业购置土地面积上升,到达历史最高峰4.02亿平方米。2008年,土地市场交易清淡,土地流拍现象十分普遍,全国完成土地购置面积36 785万平方米,比上年下降8.6%。总体来看,土地市场交易的波动幅度加大,房地产开发企业购置土地较为谨慎,经历了从狂热抢购土地到骤然保守观望的转变。2009年,全国房地产开发企业完成土地购置面积31 906万平方米,同比下降18.9%;土地购置费6 039亿元,同比增长0.7%。

2. **房地产开发投资增长较快,房地产业在国民经济中具有重要地位**

2000年以来,中国房地产开发投资呈16.1%～30.3%的高速增长态势。房地产开发投资占全社会固定资产投资比重,从1998年的12.72%,上升为2009年的16.11%,这一比例在2002～2008年基本稳定在18%左右。房地产开发投资总额占GDP的比重,1986年仅为1%,在1993年房地产业发展过热时期达到5.6%,停止住房实物分配以后,2000年这一数字为5.02%,2009年上升到10.8%(见表2-11)。

表 2 - 11　GDP、全社会固定资产投资和房地产开发投资情况

项目 年份(年)	GDP		全社会固定 资产投资		房地产开发投资		房地产开发 投资占全社 会固定资产 投资比重 (亿元)	房地产开发 投资占 GDP 比重 (%)
	总量 (亿元)	增长率 (%)	总量 (亿元)	增长率 (%)	总量 (亿元)	增长率 (%)		
1997	78 973.0	9.3	24 941.1	8.8	3 178.37	−1.2	12.74	4.02
1998	84 402.3	7.8	28 406.2	13.9	3 614.22	13.7	12.72	4.28
1999	89 677.1	7.6	29 854.7	5.1	4 103.20	13.5	13.74	4.58
2000	99 214.6	8.4	32 917.7	10.3	4 984.05	21.5	15.14	5.02
2001	109 655.2	8.3	37 213.5	13.0	6 344.11	27.3	17.05	5.79
2002	120 332.7	9.1	43 499.9	16.9	7 790.92	22.8	17.91	6.47
2003	135 822.8	10.0	55 566.6	27.7	10 153.80	30.3	18.27	7.48
2004	159 878.3	10.1	70 477.4	25.8	13 158.25	29.6	18.67	8.23
2005	183 217.4	10.4	88 773.6	26.0	15 909.25	20.9	17.92	8.69
2006	211 923.5	11.6	109 998.2	23.9	19 422.92	22.1	17.66	9.17
2007	257 305.6	13.0	137 323.9	24.8	25 288.84	30.2	18.42	9.83
2008	300 670.0	9.0	172 828.4	25.9	31 203.20	23.4	18.05	10.38
2009	335 353.0	8.7	224 846.0	30.1	36 232.00	16.1	16.11	10.80

注:房地产开发投资占 GDP 比重由作者计算整理而得。

资料来源:国家统计局,北京:《中国统计年鉴—2009》,北京:中国统计出版社,2009 年;国家统计局,《中华人民共和国 2009 年国民经济和社会发展统计公报》,www.stats.gov.cn,2010。

　　如图 2-3 所示,2000～2009 年,全社会固定资产投资增长率、房地产开发投资增长率均高于 GDP 增长率;1999～2004 年、2007 年,房地产开发投资增长率高于全社会固定资产投资增长率。如图 2-4 所示,1997～2009 年,房地产开发投资占固定资产投资的比重和房地产开发投资占 GDP 的比重基本呈稳步上升趋势。2008 年,房地产业的增加值为 12 720.0 亿元,房地产业增加值占国内生产总值的比例达到 4.23%。由此可见,2000 年以来,房地产业进入高速增长时期,并奠定了国民经济支柱产业的地位。

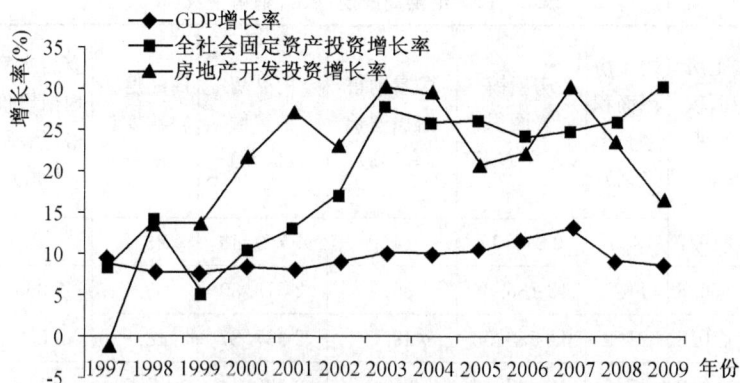

图 2-3 GDP、固定资产投资与房地产开发投资增长率

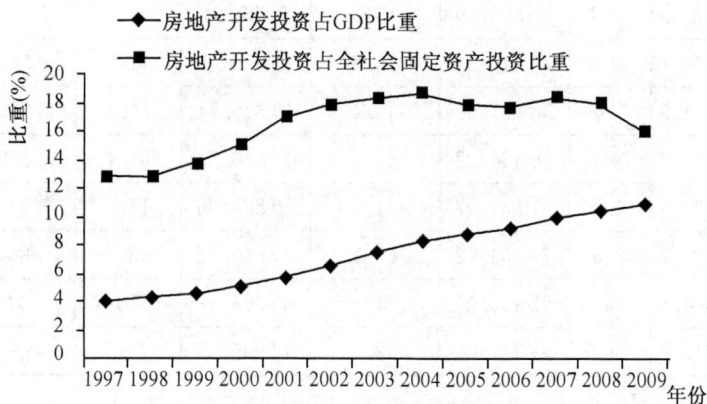

图 2-4 房地产开发投资占 GDP 和固定资产投资的比重

3. 房地产竣工缓慢,房地产销售快速增长,但房地产销售增长波动较大

从 2000 年开始,总体上全国商品房竣工面积、销售面积和销售额均呈高速增长态势,但年际之间也有较大差异(见表 2-12)。如图 2-5 所示,2000～2009 年,商品房竣工面积增长速度低于销售面积增长速度,而商品房销售额增长速度是最快的,这表明既消化了一部分空置商品房,也一度出现了供不应求的局面,推动了商品房销售价格的上涨。2008 年,房地产市场出现了调整,商品房销售大幅下滑,全国商品房销售面积同比下降 19.7%,商品房销售额同比下降 19.5%。2009 年,在应对全球金融危机的一系列政策刺激下,商品房销售大幅增长,全国商品房销售面积同比上升 42.1%,商品房销售额同比上升 75.5%。

表 2-12 全国商品房竣工、销售情况

年份（年）	竣工房屋面积（万平方米）	竣工房屋面积增长率（%）	房屋销售面积（万平方米）	房屋销售面积增长率（%）	商品房销售额（亿元）	商品房销售额增长率（%）	商品房平均销售价格（元/平方米）	商品房平均销售价格增长率（%）
1997	15 819.7	3.0	9 010.17	14.0	1 799.48	26.1	1 997	10.6
1998	17 566.6	11.0	12 185.30	35.2	2 513.30	39.7	2 063	3.3
1999	21 410.8	21.9	14 556.53	19.5	2 987.87	18.9	2 053	-0.5
2000	25 104.9	17.3	18 637.13	28.0	3 935.44	31.7	2 112	2.9
2001	29 867.4	19.0	22 411.90	20.2	4 862.75	23.6	2 170	2.7
2002	34 975.8	17.1	26 808.29	19.6	6 032.34	24.1	2 250	3.7
2003	41 464.1	18.6	33 717.63	25.8	7 955.66	31.9	2 359	4.8
2004	42 464.9	2.4	38 231.64	13.4	10 375.71	30.4	2 778	17.8
2005	53 417.0	25.8	55 486.22	45.1	17 576.13	69.4	3 168	14.0
2006	55 830.9	4.5	61 857.07	11.5	20 825.96	18.5	3 367	6.3
2007	60 606.7	8.6	77 354.72	25.1	29 889.12	43.5	3 864	14.8
2008	66 544.8	-9.8	62 100.00	-19.7	25 068.18	-16.1	3 800	-1.7
2009	70 219.0	19.0	93 713.00	42.1	43 995.00	75.5	4 695	23.6

注：各项增长率由作者计算整理而得。

资料来源：国家统计局，《中国统计年鉴—2009》，北京：中国统计出版社，2009 年。国家统计局，《中华人民共和国 2009 年国民经济和社会发展统计公报》，www.stats.gov.cn，2010。

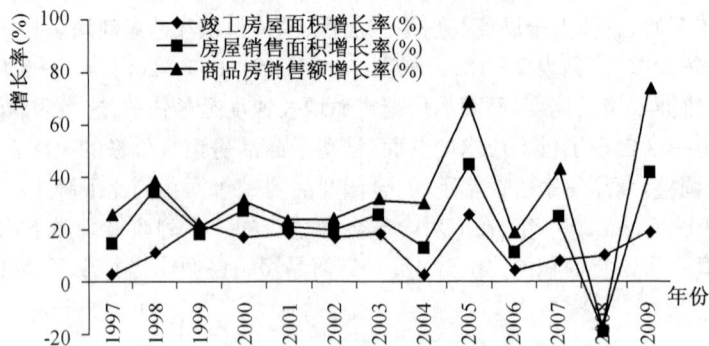

图 2-5 商品房竣工、销售面积、销售额增长率

4. 房地产销售价格增长较快，房价波动较大

如表 2-12、图 2-6 所示，2004～2007 年，商品房平均销售价格增长较快，2008 年房价出现了调整，2009 年房价再次出现大幅上涨，商品房平均销售价格增长高达 23.6%。房价

的快速上涨,使居民的住宅实际支付能力下降。

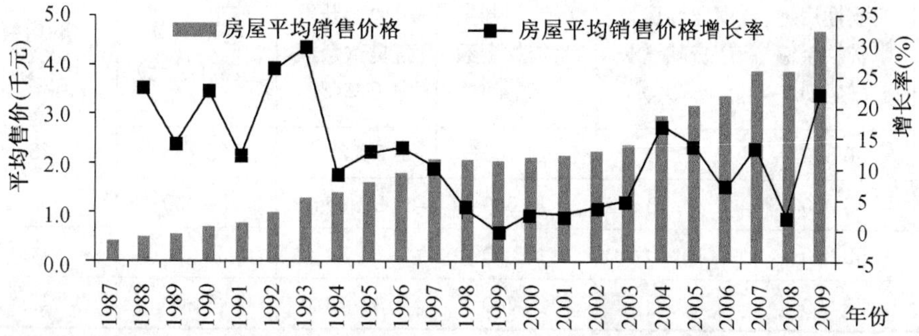

资料来源:国家统计局,《中国统计年鉴(2009)》,中国统计出版社,2009。国家统计局,《中华人民共和国 2009 年国民经济和社会发展统计公报》,http://www.pbc.gov.cn/,2010。

图 2-6　1987～2009 年商品房平均销售价格及增长率

5. 房地产金融市场快速成长,房地产商业贷款增长较快

在房地产业高速成长的过程中,房地产金融市场快速成长,市场效率不断提高,大大降低了房地产企业融资的交易成本。长期以来,房地产业形成了以银行信贷为主导的融资格局,房地产业融资渠道多元化的步伐缓慢,房地产融资成为业内最受关注的议题。2004 年以来,政府部门不断出台的金融紧缩政策削弱了房地产企业对银行信贷的依赖,客观上带动了房地产投资信托、房地产基金、房地产公司 IPO 以及私募融资等金融工具的创新发展。

如表 2-13 所示,2000 年以来,商业性房地产贷款余额增长迅猛,2007 年商业性房地产贷款余额高达 4.8 万亿元。2008 年,商业性房地产贷款增速明显放慢。2009 年,商业性房地产贷款余额高速增长,年末房地产贷款余额占各项贷款余额的比重达到 19.2%。

表 2-13　商业性房地产贷款情况

年份 (年)	商业性房地产贷款余额 (亿元)	商业性房地产贷款增长率(%)	房地产开发商贷款余额 (亿元)	房地产开发商贷款余额增长率(%)	购房贷款余额(亿元)	购房贷款增长率(%)
1998	2 454		2 028		426	
1999	3 832	56.15	2 350	15.88	1 482	247.89
2000	6 019	57.07	2 628	11.83	3 391	128.81
2001	9 092	51.05	3 494	32.95	5 598	65.08
2002	12 723	39.94	4 465	27.79	8 258	47.52
2003	18 437	44.91	6 657	49.09	11 780	42.65
2004	23 732	28.72	7 810	17.32	15 922	35.16
2005	27 507	15.91	9 141	17.04	18 366	15.35

年份 （年）	商业性房地 产贷款余额 （亿元）	商业性房地 产贷款增长 率（%）	房地产开发 商贷款余额 （亿元）	房地产开发 商贷款余额 增长率（%）	购房贷款 余额（亿元）	购房贷款 增长率（%）
2006	36 800	33.78	14 100	54.25	22 700	23.60
2007	48 000	30.43	18 000	27.66	30 000	32.16
2008	52 800	10.40	193 00	10.30	33 500	11.67
2009	73 300	38.1	25 700	33.16	47 600	43.00

资料来源：根据中国人民银行网站（http://www.pbc.gov.cn/）有关数据计算整理而得。

6. 房地产开发企业总体盈利水平较高，企业规模不断提升，规模扩张成功的企业经营业绩大幅度增长，而中小房地产企业面临的市场压力日益加大

2000 年以来，房地产开发企业的数量不断增加，随着房地产市场的发展，这些企业也获得了快速成长。2004 年，房地产百强企业的生产规模普遍较小，两极分化比较明显，开发规模和经营业绩差异较大，百强企业的开复工面积超过 200 万平方米的只有 3 家，年开复工面积在 100 万平方米以上的仅占 7%，百强企业年度竣工面积的均值不到 30 万平方米。从百强企业的经营业绩来看，销售额超过 20 亿元的有 17 家，在 10 亿～20 亿元的有 19 家，在 10 亿元以下的有 65 家。

近年来，房地产开发企业的市场地位不断变化，一些不合格的企业遭到淘汰，有实力的企业走向规模化、集团化。房地产企业总体盈利水平较高，规模扩张成功的企业经营业绩大幅度增长。随着房地产市场结构的整合，资源不断向大规模企业集中，特别是向行业龙头企业集中。这就使得大企业的销售额增长幅度非常大，行业的集中度进一步提高。百强企业实现规模扩张，主要体现在资产规模的大幅度增长，2007 年年末百强企业总资产均值超过 100 亿元，增幅达到 47.43%，万科成为中国第一家总资产超过 1 000 亿元的房地产企业，总资产规模达 1 000.9 亿元。从 2007 年的数据来看，房地产百强企业的业绩明显好于行业的平均水平。随着中国房地产市场竞争加剧，企业整合加速，市场集中度将不断提高，资源加速向优势企业集中，实力雄厚的优势企业将获得更为广阔的发展空间，加大了中小房地产企业市场竞争的压力。

本章小结

本章围绕房地产业的形成、产业定位和中国房地产业的发展等问题展开论述。首先，在介绍了房地产业内涵的基础上，深入分析了房地产业得以形成和成长的内在原因。其次，阐述了房地产业的产业性质定位，并进一步分析了房地产业的功能地位。再次，对房地产业与国民经济相互关系展开了分析，提出了实现房地产业与国民经济协调发展的若干设想。最后，阐述了改革开放以来中国房地产业发展的历程和特征。

通过本章的学习，可以对房地产业的形成、地位、功能有一个系统的了解，并对中国

房地产业的发展现状有一个总体的把握。

本章思考题

1. 城市化进程对于房地产业的兴起和发展具有什么影响?
2. 为什么说房地产业是国民经济的支柱产业?
3. 如何才能实现房地产业与国民经济的协调发展?
4. 中国房地产业发展的现状如何?

参考文献

[1] 曹振良,高晓慧等. 中国房地产业发展与管理研究[M]. 北京:北京大学出版社,2002.
[2] 曹振良等. 房地产经济学通论[M]. 北京:北京大学出版社,2003.
[3] 高波等. 转型期中国房地产市场成长:1978~2008[M]. 北京:经济科学出版社,2009.
[4] 梁云芳,高铁梅,贺书平. 房地产市场与国民经济协调发展的实证分析[J]. 中国社会科学, 2006(3).
[5] [英]约翰·伊特韦尔等编. 新帕尔格雷夫经济学大辞典(第三卷)[M]. 北京:经济科学出版社,1992.
[6] 张培刚. 发展经济学教程[M]. 北京:经济科学出版社,2001.
[7] 张红. 房地产经济学[M]. 北京:清华大学出版社,2005.
[8] 张跃庆,丁芸. 房地产经济学[M]. 北京:中国建材工业出版社,2004.
[9] Burns, Leland S. and Leo Grebler. Resource Allocation to Housing Investment: A Comparative International Study[J]. Economic Development and Cultural Change,1976,25 (1).

第三章　房地产制度：功能、变迁及国际比较

内容提要

1. 房地产制度的实质、类别与功能。
2. 中国城市和农村的土地产权制度变迁，部分国家土地制度的比较分析。
3. 中外住房制度的内容及其变迁。

制度为人类经济活动提供了基本的行为规则，房地产市场的运行同样离不开制度的约束与规范。房地产制度为房地产经济运行提供了一个稳定的秩序框架，引导和影响着人们在房地产市场中的行为方式和活动内容，从而决定了房地产资源的配置状况。在现实中，房地产制度的内容十分庞杂，房地产制度还将随着社会经济条件的改变而发生制度变迁。

第一节　房地产制度的实质、类别与功能

一　制度理论与房地产制度

（一）制度的一般理论

从广义上来说，制度一词几乎涵盖了人类生活的方方面面，一切人与人之间构成的社会关系以及语言、思想和宗教等都可以被归入制度的集合中。但是，对于经济学研究而言，制度的内涵相对集中，它通常被定义为："是一个社会中的游戏规则，更规范地说，制度是为决定人们的相互作用而人为设定的一些制约"（道格拉斯·C·诺思，1994，第3页）。从制度作为一种行为规则的特征出发，可以列举出一些重要而常见的具体制度，包括① 用于降低交易费用的制度（如货币，期货市场）；② 用于影响生产要素的所有者之间配置风险的制度（如合约，分成制，合作社，公司，保险，公共社会安全计划）；③ 用于提供职能组织与个人收入流之间的联系的制度（如财产，包括遗产法，资历和劳动者的其他权利）；④ 用于确立公共品和服务的生产与分配的框架的制度（如高速公路，飞机场，学校和农业试验站）（T. W·舒尔茨，1994，第253页）。在众多的制度中，产权毫无疑问是研究者最为关注并得到深入探讨的

领域,这显然与产权制度对经济发展和人类福利所具有的重大影响有关。

更准确地说,制度是约束竞争行为的一种游戏规则,因为对稀缺资源的竞争是制度存在的前提条件。在人类社会中,凡是超过一个人需求同一经济物品时,人和人之间无可避免地要竞争。只不过在不同社会,竞争的形式有所不同。弱肉强食是竞争,争相出价是竞争,论资排辈、等级特权、送礼行贿等也都是竞争形式。竞争需要有某些约束,人和人之间的权利需要某种方式的界定。这些约束和界定有自愿性的也有强迫性的,在现实中千变万化,多种多样,都被统称为制度。

作为人类施加到自己身上的约束,制度包含了正规的和非正规的规则,以及实施的形式和有效性。"正规规则包括政治(及司法)规则、经济规则和合约。这些规则可以作如下排序:从宪法到成文法与普通法,再到明确的细则,最终到确定制约的单个合约;从一般规则到特定的说明书"(道格拉斯·C·诺思,1994,第64页)。非正规规则主要表现为行为准则、习俗和惯例,它往往来源于历史上流传下来的文化遗产。其实,正规规则与非正规规则的差别只是程度上的问题,在任何经济中,正规的和非正规的规则都以不同的方式聚集在一起形成制度约束,二者相互补充构成了人们的可选择机会。"正规规则能贯彻和增进非正规制约的有效性,它们可能会降低信息、监督和实施成本,因而使得非正规制约成为解决更为复杂交换的可能方式"(道格拉斯·C·诺思,1994,第64页)。正规规则与非正规规则的并存意味着制度不是一个静态的概念,而是随着专业化水平的不断提高,人类相互依赖关系的强化,不断变化和扩展的。在传统社会,制度主要是非正规规则,如禁忌、习俗、传统道德、宗教信仰和行为准则等;少量的正规规则只是处于从属和次要的地位。在市场经济时代,制度中的正规规则,如宪法、法律和产权安排等,显得越来越重要,非人格化的成文法典成为规范人们合作与竞争关系的依据,非正式规则只起着次要和补充的作用。

制度不仅是一种规则,也是经济发展中不可或缺的重要资源。同时,制度也具有公共产品的特性,制度的复制和学习比技术模仿更为困难,这就导致了制度稀缺性的普遍存在。从制度供给上看,存在着诸多约束条件,例如法律法规修改所必需的程序、一定的知识积累、文化传统的限制等;从制度需求上看,相对价格变化和社会问题很容易产生制度创新的压力。这一特殊的制度供求结构进一步强化了制度的稀缺性,在特定时期突出了制度变革的重要作用。

然而,研究者还要深入思考制度是如何形成的。即世界上纷繁复杂的制度为什么会提出,逐步改变,实现变迁?例如,为什么会有市场经济制度?为什么有名目繁多的税收制度?为什么有最低工资制度?为什么有房地产的租赁管制制度?不同的产权制度是怎样形成的?法律为什么因时因地而变?中国香港的立法程序为什么与中国台湾的不同?什么是国家?为什么要有国家?为什么有些国家有宪法,另一些没有?为什么国家之间的宪法内容各异?这些都是复杂而深奥的问题,虽然有许多社会科学研究者进行了大量的探索,试图去理解和阐释,但尚未取得决定性的进展。例如,哈耶克、布坎南依据当事人无知假定,认为制度不可能被设计出来,面对社会交往的复杂性,个人只能从自身的知识和面临的环境条件出发,作相对于自己有利的决策。因此,一开始人们所面临的是无制度状态,而制度起源于社会交往,在交往的过程中,随着物品和知识的交流,当个人认为某些知识有利于交易各方降低交易过程的不确定性时,这些知识就会被认同并积淀下来,逐步形成一种能够稳定当事人预期的统一规则,即制度。这些研究表明,制度的形成是个人社会交往的结果,制度的稳定需要一个必要条件,那就是当事人一致同意(周业安,2000)。

可见,制度也是人们权衡和选择的结果。通常用制度化程序分配稀缺资源,在这一过程中似乎任何人或团体都无法进行自由选择。然而,尽管在成本和选择之间缺乏这种一般意义上的重要桥梁,我们仍然可以估计不同的制度配置情况下"可能出现"的选择值。詹姆斯·M·布坎南认为,在一系列制度决定的配置中,这些预期值损失的形式会归入理性选择计算,这种计算包括各种备择制度程序中较高水平的选择(约翰·伊特韦尔等,1996,第771页)。当然,制度的选择不同于普通商品的选择,它是由集体作出的选择,尽管这些个人在制度选择过程中采取了不同的立场,扮演了不同的角色,得到不同的收益。

一般而言,制度是联合而不是独立地发挥作用。在现实社会中,众多的制度共同构成了"制度之网",人们只能在特定的"制度之网"中进行选择和行动。从纵向来看,"制度之网"包括国际规则、国家的宪法、政治制度、经济制度、产权制度、企业管理制度等,尽管个体在行为时并不能够意识到全部的制度,但他总是在这些制度的多重限制之下进行选择。例如,在全球化的条件下,中国民营企业的竞争策略通常是在国际贸易规则和国家经济政策等多重制度框架内进行选择。从横向来看,围绕着某一市场或资源配置通常存在着多方面的制度,这些制度往往是相互补充的,但有时也会冲突。例如,房地产开发商的行为通常会考虑到土地制度、金融制度、税收制度及环保制度等的要求,这些制度的具体规则并不完全一致。

在大多数社会中,现存的制度确定和创立了均衡,使得构成经济交换总体的一系列合约谈判在既定的制度框架中展开。尽管可能有人对现有规则不满意,但由于改变该规则的成本太高,从而没有一个行为者愿意将资源用于建立新合约。然而,制度均衡只是事情的一个方面,制度变迁也贯穿于人类历史。制度变迁可以被描述为:"相对价格的变化导致一方或双方去进行一项交易(不管这一交易是政治的还是经济的),设想一方或双方在一个改变了的协议或合约下境况可能会更好,因而将作出对合约进行重新谈判的努力"(道格拉斯·C·诺思,1994,第116页)。通常而言,制度变迁会为有组织的企业家提供新的获利机会,这又会改变制度变迁的方向。例如,在美国19世纪的土地法变迁史上,"特定的存款规则组合的变化(规模、信用条款、价格及准备金要求),获利机会(导致运输、人口、技术和资源的变化)以及联邦政府用于实施的少量资源(尽管它变化很大),都导致个人、集体及组织企图从土地的利用中获利。通常在法律实施的逻辑下逃避法律是一种成功的策略。土地公司、非法占地者、权利俱乐部、木材公司、铁路公司、采矿公司及牧牛协会都会决定美国的土地处置及联邦政府所作出的反应"(道格拉斯·C·诺思,1994,第118页)。

(二) 房地产制度的内涵

制度理论同样可以应用于房地产经济中,当然,房地产制度既与其他制度具有共同之处,也有自己独特的专有制度规则。具体来说,房地产制度是指围绕着土地资源与房地产产品的开发、交易和分配而确立的关于人们相互作用方式的一系列规则。从根本上来说,房地产制度从属于整个国家和社会的经济体制,要受到一个国家基本经济制度、基本经济政策和经济体制的制约,构成了国家"制度网络"中的一个环节。从内容上来看,房地产制度主要包括土地产权制度和土地管理制度、房地产开发投资制度、房地产经营制度、住房供应制度、住房分配制度、住房社会保障制度和房地产税收制度、房地产管理制度等多个方面。在一系列的房地产制度中,土地产权制度和住房制度对于资源配置及人们的利益影响最大,是通常需要深入研究的基本制度。由此可见，房地产制度是一个复杂的系统工程，它不仅反映国家、企业（事业）和个人之间以及人们相互之间在房地产问题上的经济利益关系，而且还直接关系到城镇居民、农村居民基本住房需求的满足、社会安定等重大现实问题。可以说，房地产制度为房地产经济运行提供了一个最基本的准则和秩序，决定了房地产业发展和房地产市场的发育状况。

从制度的本质出发，可以发现房地产制度的形成是为了规范人们在房地产经济运行中的相互作用。事实上，围绕着土地资源和房地产产品的利用和配置，各个利益主体都有自己特定的目标和动机，当这些目标和动机发生冲突时，就必须演化或构建出一系列的房地产制度来加以约束和协调。如表3-1所示，在一些西方国家，政治家和公务员、土地供应者、住房资金供应者、劳动力供应者及消费者在面对房地产产品和服务时，所具有的目标或动机差异较大，为了协调这些动机及其背后的利益，必须要有严密而复杂的房地产制度体系。

表3-1 西方国家影响住房的主要因素和动机

住房因素		目标/动机	衡量指标
政治家和公务员	政治家（中央和地方）	政治支持	拨款、贷款
	住房部门的公务员	部门维护和权力增大	其他更昂贵的住房计划
	经济部门的公务员	部门维护和权力增大	反周期运行的住房计划
土地供应	土地主、投资人、房地产代理人	利益	货币
住房资本供应	建房协会、银行、储蓄和贷款协会（美国）	冒险的自由投资、保险	货币（以住房为担保）
劳动力供应	公众（直接劳动力）和合作建房公司	(A) 收支平衡 (B) 长工作期	货币和时间
	私人建设机构	(A) 利益 (B) 长工作期	货币和时间
	建房工人商业联合体	(A) 高工资 (B) 长工作期、就业保证	货币和时间
消费者	住房自有者和租赁者	(A) 改善住房大小和质量 (B) 降低住房造价和收入的比例 (C) 产权保障 (D) 身份差异 (E) 改善邻里关系和选择性	多种指标

资料来源：Headey, B. Housing Policy in the Developed Economy, London：Croom Helm,1978。

需要指出的是，仅仅依靠正式的房地产规则并不能够完全解决好房地产经济运行和资源配置问题，在实践中，正式的房地产规则还需要与非正式房地产规则相配合。而那些非正式的房地产规则一般由惯例、习俗以及传统文化和信任关系所构成,它们辅助或维护着正式房地产规则的运行。虽然人们努力建立正式而明确的房地产制度,但是在许多环节和事件上还需要非正式房地产规则的配合。

二 房地产制度体系

虽然大多数人对房地产制度的详细情况知之甚少,一旦他们进入房地产市场从事房地产的购买、租售及投资时,就会感到房地产制度体系的多重约束和限制,他们的行为也因这些制度而有所改变。具体来说,构成房地产制度体系的各类制度主要有以下几种。

1. 房地产法

房地产法是由国家强制力保证执行的房地产方面的行为规范。它是国家从事房地产管理的基本依据,是房地产开发商从事开发经营活动的最高准绳,也是房地产所有者和使用者维护其合法权益的根本保证。

有关房地产立法的历史,可以追溯到 19 世纪初的西方国家。1804 年,法国公布《法国民法典》,其中有许多不动产方面的内容。1832 年,英国国会通过《乔利拉法案》,该法案对解决贫困家庭的住房困难问题作出了具体规定。从发展过程来看,20 世纪以前,各国有关房地产的法规主要体现在民法典中,尚无专门的房地产立法,亦即房地产法尚未在民法等基本法的基础上形成一个独立的法律领域。20 世纪以来,特别是第二次世界大战后,随着房地产业的迅速发展,各国都加强了对房地产的管理和立法。除民法等基本法中的房地产立法内容以外,各国还颁发了一系列专门的房地产法规,逐渐形成了一整套较为完备的房地产法律体系。

一般而言,作为房地产制度的房地产法主要包括三个层面:一是综合法,是指在宪法、民法等对房地产立法具有指导性作用的法规,以及税收法、环境法、婚姻法、继承法等与房地产具有相关性的法规。二是住房法。关于房屋建设、经营管理、房产市场等方面的专门性法规。三是土地法,指关于土地开发、经营管理、地产市场等方面的专门性法规。这些法律涉及范围较广,条文规定较细,制裁措施较严,形成了一套相互联系、彼此配合的法律体系。

2. 房地产政策

房地产政策体系是国家或政府为改善住宅的数量、质量、价格以及所有权和使用权而制定的一整套方针、政策和具体措施,是一个国家房地产制度的重要组成部分。一国的房地产政策一般包括两个层次,即中央政府的住房政策和地方政府的住房政策。中央政府的房地产政策是带有原则性的基本政策,例如,英国保守党在 1971 年发布的白皮书中提出的住房目标为:"价格适合每个家庭支付能力的适宜住房,自有和租赁的公平选择,以及公民承担和接受住房帮助的公平性。"工党在 1977 年的绿皮书中指出:"传统的为所有家庭提供价格在其支付能力范围内的适宜住房,仍然是我们的基本目标。而地方政府则根据这些基本政策,从各地实际情况出发,制定适合本地区特点的具体政策"(Malpass and Murie,1994)。

房地产政策的基础主要在于:效率性、公平性和社会政治性。即政府对房地产市场所采取的政策能够提高稀缺住房资源的使用效率;房地产政策能够在体现社会公平性方面扮演重要角色;房地产政策还能够就公共安全的改善、健康和环境的改善、经济利益分配、城市和社区发展等社会政治目标的实现提供支持。从实践来看,房地产政策与经济和社会政策密不可分,例如宏观经济稳定、社会福利、公共健康、土地使用、经济发展和地区平衡政策等都会对住房供应和房地产政策产生重大影响。

　　房地产政策既可以是一般原则和政策目标,也可以是政府为改善居民居住条件而制定的关于住房的投资、建造、流通、分配和消费等具体政策体系。例如,住房的供应政策有公共住房政策和私有住房政策;住房的流通政策有数量、质量、价格及其交易政策;住房的分配政策有住房消费占工资中的比重、住房所有权、使用权和租赁政策;住房的社会保障政策有住房补贴和廉租住房政策等。这一系列的政策构成完整的住房政策体系。

　　从整体上看,房地产政策一般包括四个方面:目标、内容、结构和程序。所谓目标,就是政策明确指向某个或某些目的,包括房地产政策究竟为谁服务以及如何服务;内容是指与其他政策有明确区别的一套原则和行动,即房地产政策由什么组成,范围如何界定以及与其他政策领域的相互影响;结构是指行动者、机构和他们主体之间的联系共同构成的决定目标、内容及其传达的一整套体系,其焦点是政策制定和实施的机制,如国家与市场的关系、中央政府和地方政府以及其他政策实施机构的关系;程序指房地产政策制定、实施和接受的某种固有过程,即政策制定、实施和成果评价的方式(田东海,1998,第5页)。

　　3. 房地产管理规定

　　在房地产经济的运行过程中,要涉及到多个层面的管理,这些管理规定也构成了房地产制度的重要内容。一般来说,房地产管理规定第一个层面是房地产企业的内部管理规章制度,这些规章制度通常由企业自己来制定,但在西方的许多企业是由专门的房地产管理公司来承担。第二个层面的管理规定是房地产行业的自律规则,它由房地产协会和专业组织提供,包括诸如企业行为准则、质量标准等内容。第三个层面则属于政府对房地产业的行政管理,各级政府通过采取行政命令和指示等形式,按照行政隶属关系管理房地产经济活动。在上述三个层次的管理规定中,各级政府的行政管理规定对于房地产经济运行的影响最大,同时,对于房地产市场的效率和公平状况产生更多的实质性作用。

　　在中国,房地产行政管理实行统一领导、分级管理原则,其机构设置与国家政权机构相对应,分中央级和地方级行政管理机构。在国务院统一领导下,各级管理机构既受同级政府的管理,又受上级房地产行政管理机构的业务管理。

　　具体来看,房地产行政管理规定包括以下几方面:① 产权产籍管理规定。房地产产权管理规定和产籍管理规定是密切联系、互为依存、互相促进的两项制度。产权管理是产籍管理的基础,没有产权登记、产权调查、产权确定,就不可能有完整的产籍资料;反过来,产籍管理是产权管理的依据,是为产权管理服务的。② 城市规划管理规定。城市规划是指为了实现一定时期内城市的经济和社会发展目标,确定城市规模、性质和发展方向,合理利用城市土地,协调城市空间布局和各项建设的综合布置与具体安排。城市规划管理规定为房地产的经营活动限定了范围。③ 城市土地管理规定。城市土地管理是指城市土地在城市的不同经济部门之间、各个不同项目之间的合理配置和使用,主要包括城市土地资源配置管理和城市土地使用管理两个方面。④ 房地产交易管理规定。主要是指对房地产交易的主体、客体、交易方式、程序等加以规范。从房地产管理规定的内容来看,这一层面的制度较为具体翔实,并具有较强的操作性,在实践中对于房地产企业和个体的影响也最直接,是房地产法和房地产政策的落实与执行。

4. 非正式房地产制度规则

房地产法、房地产政策和房地产管理规定都是正式的、成文的房地产制度,同时,房地产制度还包括了许多不成文的甚至是约定俗成的非正式房地产制度规则。这些非正式房地产制度的存在主要基于以下几个方面的原因。一是由于一些正式的房地产制度难以完全按照政策规定来执行,所以往往会采取一些变通的或者非正式的方法。例如,在一些城市,对房地产企业的征税就不完全按照实际营业额来执行,而是采取了约定俗成的定额税。二是由于房地产产品特性造成了房地产交易中信息的不完全、不对称,这就必然导致房地产契约无法完全界定房地产产权或者规定所有可能的事项,而是采取了用习俗和惯例来替代的办法。三是在不同的区域文化背景下往往会产生一些独特的非正式房地产制度,这就使得同样的正式房地产制度在不同地区中会表现出一些差异。总之,非正式房地产制度规则在房地产制度体系中扮演着重要的角色,正式房地产制度与非正式房地产制度之间的边界是模糊的,在不同的时期和地区,二者之间的关系是有差异的。而房地产制度的变迁,使正式制度与非正式制度的边界也随之变化。

三 | 房地产制度的功能

制度的功能不仅重要而且作用于经济、政治和社会生活的多个方面。即使仅从经济视角出发,也可以总结出制度的若干重要功能。房地产制度在房地产经济活动中发挥了制度的主要功能。

首先,房地产制度通过向人们提供一个日常生活的结构来减少不确定性。制度具备的一项独特功能是塑造人们的思维与行为方式,提供并在某种程度上创造和扩散信息,创造较稳定的社会秩序,从而可以有效降低不确定性和风险。在人类社会中,信息的不完全和风险的普遍存在迫使人们构建一系列的制度。由此,在经济发展过程中,个人的习惯性行为逐渐形成制度化的惯例,依靠这些制度的信息功能,人们能够有效地处理提供给当事人的信息,减少日常行为中所包含的计算量。正如奈特所说:一个人只有在所有其他人的行为是可预测的,并且他能够正确地预测的时候,才能在任何规模的集团中理性地选择或计划。

在房地产经济中,获得一个稳定的市场结构和可预期的发展趋势是重要的。只有在一个稳定的和可预测的房地产市场上,开发商才会提供合意的房地产产品,消费者和投资者才愿意从事回报期长的房地产买卖,也才能够提高劳动效率和资金使用效率。一般来说,政府提供"房地产制度产品",有利于促进房地产市场的稳定,在不破坏市场机制效率的前提下实现房地产资源的有效利用和配置。

其次,房地产制度决定了经济活动中交易费用的高低。交易费用包括一切不直接发生在物质生产过程中的费用,可以看作一系列的制度费用,其中包括信息费用、谈判费用、起草和实施合约的费用、界定和实施产权的费用、监督管理的费用和改变制度安排的费用等。"交易费用反映了构成一个经济的或在一个更大范围内的社会中整个制度(包括正规的和非正规的)的复杂性。这一完整结构最终勾勒了在个人合约水平上的交易费用"(道格拉斯·C·诺思,1994,第94页)。科斯认为,交易费用是市场的运行费用。阿罗对交易费用概念作了一般化,指出:"交易费用是经济制度的运行费用"。需要指出的是,制度本身并不意味着交易费用的降低,各种不同制度通常规定了不同水平的交易费用,正如诺思所指出的,整个市场是一个制度的混合物，其中有些使效率增加，而有些则使效率降低。在房地产市场上，消费者和厂商的交易费用都很高，而相关的房地产制度则能够减少这两方面的费用。例如，在美国现代住宅财产的转化过程中，"制度决定了交换的成本有多大。构成资源的成本必须既能衡量交换的法律与物质属性，而且还要能衡量检察与实施协议的成本，并反映对交换形式的衡量与实施不完全程度的一个不确定性贴现。不确定贴现的量将受关于住房条件的不对称信息（出售者是知道的）这类具体合约要素以及购买者的货币条件（购买者是知道的）的影响，它还受阻止犯罪的有效性这类共同体层次因素及价格水平的稳定性这类宏观因素的影响"（道格拉斯·C·诺思，1994，第 85 页）。

第三，房地产制度影响着资源的配置和利用状况。市场和政府是资源配置的两种主导方式，而制度则决定了这两种主导方式的资源配置的效率。人们在房地产资源配置的决策中不仅需要权衡由经济条件所决定的生产费用，而且还需要测算由房地产制度确定的交易费用。当交易费用很高时，原来有利可图的生产决策或消费决策会受到影响，一些土地资源和房产资源的投向或投量也将由此而改变。同时，房地产制度也影响着社会利用资源的态度和结果。在特定的制度条件下，制度能够促使人们节约，即让一个或更多的"经济人"在增进自身福利时而不使其他人的福利减少；或让"经济人"在他们的预算约束下达到更高的目标水平。但是，在相反的制度条件下，也会导致资源浪费现象的普遍出现。

第四，房地产制度具有规定收入分配及再分配的功能。制度从方方面面影响了人们的收入分配，在计划经济的制度体系下和在市场经济的制度体系下，人们的收入分配决定方式截然不同。具体来说，劳动者与经济组织之间的合约通常是在国家的多个政治、经济制度影响之下形成的，合约的不同也就决定了收入分配的差异。在社会的再分配过程中，政府的各项财税制度取代企业内部合约发挥了重要作用，直接改变了人们的财产状况。事实上，政府的土地制度、金融制度、住房制度和产业政策等会在一定程度上改变或调整人们的收入水平。例如，经济适用房和廉租住房制度的建立，充分体现了政府增加低收入家庭福利的意愿，同时，对房价和房租的管制也会影响到业主和租赁双方等多方面的收入状况。

正如科斯所指出的，我们每个人都生活在一种经济制度当中。交易费用依赖于一国的制度，如法律制度、政治制度、社会制度以及教育文化等诸方面的制度。交易费用越低，制度的生产效率就越高，制度决定着经济绩效。这意味着，房地产制度创造了秩序，减少了人们生产和生活的不确定性；房地产制度规定了交易费用的高低，从而影响资源配置与收入分配。正因为如此，人们非常重视房地产制度的完善和创新，也力求实现有效率的房地产制度安排。理论研究表明，有效率的房地产制度一般具有以下一些特征。一是生产要素的占有有利于劳动力的充分利用，有利于生产要素的有机结合。二是产权清晰，权利、责任和利益相统一，既提供一种有效的激励结构，也具有完善的约束规则。三是房地产制度能够拓展人类选择的空间，而这种选择的前提是获得充分的信息和可持续利用的资源。四是房地产产品的分配与个人的劳动及其他要素支出相适应。具备了这些特征，就能更好地实现房地产制度的功能。

第二节　土地制度分析

一　土地制度的内涵与模式

（一）土地制度的内涵

土地制度是社会经济制度的重要组成部分，也是房地产制度的基础性内容。对于土地制度内涵的理解，学术界有不同的观点。一是认为土地制度就是土地所有制，是人类社会一定发展阶段中土地所有关系的总称。二是认为土地制度是在经济运行过程中所发生的土地经济关系和土地法权关系制度化的总称。土地经济关系表现在人们对土地的所有权、使用权、占有权和处分权等方面，而法权关系则是指土地经济关系在法律上的反映、确认和规范。三是认为土地制度是由土地所有制、土地使用制度、土地流转制度和土地管理制度及其他构成的一项有关土地的社会经济制度。四是从广义上认为土地制度包括有关土地问题的一切制度，如土地利用方面的土地开发制度、规划制度等，土地所有和使用方面的土地分配制度、承包制度、租赁制度、地租和地价制度等，土地管理方面的地籍制度和征用制度等。

从制度是行为规则这一内涵出发，综合上述关于土地制度的界定，可以认为土地制度应当包含产权制度、管理制度、利用制度等能够影响到土地资源配置的所有规则。当然，在土地制度中，土地产权制度是基础的、重要的制度。因为，土地产权清晰是土地市场体制运行的基础，是决定土地收益的根本条件。虽然土地产权束包含了较多的内容，但是土地所有制和土地使用制是两个核心内容。一般而言，土地所有制决定土地使用制，土地使用制及其具体形式必须与土地所有制相适应，它不仅是土地所有制的反映和体现，而且也是实现和巩固土地所有制的一种形式和手段。

土地所有制是由特定的社会政治经济制度决定的对土地要素的占有形式，而土地所有权则是这种占有形式在法律上的表现和要求。土地所有制是对土地所有权的抽象，而所有权则是对所有制的具体化。同样，土地使用制度是关于土地使用权界定和转移等过程中所发生的人与人之间经济关系的规则。土地使用制也是土地制度中的重要内容之一，是土地制度中最活跃的成分。土地使用权是土地使用制在法律和经济上的具体表现形式。在土地所有权可以自由交易的经济里，人们为了取得特定土地的使用权，可以通过购买土地所有权的办法实现；也可以在土地所有权和使用权分离的情况下，将土地使用权作为独立的交易对象来实现。而相关土地管理制度的主要任务就是对土地所有权和土地使用权进行必要的管理、监督和调控，提高土地资源配置效率，适应社会经济发展的需要。

（二）土地制度的主要模式

几乎每个国家在土地制度上都有自己的特点。概括来说，从土地所有制和土地使用制上，各国实行的土地制度大致上可以区分为两种基本模式。

1. 土地私有制为主体的模式

在一些国家，尽管土地并非全部由私人所有，但其土地所有制无论从名义上看还是从实际内容上看都以私有制为主体。大体说来，美国、法国、前西德等实行的就是这样一种土地制度模式。例如，在美国，除了部分森林、军事基地和一些未曾开发的土地外，其余土地一般都明确规定归私人所有。法国和前西德的土地制度也是明确建立在私有制基础之上。两国通过土地立法规定了土地所有制的具体形式，一般分为公共所有和私人所有。前者包括土地的国家所有、市政机构所有和教堂所有；后者主要指土地的家庭所有。

2. 土地公有制为主体，但土地使用制差异较大

在另一些国家，实行的是在土地公有制基础上的有区别的土地所有制。即在土地公有制的前提下，通过对土地占有、使用和收益等权利的分割，形成各具特色的土地使用制。大体说来，英国、加拿大、瑞典等国实行的是这样一种土地制度模式。这些国家名义上实行的是以土地公有制为主的土地制度，但实际上私有制占据着相当大的比重。例如英国的土地从法律上看全部归英王或皇室所有，但个人、企业和各种机构团体可以用某种方式持有土地。持有土地所受的条件限制被称为"土地保有条件"，土地持有人所持有的土地权利被称为土地产业权。土地产业权的种类通常分为：无条件继承的土地产业权；限定继承的土地产业权；终身保有的土地产业权；限期保有的土地产业权，即祖业权。这些完全拥有土地权益的土地持有人实际上即为该土地的占有者。只要该占有人不违反土地法和土地规划的规定，不触犯他人的利益，即可永久占有下去，并可随心所欲地予以使用和处分（严清华，1994，第1～3页）。

（三）中国的土地所有制

2004年修正的《中华人民共和国宪法》对中国的土地所有制作出了明确规定："城市的土地属于国家所有。""农村和城市郊区的土地，除由法律规定属于国家所有的以外，属于集体所有；宅基地和自留地、自留山，也属于集体所有。""国家为了公共利益的需要，可以依照法律规定对土地实行征收或者征用并给予补偿。""任何组织或者个人不得侵占、买卖或者以其他形式非法转让土地。土地的使用权可以依照法律的规定转让。""一切使用土地的组织和个人必须合理地利用土地。"这表明，中国的城市土地和农村土地在所有制上都属于国家所有或集体所有，同时在土地使用权上可以依法加以变更。

同时，《土地管理法》也明确规定，我国现行的土地所有制为社会主义土地公有制，包括全民所有制和集体所有制两种形式。而且，《土地管理法》和《城市房地产管理法》对全国土地的所有权作了明确界定，即中国目前的土地所有制结构为典型的"二元结构"——土地国有制和土地集体制共存。国有土地主要分布在城市地区，也就是城市建设用地。集体所有制土地几乎全部分布在农村地区，也就是农业生产用地。这一界定基本上是根据土地的地理分布和利用类型进行的。根据上述法律条文，城市市区的土地属于国家所有；城市土地所有权的主体是国家，由国务院代表国家行使所有者权利，但实际上是由中央政府委托各级地方政府来完成的，并且同一级地方政府中又有多个具体部门在行使国家委托的所有者职能。

农村和城市郊区的土地，除由法律规定国家所有的以外，属于农民集体所有；宅基地和自留地、自留山，属于农民集体所有。从法律上讲，集体农地的所有权主体为农民集体。由于历史原因，这种农民集体又有三种不同的具体表现形式：一是村级农民集体所有；二是村

内各经济组织的农民集体所有；三是乡镇农民集体所有。这三种形式没有本质差别，都是农民集体所有制。

二　中国城市土地制度的变迁

（一）改革前的城市土地制度

1949 年以后，中国逐步实现了城市土地的国家所有，消灭了城市土地的私有制，并以宪法形式规定了中国城市土地制度的重大变革。

在计划经济体制下的传统土地制度是以"三无"为特征的，即无偿划拨、无限期使用、无流转。事实上，在 20 世纪 50 年代初或者确切地说在 1954 年以前，中国城市土地实行的还是有偿使用制度，无论公地、私地一律征收土地使用费或地租。在 1954 年 2 月 24 日，财政习字第 15 号文件规定，全民所有制单位占用的公地不再缴纳土地使用费或地租，文件指出："国营企业经人民政府批准占用的土地，不论是拨给公产或出资购买，均应作为该企业的资产，不必再向政府缴纳租金或使用费；机关、部队、学校经政府批准占用的土地，亦不缴纳租金或使用费。"从此，城市实行土地无偿使用制度。

在计划经济体制下，中国城市土地产权制度是一种产权行政化的制度安排，土地全部由中央政府所有，各级政府分级监管，土地使用权由政府以行政划拨方式分配给土地使用者，土地所有权与土地使用权实行行政性的两权分离，土地使用者通过土地的实际使用而获得产权的排他性（指决定谁在一个特定的方式下使用一种稀缺资源的权利），但不具有可让渡性（指将产权再安排给其他人的权利），土地产权残缺程度高。这种划拨土地使用权的土地使用成本比较低，而且划拨土地使用权的残缺性决定了其无限期、不流动的特点，因而划拨土地使用权具有非商品性，土地财产缺乏价格评价和价值表现形式（高波，1996）。

在现实中，这种土地产权行政化的制度安排，以高动员度、高指向度为我国大规模工业化和城市化提供了大量低成本的土地资产，避免了因土地私有和高额交易成本阻碍国家大规模经济建设。

但是，从实践来看，城市土地无偿使用制度导致了一系列弊端。例如，国家作为城市土地所有者，却在经济上毫无收益，其所有权未能在经济上实现；土地配置不合理，缺乏效率，多占少用、好地劣用、占而不用等现象较多；土地无偿使用，使国家难以筹到足够的建设资金投入到城市基础设施和公共事业中，城市发展受到限制。而且随着经济体制改革的深入，对传统城市土地制度特别是产权制度进行改革的要求也更加迫切。例如，包括外资企业在内的大量非国有企业的建立，就要求赋予土地以价值和价格，并使土地使用权与其他生产要素一样可以自由流通。

（二）城市土地产权制度的改革过程

中国城市土地产权制度改革，在坚持社会主义公有制原则的基础上，使土地所有权和使用权相分离、明确土地产权关系、促进土地资源的合理配置。在改革的时空安排上，首先在经济特区进行改革试验，然后从沿海地区到内地逐步推开。

依据改革的阶段性重大进展，中国城市土地产权制度的改革可以划分为三个阶段。

1. 土地产权制度改革试验和土地市场萌发阶段(1978~1991 年)

在这一阶段,人们形成的较为一致的看法是:土地是一种特殊的商品,城市土地属于国家所有,土地所有权不能买卖,但在土地所有权和使用权分离的情况下,土地使用权可以实行商品化经营。这一阶段土地使用制度的主要特征是:征收土地使用费,推行土地使用权有偿使用,尝试以土地市场配置土地资源。

针对中外合营企业的用地问题,1979 年 7 月 1 日第五届全国人民代表大会第二次会议通过的《中华人民共和国中外合资经营企业法》规定:"中国合营者的投资可包括为合营企业经营期间提供的场地使用权。如果场地使用权未作为中国合营者投资的一部分,合营企业就应向中国政府缴纳使用费。"1982 年,深圳市开始实行《深圳经济特区土地管理暂行规定》,在国内首先开始按年度向不同等级土地的使用者收取不同标准的土地使用费,这种费用实质是城市地租。它不仅考虑到城市基础设施的投资和维护费用的补偿问题,而且考虑到城市国有土地所有权在经济上的实现问题。1983 年,在原国家城市建设环境保护部和辽宁省人民政府支持下,抚顺市城乡规划局制定了《抚顺征收土地使用费暂行办法》,并于同年 3 月 6 日经市人大常委会颁布实行。1984 年 1 月,辽宁省抚顺市进行了全面开征土地使用费的试点工作。深圳市和抚顺市向使用者收取土地使用费,迈出了我国城市土地产权制度改革的第一步。1984 年,广州市对部分土地(经济技术开发区、新建项目以及涉外项目用地)开征土地使用费。开征城市土地使用费,是对长期以来土地无偿使用制度的根本否定。

1987 年下半年,深圳特区在全国率先进行土地使用权出让的试点。1987 年 9 月 9 日,新中国首幅商品土地在深圳市出售。深圳市政府以协议出让的方式开创了中国城市土地使用权出让的先河。具体方式为:出让土地使用权,规定使用年限,一次性收取地价,并且允许受让方转让土地使用权或进行抵押。1987 年 11 月 25 日,深圳市政府首次以公开招标的方式出让城市土地使用权。1987 年 12 月 1 日,深圳市首次进行土地使用权拍卖。之后,城市土地使用权有偿出让的做法首先以地方法规的形式得到确认。1987 年 11 月 29 日,上海率先发布了《上海市土地使用权有偿转让办法》,规定了城市土地使用权出让的方式、程序、条件以及土地出让金标准。

城市土地产权制度改革的实践,要求从《宪法》的角度予以保障。1988 年 4 月 12 日,第七届全国人大一次会议通过了《宪法修正案》,删去了《宪法》原第十条第 4 款中不能出租土地的规定,改为:"土地的使用权可以依照法律规定转让"。根据《宪法修正案》,1988 年 12 月 29 日《中华人民共和国土地管理法》也做了相应修改,规定"国有土地和集体所有土地的使用权可以依法转让","国家依法实行国有土地有偿使用制度",从而为土地产权制度改革的全面推开和深入发展提供了必要的法律依据,实现了一次重大的制度创新。

1990 年 5 月 19 日,国务院颁布了 55 号令,即《中华人民共和国城镇国有土地使用权出让和转让暂行条例》,为土地市场的发育提供了法律条件。该条例对城市土地使用权出让、转让、出租、抵押、终止以及划拨土地使用权等问题作了明确规定。土地使用权划拨是指有批准权的人民政府依法批准,在用地者缴纳补偿、安置等费用后将该幅土地交其使用或者将土地使用权无偿交给土地使用者使用的行为。土地使用权出让是指国家以土地所有者的身份将土地使用权在一定年限内让与土地使用者,并由土地使用者向国家支付土地使用权出让金的行为。依据条例,划拨土地使用权不能进入市场,土地使用者必须依法与土地管理部门补办土地出让手续,签订土地出让合同,补交土地出让金,土地使用权才能转让、出租和抵押,采取"先出让、后入市"的方式进入市场。土地使用权出让可以采取协议、招标和拍卖方式。

城市土地使用权有偿出让转让的改革不仅涉及土地使用权在国家和使用者之间的纵向关系,而且涉及土地使用权在使用者之间的横向关系,特别是把地租、地价、竞争、风险等市场机制引入土地资产运营和土地资源配置,启动了土地产权制度的市场化改革。

2. 土地产权制度创新和土地市场发育阶段(1992~2004年)

这一阶段,土地产权制度的改革,进一步规范了土地使用权出让制度的内容,并在全国范围内推广。同时,土地使用权的出让由协议出让为主转变为以招标、拍卖、挂牌为主。

1992年邓小平南巡讲话,中共十四大确立了建立社会主义市场经济体制的改革目标。与此相适应,中共十四届三中全会决定把土地使用制度改革作为整个经济体制改革的重要组成部分,并且明确规定了规范和发展土地市场的内容和要求。通过市场配置土地的范围不断扩大,实行土地使用权有偿、有限期出让已扩展到全国各地。

但是,在实践中,长期以来协议出让方式一直在我国城市经营性用地出让中占据着主导地位。2002年城镇土地总量中,95%是土地行政划拨,5%是土地有偿出让;在有偿出让的土地中,95%是土地协议出让,5%是土地招标拍卖出让。土地协议出让使土地批租的权力高度集中于审批机关和审批人员手中,土地交易市场不透明且呈无序状态,土地隐性市场十分活跃,违法占地、用地问题屡禁不绝,土地在使用者之间难以实现正常的流动,经营性用地的协议出让造成了土地收益流失严重、土地投机行为活跃等诸多问题。

为了规避土地协议出让中的问题,2002年5月9日,国土资源部签发了11号文件(《招标拍卖挂牌出让国有土地使用权规定》)。文件叫停了已沿用多年的土地协议出让方式,要求从2002年7月1日起,所有经营性开发的项目用地都必须通过招标、拍卖或挂牌方式进行公开交易。该文件的颁布,被业界称为新一轮"土地革命"的开始。

2003年国土资源部颁布了《协议出让国有土地使用权规定》,从2003年8月1日起,协议出让土地的方式将受到严格规范,商业、旅游、娱乐和商品住宅等经营性用地,一律不得以协议方式出让;同一幅土地有两个以上意向用地者的,也不得以协议方式出让。新政策改变了过去单纯按照土地用途确定出让方式的规定,这使得土地产权制度更能适应房地产业发展的需要。

2004年3月31日,国土资源部与监察部联合下发71号文件,文件严格要求各地土地协议出让中的历史遗留问题必须在2004年8月31日之前处理完毕,否则国家土地管理部门有权收回土地,纳入国家土地储备体系。2004年8月31日因此被房地产业界称作"大限"。

3. 土地产权制度规范运行和土地市场健全完善阶段(2004年以来)

2004年8月31日以来,中国城市土地产权制度进入到规范运行和土地市场日趋健全完善的阶段。在土地招标拍卖挂牌成为出让国有土地使用权主导方式之后,关键是土地产权制度的政策细化及贯彻执行。

2006年7月24日,国务院办公厅发布《关于建立国家土地督察制度有关问题的通知》(国办发〔2006〕50号),9个国家土地督察局派驻地方,全国省(区、市)及计划单列市的土地审批利用,将纳入九大土地督察局严格监管之下,加大了土地制度的执行力度。

2006年8月1日,国土资源部制定的《招标拍卖挂牌出让国有土地使用权规范》和《协议出让国有土地使用权规范》正式施行,规范对招标拍卖挂牌或协议出让国有土地使用权的范围作了细化,进一步明确六类情形必须纳入招标拍卖挂牌出让国有土地范围:① 供应商业、旅游、娱乐和商品住宅等各类经营性用地以及有竞争要求的工业用地。② 其他土地供地计划公布后同一宗地有两个或者两个以上意向用地者的。③ 划拨土地使用权改变用途,《国有土地划拨决定书》或法律、法规、行政规定等明确应当收回土地使用权,实行招标拍卖挂牌出让的。④ 划拨土地使用权转让,《国有土地划拨决定书》或法律、法规、行政规定等明确应当收回土地使用权,实行招标拍卖挂牌出让的。⑤ 出让土地使用权改变用途,《国有土地出让合同》约定或法律、法规、行政规定等明确应当收回土地使用权,实行招标拍卖挂牌出让的。⑥ 依法应当招标拍卖挂牌出让的其他情形。

(三) 中国现行的城市土地制度安排

在城市土地国有制和城市土地市场日趋健全完善的基础上,中国各项城市土地制度不断建立和完善。2001 年 4 月国务院发布了《关于加强国有土地资产管理的通知》,通知规定土地市场要建立六项基本制度,即城市建设用地统一供应制度、建设用地总量控制制度、土地使用权入市交易制度、基准地价更新和公布制度、土地登记公开查询制度和集体决策内部会审制度。经过两年的稳步推行,在 2003 年底绝大多数省市已经基本建立了上述六项基本制度。在现实中,以下一些城市土地制度安排,在城市土地市场运行过程中发挥着重要的作用。

1. 国有土地使用权出让制度

主要有以下两种国有土地使用权出让制度。

(1) 招标、拍卖、挂牌出让国有土地使用权制度

招标出让国有土地使用权,是指市、县人民政府土地行政主管部门(简称出让人)发布招标公告,邀请特定或者不特定的公民、法人和其他组织参加国有土地使用权投标,根据投标结果确定土地使用者的行为。

拍卖出让国有土地使用权,是指出让人发布拍卖公告,由竞买人在指定时间、地点进行公开竞价,根据出价结果确定土地使用者的行为。

挂牌出让国有土地使用权,是指出让人发布挂牌公告,按公告规定的期限将拟出让宗地的交易条件在指定的土地交易场所挂牌公布,接受竞买人的报价申请并更新挂牌价格,根据挂牌期限截止时的出价结果确定土地使用者的行为。

通过实行招标拍卖挂牌出让国有土地使用权制度,可以有效规范国有土地使用权出让行为,提高土地资源配置效率,建立公开、公平、公正的土地使用制度。《中国国土资源公报》指出,至 2005 年,全国共出让土地面积 16.32 万公顷,出让价款 5 505.15 亿元。其中,招拍挂出让面积和出让价款分别为 5.72 万公顷和 3 920.09 亿元,分别占出让总面积和总价款的 35.06% 和 71.21%。

(2) 协议出让国有土地使用权制度

所谓协议出让国有土地使用权,是指国家以协议方式将国有土地使用权在一定年限内出让给土地使用者,由土地使用者向国家支付土地使用权出让金的行为。除依照法律、法规和规章的规定应当采用招标、拍卖或者挂牌方式外,方可采取协议方式。协议出让国有土地使用权,应当遵循公开、公平、公正和诚实信用的原则。以协议方式出让国有土地使用权的出让金不得低于按国家规定所确定的最低价。具体来说,协议出让最低价不得低于新增建

设用地的土地有偿使用费、征地（拆迁）补偿费用以及按照国家规定应当缴纳的有关税费之和，有基准地价的地区，协议出让最低价不得低于出让地块所在级别基准地价的70%。

2. 土地收购储备制度

土地收购储备制度是指由城市政府的委托机构，如土地储备中心，通过征用、收购、置换等方式，将土地使用者手中分散的土地集中起来，进行土地整理和开发，在完成一系列前期开发整理工作后，变成可建设的"熟地"，根据城市土地年度计划，通过招标、拍卖、挂牌有计划地将土地投放市场，以供应和调控城市各类建设用地市场的一种经营管理制度。

土地使用制度改革的实践证明，控制建设用地供应总量的难点在于控制划拨土地入市的总量，土地收购储备制度是政府调控市场的主要工具，是控制建设用地供应总量的有效手段，是房地产业健康发展的重要前提。建立城市土地收购储备制度是城市土地制度的一个创新。它类似于欧美的"土地银行"制度。中国第一家土地储备机构1996年8月成立于上海市，1997年8月杭州土地储备制度开始启动，1999年国家土地收购储备制度出台。

目前，全国各地已经普遍建立了土地储备制度，在杭州、上海、深圳、青岛等城市都取得了成功的经验。实践表明，要更好地发挥城市土地收购储备制度的效能，仍需深入研究和解决以下几个方面的问题：土地收购储备制度的功能定位、土地收购储备性质、土地收购储备运行模式、土地收购储备的范围、城市土地收购储备机制及其驱动力、土地收购储备资金筹措与运行风险（贾生华等，2001）等。

为了将储备土地有计划地供应给市场，一些地方政府还建立了土地供应计划。土地供应计划的建立是为了确保"有地可用，有地能用"，保障住宅用地供应，防止出现"土地供应链断裂"现象。2003年开始许多城市把制定土地供应计划列入议事日程，有的已经付诸实施。例如，深圳市政府在2003年提出了控制新增建设用地供给，消化存量土地，防止存量土地随机入市的思路。

3. 土地市场交易制度

土地市场交易制度是指有关土地交易的场所、程序及其具体方式的制度规定。土地市场交易制度是形成良好土地市场秩序的前提。近年来，多数城市成立了土地交易中心，为办理各种土地交易手续提供全程服务和一站式办公场所，健全房地产交易体系和信息交换系统；从源头上预防和治理土地交易中的违法行为；强化土地的集中统一管理，促进国有土地使用权的规范流转。

三　中国农村土地产权制度变革和制度安排

（一）农村土地产权制度的变革

从1949年中华人民共和国成立起，政府先后通过土地改革、农业合作化、人民公社化等运动，逐步建立起农村土地的社会主义集体所有制。

1978年底小岗生产队把农民家庭对产量的承包发展成对土地经营的承包，成为农村土地使用制度改革的发源地。1979年中央转发的国家农委党组《关于农村工作问题座谈会纪要》，规定边远山区单门独户允许搞"包产到户"、"分田单干"，不是单门独户的地方有人包产到户，也不必禁止，不批不斗，不要勉强纠正，这就对包产到户开了个小口子。1980年，扩大到整个贫困地区。当时贫困地区成了国家一个包袱,解决不了这类地区的吃粮问题。1982 年中央 1 号文件正式肯定了土地的农民家庭承包经营制度。1982 年 6 月,全国农村实行"双包"的生产队已达 71.9%,其中实行包干到户的生产队占全国生产队总数的 67%,到年底,全国实行"双包"的生产队增加到了 78.8%。1983 年 1 月,中共中央 1 号文件对农业生产责任制进行了理论总结,称"双包"为主的家庭联产承包责任制是"我国农民的伟大创造",认为家庭联产承包制具有"广泛的适应性",不仅农业要实行,林业、牧业、渔业、开发荒山荒水以及其他多种经营方面,也要抓紧建立联产承包责任制。

从 20 世纪 80 年代中期开始,土地家庭承包责任制的缺陷开始显现出来。主要表现为:农户对固定承包的地块长期预期不足;无法在更大范围实现土地资源的流转和合理配置;外部因素对农民土地承包经营权的侵犯。从 1992 年开始,中央全面深化农村改革,农村土地产权制度也出现了一定程度的变化。坚持稳定家庭承包责任制,强调家庭承包责任制是我国农村的基本经营制度和农村经济体制的基础,必须长期坚持不动摇。1993 年中央提出在原有耕地 15 年的承包期到期后,再延长 30 年不变。1998 年 8 月延长土地承包期 30 年的政策被写进了新修订的《土地管理法》,这是从农村合作化以来中国农民的土地使用权首次得到法律保障。2002 年通过的《农村土地承包法》又一次以法律的形式确保了以家庭承包为主的经营制度长期不变。

(二)现行农村土地产权制度安排和制度创新

2003 年 3 月 1 日起开始执行的《农村土地承包法》,是农村土地产权制度安排的一个基本框架。该法规定国家实行农村土地承包经营制度。农村土地承包采取农村集体经济组织内部的家庭承包方式,不宜采取家庭承包方式的荒山、荒沟、荒丘、荒滩等农村土地,可以采取招标、拍卖、公开协商等方式承包。法律明确指出农村土地承包后,土地的所有权性质不变,承包地不得买卖。法律具体规定了承包方(农村家庭)依法享有承包地使用、收益和土地承包经营权流转的权利,有权自主组织生产经营和处置产品;承包地被依法征用、占用的,有权依法获得相应的补偿。通过家庭承包取得的土地承包经营权可以依法采取转包、出租、互换、转让或者其他方式流转。法律还规定了耕地的承包期为 30 年,草地的承包期为 30 年至 50 年,林地的承包期为 30 年至 70 年;特殊林木的林地承包期,经国务院林业行政主管部门批准可以延长。

近年来,在稳定家庭承包经营制度的基础上,中国广大农村地区出现了多种多样的土地产权制度创新实践。例如,早在 1984 年,山东平度市农民就创造了后来在中东部和沿海农村迅速发展的"两田制"。他们将承包地分为口粮田和责任田。口粮田按人口分,责任田按劳动力分。前者用以保障农民的基本生活,保持家庭经营的模式,后者则相对集中于种田大户手中,实行规模经营。尽管人们对"两田制"的看法不一,但这一形式却是在一定程度上兼顾农民生活保障和经济效率的较早和较为有效的探索。

随着市场经济的发展和农村剩余劳动力的进一步转移,20 世纪 90 年代初,沿海发达地区农村出现了"土地股份合作社"。在这一形式下,承包者一般不直接经营土地,而是将土地的承包权入股,并凭借土地的承包权享受土地分红,以保障基本生活;以村集体经济组织作为中介实现农地流转,建立土地股份合作社,将土地交由公司或种粮大户经营。其中浙江绍兴柯桥镇新风村的土地股份合作社较为典型。2001 年,该村建立了土地股份合作社,全村土地100%实现流转,结构调整面积达60%。合作社股份分为农户承包权、村集体所有股、现金股三种。农户承包权根据农户入股申请和土地承包权证的承包面积,并依照上年人均重农补贴水平,每100元设立一股;村集体所有权股,参照农田基础设施现有水平和追加投资预测。股份制改造完成之后,在土地合作社中,农户股占8.82%,村集体占31.18%,浙江新风热电公司占60%。土地的使用分为两种:203.8亩由3户大户承包经营,149亩由浙江新风热电有限公司建设一个叫"现代园艺区"的高效农业区。类似的土地股份合作制在经济发达地区农村并不少见,在保障农民基本生活和推进农业产业化经营方面的作用是很突出的。

除此之外,其他地区还探索了均田承包、土地规模经营、土地承包权固化及"四荒"地使用权流转等制度创新。

(三)征地制度

征地就是国家为了公共利益需要,依照法定程序将集体土地转为国有土地,并对被征地的农村集体和个人合理补偿和妥善安置的法律行为。在计划经济时期,我国依靠土地征用取得集体土地,并通过行政划拨方式安排给建设用地者无偿、无限期使用。改革开放以来,我国在土地管理法制建设中基本上沿用了这种集体土地的国家征收取得制度。

1982年通过的《宪法》规定,国家为了公共利益的需要,可以依照法律规定对土地实行征用。但法律法规却没有进一步明确地界定"公共利益"的范围和判断标准。1986年通过的《土地管理法》规定,国家为了公共利益的需要,可以依法对集体所有的土地实行征用。同时规定,农村居民建住宅、乡(镇)村企业建设、乡(镇)村公共设施、公益事业建设等需要使用集体土地的,可以经过批准而无需征用。1998年修订通过的《土地管理法》第四十三条进一步明确规定,任何单位和个人进行建设,需要使用土地的,必须依法申请使用国有土地;但是,兴办乡镇企业和村民建设住宅经依法批准使用本集体经济组织农民集体所有的土地,或者乡(镇)村公共设施和公益事业建设经依法批准使用农民集体所有的土地除外。

农地产权制度安排的不完善,导致了征地制度中的许多问题。集体土地所有权的主体有三个,即村农民集体、村内两个以上农村集体经济组织的农民集体、乡(镇)农民集体。但是,谁是集体土地真正经济主体的产权代表,无论是《土地管理法》还是《农村土地承包法》都没有明确的规定,这就在理论和实践中不可避免地造成农村集体土地所有者代表不明确,影响了集体所有者依法行使权利和维护自身利益。同时,集体土地产权主体的权能也不明确,集体土地所有权、农户的土地承包经营权及集体建设用地使用权等权利之间的关系不明确,乡(镇)、村、组及农民个人对集体土地应享有的权利不清楚。这些问题直接导致征地中的补偿内容、补偿对象、征地补偿费用的分配等制度的建立缺少法律依据,特别是《农村土地承包法》所赋予农民的长期而稳定的土地承包经营权在征地补偿中还属于空白等。可见,随着征地面积的扩大和问题的突出,必须进一步研究农地产权制度创新。

四 土地制度的国际比较

1. 美国的土地制度

在美国,三种土地所有制形式并存,但以土地私人所有制为主体。在美国的全部国土中,私人所有土地占国土面积的58%;联邦政府所有的土地占32%;地方(州)政府所有的土地占 10％左右。美国土地所有制下的土地所有权是一种比较完备的所有权。无论何种土地为私人还是各级政府所有，其所有者都拥有该土地的地上及地下矿藏的所有权。同时，美国的土地所有权还具有可分割性，即土地所有者可以将其土地的地下所有权或地上所有权单独出售。这一点在世界上是比较独特的。就土地的使用制度而言，美国实行土地有偿使用制。全部私人所有土地以及国有土地和公有土地，无论是使用权还是所有权均可以依法上市自由交易。与土地所有权的可分割性相对应，美国的土地使用权具有可分割性，即土地所有者可以把其拥有的土地的地下权或地上权的某一项单独出租，或将二者同时分别租给不同的使用者。

2. 英国的土地制度

在英国，法律规定实行的是单一的土地英王或国家所有制形式，不存在其他土地所有制。但是，私人和公共部门可以根据英国法律规定，通过租借程序而长期地占有和使用国有土地。按实际占有或持有的土地划分，英国私人占有土地份额的比重是较大的。据英国中央统计局 1985 年的推算，公共部门所占有的土地只占全部国土面积的 15.4％，其中中央政府占 2.6％，地方政府占 11.0％；此外全部为民间占有的土地，其中私人占有 65.5％，法人占有 14.4％。可见，英国实际上实行的是土地私有制度。

3. 日本的土地制度

类似于美国，日本的土地所有制结构表现为土地国有制、土地公有制和土地私人所有制三种土地所有制的组合。其中，国有土地是指中央政府负责经营管理、作为国家资产的土地；公有土地是指日本各级地方政府，包括部、道、府县和市町村等地方政府拥有的土地；私人所有制土地是指个人和法人拥有的土地。从三种所有制土地所占的份额来看，在 20 世纪 80 年代初期，国有土地和公有土地合计约占日本国土面积的 35％；而私有制土地却占到了日本国土面积的 65％。日本的土地所有权和使用权均可以按照政府土地法规进行交易，无论政府部门还是私人部门使用非自己所有的土地，均须通过购买土地所有权或租赁方式实现。但是，比较而言，日本政府对土地的具体使用方向、方式实行了比较严格的管制和调控措施。例如，通过征收土地固定资产税来调节土地的使用方向和使用程度；通过道义劝告形式来促进私人空闲地的有效开发等。

第三节 住房制度分析

一　住房制度的内涵与类型

住房制度，是国家在解决居民住房问题方面实行的基本政策和方式方法。其主要内容是：住房建设投资方式、住房供应方式、住房分配方式、住房经营方式、住房社会保障方式和住房管理方式等方面，包括有关住房问题的方针、政策、目标、方法等，这些方面的总和就是住房制度。需要说明的是，西方国家的住房制度在城市和农村实行的是统一的住房制度。而中国的城市化水平低，农民的住房问题主要是靠自筹资金建设住宅来解决，至今没有成文的住房制度，因此研究中国的住房制度主要是特指城镇住房制度（陈伯庚，2003，第 5 页）。

城镇住房制度是一个复杂的系统工程,它不仅反映国家、企业(事业)和个人之间以及人们相互之间在住房问题上的经济利益关系,而且还直接关系到城镇居民基本住房需求的满足、社会的安定等重大社会问题。因此,各国都高度重视居民的住房问题,在住房的规划设计、投资建造、分配办法、经营管理以及住房社会保障等方面,制定了相应的住房政策目标和解决住房问题的途径,形成一套完备的制度;制定了一系列住宅法规,如住宅法和物权法等,以维护城乡居民的居住权,保护居民的房产权,规范住宅市场的运行秩序。

住房制度的内容通常要受到政治经济等多方面条件的制约,但国家特定时期的住房问题是决定住房制度演变的主要因素。根据美国住房问题专家马克格亚的概括,西方发达国家住房政策的演变大致经历了四个阶段(严清华,1994,第8页)。

(1)住房数量绝对不足阶段。指工业化和城市化迅速发展的19世纪及在战争中大量失掉住房的第二次世界大战刚刚结束时期。这一阶段各国为实现住房政策目标而提出的口号是"一户一房",不少国家的政府都规定了住房最低标准,以尽可能提供更多的住房。由于个人、企业解决住房困难的力量有限,因而这一阶段解决住房困难的主要任务是由中央政府承担的。

(2)增大住房面积阶段。在住房严重不足现象大体缓解之后,提供更大面积的住房成为各国政府的住房政策目标,这一阶段的基本口号是"一人一室"。

(3)提高住房质量阶段。这一阶段各国把住房政策重点转移到如何提高现有住房的质量和舒适度上;各国政府对战后建造的大量低标准住房开始进行改建。

(4)提高住房总体水平阶段。从20世纪70年代开始,提高现有住房的总体水平成为中心课题。与此同时,由于财政状况恶化,提供新住房受到限制。因而,这一阶段各国纷纷削减住房补贴,并对自购房产进行奖励。

在不同阶段,对特定住房问题的关注,直接导致了住房制度的变迁,这一点具体反映在不同时期的房地产法及房地产政策内容变化上。

在20世纪90年代之前,部分原计划经济国家曾采取了计划配置、实物分配、行政性管理的住房制度。其基本特点是:采取国家(政府)和单位统包住房建设投资,对职工实行实物福利分房,低租金使用(几乎无偿使用),实施行政性住房管理。中国原有的住房制度,基本上是照搬了这种模式。随着苏联的解体、东欧的演变,这种住房制度已失去了基础,逐步退出历史舞台。

目前大多数国家采取的住房制度是市场化配置、货币化分配、社会化管理和公共住房保障相结合的住房制度。其基本特点是:主要通过市场机制调节住房的生产、分配、交换、消费,决定住房资源的配置、分配与使用。住房投资建设由开发商自主进行。住房消费包含在职工工资之中,其含量一般在工资的25%～30%。住房分配通过市场交换进行,职工根据其偏好和支付能力自由选择购房或租房居住。私人住宅一般占60%左右。住房管理与政府和单位分离,由物业管理公司进行社会化、专业化管理。政府的作用主要体现在调控市场和对低收入者提供基本的住房社会保障等方面。在不同国家,这种住房制度模式也存在一定的差异,而表现为各具特色的住房制度。

二 中国的住房制度变迁与住房制度安排

中国原有的城镇住房制度是计划经济体制的产物。这种住房实物福利分配制度的基本特征可以概括为：住房投资建设的公共性、住房分配的实物福利性、住房经营的非营利性、住房管理的纯行政性。即城镇住房主要由国家投资建设；建好的住房主要是通过职工所在单位，按照工龄、职务、学历等打分排队进行分配；对于分配后的住房，只收取象征性的、近乎无偿使用的低租金。

在这一住房制度下，住房建设投资"有去无回"，不能循环和周转，收取的低租金不够支付住房的日常维修和管理费用，住房建设以及维修和管理成为国家的沉重包袱，职工对住房形成"等、靠、要"的观念，抑制了个人对住房的投入，城镇住房紧张问题日益突出。到1978年，城镇人均居住面积由1949年的4.5平方米下降到了3.6平方米，缺房户869万户，占当时城镇总户数的47.5%。实践证明，这种住房制度既缺乏效率，也不具有公平性，必须进行改革。

（一）中国的住房制度变迁

中国住房制度改革的目标是，根据社会主义市场经济体制的要求，取消住房实物福利分配制度，建立住房分配货币化、配置市场化、管理社会化与公共住房保障相结合的新型住房制度。中国的住房制度改革，大体上可以划分为三个阶段。

1. 住房制度改革试点阶段

随着经济体制改革的深化，中央政府和地方政府先后出台了一系列房地产政策法规，不断推进住房制度改革。1978年9月5日，国务院发布了《关于自筹资金建设住房的通知》，陆续在多个城市进行住房制度改革试点，准许私人拥有自己的住宅。1980年7月19日，建设部印发《关于加强城市公房管理工作的意见》。1983年5月，发布《城镇个人建造住宅管理办法》，赋予城镇个人建造住宅的权利。1983年2月25日，出台了《关于全国城镇落实私房政策问题的报告》，提出落实私房政策的范围和原则。1983年12月7日，国务院发布了新中国第一部保护城市私有房屋所有权、规范私房交易的法规《城市私有房屋管理条例》，同时发布了规范城市建设规划事项的《城市规划条例》（1990年发布《城市规划法》）等行政法规。为落实华侨私房问题，1984年12月24日，发布了《关于加快落实华侨私房政策的意见》。1985年2月16日，颁布了《关于城市私有出租房屋社会主义改造遗留问题的处理意见》。

1988年1月25日，国务院印发了《关于在全国城镇分期分批推行住房制度改革实施方案》的通知，确定了住房制度改革的目标、任务和具体政策，开始全面进行住房制度改革。1988年，在全国范围内实行了"提高租金，逐步达到成本租金"的政策举措，标志着住房制度改革的全面推开。这一政策作为向住房商品化的过渡性目标，旨在通过推进实物租金向货币租金的复位，基本上实现公房的"以租养房"，并通过提租达到租售结合和以租促售的目的。提租改革迈出了住房商品化的第一步，有助于甩掉长期背负在国家和企业身上的住房建设、维修和更新的负担。住房提租补贴的成效比较显著，形成了最早的住房消费资金。然而，提租改革并不是没有困难，它面临着一些现实的障碍。主要体现为：① 为了保障提租的顺利进行和不降低居民的实际可支配收入，采取了将原建房资金、维修资金转化为住房补贴并转入工资的做法，将"暗补"转为"明补"。随着部分试点城市提租改革的正式启动，补贴也随着转入工资而纳入了企业的成本和财政预算。② 从改革的对象来看，它倾向于住房存量的改革，覆盖面小，对于那些无房的家庭来说有欠公平。③ 改革遇到既得利益者的抵制而难以深化。

与提租相比,旧公房出售无疑是现有存量住房分配由实物转向货币化的更为直接的途径。发达的市场经济国家和转轨经济国家,也存在类似的出售公共住宅的做法。对于中国而言,出售旧公房有利于提高住房自有化率、树立起居民的住房消费观念、盘活住房存量、确立和完善住房产权制度。1988年中国出现了出售旧公房的浪潮,这次旧公房出售发生在通货膨胀给提租补贴带来困难的背景之下,带有强烈的贱价出售色彩。低价出售公房未能解决住房制度改革的一些根本性问题。实践表明,公房出售不失为一种存量住房商品化的简捷途径,关键在于确立合理的租售比价(胡彬,2001,第104~118页)。

2. 住房制度改革的综合配套阶段

1992年之后,我国住房制度改革步入全面推进阶段。政府在总结了过去改革的教训之后,从方式、目标和步骤等方面重新明确了住房制度改革的核心内容。1993年3月8日,国务院批转的国家体改委《关于1993年经济体制改革要点》将"健全住房、土地使用制度改革"作为1993年经济体制改革工作的主要任务之一。1994年7月,国务院发布了《关于深化城镇住房制度改革的决定》,规定房改以建立住房公积金制为主,提租和售房为辅。这一制度的推行旨在建立起全国统一的住房建设和消费基金,将改革的重点从现有存量住房转移到存量和增量住房并举上。这些政策和行政法规、规章的颁发,对于加强私有房产的建设、归属、处理及管理起了积极作用。

住房公积金制度的最显著作用是转变了传统的由国家或集体一手包揽住房生产、建设的局面。在全面推行住房公积金制度的同时,多数地区和城市都实施了侧重点各异的改革措施,主要表现在如下几个方面:① 加大公有住房租金调整的幅度,要求做到租售并举。② 启动城镇住房市场,包括加快公房出售步伐、允许已购公房提前上市流通(转租或转售)、打破户籍限制给予购房入户等优惠条件、转化空置商品房为安居房源等措施。吸取了过去贱价出售公房和单纯提租的教训,对公房实行租售并举,同时对出售后的流通问题采取了一些制约措施。③ 以商业性金融来弥补住房政策性金融的不足,主要表现为使用多种个人消费信贷工具。④ 调整有关税费,进一步扩大降价空间,以刺激有效需求。通过现有公房改革的稳步推进,城镇住房的商品化程度明显得到提高,以居民自有产权为主、多种产权形式并存的城镇住房制度已经形成。初步构建起了住房新体制的基本框架,打破了单一的公有制住房产权形式。

3. 住房制度市场化改革及完善阶段

在1997年的中共十五大报告中,明确指出按照建立社会主义市场经济体制的要求,大力推进住房体制改革。1998年,国务院召开了第四次全国住房制度改革工作会议,会议决定停止住房实物分配,实行住房分配货币化。1998年7月3日,国务院下发《关于进一步深化城镇住房制度改革加快住房建设的通知》(国发[1998]23号),通知确定了深化城镇住房制度改革的目标:停止住房实物分配,逐步实行住房分配货币化;建立和完善以经济适用住房为主的多层次城镇住房供应体系;发展住房金融,培育和规范住房交易市场。同时决定,1998年下半年开始停止住房实物分配,逐步实行住房分配货币化。国发[1998]23号文被人们称为中国住房制度改革的里程碑,它宣告了福利分房制度的终结和新的住房制度的开始。

1999年底,基本取消住房福利分配制度,开始形成了以市场化为主导的住房制度。在停止福利分房后,一些地区先后进行了住房货币化分配。在35个大中城市的住房货币分配方案中，形成了六种最主要的货币化分配方案。在 35 个大中城市房改的带头示范作用下，全国地、县级城市也加快了住房货币化分配方案的出台和实施，在房改整体步伐加快的同时，全国城镇住房市场也日益活跃。初步建立了住房分配货币化、配置市场化、管理社会化的住房制度。与此同时，作为住宅市场的补充，对中低收入阶层建立了住房保障制度。

（二）现行中国住房制度安排

经过住房制度改革，中国基本建立了适应社会主义市场经济体制的市场化配置、货币化分配、社会化管理与公共住房保障相结合的新型住房制度。这一住房制度的具体内容主要包括以下几方面。

1. 住房市场交易制度

居民通过房地产市场交易，购买获得房产的所有权、一定期限的土地使用权，以及获得住房的租赁权的制度规则。住房交易制度要求住房的供求双方在房地产市场上公开供求信息，以市场价格（或租金）为竞争准则，以相应的住房交易程序和管理规定为依据。

2. 住房保障制度

住房保障制度，主要由经济适用住房供给制度和廉租住房制度构成，但在实践中也出现了大量新的探索，如共有产权房、公共租赁住房等。

经济适用住房供给制度，是根据一定的收入条件、优惠政策而向中低收入阶层出售住房的制度。这一制度在限定购买者范围的同时，也采取市场交易和合理定价的方式，通过购买来获得住房的使用权和一定限期的土地使用权。

廉租住房制度，是按照一定原则和程序，以低于市场租金向最低收入阶层提供基本住房的住房保障制度规定。廉租住房不通过房地产市场交易来提供，它通常由政府根据一定的政策来提供。廉租住房的所有者是政府或公共机构，住户只拥有一定时间的住房使用权。

共有产权房，即中低收入住房困难家庭购房时，可按个人与政府的出资比例，共同拥有房屋产权。房屋产权可由政府和市民共有，市民可向政府赎回产权。共有产权房作为经济适用房的变异形式，其显著特点在于价格形成机制。共有产权房用地性质由划拨改为出让，并完全按照商品房进行开发，且销售价格计算也等同于商品房。可见，比起传统的经济适用房，共有产权房增加了土地成本，且房价实际上是随行就市。2007 年共有产权房在江苏省淮安市进行试点，该模式已在其他地区获得了推广。

公共租赁住房是解决新就业职工等"夹心层"群体住房困难的一个产品。公共租赁住房由政府或公共机构所有，用低于市场价或者承租者能够承受的租赁价格，向新就业职工出租，包括一些新的大学毕业生，还有一些从外地迁移到城市工作的群体。

三　住房制度的国际比较

由于各国市场经济的模式不同，历史、文化、特点各异，所以各国的住房制度也有差别。大体上可以划分为三类：第一类，以美国、英国为代表的欧美发达国家的住房制度；第二类，以瑞典、荷兰为代表的福利国家的住房制度；第三类，以新加坡、韩国为代表的新兴国家的住房制度。这三类模式各具特点，可供中国在住房制度改革和完善过程中加以参考和借鉴（陈伯庚,2003,第 91～114 页)。

（一）美国住房制度的目标和特征

美国的住房制度具有明确的政策目标。1949 年美国国会通过的《全国可承受住房法》明确规定,美国住房政策的总目标是:"使每个美国家庭有舒适的住房和适宜的居住环境"。随着经济增长和经济实力的增强,这个总目标又不断提升。从这一目标出发,美国住房政策的基本思路和指导思想是:遵循市场经济的运行规律,以市场机制配置住房资源为主,政府干预为辅,市场机制与政府干预相结合。美国住房制度的主要内容包括:住房信贷援助制度、住房信贷保险制度、购房减免课税制度、住房租金补贴制度、老人住宅的特殊政策等。

虽然在不同阶段,美国住房政策的重点有所不同,但从总体上来看,美国住房制度的特征体现为:① 住房是私人财产,主要由居民自主解决。② 住房具有商品性和社会性双重属性,主要由市场机制调节供求关系,但政府必须进行适当干预。③ 建立住房社会保障制度。国家也投入一部分资金建造公共住房,向低收入阶层廉价出租和出售,但公共住房所占比例很低,后又改为主要对低收入阶层的房租补贴,帮助他们解决住房问题。

（二）瑞典住房制度的主要特点

福利国家模式是市场经济的模式之一,同这种模式相适应,也就产生了福利国家的住房制度。这种住房制度的主要特征是,公共住房占较大比例,政府的住房补贴面较宽,住房福利被视作公共福利的主要组成部分,但近年来也在不断调整中。瑞典是这一住房制度的典型代表。

瑞典住房制度的显著特点体现在:① 住房建设机制,政府和合作社投资占重要地位。瑞典住宅的建设者有政府、合作社和个人。一般来说,公寓等多户住宅主要由政府房地产公司建筑,合作社建造的多户住宅占 1/4,独户住宅的绝大多数由私人或私营建造公司建造。瑞典对私人建房实行鼓励政策,在经济、财政方面都给予大力扶持,包括长期贷款和利息补贴等。鼓励私人建房,既有利于减轻政府建房负担,又可充分调动私人建房的积极性。② 住房产权呈多元化状态。瑞典的住宅所有权可分为三种,即完全个人所有权、合作社所有权和租赁权。在瑞典全国住房中,属于完全个人所有的占 42%,且大部分是独门独户的别墅式房屋。合作社所有的房屋大部分也是别墅式住宅,在瑞典全国住房中大约占 15%。租赁房在瑞典住房中比例最大,占 43%。而大多数租赁房是由国营房地产公司出租的,这些公司一般隶属于地方政府,居民的租房权受法律保护,在没有特殊原因的情况下,房主不能撕毁租房契约。房主能否解除租约,由法院进行裁决。可见,这种租赁权是地方政府住宅所有权的具体表现。同时,居民的租房权所包含的权利束亦更充分。③ 实施住房补贴政策。瑞典十分重视推行住房补贴政策,这一做法坚持普遍受益的原则,尽可能缩小国民在住房方面的差别。住房补贴分为两种:一种是面向全社会的,凡建房、买房、更新改造旧房,都可以享受政府的贴息贷款,一般占房价的 20%～30%。此外,房屋造价的 70% 还可申请抵押贷款,归还这部分贷款不计所得税。另一种住房补贴是针对低收入家庭以及多子女家庭、残疾人和退休老人的。

（三）新加坡、韩国的住房制度特点

新兴工业化国家,指 20 世纪 70 年代以来经济快速发展,迅速成长为中等收入水平的国家。这些国家的住房制度,既吸收并借鉴了欧美发达国家和福利国家住房制度的优点,又结合本国实际,形成颇具特色的新型住房制度。在此以新加坡和韩国为代表,分别进行介绍。

1. 新加坡住房制度的主要特点

新加坡的住房制度主要有以下特点:① 推行住房公积金制度。② 实施公共住房合理配售政策。公共住房的建设和分配,是新加坡住房福利的重要体现。③ 促进租房向自有住房转变。新加坡把住房看作社会福利,其住房政策明显分为两大阶段,即公共住房租赁阶段和公共住房出售、促进住房自有化阶段。在 20 世纪 60 年代住房严重短缺时期,政府大量投资建房出租给广大中低收入阶层居住,保证了低收入家庭优先住进公共住房。当住房短缺问题解决以后,又推行住房自有化政策,执行"居者有其屋"计划。④ 采取集权式共有住宅管理模式。新加坡居民的住房大多属于公寓式大楼内的单元套房。因此,共有住房和共用设施的管理和维修是一个非常突出的问题。新加坡的共用住宅管理基本上是以住宅建设发展局为中心,吸引居民参与的集权式的管理模式。

2. 韩国住房制度的主要特点

韩国住房制度的政策取向可概括为:扩大庶民住房的供给;扩大低廉的公共住房开发用地供给;改善住房金融制度;通过抑制房地产投机的政策,稳定住房价格。为实现这一目标,韩国采取的住房政策主要有:① 多元化的住房投资政策。韩国的住房投资可分为两大类,即公共部门投资与私营部门投资,而公共部门投资远小于私营部门投资。② 提供足够的建房用地。③ 改善住房金融制度,扩大对小型住房开发建设的融资。④ 不同收入阶层有不同的住房供给政策。韩国政府对不同收入阶层采用不同的住房供应方式。对最低收入阶层,政府负责以合理租金提供公共住房;对一般低收入阶层,政府提供各种补贴,以促进建造小套型的公寓;对中高收入家庭,则靠自己的力量解决住房问题。⑤ 政府调节房价。韩国政府依靠制定法规,限制住房方面的投机活动。这方面主要是完善有关住房的税收体制。如对保有多处住房者和超过一定规模以上者,由国税厅进行特别管理,并强化让渡所得税的征收,以此控制房价过高上涨。

📖 本章小结

本章首先介绍了制度理论的一般知识,在此基础上对房地产制度的实质、类别和功能加以分析。其次,探讨了土地制度的内涵及其主要模式,分别介绍了中国城市和农村的土地制度,并对部分国家的土地制度作了比较分析。最后,分析了住房制度的实质及主要模式,阐述了中外住房制度的内容、特点及其演变。

通过本章的学习,可以较全面地理解房地产制度理论和了解房地产制度改革的实践,加深对房地产制度功能及制度创新的认识。

本章思考题

1. 房地产制度的功能主要有哪些?
2. 中国城市土地产权制度的变迁经历了哪几个阶段?
3. 市场经济国家的住房制度主要有哪几种类型?

参考文献

[1] 陈伯庚. 城镇住房制度改革的理论与实践[M]. 上海:上海人民出版社,2003.

[2] [美]道格拉斯·C·诺思. 制度、制度变迁与经济绩效[M]. 上海:生活·读书·新知三联书店上海分店,1994.

[3] 高波. 构建适应产权市场化的城市土地产权制度[J]. 经济研究,1996(8).

[4] 胡彬. 制度变迁中的中国房地产业:理论分析与政策评价[M]. 上海:上海财经大学出版社,2001.

[5] 贾生华,张宏斌,金星. 城市土地储备制度:模式、效果、问题和对策[J]. 现代城市研究,2001(3).

[6] [美]T·W·舒尔茨. 制度与人的经济价值的不断提高[A]. 载[美]科斯等著. 财产权利与制度变迁——产权学派与新制度经济学派译文集. 上海:生活·读书·新知三联书店上海分店,1994.

[7] 田东海. 住房政策:国际经验借鉴和中国现实选择[M]. 北京:清华大学出版社,1998.

[8] 严清华. 西方房地产[M]. 武汉:武汉大学出版社,1994.

[9] [英]约翰·伊特韦尔等编. 新帕尔格雷夫经济学大辞典[M]. 北京:经济科学出版社,1996.

[10] 周业安. 中国制度变迁的演进论解释[J]. 经济研究,2000(5).

[11] Headey, B. Housing Policy in the Developed Economy[M]. London:Croom helm,1978.

[12] Malpass, P. and Murie, A. Housing Policy and Practice [M]. 4the edn. London:Macmillan,1994.

第四章 房地产市场：体系、结构与运行

内容提要

1. 房地产市场的内涵，房地产市场的体系及其构成要素。
2. 房地产市场结构，房地产市场的垄断特征和进入壁垒。
3. 房地产市场的运行机制及其功能。

　　一个完整意义上的房地产市场是由市场主体、客体、交易关系、运行机制等因素构成的一个系统。房地产市场的发达程度和规范状况对房地产资源配置的效率和公平具有重大的影响，了解房地产市场的体系、结构和机制是理解房地产经济运行的关键。

第一节 房地产市场的内涵、体系与构成要素

一　房地产市场的内涵和特性

　　房地产市场是房地产交换的场所和领域，也是房地产一切交换或流通关系的总和，它是由市场主体、客体、中介组织、价格、运行机制等要素构成的一个系统。具体来说，房地产市场具有三个层次的含义：其一，房地产市场是进行房地产买卖、租赁、抵押等交易活动的场所，或者说是房地产供需双方进行商品交换的场所；其二，房地产市场是决定房地产价格的一种制度安排。相对于政府定价而言，市场也是一种重要的定价规则；其三，房地产市场是房地产商品交易双方经济关系的总和，亦即是指一定时空内的房地产供给和有支付能力的房地产需求形成的交换关系，以及由这种交换关系而形成的交易者之间的关系。具体地说，房地产市场是房地产产品和服务交换过程的统一，是连接房地产开发与房地产消费的媒介，是实现房地产产品和服务的使用价值和价值的过程。

（一）房地产市场的内涵

房地产市场的内涵还可以从以下几个方面加以把握。

1. 房地产市场是房地产产品和房地产服务交换的统一体

房地产市场不仅包括房地产的买卖或租赁，也包括房地产服务的交换。

具体来说,房地产产品包括住宅、商业地产、商务办公地产、旅游地产、工业地产等;而房地产服务则包括房地产价格评估、房地产经纪、房地产咨询、房地产信息的收集和发布等。

2. 房地产市场是房产市场与地产市场的结合

二者各具独立的内容,但又有密不可分的联系。主要表现在:在实物上,房屋与承载它的土地不可能分开,房屋不能成为空中楼阁;在价格上,土地使用权转让的价格往往包含在房产的价格之中;在权属上,土地使用权往往依附于地上房屋的所有权之中,土地使用权伴随着房屋所有权的转移而转移。

3. 根据研究需要,房地产市场可以看成是住宅和非住宅房地产的组合

从理论上来说,房地产市场是一个整体。例如,英国著名的经济学家杰克·哈韦(Jack Harvey)把房地产市场定义为房地产交易市场,是把毛地、农庄、写字楼、商店和住宅等房地产的卖方和买方联系在一起,以便确定特定房地产交易价格而做出的一种安排。但是,从实际的研究需要出发,又可以将房地产市场看成不同房地产市场的组合。例如,丹尼斯·迪帕斯奎尔和威廉·C·惠顿(2002,第25~26页)将房地产市场分为居住物业市场和非居住物业市场。他们认为,在宏观分析的层面上,将不同的物业类型作为不同的市场进行分析会有许多好处。从宏观经济分析层面看,住宅市场与其他的非住宅市场明显不同。住宅价格和开工建设量的波动与写字楼、工业物业或者零售商业物业的租金波动或开工建设量之间没有什么密切的联系,参与这些市场中的每类子市场的机构也是完全不同的。居住物业的承包商很少去建造商业物业,从事工业物业或写字楼物业的中介企业与从事居住物业的中介企业可能也没有什么联系。居住物业融资有一个独特的抵押贷款发起过程,同时,居住物业的抵押贷款市场有一个活跃的二手抵押市场(在这个市场中,抵押贷款可以进行买卖)。商业物业融资通常是通过民间机构完成,但只有一个比较正式的、规模较小的二级市场。但在微观分析层面上,居住和非居住物业之间的差异没有这么清晰的原因在于存在这样一种事实,即这两种类型的物业使用和竞争一种共同的资源——土地。

4. 房地产市场是有限空间和无限空间的统一体

具体地说,它既包括进行房地产交易的场所,也包括没有明确区域界定的房地产交换活动的领域,如开发商建设的售楼中心,各种形式的房地产交易会等。但是房地产交易所和房地产市场是有所区分的。房地产交易所作为进行房地产交易的场所,它和空间意义上的房地产市场的含义是相同的,但房地产交易所作为具体组织和协调房地产市场交易过程的一种组织机构,它的职能是通过提供市场交易咨询服务,实施市场管理和市场监督,以确保房地产交易过程的有序性和交易行为的公正性、合理性。

(二)房地产市场的特征

与大多数生活必需品和生产要素市场相比,房地产市场具有一些特殊性质。从根本上来说,房地产市场的特性是由房地产的特殊性质决定的。房地产市场作为一个相对独立的市场体系,具有以下几个特征。

1. 房地产市场的交易信息不充分,交易费用较高

在房地产市场上,交易所需的供求信息、产品信息都不够充分,这既是由房地产的异质性所决定,也是由房地产交易方式所导致。信息的不充分必然使房地产的买卖双方在确定

均衡价格的过程中花费更多的代价。例如,某一物业的潜在买方既不知道市场上的一些买方已经出了什么样的价格,也不知道另一些买方准备出什么样的价格。对于卖方而言,他通常在不了解是否还有其他出价的情况下,决定接受或者拒绝现在的出价。在现实中,房地产的交易和定价,通常是在信息不充分的情况下进行的,交易结果一定程度上不能真实地反映房地产的价值。而房地产市场又是一个相对低效率的市场,在这个市场上,信息的获取是比较困难的。为了解决信息不充分的问题,买卖双方可以聘请各种专家进行咨询,获得各种专业服务。房地产市场上的交易费用相当高,这些交易费用主要包括广告费、委托代理佣金、法律咨询费、价格评估费、签约费、契税、印花税和其他交易费用。

2. 房地产市场的区域性强,产品供求范围较小

对于各种可移动的产品来说,在一个地区、一个国家甚至在全世界的任何一个地方都可以进行交易。但是对于房地产这种不可移动的产品来说,由于在不同国家、不同城市或者在同一个城市的不同地区之间,房地产的市场条件、供求关系、价格水平等都是不可比的。所以,房地产市场是一个区域市场,这种区域性具体表现在多个方面。一是不同地区或者是同一城市不同板块的房地产市场都存在差别;二是同一类型房地产产品在不同地域存在价格差异,甚至差异十分显著;三是房地产产品供求范围小,不同地区、不同城市之间相互影响程度不大。

3. 房地产市场交易的是房地产权益,不发生实物移动

房地产市场的交易对象是不动产,在交换中转移的只是房地产权属,这就意味着它与一般商品交易不同,即不能像一般商品那样采用一手交钱、一手交货,钱货两清的方式完成交易。事实上,房地产产品既不能移至特定的交易场所进行交易,成交后也不能携带和移动。房屋的流通和土地使用权的有偿转让,其交易过程只是货币与房地产产权的交换,而没有物质实体的“物流”。因此,在现实中,房地产市场的交易活动,通过签订房地产交易合同来进行交易,并发生相应的房地产产权变更。

4. 房地产市场竞争不充分,更容易形成垄断

在一个城市范围内,由于房地产是位置不能移动的产品,它只能和相邻的房地产存在竞争,而对其他产业来说,其产品是可移动的,这样厂商就能在更大范围内展开竞争。从房地产产品角度来看,因为只有少数房地产开发商进行竞争,所以房地产市场结构具有寡头垄断市场的明显特征。对于消费者来说,由于房地产位置固定且具有唯一性,由位置因素所派生出来的一系列属性与消费者的偏好的匹配,使某一宗房地产对特定的消费者具有唯一的吸引力。这就使房地产市场具有更大的垄断性。而房地产的产品差别是普遍存在的,房地产的不同属性越多以及同一属性之间差别越大,相对于消费者来说,这一宗房地产的垄断性就越强。

5. 房地产市场是一个投资市场

房地产产品所具有的保值增值功能、消费和投资的双重性以及房地产具有相对高的投资回报能力,使房地产成为一个十分重要的投资领域。无论是投资公司,还是普通家庭都将进入房地产市场视为一种获得稳定收益的投资方式。房地产投资既存在一定的风险,又存在流动性小、变现能力低的特点,因而房地产虽然是一种较好的投资品,却并不是一种合适的投机品。但在现实中,房地产市场又是一个投机活动较多、投机性较强的领域,在房地产市场上存在“炒地皮”、“炒楼花”等投机活动。

二 房地产市场体系

房地产市场体系是指由不同种类和功能的市场组成的有机综合体,是相互独立、相互联系、相互制约、相互影响的多类别市场形成的一个整体。房地产市场体系是房地产经济运行的载体,建立健全房地产市场体系,对于完善市场机制、充分发挥市场在房地产资源配置中的基础性作用、为企业微观经济运行创造外部条件具有十分重要的作用和意义。改革开放以来,中国的房地产市场体系在深度和广度上取得显著进展。结合中国房地产市场运行的实际情况,绘制成图4-1,可以大致描述一个较为完整的中国房地产市场体系及其运行过程。

按照不同的标准可以将房地产市场体系划分为不同的子市场。下面主要从交易对象出发,对房地产市场体系作一个简要的区分。

(一)地产市场

现实中的地产交易形式多种多样,因而地产市场体系也存在多级或多层次的市场。一般来说,地产市场可分为一级、二级、三级市场。其中,一级市场是由政府垄断的土地使用权出让市场,二、三级市场是土地使用权的转让市场,土地使用者之间土地余缺的调剂及用途的调整、使用结构的变化等通过土地的二、三级市场来进行。土地一级市场是土地二、三级市场赖以产生、活跃的基础,土地二、三级市场则是一级市场土地使用权交易得以实现的必然延伸,三者共同构成了一个完整的、有机的地产市场体系。

1. 土地一级市场

土地一级市场是指土地所有者以让渡一定时期土地使用权为主要内容的地产市场。这里让渡的一定时期土地使用权,是指期满即要收回,且让渡是有偿的。但收回的具体方式由《物权法》确定。在中国,土地使用权出让的最高年限,按不同用途确定如表4-1所示。从本质上来看,土地一级市场实现了土地所有权和使用权的分离。

按照中国现行的法律规定,根据土地所有权与使用权相分离的原则,土地一级市场又可分为两种情况:① 土地批租市场,是指国家或其授权的管理部门(政府、土地管理部门)将城市闲置的存量土地、拆迁的土地或征用的土地的使用权,在明确规定定用途、使用年限和其他要求的条件下,以批租的形式有偿出让给房地产开发企业或土地使用者,土地使用者向国家一次性支付出让金。我国现行土地批租方式有招标、挂牌、拍卖等三种。② 土地租赁市场,是指国家将城市存量土地或拆迁的土地或征用的土地的使用权租赁给土地使用者,而土地使用者按规定每年向国家缴纳一定数量的地租。

表4-1 土地使用权出让的最高年限

用地类别	年限
居住用地	70年
工业用地	50年
教育、科技、卫生、文化、体育用地	50年
商业、旅游、娱乐用地	40年
综合或其他用地	50年

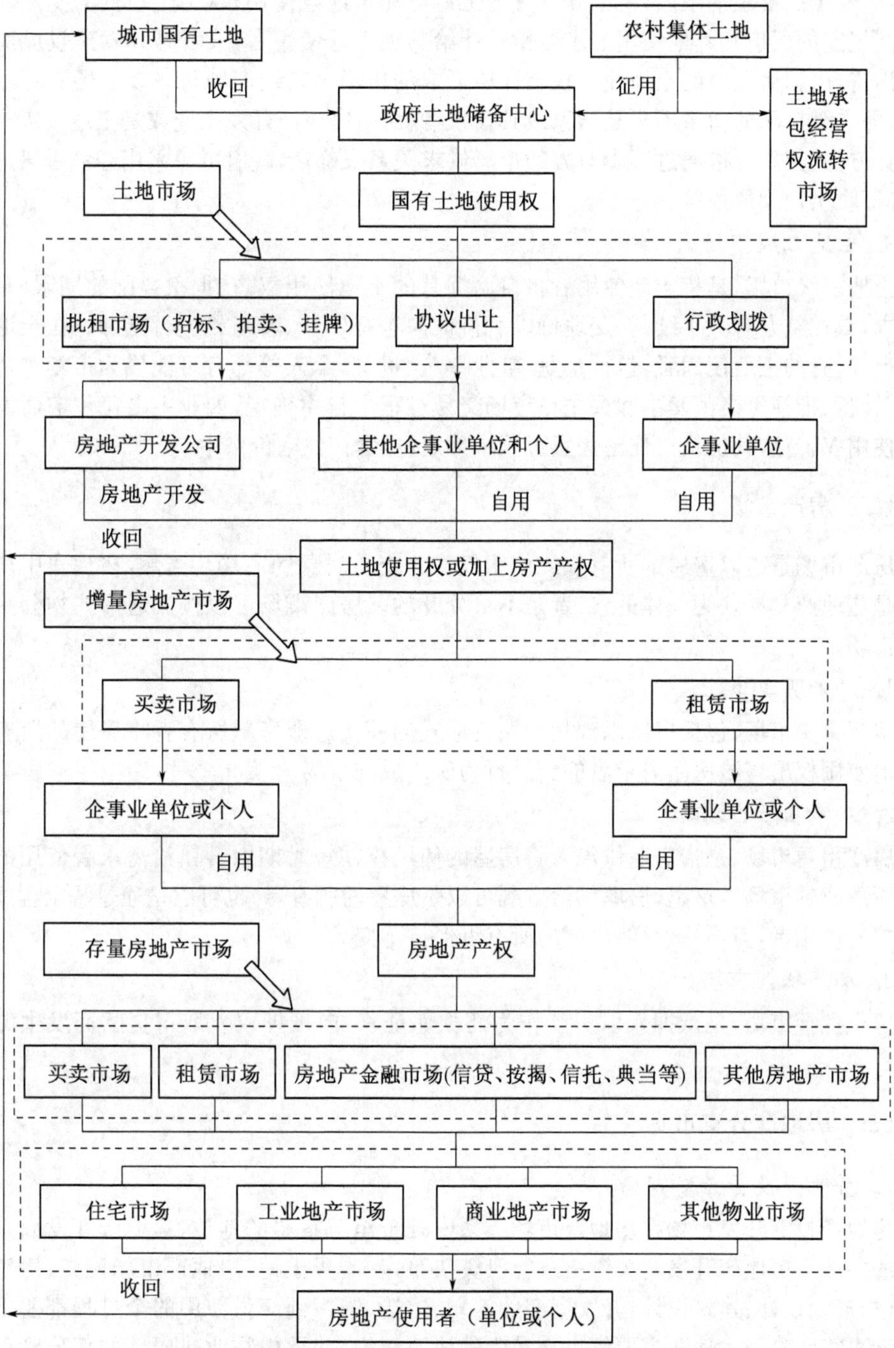
城市国有土地
农村集体土地
收回
征用
政府土地储备中心
土地承包经营权流转市场
土地市场
国有土地使用权
批租市场（招标、拍卖、挂牌）
协议出让
行政划拨
房地产开发公司
其他企事业单位和个人
企事业单位
房地产开发
自用
自用
收回
土地使用权或加上房产产权
增量房地产市场
买卖市场
租赁市场
企事业单位或个人
企事业单位或个人
自用
自用
存量房地产市场
房地产产权
买卖市场
租赁市场
房地产金融市场(信贷、按揭、信托、典当等)
其他房地产市场
住宅市场
工业地产市场
商业地产市场
其他物业市场
收回
房地产使用者（单位或个人）

图 4-1　中国房地产市场体系与运行

2. 土地二级市场

土地二级市场是指土地或房地产开发市场,即房地产开发企业或土地使用者在出让(批租)合同规定的批租期限内,将已开发好的土地即建筑地段使用权(由生地变为熟地),按批租合同规定的用途和其他使用要求有偿转让给其他土地使用者,或者是开发建设成商品房进行出售、出租而发生的土地使用权转让所形成的市场。二级市场与一级市场有着本质的不同,即二级市场的卖主不再是国家或其授权者,而是房地产开发企业或是土地一级市场中的受让方,其交易价格通过买卖双方的市场供求关系来确定,政府可以采用经济手段进行调节,如征收土地增值税等。

3. 土地三级市场

土地三级市场,是指土地使用者将自己拥有的土地使用权,在批租合同的期限内,按合同要求,或在补办有关手续、补交地价以后再横向进行转让、转租或进行抵押。在土地三级市场上,所有的土地使用者,包括企业、事业单位、机关、个人等都有可能成为市场主体。其转让、转租、抵押价格由卖主和买主在市场交易过程中自主确定,如业主出售住宅而发生的土地使用权转让,其价格在住宅买卖过程中确定,包含在住宅价格中。

(二)房产市场

房产市场是指以房屋的所有权或使用权作为交易对象的市场。当然,在现实中房产交易总是与地产交易联为一体的,二者是不可分开的。房产市场可以按流通形式划分为以下三类市场。

1. 房产买卖市场

房产买卖市场,包括房屋以现货和期货形式的买卖。即房屋所有者将房屋的所有权连带土地使用权出售给房屋需求者的交易行为所形成的市场。

2. 房产租赁市场

房产租赁市场,是指房屋供给人将房屋的使用权在短时期内转让给需求者使用的交易行为所形成的市场。这里,房屋供给方既可以是房屋的所有者,也可以是通过法定程序取得使用权的使用者,但不论怎样,房屋的所有者保持不变。

3. 房产抵押市场

房产抵押市场,是抵押人以房产作为还款保证物,向抵押权人取得贷款而发生的交易关系。

(三)房地产分支市场

1. 房地产投资开发市场

房地产投资开发市场在房地产市场体系中处于至关重要的地位,房地产开发商是市场活动的主体。房地产开发商关键是进行投资决策,从购买土地、房地产市场调查、房地产项目定位、规划设计、建筑设计、开发周期的筹划、建造、销售到交付使用的全过程都要由开发商进行决策和参与。他还需要解决交易中的法律纠纷,并承担物业建成后的部分管理服务工作。可以说,房地产开发商是把土地承租人、建筑企业、租户和用户联系在一起的枢纽,在市场上提供的商品是一种专业性的服务。

2. 建筑施工市场

建筑商是建筑施工市场的主体，其主要工作是各种建筑物的建造与施工。在这一市场上，交易的对象不是建筑物，而是建造楼宇的订单合同。建筑企业从房地产开发商获得施工委托和工程费，按合同建造好楼宇后，将其交付给房地产开发商。建筑企业并不与楼宇的租户和用户直接发生关系。

3. 房地产营销市场

这个市场上的商品是各类房地产，还有这些房地产的所有权或使用权的法律文件。房地产开发商将各类房产的所有权或使用权及土地使用权，通过出售或出租方式转让给用户。

4. 物业管理市场

这是由开发商成立物业管理公司或以招标方式委托给物业管理公司，对建成使用的房地产进行维修、保养、管理和服务等活动的市场，由业主和物业管理公司发生交易关系。

（四）房地产综合服务市场

1. 房地产金融市场

房地产金融市场是通过有关金融机构运用房地产信贷，发行股票和债券，开展住房储蓄业务以及企业运用期房预售等方式，为房地产企业融通资金，为房地产购买者提供按揭贷款或为房地产产权人提供抵押贷款等而形成的房地产金融关系。房地产金融市场贯穿于地产市场、房地产开发市场、建筑施工市场、物业交易租赁市场等各个环节，它是与上述各个环节相配套而派生出来的一种服务性市场。一切与房地产投资、开发、交易、租赁、劳务、消费等有关的资金供给和筹措活动，均属于房地产金融领域。房地产金融市场的效率直接影响到整个房地产市场的效率和房地产投资开发活动的效率。

2. 房地产劳务市场

这是指通过房屋维修、装饰、房屋管理以及经纪人的活动等，为用户提供综合服务的市场。包括一切为保护或增加原有房屋使用价值而提供服务的劳务供求关系。

3. 房地产技术信息市场

由为房地产开发经营活动提供的技术咨询、信息资料、情报资讯等形成的市场关系。它包括住宅消费信息、市场开发信息、市场供求信息、价格信息、科技和政治信息、房地产开发及相应的新技术、新能源、新材料信息等。

除了按上述方式对房地产市场体系进行划分之外，还可以从多个层面来划分房地产市场体系。例如，房地产市场按竞争程度不同分为完全竞争市场、垄断竞争市场和垄断市场；按房地产买卖双方所处的地位不同分为买方市场和卖方市场；按房地产类型不同分为居住物业市场、写字楼物业市场、零售商业物业市场、工业物业市场和其他物业市场；按房地产市场主体交易目的的不同分为投资市场和消费市场；按房地产市场的空间范围不同分为区域性市场、国内市场和涉外市场等。

三　房地产市场构成要素

从房地产市场的内部构成来看，主要包括房地产市场主体、房地产市场客体和房地产市场的交易组织形式等主要要素。这些要素反映了房地产市场运行的种种现象，决定并影响着房地产市场状况和趋势。

（一）房地产市场主体

房地产市场主体是指参与房地产交易的当事者或利益相关者。作为经济实体，房地产交易的当事者可以是经济组织，也可以是经济个体。与其他市场主体一样，房地产市场主体包括供给主体、需求主体、中介机构和管理者。

1. 供给主体

房地产市场的供给主体是指向房地产市场提供房地产产品的经济行为主体。房地产市场的供给主体主要有：政府，房地产开发商，一般企业，事业单位，非营利组织，居民，农村集体经济组织，住宅合作社等。在这些供给主体中，最重要的是以下几类。

（1）政府

主要是土地使用权的提供者。

（2）房地产开发商

房地产开发商是增量房地产的供给者，它是整合各种要素从事房地产开发以满足有效需求的厂商。各国对于房地产开发企业的设立都有相应的管理规定。根据建设部于2000年3月29日发布实施的《房地产开发企业资质管理规定》，在中国设立房地产开发企业应具备下列条件：有符合公司法人登记的名称和组织机构；有适应房地产开发经营需要的固定的办公用房；注册资本100万元以上；有5名以上持有资格证书的房地产专业、建筑工程专业的专职技术人员，2名以上持有资格证书的专职会计人员；以及法律、法规规定的其他条件。国家还对开发企业实行资质管理制度。建设部规定多项条件，将房地产开发企业资质分为一、二、三、四等。

（3）非营利性组织

除了私营的开发商之外，政府及部分民间机构等一些非营利性组织也能够提供房地产产品。同时，法律也允许存在一些集体组织合作建房等多种非营利性房地产开发的形式，尽管这种形式在房地产供给总量中占有很少的份额。

（4）存量房地产的拥有者

可以是个人、一般企业或其他单位。

2. 需求主体

需求主体是指房地产市场中以支付一定价款取得房地产的所有权或使用权的单位或个人。房地产的需求者包括消费者、投资者和以房地产作为生产要素的厂商。

3. 专业机构与人员

凡需要专业知识或技能，并涉及社会公众需求及利益的职业，均属于专门机构和人员的范畴。这些机构和个人，是市场经济中生产、流通和消费中不可或缺的媒介。房地产投资开发经营是一项涉及面广、工作量大、专业性强的经济活动，客观上需要各类投资开发及中介服务机构。常见的专业机构和人员主要有以下几类。

（1）房地产投资开发中的专业机构与人员

主要是指规划设计师、建筑师、工程师、监理工程师等专业技术人员及其构成的专业机构。

（2）房地产咨询机构

房地产咨询机构专门从事房地产市场信息的收集、加工、处理、检索和传输工作。这类咨询人员依靠广博的理论知识、充分的市场信息和丰富的实践经验，根据房地产市场供求双方的要求，就投资环境、市场供求、项目评估、质量鉴定、测量估价、购买手续、法律等方面提供咨询服务。

（3）房地产价格评估机构

房地产价格评估机构指对现有房地产或拟投资开发的房地产价格进行评估的机构。房地产价格评估是为房地产投资决策、开发建设、买卖、抵押、入股、典当等经营活动提供依据的基础工作。

（4）房地产经纪机构

房地产经纪机构是指从事房地产买卖、租赁、调换、抵押、典当、信托等经营活动或代理业务，收取一定佣金的独立中介机构。房地产经纪机构依靠广泛拥有的客户、专业化的销售人员、充分的市场信息，通过市场调研、咨询服务、信息发布和公共关系等方式和手段，可以促成交易双方成交或代理某方买卖房地产，还可为双方办理产权转移手续和提供其他有关服务。

（5）物业管理人员与机构

物业管理人员与机构是指专业化、企业化的物业经营和管理机构及其员工，受业主或物业使用者的委托，对已竣工投入使用的房地产、附属设施、场地及物业区域内的环境等实施专业化的管理和维修养护，并为用户提供一系列综合性服务活动。

4. 管理者

房地产开发周期长、投资大、单位交易额高、人员复杂、经济关系复杂、涉及法律问题繁多，而且某些房地产产品具有准公共物品性质。因此，政府设立有关部门对房地产市场进行管理，理顺房地产交易各方的经济关系，维护正常的交易秩序，从而提高房地产市场运行效率。在中国，行使这一管理职能的主体是政府所属的各种职能部门——土地管理部门、建设部门、房地产管理部门、规划部门，工商行政管理部门、税务部门、物价部门也对房地产市场进行监管。同时，国家宏观经济管理部门将根据房地产市场的运行状况，对房地产市场进行宏观调控。房地产市场管理机构主要以经济手段、法律手段和行政手段来对房地产市场进行管理和调节。诸如，通过制定法律、法令、法规来确定市场交易规则和规范市场交易行为；运用价格、税收、信贷、利率等经济杠杆来调节房地产市场；在某些特殊时期，果断采取行政措施对房地产市场实施管制等。

综合上述分析，各种房地产市场主体虽然角色不同，但都因房地产产品而紧密联系在一起，其相互关系如图4-2所示。

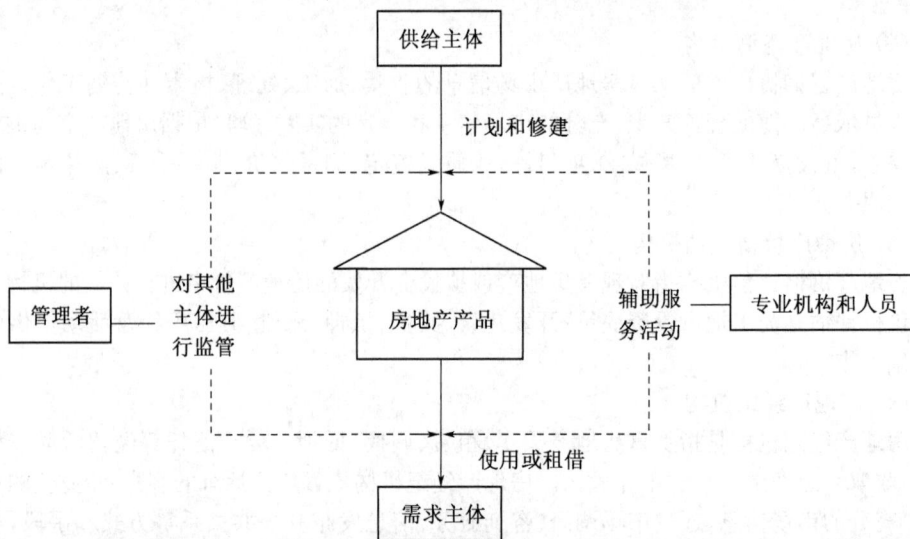

图 4-2　房地产市场主体关系

（二）房地产市场客体

所谓房地产市场客体就是指房地产市场的交易对象。一般来说,房地产市场交易对象包括地产、房产以及与它们相关的服务。土地、房屋及相关的设施和设备是房地产市场的客体性要素,它是房地产市场的交易对象和物质基础。

房地产市场上的交易对象实质上是房地产产权,即附着于房地产商品上的一系列排他性的权利集合体或称权利束。而具体的交易内容,则要根据法律的界定来决定。因此,房地产产权制度的变迁及房地产法律条文的修订,将改变房地产市场交易的客体。例如,政府将土地批租给房地产开发企业时,政府在获得房地产开发企业缴纳的土地使用费的同时,将一定期限的土地使用权让渡给了房地产开发企业。再如,当居民从房地产开发企业购买一宗房地产,实质上就是以一定量的货币资产换回房产所有权和土地使用权,以及由这一组权利派生的一系列权利。为证明这些权利让渡的完成,需要采用房产所有权证书、土地使用权证书等形式加以确认。

（三）房地产市场的交易组织形式

房地产市场的交易组织形式,是指为房地产交易各方进行房地产交易活动所提供的固定场所或合适空间,它包括房地产交易中心和非正规市场、网络市场等多种组织形式。

1. 房地产交易中心

房地产交易中心,是专门提供房地产交易各方进行房地产交易的固定场所。它的主要功能在于:把众多供给主体、需求主体和中介机构集中在一起,便于交易各方沟通信息,达成交易,从而提高了市场效率;另外,通过房地产交易中心,有利于加强对房地产市场的管理。在房地产交易中心,人们可以进行房地产交易的谈判活动;可以了解各种政策、房源信息及市场行情;可以向房地产交易中心咨询有关业务;可以请交易中心人员评估房地产的价值;

可以委托房地产交易中心代办房地产的出售、购买、出租、承租及各种法律手续等。

2. 非正规市场

非正规市场是指在房地产交易中心和政府批准的中介机构以外的各种场所发生的房地产交易关系。例如，人们可以在办公室、饭店、酒吧、茶馆、舞厅、街头巷尾等场所面对面地谈判、达成交易，也可以通过电话、电报、电传等通信工具成交。在中国，部分房地产交易事实上是在上述非正规市场发生的。一般来说，这种市场交易具有较大的灵活性。但是，这种场外交易，不利于对其监管，也可能导致价格混乱、税收流失等现象。

3. 网络市场

网络市场是近年来快速兴起的一种交易形式，它借助发达的计算机信息技术和互联网络平台，通过在网络上发布售房、出租、购房、承租的信息来便捷地达成房地产交易。由于互联网普及程度的迅速提高，越来越多的人采取了网络市场的形式，房地产交易中心及房地产企业也善于运用网络平台，并大力发展房地产网络市场业务。

第二节　房地产市场结构

一　房地产市场的区域垄断

（一）市场结构类型

在经济分析中，根据不同的市场结构特征，可以将市场划分为完全竞争市场、垄断竞争市场、寡头市场和垄断市场四种类型。决定市场类型划分的主要因素有以下四个：一是市场上厂商的数目；二是产品的差别程度；三是市场势力；四是行业进出壁垒。关于完全竞争市场、垄断竞争市场、寡头市场和垄断市场的划分及其相应的特征如表4-2所示。在完全竞争市场中，单个厂商都是市场价格的接受者，厂商可以按市场价格出售自己的所有产品，而不会带来市场价格的变化。完全竞争厂商根据利润最大化原则，即边际成本等于价格来决定自己的产出。但是，在房地产市场上不存在完全竞争市场，只存在垄断竞争市场、寡头市场和垄断市场等市场结构。此外，房地产市场存在环形竞争。

表4-2　市场结构类型和特征

市场结构	厂商数目	产品差别程度	市场势力	进出壁垒
完全竞争	很多	完全无差别	无	无
垄断竞争	很多	有差别	有一点	有一点
寡头	几个	有差别或无差别	较强	较大
垄断	唯一	唯一产品，无替代品	很强	很大

1. 垄断竞争市场结构

在垄断竞争市场中有许多厂商生产和销售有差别的同种产品。垄断竞争市场结构主要有三个特点:厂商销售的产品彼此之间都是非常接近的替代品;市场中的厂商数量非常多,以至于每个厂商都认为自己行为的影响很小,不会引起竞争对手的注意和反应,因而不会受到竞争对手的报复措施的影响;厂商的生产规模比较小,进入和退出一个行业比较容易。由于垄断竞争厂商可以在一定程度上控制自己产品的价格,所以垄断竞争厂商面临的需求曲线是向右下方倾斜的。由于各垄断厂商之间的产品具有很强的替代性,使得垄断竞争厂商的需求曲线具有较大的弹性,向右下方倾斜是比较平坦的。在存量房地产市场上,通常会出现垄断竞争市场。图4-3解释了在垄断竞争市场上,厂商的短期均衡和长期均衡。

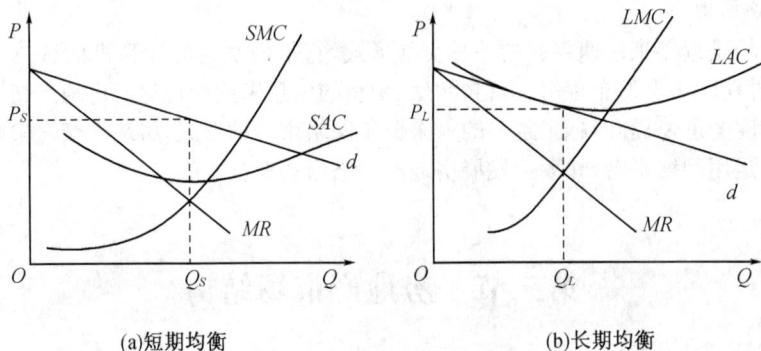

(a)短期均衡 (b)长期均衡

图4-3 垄断竞争市场均衡

在短期中,垄断厂商不能调整自己的生产规模,垄断厂商根据利润最大化原则:$SMC=MR$来确定自己的产量Q_S和销售价格P_S,此时,销售价格P_S大于产量为Q_S的短期平均成本SAC,垄断竞争厂商能够获得利润。由于存在利润,垄断竞争市场中进入和退出一个行业比较容易,会吸引其他厂商进入该行业。在长期中,其他厂商进入导致产量增加,竞争加剧,垄断厂商调整生产规模,根据$LMC=MR$来确定自己的产量Q_L和价格P_L,此时,长期均衡价格P_L等于长期平均成本LAC,厂商不能获得利润,其他厂商不会进入该行业,垄断竞争市场达到长期均衡。

2. 寡头市场结构

寡头市场是指少数几家厂商控制整个市场产品的生产和销售的一种市场组织。形成的主要原因是:规模经济的存在,某些产品的生产必须达到相当大的规模才能够获得最好的经济效益;行业中几家厂商控制了生产中所需的基本原材料的供给;政府的扶持和支持等。在寡头市场上,每个厂商的产量都在全行业的总产量中占较大的份额,从而每个厂商的产量和价格的变动都会对其他竞争对手以至整个行业的产量和价格产生举足轻重的影响。因而每个寡头厂商在采取某项行动之前,必须首先要推测或掌握自己这一行动对其他厂商的影响以及其他厂商可能作出的反应,然后,才能在考虑到在这些反应方式的前提下采取最有利的行动。所以,每个寡头厂商的利润都要受到行业中其他厂商决策的影响。

3. 垄断市场结构

垄断市场是指整个行业中只有唯一的一个厂商的市场结构。主要有三个特点:一是市场上只有唯一的一个厂商生产和销售商品;二是该厂商生产和销售的商品没有任何相近的替代品;三是其他厂商进入该行业受到阻碍。在这样的市场中,垄断厂商没有竞争顾虑,较少考虑竞争者的威胁。完全竞争市场上,厂商是价格的接受者,可以以市场价格卖出自己想卖出的产量;在垄断市场上,独家垄断厂商控制了整个行业的生产和市场的销售,是价格的制定者,垄断厂商只有降低价格,才能增加销售。图4-4解释了垄断条件下的市场均衡。由于垄断市场上只有一个厂商,垄断厂商的供给就是市场的供给。垄断厂商根据利润最大化原则边际成本(MC)=边际收益(MR)来决定自己的产量 Q_m,价格 P_m。由于 P_m 大于 Q_m 产量时的平均成本(AC),垄断厂商能够获得超额利润。在垄断市场上,其他厂商进入该行业受到阻碍,垄断厂商能够维持自己的垄断地位,从而获得利润。

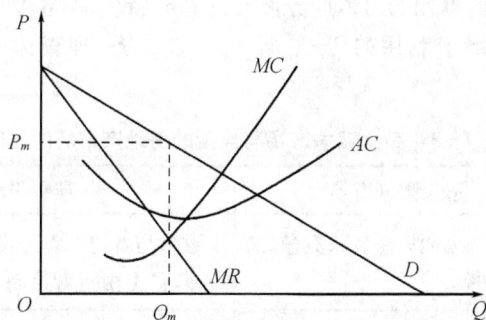

图4-4 垄断市场均衡

4. 房地产市场的环形竞争

塞洛普考察了等距离坐落于圆形城市的企业进入以及价格竞争问题。在圆形城市上,一个企业实际上只有两个真正的竞争对手,即两个位于其左右的企业。因此,圆形城市企业之间的竞争为邻近企业之间的竞争,也即"环形竞争",开发商对不能从其他企业那里得到更大满足的消费者具有垄断力量。如图4-5所示,企业2对位于线段AB之间的消费者具有垄断力量。因此,环形竞争比垄断竞争更缺乏竞争性(Salop,1979)。

对一个城市而言,无论城市的布局是否是环形的,房地产开发商的竞争总是一种环形竞争。这是因为房地产是位置不能移动的产品,它只能和相邻的房地产存在竞争。而对其他产业来说,其产品是可移动的,这样厂商就能在更大范围内展开竞争。在环形竞争条件下,因为只有少数房地产开发商进行竞争,所以房地产市场结构具有寡头垄断市场的明显特征。

图4-5 环形竞争下企业的需求

对于消费者来说,由于房地产位置固定且具有唯一性,由位置因素派生出来的一系列属性与消费者的偏好的匹配,使某一宗房地产对特定的消费者具有唯一的吸引力。这就使房地产开发商具有强大的垄断力量。

（二）房地产市场的垄断特征

如上所述,房地产市场是非完全竞争的市场。正如表 4-3 所示,非完全竞争的房地产市场包括下列特征:房地产的买者和卖者对于房地产市场上房地产的价值和趋势的看法通常是不一致的;房地产财产的转移要求有一般公民所不具备的法律知识和技术知识;每一单元的房地产是同所有其他单元的房地产分离开的和有特色的;土地的位置是不能迁移到其他市场条件下的地理区域上利用的(丹尼斯·J·麦肯齐,理查德·M·贝兹,2003,第 78 页)。

表 4-3　完全竞争市场与典型的房地产市场的比较

特征	完全竞争市场	典型的房地产市场
1. 买者和卖者数目	许多参与者:没有垄断竞争、寡头或垄断	少数参与者;在"卖方市场"上由卖者控制,在"买方市场"上由买者控制
2. 产品知识和交易成本	买者和卖者对产品都有高度的认知,交易成本低	买者和卖者对产品缺乏知识;交易是合法的、复杂的和费钱的
3. 标准化的产品	一切产品是相似的和可互换的;不同卖者的产品没有差别	每单元房地产都不一样,而且都是分离的;没有完全相同的两个单元
4. 移动性	产品可以运输到更赚钱的市场上去利用	位置是固定的;房地产单元不能移到别的更有利可图的位置;房地产市场是地方的,而不是地区的或全国的
5. 大小和购买次数	购买的项目是小的和相对便宜的;它是经常被购买的	房地产的购买是不频繁的(一生当中很少超过四五次);一所房屋是普通家庭最大的一笔投资
6. 政府的作用	政府很少起作用;自由放任流行	政府通过利用财政和货币工具,以及利用诸如土地法规、环境法规和健康法规,在鼓励或阻碍房地产业发展中起支配作用
7. 价格	价格是由供给和需求的平滑行动来确定的	价格受供给和需求的相互作用的影响,但是这个相互作用不是平滑的;买卖双方缺乏知识会扭曲付出的价格

（三）中国房地产市场结构的演变

在经济体制转轨的条件下,中国房地产市场在结构上显示出了与成熟市场经济国家和地区不同的特征。中国的房地产市场结构存在着一些特征。

1. 中国房地产市场仍是一个增量主导的市场,房地产开发商的行为对市场具有决定性作用,垂直产品差异化程度高,导致房地产市场产生更强的垄断性一般来讲,产品之间的质量差别越大,产品对不同特征的消费人群产生的垄断性越强。在结束了大规模开发阶段的比较成熟的房地产市场上,由于各种配套设施完善和新建房地产的比例很低,若剔除了位置因素,则房地产的质量差别在缩小。房地产开发商通过扩大产品差别来提高房地产的垄断性效果是有限的。房地产开发商很难通过制造产品差别或通过决定产量来控制房地产价格,也不能在房地产市场上对存量房地产产生相应的竞争压力,以致左右房地产市场的走向。

但是,中国房地产业正处于大规模开发阶段,是以增量房地产主导的市场,不仅新建房地产与存量房地产之间质量差别较大,而且由于房地产市场成长迅速,房地产产品升级较快,新建房地产也存在较大的质量差别,整体上房地产的质量差别在扩大。对于不同特征的消费者来说,这种客观存在的房地产质量差别,产生了形形色色的市场垄断。而对于房地产开发商来说,则可以通过制造产品差别或通过选择产量,来进一步增强市场垄断性,从而决定房地产价格。

2. 房地产市场的产权壁垒和资金壁垒较低,大量企业进入房地产市场,房地产市场集中度低

在房地产市场成长之初,中国房地产市场上的房地产开发商主要是国有企业和集体企业。随着市场规则的逐步成熟,土地政策由无偿划拨逐步向招标、拍卖、挂牌出让等方式转变,房地产市场的制度性进入壁垒得以消除。越来越多的民营企业进入房地产市场,国有企业和集体企业的数量在持续减少。例如,1994 年的房地产百强企业,几乎 100%都是国有房地产企业,但在 2004 年的房地产百强企业中,国有房地产企业只占 40%,民营企业和"三资"企业分别占 42%和 18%。到 2009 年,民营企业无论是在数量上,还是在规模上,都进一步超越了国有企业。

在房地产行业高额利润的吸引下,2000 年以来越来越多的大中型的制造企业、商业企业进入房地产开发领域,包括一些上市公司也进行了房地产开发的多元化扩张。这些公司的加入使得进入房地产市场的技术壁垒和资金壁垒降低,中国房地产开发企业的数量呈现出稳定增长的局面。到 2006 年,房地产企业的总量已增加到 58 710 家。由于处于城市化和房地产业成长的早期阶段,中国的房地产开发企业在数量上并未呈现下降特征,房地产市场集中度较低。2007 年,综合实力 10 强房地产企业完成投资额占全国房地产开发投资的比重为 6.74%,销售额达 1 840 亿元,占当年全国商品房销售额的比重为 6.22%。

3. 房地产业区域发展极不平衡,而同一区域或"相同板块"具有垄断竞争性,跨区域扩张成为房地产企业扩大市场份额的有效途径

中国经济发展的区域不均衡性,导致了房地产业发展存在区域差异性,房地产市场在区域间的差异十分明显。2004 年,房地产业百强企业在地域分布上呈现极大的不均衡性,88%的企业主要分布在华北、华东和华南地区。其中华北地区以北京为中心,华东地区以上海为中心,华南地区则以深圳和广州为中心。这说明房地产业发展水平和城市经济发展的区域差异极大影响了百强企业的区域分布。在 2006 年的房地产业百强企业中,由于华东地区对房产过热进行了一些政策调整,百强席位有所下降,但华北、华南的席位继续保持上升。由于房地产位置的固定性,房地产市场只是一个本地性的市场,不同区域房地产市场的竞争性很弱,但在同一区域或"相同板块"房地产市场的竞争不断增强。因此,跨区域扩张是房地产企业做大市场规模和扩大市场份额的有效途径。

尽管中国长三角、珠三角、环渤海湾等三大城市群仍然是房地产开发投资的主要区域，但中西部地区的房地产开发投资也逐步增加。据中国统计公报的数据，2008年东部地区房地产开发投资占据中国总量的59.9%，依然是重点区域，但中西部地区房地产投资增速明显快于东部，成为新的热点。2008年房地产开发投资，东部地区18 325亿元，增长17.1%；中部地区6 287亿元，增长31.7%；西部地区5 967亿元，增长22.7%。中西部的房地产市场潜力巨大，对房地产企业充满了诱惑。2008年，多数企业进入城市数量显著增加，不少公司走上了全国性扩张之路，一些区域性公司也逐渐演变成全国性公司。如万科、中海地产、保利地产和新世界等房地产企业进入城市均已达到或超过20个，企业抗风险能力不断增强。

二 房地产市场的市场势力

如果某厂商（或统一行动的厂商群体）能制定高于竞争水平（通常等于边际成本）的价格以从中得利，那么它就拥有市场势力（丹尼斯·卡尔顿，杰弗里·佩罗夫，1998，第1197页）。

假定房地产市场的反需求函数为 $P = P(Q)$，则可以得出房地产开发商的总收益 $TR(Q) = P(Q) \cdot Q$。边际收益为：

$$MR(Q) = \frac{\mathrm{d}TR(Q)}{\mathrm{d}Q} = P + Q \cdot \frac{\mathrm{d}P}{\mathrm{d}Q} = P\left(1 + \frac{\mathrm{d}P}{\mathrm{d}Q} \cdot \frac{Q}{P}\right) \tag{4.1}$$

$$MR = P\left(1 - \frac{1}{e_d}\right) \tag{4.2}$$

(4.2)式中，e_d 为房地产需求的价格弹性，指房地产价格每变化1%，相应的需求量变化百分之几。

$$e_d = -\frac{\mathrm{d}Q}{\mathrm{d}P} \cdot \frac{P}{Q} \tag{4.3}$$

因为价格和需求量之间呈反向变化，所以 $\frac{\mathrm{d}Q}{\mathrm{d}P}$ 总是为负。在(4.3)式前面加上负号，使 e_d 为正号可以简化讨论。

在房地产市场中，房地产开发商会根据利润最大化原则选择边际收益等于边际成本来确定自己的开发数量，(4.2)式就变为：

$$MR = P\left(1 - \frac{1}{e_d}\right) = MC \tag{4.4}$$

因此，可以通过计算利润最大化的价格超过边际成本的程度，来测量房地产开发商的市场势力的程度。这种测定垄断势力的方法是由经济学家阿巴·勒纳（Abba Lerner）在1934年首先使用的，被称为勒纳的垄断势力度（Lerner's degree of monopoly power）。从(4.4)式可以得知，在房地产市场区域寡头垄断情况下，价格高于边际成本的程度是：

$$L = \frac{P - MC}{P} = \frac{1}{e_d} \tag{4.5}$$

勒纳指数 L 的值总是在0～1，勒纳指数越大，垄断势力越大。在(4.5)式右边的 e_d 代表的是厂商需求曲线的弹性而不是市场需求曲线的弹性。具有一定垄断势力的厂商并不一定意味着获得高利润,利润还取决于相对于价格的平均成本水平。

国内外一些经济学家测算过房地产需求价格弹性和勒纳指数,由于所研究的房地产市场因时间、地点不同而结果有差异,但总的来说,房地产的需求价格弹性是缺乏弹性,勒纳指数在 $0.4 \sim 0.6$,房地产开发商具有较强的市场势力。这就意味着,提高房地产的价格所增加的收益会大于价格上涨导致销售量下降所减少的收益,房地产开发商一般倾向于提高价格来增加自己的总收益。

三　房地产市场进入壁垒

(一)市场进入壁垒理论

进入壁垒从产业组织理论诞生起就作为一个重要的分析对象归入了产业组织理论的研究体系中。不同产业组织学派的学者以本学派的基本理论倾向为出发点对进入壁垒作了重点研究,进入壁垒理论受不同学派的影响,其理论也显得异彩纷呈。

1. 结构主义学派的进入壁垒理论

在结构主义学派的理论中,市场结构是其理论范式的决定性变量。在决定市场结构的因素中有一个重要的因素,那就是新厂商进入一个市场的难易程度,也即进入条件是反映市场结构的一个重要变量。在贝恩看来,进入条件是结构—行为—绩效范式的中心,因此他把进入壁垒作为一个最重要的问题进行研究。

贝恩对进入条件进行了定义:从长期来说,一个行业的进入条件是指在位厂商可以持续地把价格提高到最小平均生产和销售成本以上(最优规模经营的成本),而又没有达到引起新厂商进入这个行业的程度。而且,贝恩提出了测量进入条件的量化指标,即进入条件可以用排除进入的最大价格和在位厂商的最小的可持续的平均成本的差额进行测量。差额越大,进入条件就越好;相反,差额越小,进入条件就越差。贝恩把进入壁垒的来源主要归结为:在位者相对于潜在进入者所具有的产品差别化优势;在位者相对于潜在进入者所具有的绝对成本优势;因规模经济的存在而产生的在位者相对于潜在进入者的优势。

2. 效率学派的进入壁垒理论

效率学派提出了与结构主义学派不同的进入壁垒理论框架,主要表现在对进入壁垒的定义与来源上。从定义上来说,比较典型的是施蒂格勒(1968)和德姆塞茨(1982)的定义。施蒂格勒主要强调对在位厂商与进入厂商之间的需求、成本不对称性的定义。按施蒂格勒的观点,进入壁垒就是指:在每一产量或部分产量中必须由寻求进入的厂商承受、而在位厂商却不必承担的成本。按此定义,在位厂商相对于进入厂商所拥有的优势(如在市场需求、成本条件等方面)就是进入壁垒的表现形式,这种优势也是在位厂商拥有长期垄断收益的基础。按施蒂格勒的标准,规模经济不是一种进入壁垒,因为规模经济对于在位者与进入者来说都是相同的,只要进入者能获得具有相同的规模经济的技术,那么在这一点上就不应该存在在位者与进入者之间的不对称。所以,如果没有这种市场条件的不对称,在位厂商和新进入厂商所面临的需求和经营成本条件相同,那么就不会存在行业的进入壁垒。德姆塞茨认为,生产成本的增加最终将导致任何政府对自由市场经济的限制而产生进入壁垒,换句话说，由市场自然产生的政府限制活动所造成的经营成本的额外增加，并非就表明存在进入壁垒。以城市出租汽车牌照为例，进入壁垒产生自政府对市场经济活动的干预；只有政府拥有充分的法律权威方可构筑产业的进入壁垒；市场自身尽管会产生进入壁垒，但在没有政府参与的情况下它只会在短期内存在，但从长期看，它会因为市场机制的调节作用而自行消失。

德姆塞茨认为，贝恩所说的广告、产品差别化等有关的进入壁垒实际上是一种信息成本的壁垒，而这种壁垒是由于一系列产权制度（如专利法、商标法）的实施所产生的，这些法律的保护使新进入者不能仿造，不能以假冒的方式提供给消费者与受法律保护的在位者一样的信息。因此，新厂商进入之时，在获取消费者认同方面存在信息劣势。而这种信息劣势的存在本来可以以假冒、模仿的方式获得弥补，但是现在却受到专利法、商标法、知识产权法的限制。因此，在德姆塞茨看来，政府对经济活动的干预及法律的限制才是进入壁垒的真正来源。

3. 可竞争市场的进入壁垒理论

因为可竞争市场理论强调进入与退出的自由是保证可竞争市场存在的一个重要因素，而进入壁垒的存在就直接影响到进入与退出的自由，所以，可竞争市场理论不可避免地会涉及到进入壁垒的问题。可竞争市场理论的持有者也对进入壁垒进行了定义："进入壁垒是进入一个行业的新厂商必须付出的支出，而在位厂商并不需承担的成本。"这个定义与施蒂格勒的定义在本质上也是相同的，他们也不把规模经济视为一种进入壁垒。而且他们也强调了与冯·魏茨塞克（Von Weizsacker）一样从社会福利效应的角度分析进入壁垒的问题。他们说，自己的定义是试图从可操作性的角度去分析什么类型的壁垒能满足这样的福利标准："我们所定义的进入壁垒都是减少消费者和生产者剩余的，但是同样成本与规模经济就不一定构成进入壁垒。"

可竞争市场理论认为，在位厂商所拥有的成本优势是高效率的结果，成本优势不被当作一种进入壁垒，而是作为效率租金包括在在位厂商的成本函数中。这样，在位厂商与进入厂商就不会存在成本差别。可竞争市场理论的进入壁垒主要强调沉淀成本，沉淀成本是唯一造成进入壁垒的根本原因。如果不存在沉淀成本，那么即使存在规模经济，产品差别化也不足以构成进入壁垒。而沉淀成本的大小又取决于资本的专用性程度、在位者的价格敏感程度以及在位者对进入的反应时滞的长短。沉淀成本对进入壁垒的作用，取决于给进入者带来的风险程度，风险越大，进入壁垒的作用就越大。

4. 新产业组织理论对进入壁垒的研究

传统产业组织理论对进入壁垒进行的研究主要集中在从消费者的需求偏好和生产技术特点上寻找进入壁垒的来源，而较少考虑到在位厂商可以制造人为的进入壁垒的问题。新产业组织理论则把市场结构视为一种内生变量，并以此为出发点，分析在位厂商为了减少未来的竞争而如何通过影响市场结构和设置人为的进入壁垒以阻止潜在进入者的进入。

塞洛普（Salop，1979）区分了"无意的"（innocent）进入壁垒与"战略性的"（strategic）进入壁垒。在位厂商在采取一项行动时，如果并没有考虑到对另外一个准备进入厂商的进入后利润的影响，但是实施这项行动的客观结果确实可以使进入无利可图，那就是一种"无意的"进入壁垒。另外，如果在位厂商采取某项行动的目的就是为了保护自己不受进入者的威胁，从而把潜在的竞争对手排挤在外，那么这种进入壁垒就是"战略性"进入壁垒。战略性进入壁垒是一种典型的厂商影响市场结构的行为。在这种情况下，传统的结构—行为—绩效的单向因果关系的方向就应该逆反过来。

新产业组织学派认为，如果潜在进入者是理性的，而且信息是完全的，那么只要满足两个条件，在位厂商的行为就可能导致战略性进入壁垒。首先，厂商的战略性行为能持续对市场的成本和需求结构产生影响，也就是说，对市场环境产生影响，从而对竞争厂商的不同决策路径的收益预期产生影响。其次，战略性行为的有效性又最终取决于要使竞争者相信战略性行为的实施者会一如既往地实施其预定战略。而要使战略性行为成为一种理性的行为，并能够让实施者一如既往地实施，其重要的一个方面就是使这种战略性行为发生一种不可逆的投资（irreversible investment），也就是说，投资结果产生的沉淀成本，使厂商受制于此，具有承诺价值。

在不完全信息的条件下，战略性行为的一个重要作用是可以改变竞争者对未来事件的信念。竞争者根据在位厂商的行动对决策信息作出推断，这就在客观上需要进行战略性行为的厂商在整个竞争博弈过程中处于先动地位，即采取战略性行为的厂商存在先动优势，先下手为强，以图先发制人。因此，战略性行为的作用过程是一个动态竞争的过程。在新产业组织理论中，厂商的动态竞争问题得到最广泛、最详尽的分析。在不完全信息的动态博弈中，克瑞普斯和威尔逊（Kreps and Wilson，1982）所提出的与精炼贝叶斯-纳什相似的概念和"序贯均衡"（sequential equilibrium）概念得到了最广泛的应用，典型的如在战略性阻止行为中的"信号显示"模型和"构造声誉"模型（李太勇，2002，第14页）。

（二）房地产市场的进入壁垒

根据上述市场进入壁垒理论的主要观点，结合房地产业的实际，特别是通过对一些较成熟房地产市场的考察，可以发现在房地产市场上存在着以下多种进入壁垒，客观上导致了房地产市场的区域垄断格局。

1. 资金壁垒

房地产业是典型的资本密集型行业，一个项目的开发少则几亿元，多则几十亿元，甚至上百亿元。对于一个欲进入房地产市场的潜在竞争的开发商而言，他要实施有效进入的一个充分必要条件，就是其所能筹措到的资本或其自有资本要满足在房地产项目开发中所需的最低资本。随着经济的发展，技术的进步和建筑标准的提高，房地产业的资本密集度趋于增大，要成功进入该行业所需要的资本量就越大，因此实力弱小的潜在开发商就不可能进入。在自有资金有限的情况下，潜在开发商如果能通过资本市场或信贷市场获得资本，就有可能进入房地产行业。

2. 规模经济壁垒

规模经济是指随着产量的增加，产品的平均成本不断下降的一种状态。由于房地产开发存在规模经济，而产生进入壁垒。这是因为房地产业的市场需求相对有限，在存在规模经济的情况下，少数几个开发商的有效开发规模就可以满足市场的需求，如果再有新的开发商进入，则市场需求不足以支持他的生存，因此潜在开发商不会进入；由于规模经济效应存在，导致开发商的生产、经营成本存在差别，因而产生进入壁垒。具体地说，是指新进入的开发商的房地产开发规模达不到规模经济的产出水平，由此导致房地产的开发和经营成本与在位开发商相比处于劣势地位、处于不利的竞争地位。因此，规模经济的存在会阻止实力弱小的潜在开发商进入。一般来说，在位的房地产开发商的销售量要大于进入者的销售量，因而拥有大规模的产量和销售量的开发商在原材料采购和产品的销售上可以获得价格折扣优势,而规模小的开发商就会在成本上处于竞争劣势,从而阻止了新的开发商进入,形成了进入壁垒。

3. 广告形成结构性进入壁垒

房地产开发商通过大量投放广告一方面为消费者提供了产品的信息;另一方面强化了房地产产品的差别化。通过广告,房地产开发商可以影响消费者的偏好,确立自己的品牌和声誉,弱化产品的需求弹性,增强自己的市场力量;广告形成绝对成本优势,新进入的开发商为了在原有的市场格局中占有一定市场份额,必须投入巨额的广告费用来改变消费者的习惯和偏好,对在位开发商而言不需要支付这部分额外的成本,从而形成对新进入开发商的绝对成本优势。

4. 在位开发商对稀缺的土地资源的先行垄断占有,形成进入壁垒

垄断在位开发商控制了某个地区房地产开发必不可少的土地资源的供应,开发商可以通过拒绝给潜在进入该地区的开发商提供土地资源,使其无法进入。对土地资源的垄断控制,构成房地产业潜在开发商最强大的进入壁垒。

5. 政策壁垒

政府采用许可证的方式对开发商进入房地产行业实行限制。政府如果认为房地产行业只适合存在数量不宜过多的开发商,以免出现过度竞争格局,那么政府就会以颁发许可证的方式来限制新的开发商进入,从而形成进入壁垒(苗天青,2004,第112~119页)。

第三节　房地产市场的运行与功能

一　房地产市场运行机制

机制一词来源于希腊文 mechane,原意是指机器的构造和运转原理,即机器运转过程中的各个零部件之间的相互联系、互为因果的联结关系及运转方式。机制的主要内容包括结构和运转原理两部分,其中运转原理是第一性的,它决定着结构的运动;而结构是保证运转原理发生作用的物质载体。18世纪该词被运用到生理学和医学界,通过类比的方式使用了生物机制、病理机制等概念,表示有机体内发生生理或病理变化时,各器官之间的相互联系和调节方式。近代经济学则从工程学和生理学借用了这个概念,用以说明经济系统像一部大机器,通过它的各个具有不同功能的部件相互连接、互为因果实现其总功能,即经济机制。

房地产市场的运行机制,是指房地产市场中各因素之间相互联系、互为因果,按照客观经济规律,决定房地产资源配置效率的具体组织结构和运行方式。房地产市场这只"看不见的手"发生作用的过程就是其内在机制运行的过程。房地产市场的运行机制主要包括动力机制、竞争机制、供求机制和价格机制。在房地产市场运行过程中,这些机制是紧密衔接、相互联系、相互传导和相互制约的,并引导和约束市场参与者的行为,而价格机制是房地产市场运行机制的中枢。

1. 房地产市场的动力机制

在房地产市场上，市场主体为了追求自身利益的最大化而主动参与市场交易活动，也就形成了房地产市场的动力机制。对于房地产开发企业及一些专业服务企业而言，它们在追求利润最大化的同时也需要承担市场交易中的风险。房地产开发经营企业存在盈利、亏损、破产的可能性，其面对的投资、经营决策的各种风险，促使房地产开发经营企业进行知识创新、技术创新、融资创新、组织创新，以及业务重组和不断提高经营决策的能力。对于消费者和投资者而言，在信息不充分的条件下，为了在房地产交易活动中获得更大的效用，他们愿意付出相应的信息搜寻成本，并不断增强房地产知识的学习，积累房地产交易的专业知识和提高对房地产产品品质的识别能力。随着房地产交易双方专业水平的提升，可以提高房地产交易的效率。

2. 房地产市场的竞争机制

房地产交易主体在利益的驱动下，房地产开发经营者会为争夺资源和客户而展开激烈的竞争，而消费者和投资者则会为选择到符合自己意愿的房地产产品发生消费者和投资者之间的竞争，所以房地产市场上的竞争机制是客观存在的。在竞争机会均等、竞争规则公正、竞争过程透明的条件下，房地产市场竞争机制的运行可以产生对独立经济利益实体的激励。房地产市场竞争机制的运行，促使房地产开发商慎重选择地块，采用新技术、新材料，注重工程质量，改善经营管理，提高房地产产品品质，降低开发成本和建筑造价，以求在激烈的市场竞争中占得先机。同时，提高房地产市场的资源配置效率和改善生产要素的组合状况。

房地产市场独特的市场结构，使房地产开发经营者在生产要素市场上竞争十分激烈，如争夺土地资源、资金、专业人力资本以及先进技术等，而在房地产产品市场上表现出较强的垄断特征，具有较大的市场势力。

3. 房地产市场的供求机制

供求机制是与价格机制相互联系、相互制约、相互传导的，供求机制的运行，既调节房地产供给和需求之间的关系，也是房地产价格的关键决定因素。在现实中，房地产产品的供求均衡是比较少见的，而供求失衡是一种比较常见的现象。在供大于求的情况下，供求机制能对房地产开发经营者起到导向作用，如引导房地产开发经营者调整产品供应量和产品供应结构，或通过进一步细分市场，开展房地产产品创新来创造市场需求等。而当市场供不应求时，价格上涨会吸引更多的开发经营者进入房地产市场，增加房地产开发量和投放更多的存量房地产。这种供求机制的运行，可以促使房地产市场趋于供求均衡。房地产市场的供求状况，具有很强的区域市场特征。

4. 房地产市场的价格机制

房地产市场的价格机制，其表现形式是房地产市场的价格围绕价值（均衡价格）波动，房地产价格的涨落将调节房地产的供求关系，改变房地产资源配置状况。房地产价格是房地产市场的关键信号，集中反映了房地产市场的重要信息，直接引导消费者、投资者和房地产开发经营者的市场行为。例如，消费者在选择自己的住宅时，尽管要考虑多种因素，但这套住宅的价格是其最重要的决策变量。房地产市场上的任何交易活动，都是在价格机制的运行过程中完成的。从理论上讲，价格机制的运行可以刺激市场主体合理利用房地产，并把闲置或利用效益不高的房地产投放到市场上，提高房地产资源配置的效率。

二　房地产市场运行的功能

在现实中,房地产市场运行的功能主要表现为以下几个方面。

1. 交易评价功能

房地产市场是为了满足房地产产品及其服务的流通和交换而存在的,交易功能和评价功能是房地产市场的基本功能。在房地产交易过程中,供求双方并不能够单方面地对房地产产品或服务的价值进行评价,而房地产市场是合理确定房地产价格的经济机制,是评价房地产经济活动价值的重要尺度。房地产交易活动一旦完成,也就实现了对房地产价格或价值的评价。

2. 信息传递功能

房地产市场是房地产经济活动的信息中心,通过多种渠道反映行情和传递信息。因此,房地产市场的一个重要功能就是为房地产开发经营者和消费者提供决策的信息。房地产供求、价格、服务等各方面信息经过相关机构的处理,再通过房地产市场传递给市场参与者,从而为市场参与者的决策提供依据。一般来说,房地产市场体系越完善、交易越频繁、操作越规范,产生的信息就越多,传递的速度就越快,信息的质量也就越高。但相对于其他产品或资本市场,尤其是股票市场来说,房地产市场的信息传递功能较弱,收集信息的难度也比较大。

3. 激励引导功能

市场是经营者竞争的场所,并激励其实现经营目标。房地产市场对房地产开发经营者与房地产消费者都具有激励功能。具体来说,房地产市场激励房地产开发经营者提高劳动生产率,降低资源消耗,加强经营管理,开发新产品,改进营销策略;激励消费者合理调整消费结构,提高消费水平,改善生活品质。

4. 资源配置功能

房地产市场的资源配置功能表现在,调节社会经济资源在房地产业与国民经济不同部门之间,房地产再生产的不同环节之间,房地产产品的不同类型之间,以及房地产不同企业之间的分配;调节开发企业的投资规模和房地产产品结构;引导房地产的空间布局,改变房地产的用途,并使其转向收益更高的行业。同时,不断提高房地产资源配置效率。

5. 利益调节功能

在房地产市场上,房地产价格的变化,将直接影响市场参与者的利益。如果房地产价格下降,可能导致房地产开发经营企业和其他房地产投资者的收入减少;而房地产价格上涨,则会使房地产购买者和租赁者的支出增加。房地产价格的变化,致使国民收入在交易双方之间进行重新分配。

本章小结

本章介绍了房地产市场的内涵、市场体系及其构成要素,重点分析了房地产市场主体的行为特征。在此基础上,论述了房地产市场结构,运用产业经济学的一些成果,揭示了房地产市场中存在的市场势力和进入壁垒,并探讨了房地产市场的运行机制及其功能。

通过本章的学习,可以对房地产市场的体系、要素、结构有一个系统的了解,并对房地产市场的运行机制及其功能有一个总体的把握。

本章思考题

1. 房地产市场体系是如何构成的?
2. 房地产市场的结构和垄断特征是什么?
3. 房地产市场的进入壁垒主要有哪些?
4. 房地产市场机制是如何运行的?

参考文献

[1] [美]丹尼斯·迪帕斯奎尔,威廉·C·惠顿. 城市经济学与房地产市场[M].北京:经济科学出版社,2002.

[2] [美]丹尼斯·J·麦肯齐,理查德·M·贝兹. 房地产经济学[M].北京:经济科学出版社,2003.

[3] [美]丹尼斯·卡尔顿,杰弗里·佩罗夫. 现代产业组织[M].上海:上海三联书店,上海人民出版社,1998.

[4] 李太勇. 市场进入壁垒[M].上海:上海财经大学出版社,2002.

[5] 苗天青. 我国房地产业:结构、行为与绩效[M].北京:经济科学出版社,2004.

[6] David M. Kreps,Robert Wilson. Sequential Equilibria[J]. Econometrica,1982,50:863 - 894.

[7] Harold Demsetz. Barriers to Entry[J]. The American Economic Review,1982,72(1):47 - 57.

[8] Salop,Steven C. Monopolistic Competition with Outside Goods[J]. The Bell Journal of Economics,1979,10:141 - 156.

[9] Stigler,G. J. The Organization of Industry[M]. Illinois:Irvin Press,1968.

第五章 房地产需求、供给及其均衡分析

内容提要

1. 房地产的需求法则和影响因素,消费性房地产需求、生产要素房地产需求、房地产投资及理财需求分析。
2. 房地产的供给法则和影响因素,土地供给、房产供给分析。
3. 房地产供求均衡的实现过程分析。

房地产需求和房地产供给是房地产市场运行的基础,也是房地产价格的基本决定因素。房地产需求实际上反映了消费者和投资者的选择行为和决策过程,而房地产供给也体现了开发商或房地产所有者对市场的判断和对成本、收益的权衡。运用微观经济学的一些分析工具进行房地产需求和供给及其均衡分析,尽管看到的是一系列数据和曲线,但其所蕴含和表达的却是人们对房地产市场的判断和选择。

第一节 房地产需求分析

一 房地产的需求法则和影响因素

需求(demand)这个概念,不同于人类无限多样化的需要(needs),需求总是同时涉及两个变量,一是该商品的销售价格,二是与该价格相应的人们愿意并且有能力购买的数量,它是主观偏好和客观能力的统一。依据需求的内涵,房地产需求就是指消费者在一定时期内和一定市场上按照某一价格愿意并且能够购买的房地产产品和服务之数量。需要强调的是,需求和需求量(quantity demanded)是两个相互联系又相互区别的概念。需求量是指在某一时期内消费者愿意购买的产品和服务的数量,而需求是指产品需求量与该产品价格之间的一种关系,它反映了在不同价格水平下产品的需求量。

对于房地产产品和服务而言,消费者对它的需求量取决于多种因素,而最重要的因素可以说是该产品的价格。经济学家所观察推论出的需求法则(law of demand)同样适用于房地产市场,即在其他条件不变的情况下,某一房地产产品和服务的价格越低,消费者就对该产品和服务的需求量越大;而当该产品和服务的价格越高时,消费者对该产品和服务的需求量

则越小。依据需求法则,可以推断出房地产产品的需求曲线在通常情况下必然是一条从左上向右下倾斜直线,斜率为负。这看似简单的需求法则,却是房地产经济学所必须遵循的最重要准则,也是一切深入分析的基本前提。

但是,当房地产主要以虚拟资产的形式出现时,上述需求法则就会发生改变。虚拟经济是以价值关系为基础的、以资本化定价方式来定价的、特殊的经济运行关系。由于房地产具有虚拟资产的性质,还要从投资和理财角度进一步讨论房地产的需求特征。

一般而言,除了房地产的价格外,影响房地产需求的因素主要有以下几个:社会经济发展与城市化水平;城市人口总量、人口结构及人口增长;人们的收入水平;城市产业结构及其变化;人们对未来的经济预期、经济制度和政策因素等。在此,首先对房地产价格以外的影响房地产需求的因素进行讨论。

1. 社会经济发展与城市化水平

社会经济发展水平,是影响房地产需求的重要因素,随着社会经济的不断发展,房地产的社会总需求也将不断提高。社会经济的发展过程,一般伴随着工业化、城市化过程。随着工业化、城市化的发展,城市的范围和数量在扩大,工业、商业和金融业等服务业以及城市基础设施等部门快速成长,城市对土地、住宅和非住宅物业的需求也就越来越大。这就需要越来越多的土地用于建设工业区、商业区和居民区;特别是城市基础设施,需要占用大量的土地,以创造便利的交通条件和配套设施,使人们有可能增加更多的户外活动。当代各国城市发展的实践还表明,城市对土地的需求,比城市规模的扩大还快。这是由于城市现代化和城市居民生活水平提高,导致了城市人均土地面积和住宅面积在不断地增长。当城市化和城市现代化达到相当高的水平时,城市对土地的需求才相对稳定。

2. 城市人口数量与结构状况

就一个国家或地区来说,人口城市化显然要受到土地城市化的约束,但人口数量是影响城镇房地产需求的基本因素。人口数量的增加,意味着潜在需求的增加。这一潜在需求会随着人们支付能力的增长而日益转变为现实需求。城镇人口数量的增长,包括人口自然增长和人口机械增长。前者是由人口出生数超过死亡数引致的,后者是由流入城镇人口数大于流出人口数引致的。考察人口数量,应当与人地比例联系起来。单位土地面积上所承载的人口数量,是决定地产、房产等房地产稀缺程度的最重要的指标之一。在城镇土地中,住宅用地一般要占40%～50%。

在城市人口数量及其购买力不变的情况下,人口结构和家庭结构对住宅的需求有较大的影响。例如,当一国进入老龄化社会后,老年人占城市总人口的比例越来越大,老年人对居住的要求是安静、方便,但又害怕离群索居。这意味着整个城市对老年住宅的需求相应增大,尤其是对小型现代化住房的需求显著增大。同时,城市家庭结构的变化也影响到住宅需求,城市居民小型家庭比例扩大是一个普遍的趋势。同样数量的城市人口,由于家庭规模小型化,使家庭数量增加,而每增加一个家庭相应对住宅增加一份新的需求。

3. 收入水平

房地产市场需求对城市居民就业率、收入水平和消费水平的变化比较敏感。随着城市经济发展,使人均实际收入水平提高,住宅的支付能力增强,必然增加对住宅的需求。由于技术进步和劳动生产率的提高,使城市居民在增加收入的同时增加了休闲时间,绝大多数家庭要求丰富精神生活、增加娱乐机会和提高教育程度,从而增加了对城市公共活动场所和各类建筑物的需求。而居民教育程度的提高,推迟了大量潜在劳动供给者进入劳动力市场的时间,提高了他们的文化科技素质,唤起了他们对现代物质、文化生活的追求,这又进一步提出了对住宅内部结构与功能改变的要求,以及对整个城市各类服务设施的新需求。

4. 城市产业结构

城市产业结构发展的状况,不仅决定着城市对房地产需求的总量,而且决定着房地产的需求结构。在城市一、二、三次产业的构成中,第一次产业所占的比重较小,第二次和第三次产业所占的比重较大,而且随着社会生产力和城市经济的发展,第三次产业的比重将越来越大。这是因为:第一,随着人们生活水平的提高,市场需求的多样化,企业不得不开展多样化竞争,发展高、精、尖的产品,使知识、技术、信息、咨询等服务业得到迅速的发展。第二,生产的发展和商品流通范围的扩大,要求商品流通的物质手段和服务日益多样化和现代化。第三,居民生活水平的提高,不仅要求有物质上的满足,而且要求精神生活上的满足;人们生活水平的提高,人们的价值观念也发生了变化,精神生活要求越来越高,人口结构趋向老龄化,这一切都要求服务业的发展。城市商业等服务业的发展,使城市逐步形成服务业为主导的产业结构。如在美国的纽约,日本的东京,英国的伦敦,中国的香港,商业、金融业、保险业、房地产业、运输业、通讯业等服务业已经成为这些城市的主导产业。

城市产业结构具有集聚经济的特性,在一个有限的空间范围内,集聚了大量的生产要素,实行集约化经营。集约经济可以节省一定面积的土地,主要进行建筑空间的开发。集聚经济和城市服务业的发展,促进了城市经济效率的提高。据有关统计资料,日本的东京、大阪、名古屋三大城市圈的人均产值和国民收入,分别比全国平均高 16%～20%。西德 50 万人口以上的城市比 50 万人口以下的城市,人均产值高 40%。可见城市产业结构是一种现代化、高度化的产业结构。以服务业为主导的城市产业结构,必须以房地产业的发展为基础,从而对城市房地产产生了相应的需求。而城市产业结构的变化,带来了对城市房地产需求的变化。

5. 人们对未来的经济预期

房地产需求包括投资需求和消费需求,未来的经济预期对这两类需求的影响是不同的。对于房地产投资需求来说,需求者更加关心未来经济增长的走势,未来经济增长对房地产投资需求的影响比房地产价格变化预期对房地产投资需求的影响大。未来经济增长走势的良好预期,将刺激房地产投资需求的增长,而如果对未来经济增长走势的预期不佳,将导致房地产投资需求的减少。一般来说,影响居民对房地产消费需求的因素与影响投资者对房地产需求的因素是有差别的。居民对住宅价格的预期是影响住宅消费需求的重要因素。在住宅价格下跌时,即使跌幅很大,如果人们预期还会下跌,也会持币待购,迟迟不肯入市。在住宅价格上涨时,如果人们预期还会上涨,则有可能进入市场,使需求不断增大。但是从长期来看,未来经济发展,使土地更加稀缺,房地产价格上升,而房地产投资需求和消费需求总是增加的。

6. 经济制度和政策因素

在各种经济制度和政策因素中,有许多因素是直接或间接影响房地产需求的。城市土地产权制度、住宅制度、积累和消费政策、税收政策、银行房地产抵押贷款政策、城市发展政策等,都将影响城市房地产的需求。对于居民住宅消费影响最大的是国家的住宅政策,如从2000 年开始,中国内地取消了住宅福利分配制度,这种住宅市场化改革的深化,已对住宅需求产生了深刻的影响。

总之,人们对房地产的需求,受到多种自然社会经济因素的影响,其需求程度,则随着各种因素的变化而变化。在现实中,房地产按其用途不同,可以分为消费类房地产和生产要素类房地产两大类,前者主要是指住宅,后者指用于农业、工业、商业等生产经营活动的房地产。但是,从房地产的需求角度来看,人们对房地产的需求可分为三种情况:一是作为生活必备的消费性房地产的需求;二是作为生产的依附场所,它是由预期房地产收益引致的对生产性房地产的派生性需求,这种房地产的需求程度常常由资源的技术替代率和生产要素的边际生产率水平决定;第三种需求是作为资产选择或理财的一种方式。由于房地产具有保值、增值的特点,货币持有者在满足了日常交易及预防的货币需求后,对剩余货币均有保值、增值的要求,在其他金融资产盈利水平低的情况下,或者由于资产组合的需要,一些投资者会选择房地产作为投资对象,或把房地产作为财产储存的方式,这其中包括进行房地产套期保值和套取差价的投机需求。不管基于何种目的的房地产需求,都可归结为上述三种类型,而不同类型的房地产呈现出不同的需求规律。

二　消费性房地产(住宅)需求

衣食住行是任何人类社会生存无法回避的,个人和家庭总是要支付一定数量的货币换取一定的住宅空间,以满足生理和心理的居住需要。消费性房地产需求,亦即居民的住宅需求,是一定条件(时间、空间、价格)下人们有支付能力的住宅购买力。人们满足消费性房地产需求的方式主要有以下几种:① 承租住宅;② 购买住宅所有权或较长时期的使用权;③ 自建住宅;④ 在典当方式下承典人行使典当权等。不同的住宅需求方式,在价格形式上是有差异的,但其本质是一致的,都可以用一定时期的住宅租金来表示。

住宅是由土地及附着于其上的建筑共同构成的。因此,对住宅的需求包含了对住房的需求和对住宅用地的需求,其中,对住房的需求是直接的,对土地的需求则是间接的,它来自于对住房的需求,因而是一种引致需求。因此,讨论消费性房地产需求,必然涉及对住宅需求量(住房和住宅用地)的分析,以及对住宅用地的区位选择。

(一)住宅需求量分析

在一种商品市场上,影响需求的因素,一般有以下几种:① 该商品的价格;② 消费者的收入;③ 消费者的嗜好或偏好;④ 其他商品的价格;⑤ 人们预期的该商品和其他商品未来价格的变化。对于住宅需求来说,也是如此。在此,借助于微观经济学的消费者均衡分析工具,对消费者的住宅需求进行讨论。

1. 消费者均衡

消费者均衡,是指消费者取得最大效用的消费组合。微观经济学证明消费者均衡点在无差异曲线与预算线的切点上。无差异曲线表示消费者消费一定量的商品组合所能带来的满足程度。它是根据消费者的偏好画出来的,其上每一点代表消费者的满足程度相同,也即效用相同,所以也被称为效用无差异曲线。预算线(也被称为消费可能性曲线)表示在一定的收入和价格水平下,消费者实际能消费的商品数量组合。受到收入和价格的限制,消费者只能得到预算线上或之内的商品组合。在市场上,消费者行为的目标是追求最大满足,消费者的选择,就是在既定收入和价格水平下,如何实现最大满足的过程。

如图 5-1 所示,假设消费者所购买的商品分为两种:① 住宅;② 住宅以外的其他产品。无差异曲线用 U 表示;预算线用 C 表示,当消费者的收入全部用于支出时,可以购买这两种商品的组合,用方程式表示为:

$$P_X X + P_Y Y = M$$

其中:P_X 表示住宅租金,X 表示住宅承租量;P_Y 表示其他商品的价格,Y 表示其他商品购买量。

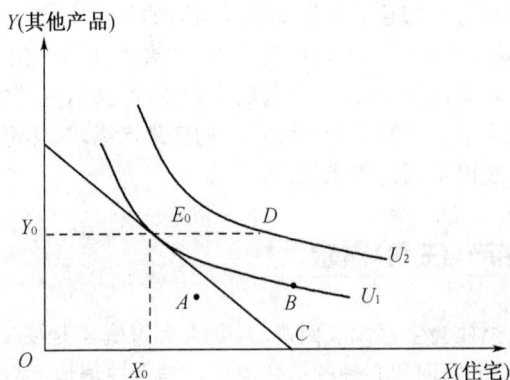

图 5-1 消费者均衡

U_1、U_2 代表两条水平不同的无差异曲线,C 为预算线,E_0 点是无差异曲线 U_1 与预算线 C 的切点,即消费者均衡点。这一点代表了现有收入和价格条件下的最大效用组合,也代表了消费者所能实现的最大效用。这时住宅需求量为 X_0,其他商品需求量为 Y_0。图中 A 点尽管在支出水平 C 下能够达到,但消费者的消费预算没有实现;D 点尽管代表了更高的效用水平,但此点的商品组合在支出水平 C 下无法实现;B 点代表的效用水平与 E_0 点相等,但 B 点代表的住宅数量和其他商品数量超出了预算支出的购买水平,因此只有 E_0 点能实现消费者均衡。在消费者的均衡点上,住宅和其他商品的价格之比等于边际替代率,即等于两种商品的边际效用之比,用公式可以表示为:

$$\frac{P_X}{P_Y} = MRS_{XY} = \frac{MU_X}{MU_Y}$$

以上分析是建立在收入和价格既定,且消费者偏好不变的假定基础上的。如果消费者偏好不变,价格和收入发生变动,消费者的需求量也发生变动。

2. 住宅需求曲线

在某一居住水平下,住宅需求呈刚性增长,即人们总会想方设法节衣缩食或自建、或购买、或租赁一定空间安顿下来。因此在基本居住需求未满足之前,住宅需求的价格弹性很小,接近于完全无弹性。在基本需求满足之后,人们必然追求居住面积的扩大以图舒适,但这时需求通常受多种因素的影响而呈现出弹性。住宅需求曲线如图 5-2 所示。图中,Q_0 为满足最基本需要的住宅需求量;D_1 为满足基本需要的住宅需求曲线;D_2 为基本需要满足后的住宅需求曲线;Q 为住宅需求数量;P 为住宅价格。

从图 5-2 可以看出:① D_1 是垂直于横轴的曲线,它表明无论价格高低,人们对住宅的需求是没有弹性的,因此是任意住宅价格的接受者。当然一个国家为了保证社会一定的福利水平,首先会对住宅价格进行管制;其次,在存在住宅特困户时政府通常建设一些廉价住宅以填补这些需求缺口。② D_2 曲线符合正常的需求规律,即在收入等其他条件没有发生改变的情况下,随着价格的变化,人们对住宅的需求量发生变化,表现为一条负斜率的曲线。

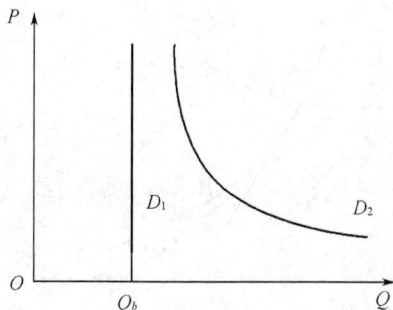

图 5-2　消费性房地产需求模型

3. 住宅租金变化对住宅需求的影响

如图 5-3 所示,在收入和其他商品价格稳定的条件下,如果住宅租金上涨,则 C_0 旋转至 C_1。从短期分析,由于住宅是耐久消费品,消费者对住宅的消费量在短期内仍将维持在 X_0。但对其他商品的消费量减少至 Y' 水平,以维持无差异曲线 U' 的满足水平。从长期分析,消费者将减少住宅的消费至 X_1,相对增加其他商品的消费至 Y_1,以使无差异曲线由 U' 提高到 U_1。根据上述分析,我们可以绘出一条价格消费曲线,表示消费者在不同住宅租金水平下的商品消费量,并可由此导出消费者对住宅的需求曲线。

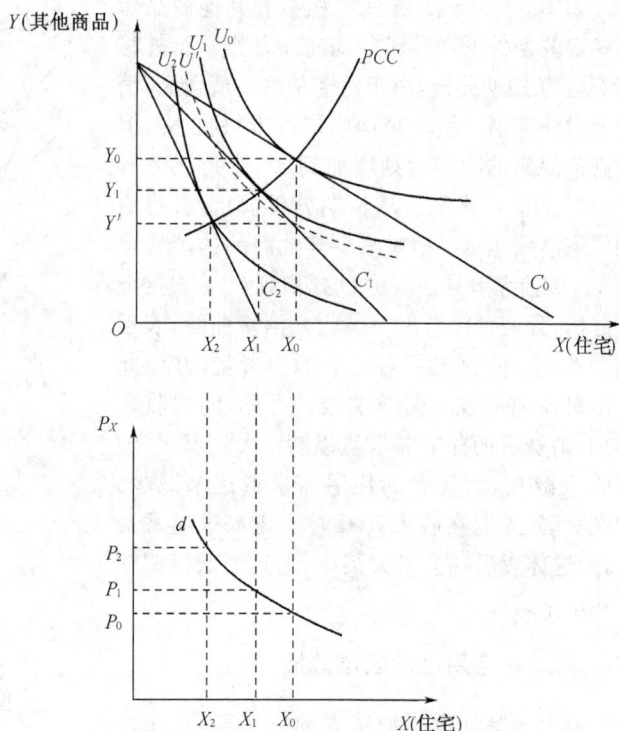

图 5-3　住宅需求曲线

住宅租金上涨引起的住宅消费量减少,是由两种效应引起的:一是替代效应,由于住宅租金上涨促使住宅相对其他商品更昂贵,造成住宅消费量减少。如图 5-4 所示,作 C_1 的平行线 C 切无差异曲线 U_0 于 E。住宅消费量由 X_0 减少至 X。二是收入效应,住宅租金上涨促使消费者实际收入减少,造成

住宅消费量由 X 减少至 X_1。住宅租金上涨所造成的价格效应 X_0X_1 是替代效应 X_0X 与收入效应 XX_1 之和。住宅租金下降对住宅需求的影响,同样可以采取上述方法进行分析。

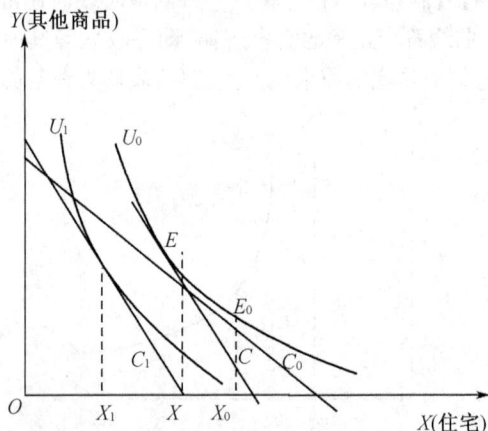

图 5 - 4　替代效应与收入效应

4. 收入变化对住宅需求的影响

如图 5-5 所示,在住宅租金和其他商品价格稳定的条件下,如果收入增加,C_0 则平行外移至 C_1。从短期分析,由于住宅是耐久消费品,消费者对住宅消费量在短期内仍将维持在 X_0,但对其他商品的购买量则增加到 Y',维持无差异曲线 U 的满足水平。从长期分析,消费者将增加住宅消费至 X_1,相对减少其他商品的消费量至 Y_1,以使无差异曲线由 U 提高到 U_1。根据上述分析,我们可以给出一条收入消费曲线,表示消费者在不同收入下对商品的消费量,并由此导出对住宅的收入需求曲线。可见,随着收入增加,消费者的住宅需求量逐渐增大。反之,随着收入减少,消费者的住宅需求量逐渐减少。如在美国,人们在收入高峰时居住水平通常最高,而退休以后则会卖大买小、卖高买低以调整居住水平。

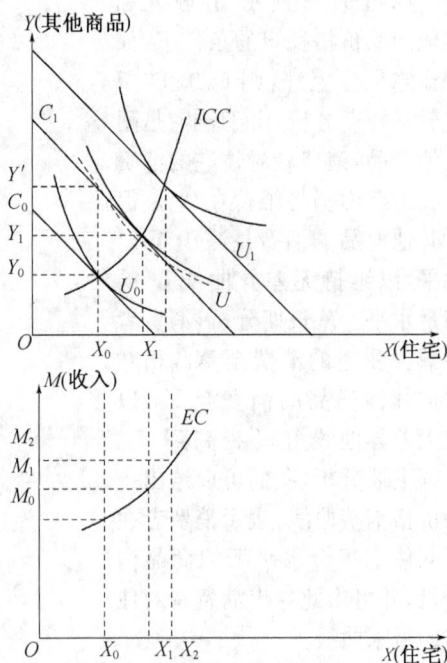

图 5 - 5　住宅收入需求曲线

(二) 住宅用地的区位选择

以上主要分析了消费者的住宅需求,在此基础上,我们进一步分析由住宅需求引起的宅地需求问题。同样的住宅在城市中所处的位置不同,其价格是不同的。假定家庭收入固定为 M,住宅和其他商品的消费将随着所处区位的变化而变化。假设单位土地租金为 $r(d)$,$c(d)$ 为到中心商务区(central business district,CBD)的通勤成本,二者都取决于 d。其他商品价格为 P_g,消费量为 $g(d)$,住宅消费量为 $h(d)$,则消费者面临的预算约束为:

$$M - c(d) = P_g g(d) + r(d)h(d)$$

如图 5-6 所示,设其他商品价格稳定在 P_g,在区位 d_1,租金为 $r(d_1)$。住宅效用最大化发生在无差异曲线 U 与预算线 C_1 相切的地方,即 A 点。如果住户在另一个区位 d_2,要选择适当的租金使住户得到同样的效用水平,它必须与同一无差异曲线 U 相切。从已知截距:

$$g(d_2) = [M - c(d_2)]/P_g$$

画一条与 U 相切的新的预算线 C_2,切点在 B。则在区位 d_2 的租金:

$$r(d_2) = [M - c(d_2)]/h(d_2)$$

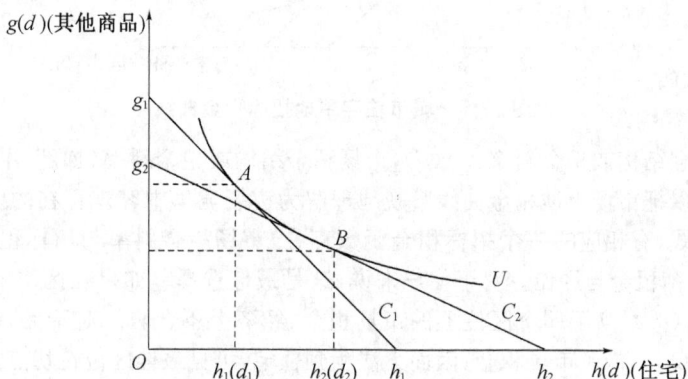

图 5-6　不同租金条件下的住宅需求与其他商品需求均衡

在两个不同的位置,可以得出不同的租金,但对家庭都具有同样的效用。新的均衡将在 B 点实现,这时,租金 $r(d_2)$ 将小于 $r(d_1)$,住宅的消费面积将相应增加。位于 d_2 的家庭在 B 点将比位于 d_1 的家庭在 A 点需要更多的住房面积。但租金相对其他商品来说较为便宜,而其他商品相对较为昂贵,所以需求量下降。从 g_1 到 h_1 直线的斜率等于 $-r(d_1)/P_g$。在 d_2 点,由于住宅租金较低,故斜率 $-r(d_2)/P_g$ 的绝对值亦较前为小。

对于任何区位的选择,都可用同样的分析方法,所有的选择都达到同样的效用水平 U。在位置 d_1 和 d_2,形成租金 $r(d_1)$、$r(d_2)$。如果有位置 $d_3,d_4,\cdots,d_n$ 可供消费者选择,那么将会得出租金 $r(d_3),r(d_4),\cdots,r(d_n)$。这意味着对于不同位置的一系列租金,仍能产生同样的效用,由此可以导出城市住宅用地的招标租金函数。所谓招标租金,是指人们愿意向不同位置的土地支付的最大费用,它是投标者为了某项用途而利用某地块所愿意支付的最高费用,取决于各种土地使用者对土地需求的竞争。城市住宅用地的招标租金函数,是在收入与其他商品价格一定的条件下,由一组对消费者产生相同效用的租金组成的,租金是区位的函数。

每一个招标租金函数都对应于一条区位、租金组合的效用无差异曲线,即招标租金曲线。招标租金曲线如图 5-7 所示,图中效用曲线 U_1 为点 $[d_2,r_1(d_2)]$ 和点 $[d_1,r_1(d_1)]$ 的连线。这里为了讨论方便,将无差异曲线画成直线,当然也可以是非线性的。效用曲线 U_1 与

效用曲线 U_2 相比,在相同位置上 U_2 的租金比 U_1 低,使消费者能购置更多的住宅,以达到更高的效用水平。因此,U_2 的效用比 U_1 的效用大。每一效用水平在不同距离上对应不同的租金,就是招标租金函数。

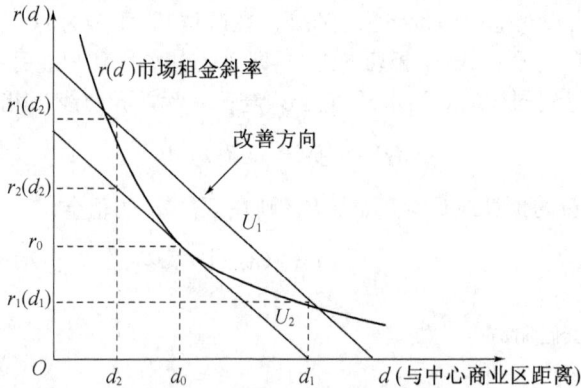

图 5-7   城市住宅用地招标租金曲线

设市场租金结构或租金斜率为 $r(d)$,市场租金结构或租金斜率(梯度)不受任何住户行为的影响。可以把市场土地租金曲线直观地理解为市场竞争中客观存在的土地租金标价。对于无差异曲线,有相应的一个招标租金函数存在,市场租金斜率与招标租金曲线的切点 (d_0,r_0) 代表均衡租金与区位。对于住户来说,这是最佳选择。如果在区位 d_2,无差异曲线 U_1 的租金为 $r_1(d_2)$,高于那个区位上的市场租金,经济上不合算。对于无差异曲线 U_2,招标租金应为 $r_2(d_2)$,低于市场租金,因而无法租到住宅,可见最佳区位在切点。这样,就可以求得住宅设施建设对城市住宅用地的需求。在收入和其他商品价格一定的情况下,住户为了取得最大的效用,引发对住宅设施和其他商品的需求,并由此得出每一效用水平的招标租金曲线。在既定的市场租金斜率下,通过选择最适当的招标租金就可以确定住宅的位置。

相对于租赁方式的住宅需求来说,购买住宅所有权或长期使用权亦是常见的方式。两者的基本原理是一致的,只是购买方式的住宅需求更为复杂罢了。因为住宅是一种高价值的耐用消费品,即使在发达国家,一套住宅的价值也远远超过普通家庭的年收入,家庭现有的购买能力难以满足购买住宅需求。这就要依赖信贷,通过按揭或抵押贷款方式购买住宅。因此,购买住宅需求除了受消费者偏好、收入、房价、其他商品的价格等因素影响外,还受家庭未来预期收入、储蓄、存量资产、贷款可获性、银行贷款利率、首期付款额度、还款期限、房地产税率等一系列因素影响。

以上主要从微观的角度,研究了消费者(个人或家庭)的住宅需求。千千万万个消费者的个人住宅需求汇聚成市场的住宅需求。市场住宅需求受社会经济发展水平、人口状况(包括人口数量,家庭数量和规模,人口年龄结构)、城市化进程、宏观政策等因素的影响,如住房信贷增加、财产税降低、社会福利政策倾斜等都会诱发人们对住宅需求的扩张。

三   生产要素房地产需求

由于土地和房屋及附属的固定设施作为一种生产要素,不能单独用于生产,它只有与其他生产要素结合,才能产生收益。所以,对某项房地产的需求程度,取决于它与其他投入品结合后产生收益的能力。从这个意义上说,对房地产的需求,实际上是一种派生需求。对工业厂房的需求来源于对工业品的需求;对写字楼的需求来源于对第三次产业服务的需求;对商业地产的需求来源于对商业服务的需求。

生产要素房地产的需求,是由厂商对房地产的预期收益水平决定的,如果说厂商租用或购买房地产组织生产,预期在支付了其他生产要素报酬及使用房地产的代价后,仍可取得收益,这时就会产生购买或租用生产性房地产的需求。因此,生产性房地产的需求,除受房地产价格影响外,更由厂商对房地产预期收益水平决定。生产性房地产的需求,与房地产的价格成反比,与房地产的收益水平成正比,与净收益(NB)即预期收益和房地产使用成本之差成正比(如图5-8)。

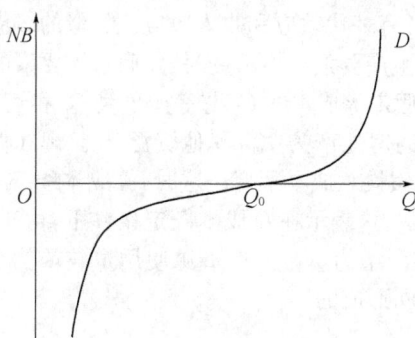

图5-8　生产性房地产需求曲线

如果厂商在使用某宗房地产组织生产不能取得收益,就不会租用房地产去开展对他们无任何意义的活动,因此净收益只有达到图5-8中横轴以上的位置,才会产生对生产性房地产的需求。事实上,任何一个国家为了维持产业的完整性,对于公共产品即使亏损也要扶持使其保持一定的规模,这时往往通过无偿划拨土地、低价供应房产以维持这些行业的运转。由于支付较低的房地产使用成本,这些行业的实际收益仍表现为正值,继而产生对房地产的需求。因此图5-8中横轴以下的净收益可以看成影子净收益,它反映资源在最佳利用状态下的收益水平,图中Q_0点以前的房地产资源不能由市场配置而缺乏效率,我们亦可将这看成为了维持全社会正常生产所必需的生产性房地产需求数量。在Q_0之后,生产性房地产资源按市场原则进行配置,即需求者根据对房地产的预期收益和在市场上通过竞价得到房地产的成本进行比较,净收益越高,对房地产需求越强烈,如果净收益下降,对房地产需求减弱,直至边际收益为零时,对房地产追加需求量降为零。因此生产性房地产的需求量与净收益相关,它通常还与对经济景气的预期有关,如果经济景气状况较好,则房地产预期收益高,对生产性房地产需求会增加。

在分析生产性房地产需求问题时,还可以从不同生产要素组合的角度来进行考察。微观经济学分析厂商对不同生产要素的需求时,常用的两个工具是等产量线和等成本线。等产量线也被称为生产无差异曲线(生产函数的一种),用来表示生产任一给定产量所需两种要素的各种可能的组合。等成本线则表示任一给定总成本可能投入的两种要素的各种可能的组合。厂商的决策是要确定一个两种要素投入数量的最佳组合,从而达到用最低的总成本来生产既定数量的产品；或者花费给定数量的总成本生产出最大量的产品，其实质是追求利润的最大化。

假设厂商购买两种生产要素：一是房地产；二是房地产以外的其他资源。这两种要素可以相互替代。如图 5-9 所示，等产量曲线 Q_1 与等成本曲线 C_1 切于 A 点，这一点成本最低；C_1' 与 Q_1 交于 C 点，虽然产量相等，但成本较高；C_1'' 虽然成本较低，但是无法达到 Q_1 的产量。因此，在给定成本或给定产量的条件下，等产量曲线与等成本曲线的切点成本最低。此时，等产量曲线的斜率与等成本曲线的斜率相等，并有以下等式成立：

$$P_1/P_2 = MP_1/MP_2$$

这一结论还可以推广到厂商对多种要素的选择。每一条可能的等成本线都有一条等产量曲线与之相切，把切点连接起来，就得到一条生产扩展线 S，厂商沿着 S 线扩大生产。消费品价格的变动对于消费者有替代效应和收入效应。类似的效应厂商也是存在的。当一种生产要素价格下跌，而其他生产要素价格不变时，厂商对该要素的需求也会有替代效应和产出效应。如图 5-10 所示，假定等成本线 C_1 与等产量线 Q_1 相切于 E 点，表示耗费既定总成本 C_1 的最大产量 Q_1，使用的房地产为 X_1，其他资源 Y_1。现在假设其他资源的价格 P_2 不变，房地产价格 P_1 下跌，并假设总成本不变。这时，等成本线 C_1 移到 C_2，C_2 与另一条等产量曲线相切于 G 点。$Q_2 > Q_1$，这表示在总成本既定条件下，由于 P_1 下降，厂商的均衡产量增加。房地产的使用量从 X_1 增为 X_3，其他资源使用量较前为少，这一效应是由替代效应 $X_1 X_2$ 和产出效应 $X_2 X_3$ 共同形成的。

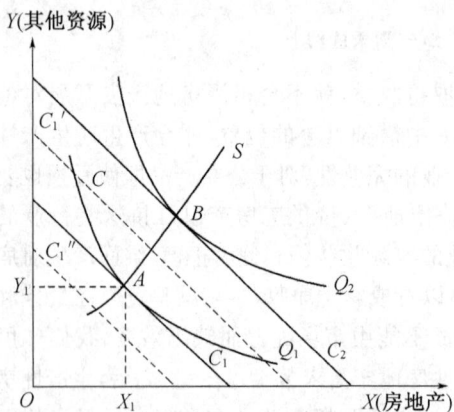

图 5-9　生产要素的最优组合　　　　图 5-10　生产要素的替代效应和产出效应

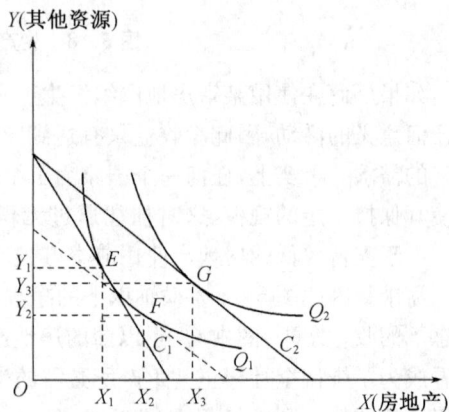

在研究生产性房地产需求时，必须对房地产的区位选择问题加以讨论。就土地来说，相同地块存在多种用途，其各种用途的确定，取决于土地价格及各种用途可能带来的收入，也取决于法律规定和约束条件，如分区制和土地利用的限制性措施等。在市场经济中，城市土地是按照土地最有利的用途而分配的。而土地用途的确定，主要是区位选择问题。从经济学角度，解释房地产区位选择的最合适的理论就是招标租金理论，它最早由冯·屠能提出，后经阿隆索等人进一步完善。

当土地只有一种用途时，假定生产成本一定，运输成本随离市场中心的距离增大而增大，在市场价格不变的情况下，厂商的租金支付能力（总收入减去包括利润在内的总支出之后的剩余)随着离市场中心的距离增大而下降,直到为零,形成一条招标租金曲线,每一种土地用途都有一条招标租金曲线(如图5－11所示)。当两种用途竞争时,土地将按其所在位置所取得的最高招标租金而确定其用途。如图5－12所示,在图中E点左侧,土地将用于第二种用途;在E点右侧,土地将用于第一种用途。当存在多种用地选择的情况下,由于各行业、各部门,有着不同的土地租金支付能力,形成斜率不等的多条招标租金曲线(如图5－13所示)。这些不同的土地租金支付能力曲线的包络线就形成了市场土地租金曲线,它是所有土地使用者的土地租金支付能力,通过市场调节后的结果,与某个厂商的租金支付能力没有直接关系。在市场机制作用下,所有土地使用者按该曲线支付租金后,所获利润与其生产经营能力相符。可以把市场土地租金曲线直观地理解为市场竞争中客观存在的土地租金标价。厂商最佳位置的选择则在其最低土地招标租金曲线与市场租金曲线相切的位置。如图5－14所示,在M点,厂商付出最低租金。在M点以上的地方,租金高于市场租金,经济上不划算;在M点以下,租金低于市场租金,租不到土地。

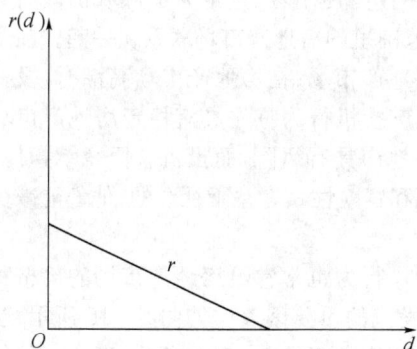

图5－11 一种用途的土地招标租金曲线

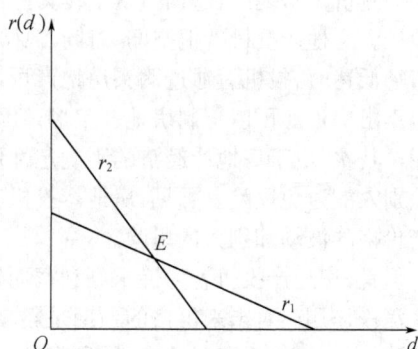

图5－12 两种竞争用途的土地招标租金曲线

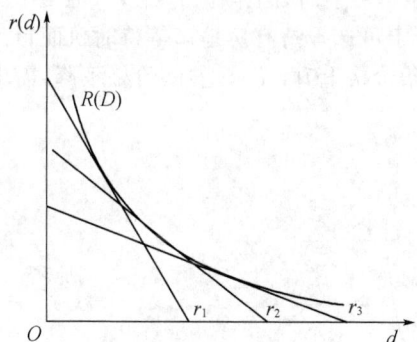

图5－13 市场土地租金曲线

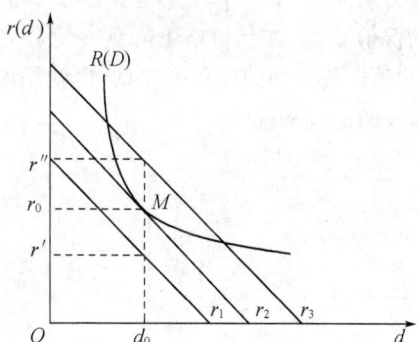

图5－14 厂商最佳位置选择

四 房地产投资及理财需求

与以上两种需求不同,还有一种房地产的需求,不是以利用为目的,而是把房地产作为投资或理财对象,通过拥有房地产的方式,来使财产保值、增值。在发达国家,消费者以持有房地产的方式进行投资或理财,是一种普遍行为。在中国,改革开放以来,30多年的高速经济增长,扩大了个人财富的积累,人们对房地产的投资及理财需求也不断增强。

房地产投资及理财的收入,主要来源于两个方面:一是房地产用于出租的租金收入;二是房地产买卖价格上涨带来的增值收益。从长期来看,房地产买卖价格变化,租金水平也会发生相应变化,价格/租金会维持在一个比较合理的水平上。投资者在长期持有房地产的条件下,租金收入是其真实的收入来源,会随着房地产买卖价格的上涨而增加,但买卖差价不能成为其真实收入,可以看成一种影子收入,同样对投资和理财决策产生直接影响。

相对于消费性房地产来说,房地产投资及理财的风险较大。随着房地产泡沫的积累,房地产投资及理财的风险将不断增加,甚至存在泡沫崩溃的危险,房地产价格的波动和房地产交易量的涨落,都会导致相应的房地产风险。这些房地产风险包括:市场风险、利率风险、流动性风险等。

房地产投机是房地产投资的一种特殊形式,购买的目的就是为了以后再出售,赚取买卖之间的差价。房地产投机者,既不作为生产者,也不作为使用者,只是为了赚取价差而买卖房地产。房地产投机者把空间、时间、风险这三个范围里的房地产市场联系在一起。在房地产市场低迷时,投机者通过购买房地产可以激活房地产市场;在房地产市场高潮时,投机者通过卖出房地产可以抑制房地产市场。因此,房地产投机行为首先具有稳定房地产市场的作用。其次,由于房地产经济的不确定性使投资房地产具有风险,而投机者愿意承担风险,则使别人能避免风险。可见,房地产投机者的知识和冒险性是有益于社会的,他们能减少房地产价格的波动和别人的风险。

但是,房地产投机者为追求高利润而发生的炒作行为也常常给房地产市场的价格稳定带来消极作用。对未来价格的预期是影响房地产投机的重要因素。如图5-15所示,当价格上涨,人们纷纷投资房地产,导致需求增加,并推动价格进一步上涨。相反,若市场价格下跌,人们担心其拥有的房地产贬值,纷纷抛售,加剧了价格的下降。所以,以投机为目的的房地产需求曲线,不同于其他类型的需求曲线,是一条自左下向右上倾斜的曲线。但由于房地产的保值功能,在其价格下降到一定程度,投资者宁可选择持有房地产等待时机而行。此时,房地产需求曲线发生了移动,也就是说由另一条价格上升,需求增加,价格下降,需求反而减少的曲线来说明。

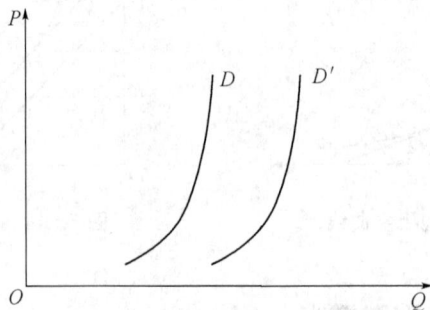

图5-15 房地产投机需求曲线

五　房地产的需求弹性

房地产需求弹性,是用来研究影响房地产需求的诸因素发生变化以后,房地产需求量作出反应的程度大小的一个指标。如前所述,影响房地产需求的因素有房地产价格、消费者的收入、其他商品价格等,相应地,房地产需求弹性亦分房地产需求的价格弹性、收入弹性和交叉价格弹性。

(一)房地产的需求价格弹性

房地产的需求价格弹性是房地产需求量对房地产价格变化的敏感度。假设 P 表示价格,ΔP 表示价格的变动量,Q 表示需求量,ΔQ 表示需求的变动量,则房地产需求价格弹性系数为 $E_d = (\Delta Q/Q)/(\Delta P/P)$。

房地产需求价格弹性的大小,取决于以下因素。

1. 替代品的数量和接近程度

在其他条件不变的情况下,某宗房地产的可替代品越多,该房地产的需求价格弹性就越大。因为如果某宗房地产价格上涨,消费者会少买这种房地产而多买其他的房地产。但是,房地产突出的特点是位置的固定性、产品的异质性和非标准化。这使得土地之间、建筑物之间很难彼此替代。特别是在繁华的商业区,一幢大厦或一家商店所处的位置是至关重要的,甚至距离相差数米的商店,其价格也相差悬殊,离人行道较远的商店无法替代离人行道较近的商店。越是对位置敏感的房地产,如商业服务业用途的房地产,其需求价格弹性越小,相对来说,那些对位置不太敏感的房地产,如住宅、工业厂房、写字楼,其需求价格弹性较大。

2. 房地产的用途

一宗房地产的用途越多,其需求价格弹性越大。但不同的房地产之间的用途是较难改变的,特别是工业厂房,而相对来说住宅和商业楼宇的用途比较容易改变。

3. 房地产在消费者预算中所占比例的大小

房地产价格或者租金在消费者支出中所占比例越高,需求的价格弹性越高。一般而言,住宅是消费者支出中价值量最大的消费品,其需求价格弹性相对较高;与此相反,用于工商业的房地产在总资本中所占比例较小,则其需求价格弹性也较小。

4. 选择房地产时期的长短

一般来说,选择房地产的时间越长,房地产需求越有弹性。因为时间越长,消费者和厂商越容易找到替代品。

总体而言,房地产的需求价格弹性较小,即房地产需求量对价格和租金变化反应比较迟钝。这意味着即使售价提高很多,人们对它的需求也较少降低,特别是对那些位置敏感的房地产;或者即使售价降低很多,人们对它的需求也较少增加。这是因为一宗房地产的价值量较大,即使降价亦不足以刺激更多需求。

国外许多经济学家都预测过住房需求对价格变动的敏感性。虽然由于所研究的住房市场因时间、地点不同而结果不同,但总体来说,住房需求为相对缺乏弹性,即住房的需求价格弹性系数的绝对值大多小于1(见表5-1)。但是,近年来一些学者对中国房地产需求价格弹性测算的结果十分异常,某些年份需求价格弹性较高,这是需要进一步解释的现象。

(二)房地产的需求收入弹性

在影响房地产需求量的其他因素和其他商品价格给定不变的条件下,消费者收入的变动会引起房地产需求量的变动。房地产需求量的变动对消费者收入变动的敏感程度,即房地产的需求收入弹性。假设 M 表示消费者的收入,ΔM 表示消费者收入的变化,Q 表示房地产的需求量,ΔQ 表示房地产需求量的变化,房地产的需求收入弹性系数 $E_m = (\Delta Q/Q)/(\Delta M/M)$。房地产的需求收入弹性一般为相对较高的正值。这是因为个人可支配收入是决定房地产需求的重要因素,收入的增加会直接导致房地产需求的增加。从国外的研究结果看,房地产的收入弹性在 $0.26 \sim 1.1$(见表 5-1),显然房地产需求增加的幅度不超过收入增加的幅度。

表 5-1　房地产需求价格弹性和收入弹性估计

研究者	房地产需求价格弹性	房地产需求收入弹性
Lee(1963)	—	(0.387,0.697)
Leeuw(1971)	−0.71	0.81
Carliner(1973)	−0.92	0.41
Tong Hun Lee, Chang Min Kong(1977)	−0.57	0.87
Polinsky,Ellwood(1979)	−0.67	0.39
Hanushek,Quigley(1980)	(−0.45,−0.64)	—
Rosen (1979)	−0.67	0.35
MacRac,Turner (1981)	−0.89	0.26
Goodman,Kawai (1986)	(−0.61,−1.2)	(0.64,1.1)

(三)房地产的需求交叉弹性

此处的交叉弹性是指交叉价格弹性,房地产需求交叉价格弹性说明相关房地产间一种房地产价格变化引起另一种房地产需求量变化的程度。假设 P_X 表示一种房地产的价格,ΔP_X 表示这种房地产价格的变动量,Q_Y 表示另一种房地产的需求量,ΔQ_Y 表示另一种房地产需求的变动量,则房地产需求交叉弹性系数为 $E_{XY} = (\Delta Q_Y/Q_Y)/(\Delta P_X/P_X)$。这种关系主要指的是替代关系与互补关系。从需求角度来说,在互补的情形下,两宗房地产具有负的交叉弹性,而在替代的情形下,具有正的交叉弹性。一般而言,大多数的房地产商品间在需求方面具有互补关系。例如住宅价格下降,使住宅的需求量增加,进而产生其他房地产之引申性需求的增加,如零售商业活动、休闲设施、公共建筑等,因此对商业建筑、购物中心、游乐区、公共设施等房地产的需求量便会增加。这就意味着在其他情形不变的条件下,伴随住宅的价格下降,上述其他房地产的需求量上升,亦即交叉弹性为负。

如果从房地产需求弹性来分析中国房地产市场的需求,中国房地产需求特征是什么呢?运用中国 35 个大中城市 1999~2006 年的面板数据对房地产需求价格弹性和收入弹性进行估计。计量分析的结果是:房地产需求价格弹性东部地区 1999～2002 年和 2002～2006 年分别为 -0.796 和 0.689,中部地区为 -1.412,西部地区差距较大,西安、成都、南宁、海口、兰州、呼和浩特、银川、昆明、重庆、贵阳、西宁和乌鲁木齐分别为 -1.04、-1.36、-3.03、-3.24、-3.45、-3.94、4.59、-4.91、-4.95、-9.21、10.37 和 -12.83,其中东部地区缺乏弹性,而中西部地区是富有弹性的;中部地区收入弹性最大,为 3.1,东部、西部地区收入弹性相对较小,分别为 1.727 和 2.746。由此可见,中国房地产市场需求具有显著的地区差异性(高波、王斌,2008)。

第二节　房地产供给分析

一　房地产的供给法则和影响因素

在经济分析中,供给量(quantity supplied)是指在某一时期内生产者愿意向市场提供的产品和服务的数量;而供给(supply)是指产品供给量与该产品价格之间的一种关系,它反映了在不同价格水平下产品的供给量。对于房地产来说,房地产厂商愿意生产和出售房地产产品的数量要受到多种因素的影响,而价格可以说是最具有决定性意义的因素,随着房地产价格的波动,房地产供给会发生相应的变化。

在其他条件不变的情况下,房地产供给与房地产价格之间存在着一条非常重要的经验法则,即供给法则(law of supply)。该法则表明,房地产价格越高,房地产生产者的供给量越大;反之,则相反。这就意味着房地产的供给曲线斜率为正。和需求法则一样,供给法则也是深入理解房地产供给的前提条件。

在一定时间内,房地产供给的数量和质量还要受到除价格外的各种因素相互作用的影响。由于房地产开发的周期较长和房地产市场信息不充分的特性,房地产供给对房地产价格变化表现出时滞。除此以外,决定房地产供给的主要因素:土地位置、经济发展水平和经济条件、技术条件、经济制度和政策因素等。

(一)土地位置

对于非农用地来说,受气候等自然条件的限制要比农用地小得多,只要地表下层能提供一个坚固的建筑基础就行,而土地位置具有极端重要性。城市土地位置是决定城市土地利用价值和地租或地价高低的关键,同时是影响城市土地利用集约度的重要因素。土地位置包括以下一些要素:一是自然位置,主要由自然环境条件决定,比如靠近海湾、河流的地区,能够为工业、贸易和旅游等提供优越条件。二是经济区位,通常在人口稠密、商业繁华的地段,具有区位优势,商业经营者能够获得最大的消费者流量和最大的贸易额,从而取得最大利润。而住宅区或工业区与商业区在经济区位上的要求则不相同。三是交通位置,靠近车站、港口等内外交通便捷的城市土地利用价值较高。

房地产位置的极端重要性,甚至表现在区位条件的微小差别上。在商业繁华的城市中心,即使是面积、形状和其他条件相同的两个铺面,往往由于仅仅相差几米的距离,其位置优劣和利用价值就迥然不同。城市土地位置的极端重要性,说明城市土地的供给受土地区位条件的限制。在一定的时间和地区之内,具有一定条件的土地只适合于某种特定的用途,从而影响到该土地的供给总量,并使城市土地在短期内供给弹性较小。

(二)经济发展水平和经济条件

在自然限制因素一定的条件下,房地产供给则受制于经济发展水平和经济条件的变化。随着城市经济的发展,人们对房地产的需求增长,往往促使城市已利用的土地通过再开发来实现更加集约的利用(即提高容积率),从而使原有土地面积增加新的房地产供给量(即单位面积土地上容纳更多的建筑面积,建筑空间得到更深度的开发)。当对城市原有可利用的土地进行深度开发得不偿失、达到极限时,经济发展促使房地产需求继续增长,城市用地必将向郊区扩展,将一部分农地转变为非农用地,从而进一步增加房地产供给。

房地产经营者和使用者之间、房地产的不同用途之间都存在着竞争,这种竞争也影响着房地产供给。经营能力较强、出价较高者和前景较明朗的用途,能够获得位置较好、价格较高的房地产,反之亦然。但每个经营者所得到的房地产数量,要受限于他支付房地产价格的能力。此外,房地产开发成本占房地产市场价格的比值也影响房地产供给。

(三)技术条件

房地产价格以房地产收益为基础,而房地产收益大小与人们开发利用的能力直接相关。技术进步,使原来不能利用的土地变为可以利用,使原已利用的土地提高集约度,提高土地的利用率和土地的容积率,从而也就扩大了城市土地的供给;同时,还可以降低土地利用成本,提高土地利用效益。另一方面,技术进步还会改变城市不同种类房地产供给的状况。例如,建筑设计的创新、建筑材料的改善和施工质量的提高,能够为人们提供更便利、更舒适、更美观等更多、更强功能的现代住宅及其他建筑物,从而寻求和扩大新的房地产供给。

(四)经济制度与政策因素

在各种经济制度和政策因素中,有许多因素是直接或间接影响房地产供给的。城市土地产权制度、住宅制度、城市发展政策等都会影响城市房地产的供给。房地产的产业政策决定着房地产业在整个国民经济中的地位,以及房地产业与相关产业发展的关系。房地产经济发展的实践表明,国家的财政政策、金融政策、投资政策、国民经济发展规划等对房地产投资总量和投资结构有一定的决定作用。房地产税制,如税种的设立、税率的调整、税收优惠政策的出台、扣除项目的增减等,都直接和间接地影响到房地产投资者的收益,影响房地产投资者对房地产的投入,从而影响房地产市场的房地产供给。

除了房地产价格和以上四种因素以外,风俗习惯、公共舆论、环境意识和社会需求等,对城市房地产供给也有影响。由于城市房地产开发具有扩散效应,某些土地的开发会对毗邻土地的价值和使用价值产生影响,从而引起房地产供给的变化。人们对环境质量的关注,对土地资源保护的重视,对公园、绿地及公共娱乐场所的兴趣等,都影响着城市某些特定用途的土地和建筑物的供给。

从房地产所具备的自然特性和经济特性的差别角度来研究,可以进一步把房地产的供给分为土地供给和经过土地开发过程的设施供给,其中房产供给和基础设施供给共同构成设施供给。依据这一分类,下面分别分析土地供给和房产供给的决定方式。而基础设施供给,作为公共不动产放到第十章作专门讨论。

二　土地供给的一般条件

所谓土地供给是指一定时间内可供人们利用的土地资源数量,主要指土地的自然供给和经济供给。土地自然供给是指土地资源的自然存量,其数量是固定不变的。它不受任何人为因素或社会因素的影响,人们不能创造土地,只能改变土地的用途。因此,土地的自然供给是无弹性的。而土地的经济供给则不同,它是指土地在自然供给和自然条件允许的范围内,在一定的时间和地区,由于一定用途的土地价格变化而形成的土地供给数量,土地的经济供给是有弹性的。例如,随着城市的发展,城市建筑用地的需要增加,必然引起城郊农田转变为建筑用地,这就增加了城市土地的经济供给。

土地供给如图 5-16 所示,垂直线 L_0L_0 为土地自然供给曲线,S 为土地经济供给曲线。影响土地经济供给的因素很多,雷利·巴洛维归纳为自然限制因素,经济因素(需求、价格、成本和竞争等),制度因素(风俗习惯、政府活动、法律、公共舆论和财产权)和技术因素(与利用土地的能力有关)。他认为制度对土地供给有决定性的影响,特别是财产权的观念,它规定了财产的占有、出租、抵押和合法转让。

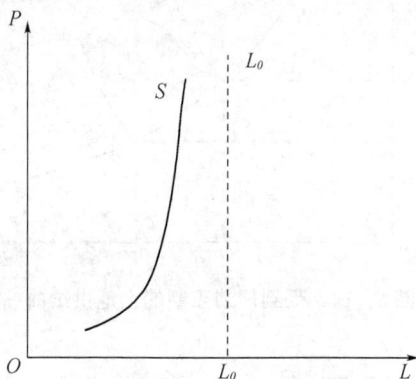

图 5-16　土地供给曲线

土地是一种稀缺资源,是一种财产,它总是由一定的主体(个人或团体)所占有,因而土地供给是指一定市场上,一定时期内,与某一价格相对应的土地占有者愿意提供的土地数量。所以,具体的土地供给总是一定占有主体的供给行为。占有主体不同,供给行为是不同的。从一般意义上说,土地占有者是否向市场提供土地,取决于持有土地的成本和潜在收益的比较。具体由下式来说明:$U_L = r + T_e + s - p$。

其中:U_L 为 1 个货币单位的土地服务的使用成本;r 为利息率或抵押利率;T_e 为每年现行的财产税率;s 为每年 1 个货币单位的土地的保险和其他服务成本;p 为土地价格上涨速率(潜在资本收益率)。

如果 $U_L > 0$,表明在一个阶段内占有 1 单位土地要支付一定的净费用,因而占有者可能把土地投入市场;如果 $U_L < 0$,表明占有没有提供任何改良服务设施的土地而获得利润,

因而不可能把土地投入市场。

当然,是否向市场提供土地,并不完全依赖于 U_L 的大小,还取决于相对其他选择来说,占有土地的机会成本。如果通货膨胀上升,又存在一个扭曲的税收制度,则可能促使人们出于投机的目的占有土地,而不是转让土地。影响土地供给的另一个因素是交易费用,如果买卖佣金和法律手续费太高,则土地转让和供给有可能减少。交易费用越高,占有者就越不可能把财产投入市场。总之,经济和制度上的因素,决定了人们是占有土地还是把它供给市场。与此同时,人们的经济预期亦是土地供给的重要的决定因素。土地未来的价格、用途、使用方式等方面存在不确定性,土地占有者要根据预期来决定如何处置土地。

此外,土地供给还受到政府城市规划条例或土地规划的限制。如城市规划中对某些地块的使用限制就直接影响到土地供给,规划限制建筑的结构、建筑的用途、建筑的区位与其周围环境。这种规划限制的结果将导致市场上土地供给的下降,从而引起价格上升。如图 5-17 所示,规划条例引起土地供给由 S 减少到 S′,开发成本由 P 上升到 P′,市场上土地交易量由 L 下降到 L′。这一模型说明了规划条例对土地供给的影响。因此,政府可以借助城市规划条例或土地规划来调节土地供给。

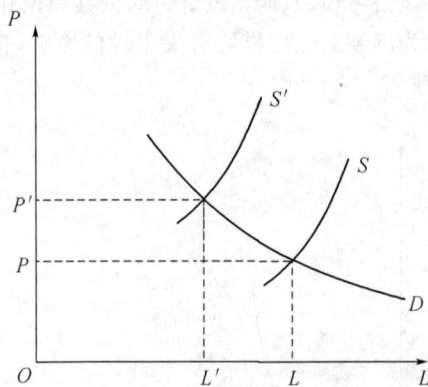

图 5-17 受到规划限制的土地供给曲线

三　房产供给:生产函数

房产供给,表现为土地和服务设施的一个函数。房产和其他设施的供给产生了对土地的派生需求。服务设施包括原材料及其供给、劳动力以及建设中的设备服务,由这些不同种类的物资和服务进行合理地组合。服务设施可以看作非土地产品。但是,在不同类型的建设物资投入下,建设服务指数只能在非常严格的和非实际的假定下才能得出。在建设过程中,土地不仅仅是一种投入,它可能既是投入,又是产出。在建设技术规模报酬(returns to scale)不变这一假定条件下,建设服务的价值通常等于房产的价值减去土地的价值。

在这里关键变量就是替代弹性,即服务设施和土地之间可相互替换的伸缩性的量度。在图 5-18(a)中,L 代表土地,S 代表服务设施,等产出线是 H。H 为房产,代表土地和服务设施的组合,表示提供同样的产出。

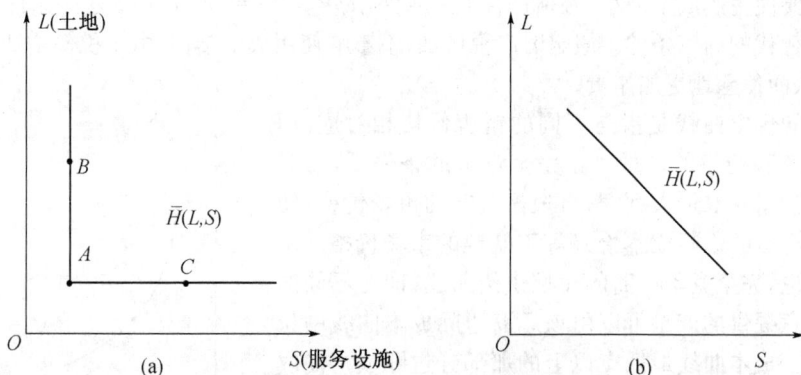

图 5 - 18　房产供给中的土地和服务设施

图 5 - 18(a)表示在土地和建筑造价之间不存在更替性。仅凭直觉,一个人可能会说,房产对土地的需求是固定的,用劳动力和原材料代替它是不可能的。在图中的点 A,可以找到生产房产 H 的两个因素的最小量,相比之下,在点 B 虽然存在一个土地的增加量,但并没有生产出增加的房产(即建设服务是约束条件)。点 C 则表示完全相反的情况,在这里提供的服务设施超过了最低限度。然而,由于缺乏额外的土地而不可能生产出更多的房产(即土地是约束条件)。上述这种方法可用于讨论房产供给问题。但是,假定其他条件不变,则建在较开阔的地段上的房子价值更高,较大块的地皮会使房产更有价值。经过开发并带有服务设施的地价是非常昂贵的,也能有效地生产出更有价值的房产。这就完全背离了图 5 - 18(a)中的等产出线所表述的生产函数,表明这个过程并不能自动地适合于房产。建筑法规、产权状况、规划和其他限制,控制着房产的有效生产。这些使等产出线更接近 L 型并影响着替代的可能性。

在图 5 - 18(b)中,有一条线性等产出线。它表示土地和建设服务是可以替代的。一方价格的任何变化会充分影响另一方。但是,技术和制度因素限制了土地和建设服务之间的实际替代。相对于建设服务而言,土地的稀缺性不断增强,用建设服务替代土地更为常见。从技术层面看,建设摩天大楼无论在功能、安全性、标志性和美学价值等方面已不存在任何困难,但是,通常建设服务的成本以及使用成本上升,会在经济性上制约建设服务对土地的替代。另一方面,从需求层面看,如消费者的偏好等也会影响土地和建设服务的替代。举例来说,2000 年以来,中国住宅市场制度的建立和完善,极大地刺激了住宅需求的扩大,但最初在有些大中城市,人们不能接受小高层住宅和高层住宅,至今在有些中小城市小高层住宅仍不受欢迎。

有关房产供给的生产函数可以用土地和建设服务表示如下:

$$H = H(L, S)$$

L 与 S 之间的替代弹性,表示在生产中土地能够替代建设服务的程度。$MRS_{SL} = \Delta L/\Delta S = MP_S/MP_L$,在这里,$MRS_{SL}$ 表示边际技术替代率,ΔL 表示土地的增量,ΔS 表示建设服务的增量,MP_L 表示土地的边际生产率,MP_S 表示建设服务的边际生产率,P_L 表示土地的价格,P_S 表示建设服务的价格。假定等产出线在原来的基础上凸向原点(如图 5 - 19),表示边际技术替代率正在减少,$\Delta S/\Delta L$ 增加,则表明这个产业中可用建设服务替代土地。要使生产成本最小,必须符合下列条件: $MP_L/P_L = MP_S/P_S$。这一条件是建设服务与土地替代的约束条件。假定财产税增加,不影响使用成本结构,由于税额增加,所以 P_L 也增加,从而使土地更加昂贵。

厂商的供给曲线是指与不同的销售价格相对应,厂商愿意生产和销售的产量。在完全竞争的条件下,短时期内厂商为了获取最大利润,将根据既定的市场价格,使其提供的产量的边际成本恰好等于既定的市场价格。由此可以推论,完全竞争厂的短期供给曲线,即在不同的价格下愿意提供的产量可以由该厂商边际成本曲线中位于平均可变成本曲线最低点以上的那部分边际成本曲线来表示。但是,由于房地产市场与完全竞争的假设条件有一定差距,具有较强的垄断性,开发商是价格的设立者。根据需求的变化,开发商在确定其产量时,同时决定了市场价格,而不是按照市场价格去决定房地产供给量。

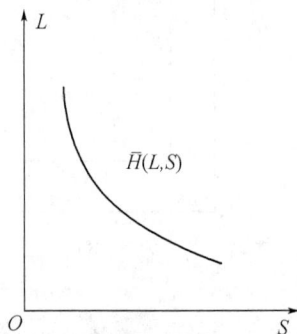

图 5-19 房产供给的生产函数

因此,开发商只能根据不同的市场需求条件具体确定其供给量,而很难寻找到供给曲线。

以上我们讨论了新建房产的供给,原有房产供给与新建房产供给有很大不同,其供应量取决于原用户的退租量、转让量。而用户的决定则取决于经营活动的期望利润。在经济高涨时,经营活动的期望利润增加,其结果是使原有房产的供应量降低,原有业主或租户就不会出售或退租。同时,由于经济高涨,市场上对房产的需求也会增加,所以,原有房产的供应量与对它的需求量成反比。在经济衰退时,经营活动的期望利润低,已承租房产的用户将会退租或原有业主将要出售,造成市场上原有房产的供应量增加;同时,市场对房产的需求量下降。

从房产市场来看,房产供给无论是存量还是增量,其短期供给价格弹性都是不足的。但从长期来看,房产供给是有弹性的。整个房产市场的供给曲线是一条自左向右倾斜的正斜率曲线。

四 房地产的供给弹性

房地产供给的价格弹性是房地产供给量对房地产价格变动的敏感度。假设 Q 为供给量,ΔQ 为供给变动量;P 为价格,ΔP 为价格变动量;E_s 为供给弹性系数。房地产供给的价格弹性用公式表示如下: $E_s = (\Delta Q/Q)/(\Delta P/P)$。

西方学者一般认为,住房供给在短期内价格无弹性,而在长期内住房供给有弹性。也就是说,在长期内,住房的供给价格弹性大于需求弹性。从现实来看,房地产供给价格弹性的大小取决于房地产供给的难易程度。对房地产来说,无论是存量还是增量,其短期供给价格弹性都是不足的。新的房地产之所以短期供给缺乏弹性,其原因在于新建房地产从决定开发到完工,需要一段相当长的时间,这段时间包括选址、准备法律文件、审批、购地、设计、施工、验收。一般来说标准厂房、标准住宅需要 6 个月以上,豪华商业大厦需 3~5 年。在这段时间内,新建房屋无法满足市场需要,市场上的房地产供给量无法改变,因此,新建房地产因市场价格变化引起供给的变化是很小的,其供给的价格弹性不大。同样,可供再出租的存量房地产在短期内对租金的变化率的反应也是迟钝的。但从长期来看,房地产的供给仍然是有弹性的。不过,由于受城市规划限制,其长期供给弹性也不是很高。相对来说,那些容易改变用途,容易得到政府部门批准的房地产的供给弹性较高。

房地产供给交叉价格弹性,是说明相关房地产间一种房地产价格变化引起另一种房地产供给量变化的程度。假设 P_X 表示一种房地产的价格,ΔP_X 表示这种房地产价格的变动量,Q_Y 表示另一种房地产的供给量,ΔQ_Y 表示另一种房地产供给的变动量,则房地产供给交叉弹性系数为 $E_{XY} = (\Delta Q_Y / Q_Y)/(\Delta P_X / P_X)$。从供给角度来看,大多数的房地产商品间具有替代关系。如果在一个特定区域内,某项房地产商品价格上涨,其生产利润较高,房地产开发商会将资金大量投入开发此项商品,因而减少了其他种类房地产的供给。例如区域内商业大楼价格上涨,则房地产建筑开发将资金投入兴建商业大楼,甚至可能的话将原有住宅或工厂转为兴建商业大楼,所以商业大楼的供给量增加,而住宅或工厂的供给量却减少。在某类型房地产价格上扬时,会使得其他类型房地产的供给量减少,所以供给交叉弹性为负。

第三节　房地产的供求均衡及其调节

一　房地产供求均衡分析

上述对房地产需求和房地产供给的分析仅是一种抽象,在现实中,这两种力量是紧密联系在一起的。在同一直角坐标系内,讨论房地产需求和房地产供给,可以进行房地产供求均衡分析(如图 5 - 20 所示)。

由图 5 - 20 可知,房地产供给曲线与房地产需求曲线相交后有一个交点 E。从数学角度看,E 点的值(P_0,Q_0)就是这两条曲线方程的解,即在 E 点处 $Q_s = Q_d = Q_0$。称 E 点为市场供求平衡点。在价格发生变化时,需求量和供给量都会向 E 点运动,只有在 E 点上,价格才是稳定的。如果市场是一个理想的完全竞争市场,E 点的价格 P_0 就是和房地产价值相适应的价格。一般来说,需求增加的结果是均衡产量增加,均衡价格上升;而供给增加的结果是均衡产量增加,但均衡价格下降。

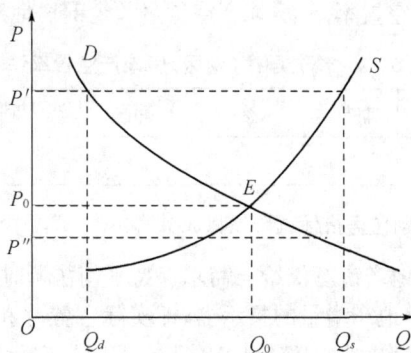

图 5 - 20　房地产供求均衡曲线

从理论上说,房地产市场总是会达到均衡状况的。如果某种原因导致了房地产价格由 P_0 上升至 P',这个价格对开发商是有利的,此时,开发商愿意多向市场供应房地产,增加供给量。但对消费者来说,价格 P' 可能是太高了,在这个价格水平下,出现了供大于求的不均衡现象。由于房地产市场出现了房地产大量空置,自然会有开发商愿意降价出售,使价格呈下降趋势。随着价格的下降,买主又会自然增多,使需求量产生上升趋势。但另一方面,房地产价格下降对开发商来说,越来越不愿意多供应房地产,这样价格逐渐下降直到平衡点 E 为止。显然,无论是提高还是降低价格,供给和需求都不平衡,在完全竞争的市场条件下,当供给和需求实现平衡时,价格才能稳定。

但是,供求均衡状态在现实中是很少见的。正如 19 世纪末英国经济学家马歇尔指出的:均衡只是一种永远的趋势。在现实世界中,很少真正达到供求均衡,而多半是处在走向均衡的过程中,这种过程可能是收敛的,可能是发散的,也可能是循环的。在需求曲线和供给曲线的斜率为既定的情况下,均衡价格的变动方向取决于需求和供给增加的相对幅度。具体来说,要看房地产需求价格弹性和供给价格弹性哪一个更大。

(1) 房地产需求价格弹性大于供给价格弹性。需求者对房地产价格反应较为敏感,房地产商期望保持供给增加的势头,这种供给与需求的相互影响,使价格降低,如此往复而至均衡。

(2) 房地产供给价格弹性大于需求价格弹性。在这种状况下供给与价格的变动不断偏离,其振幅越来越大,市场趋向不稳定。

(3) 房地产供给价格弹性与需求价格弹性相等。房地产价格和供给量始终以相同振幅上下波动,波动既不趋向均衡点也不发散。

二 房地产空置率分析

房地产空置率的高低实际上反映了住房的供求关系。国外一般用房地产空置量和房地产空置率两个指标来反映房地产市场的使用状况。空置量是指某一时刻待出售或出租的空置房屋数量,可以用空房数(户、套或单元)表示,也可以用面积(平方米)表示。联合国住房调研指标中有关房地产空置率(空房)的定义:当前竣工而不使用的房地产单元占总房地产单元的百分比,即可供使用的全部存量房地产中未使用部分所占的比重(见表 5 - 2)。其公式为:

$$房地产空置率 = 房地产空置量 / 全部房地产存量$$

表 5 - 2 部分国家(地区)房地产空置率情况

美国	德国	新加坡	加拿大	英国	韩国	澳大利亚	瑞典	中国香港
5%	3%	3%	3%	3%	2%	2%	3%	4%

资料来源:林志群,"联合国住房指标调研项目成果简介(二)",《中国房地产》,1994(2)。

研究者认为,长期内房地产市场供给与需求保持平衡协调时的空置率就是自然空置率。自然空置率可以作为未来房地产增量的指示器,即实际空置率和自然空置率不同是增量市场发展的晴雨表。例如,假设自然空置率为 12%,在不同的实际空置率下,开发商会有不同的行为(Corge,Smith and Ling,1998,pp. 263 - 264),如表 5 - 3 所示。

表 5-3 自然空置率的指示作用

实际空置率		自然空置率	结　果	开发商行为
12%	=	12%	市场处于均衡	以正常速度开发项目
15%	>	12%	市场供给有点过量	以稍慢于正常速度开发项目
24%	>	12%	市场供给过度过量	停止开发项目
10%	<	12%	市场需求稍大于供给	以稍快于正常速度开发项目
6%	<	12%	市场需求非常大	快速开发项目

从中国商品房的空置率来看,2000~2003年,全国商品房空置面积逐年增加,2003年时达到1.28亿平方米,2004年该趋势出现了逆转,全国商品房空置面积为1.23亿平方米,比2003年下降了3.8%(如图5-21所示)。空置面积的下降反映了中国房地产的供给与需求趋于均衡,出现了供求基本平衡的局面。商品住宅竣工面积与销售面积之比由2002年的1.2∶1下降到2004年的1.03∶1(如图5-22所示),供求之间的差距持续下降(中国人民银行房地产金融分析小组,2005)。

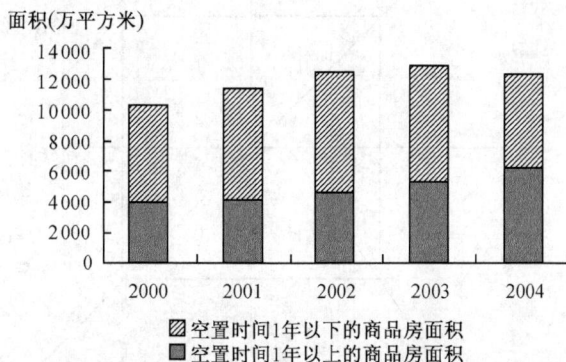

资料来源:根据国家统计局国房景气指数报告整理。

图 5-21　全国商品房空置面积状况

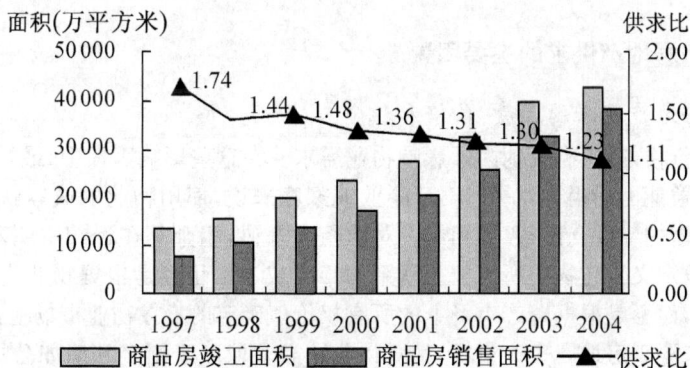

资料来源:中经网。

图 5-22　全国商品房供求状况

三 房地产市场均衡的四象限模型

上述分析是在静态条件下的供求调节过程,即在其他条件不变,当需求发生变动时的供给是如何调节从而达到均衡的。在房地产市场运行的实践中,房地产需求与房地产供给之间的均衡存在更为复杂的传导因素和机制。对此,美国学者丹尼斯·迪帕斯奎尔、威廉·C·惠顿(2002,第9~12页)提出的四象限模型通过对房地产资产市场和使用市场(或物业市场)相互作用过程的剖析,更为全面直观地刻画了房地产市场均衡的实现过程。

资产市场和物业市场经济变量之间的联系可以在如图5-23所示的四象限静态模型中得到体现。每一个象限对应着一个方程,反映的是在市场均衡状态下,房地产的租金、价格、新开发建设量和存量之间互相依存的关系。需要说明的是,这个模型只能表现在某一时点的市场均衡状态,而无法反映整个市场从不均衡逐渐调整到均衡的动态过程。

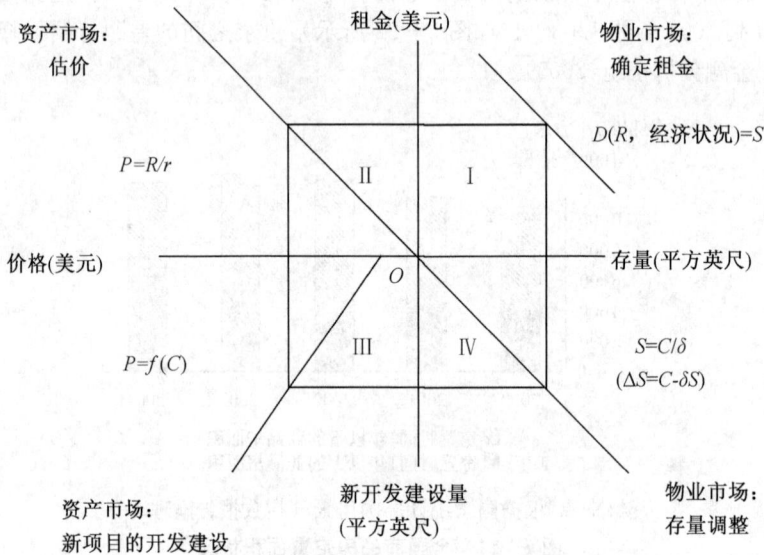

图5-23 房地产资产市场与使用市场均衡的实现

(一)影响房地产供求的主要因素

1. 影响房地产需求的因素:价格和租金

除了销售价格外,还有其他因素影响物业需求。在这些影响因素中,最重要的就是反映房地产资产收益能力的租金水平。对于企业或家庭来说,使用物业的成本就是为了获得房屋的使用权所需的年度支出额,即租金。对承租人来讲,租金是在租约中明确指定的;对业主来讲,租金被定义为与物业所有权相联系的年度成本。租金是根据物业市场上的空间使用情况而定的,而不是根据资产市场上的所有权价值确定的。在物业市场上,使用空间的供给是一定的(来源于房地产资产市场)。对物业的需求取决于租金和诸如公司的生产水平、收入水平或者家庭数量等一些其他的外生经济因素。物业市场的作用就是确定一个租金水平,在这个水平上对物业的使用需求等于建筑物的供给。在其他因素保持不变的情况下,当家庭数量增加或企业扩大生产规模时,空间的使用需求就会上升。在供给固定的情况下,租金就会上涨。

2. 影响房地产供给的因素:存量房和新建房

房地产资产的新增供给主要来源于新项目的开发建设,并且取决于这些房地产的资产价格和与之相关的重置成本或者建造成本。从长远看,在房地产资产市场上,房地产的市场价格应该等于包括土地成本在内的重置成本。然而,就短期来看,由于房地产开发过程中存在的开发周期较长和滞后现象,影响房地产供给的只能是存量房。例如,假如拥有物业的需求突然增加,而房地产资产的供给又相对固定,肯定会导致物业价格的上升。当房地产的价格高于房地产开发成本时,就会出现新的房地产开发项目。随着新项目逐步推向市场,需求逐渐得到满足,价格开始向重置成本回落。

(二)联结房地产资产市场和物业市场的内在机制

在资产市场和物业市场之间有两个接合处。第一,物业市场上形成的租金水平是决定房地产资产需求的关键因素。在获得一项资产时,投资者实际上是在购买当前或将来的收益流量,因此,物业市场上的租金变化会立即影响到资产市场上的所有权需求。第二,两个市场在开发或者建设部分也有接合点。如果新建设量增加且资产的供给量也随之增长的话,不仅会使资产市场上的价格下降,而且也会使物业市场上的租金随之下调。

(三)房地产市场实现均衡的四象限模型分析

在解释图5-23时,按照逆时针方向对各象限进行解释是比较合适的。图中,右侧的两个象限(第Ⅰ和第Ⅳ)代表空间使用的物业市场,左侧的两个象限(第Ⅱ和第Ⅲ)则是对资产市场上的房地产所有权进行分析。

1. 第Ⅰ象限:短期租金形成机理

第Ⅰ象限有租金和存量两个坐标轴:租金(每单位空间)和物业存量(也以空间的计量单位进行衡量,如平方英尺)。曲线表明在国家特定的经济条件下,对物业的需求数量怎样取决于租金。从纵轴上可以看出,租金变化时所对应的物业需求数量。如果不管租金如何变化,家庭或企业的物业需求数量不变(非弹性需求),那么曲线则会几乎变成一条完全垂直的直线;如果物业的需求量相对于租金的变化特别敏感(弹性需求),则曲线就会变得更为水平。如果社会经济状况发生变化,则整个曲线就会移动。当公司或家庭数量增加(经济增长)时,曲线会向上移动,表明在租金不变的情况下,物业需求会增加;当经济衰退时,曲线会向下移动,表明物业需求减少。

为了使物业需求量D和物业存量S达到平衡,必须确定适当的租金水平R,使需求量等于存量。需求是租金R和经济状况的函数:

$$D(R,经济状况) = S$$

如前所述,物业市场上的存量供给是由资产市场给定,因此,在图5-23中,对于横轴上的某一数量的物业存量,向上画一条垂直线与需求曲线相交,然后从交点再画一条水平线与纵轴相交,按照这种方法可以找出对应的租金标准S。

2. 第Ⅱ象限:利用资本化率来确定房地产资产价格

第Ⅱ象限代表了资产市场的一部分,有租金和价格(每单位空间)两个坐标轴。以原点作为起点的这条射线,其斜率代表了房地产资产的资本化率,即租金和价格的比值。这是投资者愿意持有房地产资产的当前期望收益率。一般说来,确定资本化率需要考虑四个方面的因素:经济活动中的长期利率、预期的租金上涨率、与租金收入流量相关的风险和政府对房地产的税收政策。当射线以顺时针方向转动时,资本化率提高;逆时针方向转动时,资本化率下降。在这个象限中,资本化率被看作一种外生变量,它是根据利率和资本市场上各种资产(股票、债券、短期存款)的投资回报而定的。因此,该象限的目的是对于租金水平只利用资本化率 r 来确定房地产资产的价格 P。

$$P = R/r$$

3. 第Ⅲ象限:房地产新开发建设量的确定

第Ⅲ象限是房地产资产市场的一部分,在这个象限中,对房地产新资产的形成原因进行了解释。这里的曲线 $f(C)$ 代表房地产的重置成本。如图所示这种情况的假设条件是,新项目开发建设的重置成本是随着房地产开发活动(C)的增多而增加,所以这条曲线向左下方延伸。它在价格横轴的截距是保持一定规模的新开发量所要求的最低单位价格(每单位空间)。假如开发成本几乎不受开发数量的影响,则这条射线会接近于垂直;如果建设过程中的瓶颈因素、稀缺的土地和其他一些影响开发的因素致使供给非弹性变化,则这条射线将会变得较为水平。从第Ⅲ象限某个给定的房地产资产价格,向下垂直画出的一条直线,再从该直线与开发成本相交的这一点画出一条水平线与纵轴相交,由纵轴交点便可以确定在此价格水平下的新开发建设量,此时开发成本等于资产的价格。如果房地产新的开发建设量低于这种平衡数量,则会导致开发商获取超额利润;反之,如果开发数量大于这个平衡数量,则开发商会无利可图。所以新的房地产开发建设量 C,应该保持在使物业价格 P 等于房地产开发成本 $f(C)$ 的水平上,即:

$$P = f(C)$$

4. 第Ⅳ象限:房地产存量的确定

在第Ⅳ象限,年度新开发建设量(增量)C,被转换成为房地产物业的长期存量。在一定时期间内,存量变化 ΔS,等于新建房地产数量减去由于房屋拆除(折旧)导致的存量损失。如果折旧率以 δ 表示,则:

$$\Delta S = C - \delta S$$

以原点作为起点的这条射线代表了使每年的建设量正好等于纵轴上某一个存量水平(在水平轴上)。在这种存量水平和相应的建设量上,由于折旧等于新竣工量,物业存量将不随时间发生变化。因此,$\Delta S = 0, S = C/\delta$。

运用四象限模型,对房地产市场的供求均衡进行了360度的全方位分析。这一分析从某个存量值开始,在物业市场确定租金,这个租金可以通过资产市场转换成为物业价格。接着,这些资产价格可导致形成新的开发建设量。再转回到物业市场,这些新的开发建设量最终会形成新的存量水平。当存量的开始水平和结束水平相同时,物业市场和资产市场达到均衡状态。假如结束时的存量与开始时的存量之间有差异,那么四个变量(租金、价格、新开发建设量和存量)的值将不处于完全的均衡状态。假如开始时的数值超过结束时的数值,租金、价格和新开发建设量必须增长以达到均衡。假如初始存量低于结束时的存量,租金、价格和新开发建设量必须减少,使其达到均衡。

在高速经济增长、快速城市化的现阶段,中国房地产业正处于大规模开发阶段,这是以房地产新开发建设量主导的市场,房地产存量不断扩大,房地产市场成长迅速,房地产产品升级较快,房地产市场在扩张和动态过程中,经历周期波动而趋于均衡。当社会经济发展和城市化达到相当高的水平时,房地产新开发建设量相对稳定,房地产业进入成熟阶段。在房地产市场上,通过房地产的租金、价格、新开发建设量和存量等四个变量的相互影响而实现均衡。

本章小结

本章运用微观经济学的分析工具,首先,根据需求法则分析了影响房地产需求的主要因素,分别对消费性房地产需求、生产要素房地产需求、房地产投资及理财需求进行了较为详尽的分析,并介绍了房地产需求弹性的概念。其次,探讨了房地产供给法则和供给的影响因素,介绍了土地供给、房产供给的基本规律和房地产供给弹性的计算方法。最后,集中分析了房地产供求均衡的实现,并利用四象限模型讨论了房地产资产市场和物业市场的均衡。

通过本章的学习,可以对房地产需求与供给有一个系统的了解,并对房地产供求均衡的实现有一个基本的认识。

本章思考题

1. 什么是房地产需求法则? 什么是房地产供给法则?
2. 住宅租金变化是如何影响住宅需求的?
3. 影响房地产供给的因素主要有哪些?
4. 如何理解四象限模型中资产市场和物业市场均衡实现的过程?

参考文献

[1] [美]丹尼斯·迪帕斯奎尔,威廉·C·惠顿. 城市经济学与房地产市场[M]. 北京:经济科学出版社,2002.

[2] 高波,王斌. 中国大中城市房地产需求弹性地区差异的实证分析[J]. 当代经济科学,2008(1).

[3] 中国人民银行房地产金融分析小组. 2004 中国房地产金融报告[R],2005 年 8 月.

[4] A. Mitchell Polinsky,David T. Ellwood. An Empirical Reconciliation of Micro and Grouped Estimates of the Demand for Housing[J]. The Review of Economics and Statistics,1979,61(2):199 - 205.

［5］A. C. Goodman ,M. Kawai. Functional Form, Sample Selection, and Housing Demand［J］. Journal of Urban Economics, 1986,20(2)：155－167.

［6］Eric A. Hanushek, John M. Quigley. What is the Price Elasticity of Housing Demand? ［J］. The Review of Economics and Statistics, 1980,62(3)：449－454.

［7］Frank de Leeuw. The Demand for Housing：A Review of Cross-Section Evidence［J］. The Review of Economics and Statistics, 1971, 53(1)：1－10.

［8］Geoffrey Carliner. Income Elasticity of Housing Demand［J］. The Review of Economics and Statistics, 1973,55(4)：528－532.

［9］J. B. Corge,H. C. Smith,D. C. Ling. Real Estate Perspective：An Introduction to Real Estate ［M］. Irwin/McGraw-Hill,1998：15－18,263－264,274.

［10］MacRae, Duncan, and Margery Turner. Estimating Demand for Owner-Occupied Housing Subject to the Income Tax［J］. Journal of Urban Economics,1981,10(3)：338－356.

［11］Rosen, Harvey. Housing Decisions and the US. Income Tax［J］. Journal of Public Economics,1979(11)：1－23.

［12］Tong Hun Lee. Demand for Housing：A Cross-Section Analysis［J］. The Review of Economics and Statistics, 1963, 45(2)：190－196.

［13］Tong Hun Lee, Chang Min Kong. Elasticities of Housing Demand［J］. Southern Economic Journal, 1977, 44(2)：298－305.

第六章　房地产价格：本质、决定因素及波动

内容提要

1. 地租、地价理论的脉络与学术观点。
2. 房地产价格的多种具体形式与本质、特性及其构成。
3. 从成本和供求等角度对房地产价格决定方式的探讨。
4. 存量-流量模型。
5. 外生的经济变量及心理因素对房地产价格的影响分析。
6. 中国的房价波动和房价决定因素的实证分析。

　　房地产价格既是房地产经济理论研究的核心，也是实践中人们关注的焦点。不仅房地产价格的涨跌直接影响人们的利益，而且房地产价格也是消费者和投资者进行决策的重要依据。要消除关于房地产价格的诸多误解、猜测、迷惑和疑问，就必须借助经济学的分析工具对房地产价格的决定及其变化作出更为全面的解释。事实上，经济学对于房地产价格的解释也是一个逐步发展的过程。从早期的古典经济学的地租、地价理论，到新古典经济学、产业经济学、新制度经济学以及行为经济学都对房地产价格给出了各自的解说。在对房地产价格的讨论中，房地产价格的决定和价格变化这两个问题通常被混淆，增加了解释的难度。"经常被人们忽视的事实是，决定价格水平的因素和决定价格水平是否会改变以及改变的大小的因素是截然不同的，这要求人们用不同的方法对这两类因素进行分析，并有可能就定价过程得出不同的结论"（多纳德·海、德理克·莫瑞斯，2001，第 307～308 页）。

第一节　地租、地价理论

一　地租、地价理论的发展脉络

　　地租理论是地价理论的前提，二者共同奠定了房地产价格分析的基础。这是因为从供给和成本角度来看，土地价格、建筑物价格、构筑物价格是构成房地产价格的重要内容。从理论上讲，房价（房屋本身的价值）和地价是可以分别独立计算的。但是，市场上并没有单纯的房产出售，房屋与地皮总是联为一体的，人们购买房产，只能固定在这一特定地块所处的

位置上。房屋产权的转让必然伴随土地产权的转让,即房产总是作为一个整体出现在市场上的。因此,房价实际上是房地产价值的具体表现,它不仅取决于房屋建筑物本身的造价,还取决于土地的价值。

建筑物作为劳动产品,其价值主要取决于投入的劳动成本和其他要素成本。但是,由于纯粹的土地并非人们的劳动产品而是自然的产物,因而对土地的价值、价格理论的争议颇多,而研究的核心则是地租的源泉和决定因素、土地价格的本质和形成。围绕着这两大问题,从经济学产生之时,就出现了大量认识,几乎所有重要的古典以及新古典经济学家都对地租和地价问题有自己的观点。这些观点从时间上可以划分为17世纪中叶到19世纪初、19世纪上半叶、19世纪下半叶、20世纪初到20世纪下半叶等几个时期;从学术流派上可以大致划分为古典政治经济学及古典经济学、马克思主义政治经济学、新古典经济学及现代经济学等几种主要代表性理论(曹振良等,2003,第244～245页)。这些丰富多彩的地租、地价理论从各自的基本假设和分析方法出发,同时又相互借鉴、继承创新,为房地产价格研究提供了一系列有价值的思想观点。对于这些学者及其研究成果,在此不可能全部加以详尽介绍,只能择其具有代表性的观点加以阐述(见表6-1)。

表6-1 地租、地价理论主要观点

时期	代表人物	主要观点和贡献
17世纪中叶到19世纪初	配第	提出级差地租的最初概念。土地价格＝年租×21
	魁奈	提出"纯产品学说":农业中因自然界的帮助而生产的剩余产品(纯产品)以地租的形式归土地所有者所有
	杜尔阁	"纯产品"是由农业劳动者生产出来,由于土地私有权的存在使这部分纯产品归土地所有者所有
	斯密	系统地研究地租理论的古典经济学家。研究了绝对地租、级差地租、建筑地租、第一性地租、派生性地租等
	安德森	提出了土地相对肥沃的概念。地租来源于生产土地产品的劳动。土地产品的价格决定地租,而不是相反
	威斯特	级差地租以土地耕种的下降序列为前提。土地产品的边际收益是递减的
	李嘉图	在劳动价值论的基础上阐明地租理论。只承认级差地租,否认绝对地租的存在
19世纪上半叶	萨伊	提出"三位一体"的分配论:工资是劳动的补偿;利息是资本的补偿;地租是使用土地的补偿
	马尔萨斯	地租是自然对人类的赐予
	杜能	创建农业区位论。主要研究级差地租Ⅰ中由于位置的优劣不同而产生的地租

续表

时期	代表人物	主要观点和贡献
19 世纪下半叶	马克思恩格斯	把劳动价值论贯彻到地租理论的始终。资本主义地租是剩余价值的转化形式之一。地租分为三种形式:绝对地租、级差地租、垄断地租。土地价格是地租的资本化
20 世纪初到 20 世纪下半叶	马歇尔	创立均衡价格论。地租只受土地需求的影响而决定于土地的边际生产力
	克拉克	地租是土地这个生产要素对产品的生产所作的一种贡献。地租是一种"经济盈余"
	胡佛	建立了竞价曲线理论,这种理论能同时处理不同类型土地使用的竞标
	阿隆索	解决了城市土地地租、地价的计算问题
	丁伯根	土地的影子价格
	康托洛维奇	土地的影子价格
	萨缪尔森	地租是否成为决定价格的成本,取决于观察问题的角度
	哥德伯戈钦洛依	用制度经济学的方法对城市地价进行分析

资料来源:曹振良等,《房地产经济学通论》,2003 年,第 244～245 页。

二　古典政治经济学及古典经济学的地租理论

古典政治经济学早期的地租理论以威廉·配第、魁奈和杜尔阁为代表,其中威廉·配第为地租理论尤其是级差地租理论奠定了初步的基础,魁奈和杜尔阁都先后研究了"纯产品"的问题,认为"纯产品"始终被土地所有者占有,这就是地租。

古典经济学的代表人物主要有亚当·斯密、李嘉图、安德森、屠能等人。斯密系统地研究了地租问题并提出一整套地租理论。他给地租下了一个定义:地租是为使用土地而支付的价格。斯密认为,土地产品或产品价格要补偿他(租地资本家)用以提供种子、支付工资、购置和维持耕畜与其他农具的农业资本,并提供当地农业资本的普通利润。产品价格超过这一部分(即补偿耗费资本和平均利润部分)的余额,不论这个余额有多大,土地所有者都力图把它作为自己土地的地租据为己有。从斯密对地租的定义和阐述可以得出:资本主义的地租是租地资本家为了取得土地使用权而支付给地主的农产品价格超过补偿预付资本和平均利润的余额。斯密从市场价值超过个别价值的余额中得出了级差地租,他还认为,建筑地租与所有非农业土地的地租的基础一样,也是由农业地租调节的,但建筑地租又有自己的特点。

在斯密之后,安德森提出,不是地租决定土地产品的价格,而是土地产品的价格决定地租。亦即地租不是来源于土地,而是来源于土地产品的价格即价值,也就是来源于生产土地产品的劳动。他还明确指出:地租同土地的绝对生产率没有任何关系。威斯特在不知道安德森著作的情况下独立地阐述了现代地租理论。

李嘉图把安德森和威斯特的地租理论同英国古典政治经济学联系起来,并在劳动价值论的基础上比较充分地阐明了地租理论。李嘉图否认绝对地租的存在,他在劳动价值论的基础上系统地阐明了级差地租问题,指出了劣等地的生产条件决定农产品的"比较价值"即生产价格。李嘉图认为地租不是生产价格的构成部分,并且认为劳动时间决定价值量的原理并不像斯密断言的那样会因为地租的出现而改变。

萨伊认为凡生产出来的价值,都应归于劳动、资本和土地三者作用的结果。因此,工资是对劳动服务的补偿,利息是对资本服务的补偿,地租是对使用土地的补偿,这样就形成了三位一体的分配论。马尔萨斯提出,地租是自然对人类的赐予,它和其他垄断无关。地租是总产品价格中的剩余部分,或者用货币来计算,是总产品中扣除劳动工资和耕种投资利润后的剩余部分。杜能把生产谷物的地租看作第一性地租,把生产其他作物的地租看作派生性地租。他认为,地租是农产品价格超过生产价格的余额。杜能把离城市先近后远的耕作序列当作级差地租产生的必要前提。

三　马克思主义地租、地价理论

马克思主义的地租理论指出了资本主义地租的本质是剩余价值的转化形式之一,阐明了资本主义地租的三种形式:绝对地租、级差地租和垄断地租。

1. 绝对地租

由于土地所有权的垄断,不管租种任何等级的土地都必须缴纳的地租就是绝对地租。马克思的绝对地租理论就是指,农业部门存在超额利润,是因为农业资本有机构成低于社会平均资本有机构成,而超额利润是否平均化,是否转化为地租,则取决于土地所有权的存在。

2. 级差地租

级差地租是由经营较优土地而获得的归土地所有者占有的那一部分超额利润。级差地租按其形成条件不同可分为两种形态:级差地租第一形态(级差地租Ⅰ)和级差地租第二形态(级差地租Ⅱ)。马克思认为级差地租形成的条件是土地自然力的差别和追加投资的差别,而其形成原因则是土地经营权的垄断。

3. 垄断地租

垄断地租是指由某一特殊地块的产品的垄断价格带来的垄断超额利润所形成的地租。这种垄断价格超过价值的部分,就构成垄断超额利润。土地所有权的存在,决定了这种垄断超额利润最终转化为垄断地租,归土地所有者占有。

4. 土地价格与土地成本

马克思认为,土地价格是地租的资本化,"资本化的地租即土地价格",而地租是"价值增殖的形式"。地租与地价在本质上具有同一性。马克思认为,地租是以地价形式投入土地的资本的利息,土地价格不外是资本化的因而是提前支付的地租,是一次提前付清的未来的地租。因此,是先有地租后有地价。马克思在研究土地价格时,不仅分析了土地这种特殊商品的价值问题,而且还从成本的角度研究了土地价格问题。他指出"土地价格对生产者来说是成本价格的要素",一个工厂主买土地的土地价格"会加到工厂主的个别成本价格上"。既然地价可以进入成本,那么,地租当然也可以进入成本(洪银兴、葛扬,2005,第5页)。

四　新古典经济学及现代经济学的地租、地价理论

新古典经济学和现代经济学主要采取均衡分析、边际分析、供求分析和数量分析的方法,侧重研究地租量的形成、地租的作用等,并从市场和制度两方面入手,主要研究城市地租问题。其代表性的人物和观点主要有以下一些。

马歇尔把土地的收益分成两部分:一是基于自然赋予的特性,而不是由人为的努力取得的收入,这是土地的纯收入,是真正的地租;二是对土地的投资使土地改良获得的收入。他认为,地租也是受供求作用支配的,只不过它有一些独自的特点。由于土地的供给是固定不变的,没有生产费用,也没有供给价格,所以,地租只受土地需求的影响,它的大小取决于土地的边际生产力。克拉克则认为,地租就是土地对产品的生产所作的一种贡献,即土地生产力的报酬。任何生产至少需要有两种生产要素互相结合才能进行。地租就是土地这个生产要素对产品及其价值所作贡献的报酬。

胡佛提出了竞价曲线束说明不同类型土地使用者之间的关系,他从土地利用出发,建立土地供需函数,而土地供需函数是不同类型城市土地使用者相互竞标的结果。因此,他的贡献在于能同时处理许多不同类型土地使用的竞标。阿隆索的突出贡献在于将空间作为地租问题的一个核心进行分析,成功地解决了城市地租计算的理论方法问题。

萨缪尔森认为,土地的特性就是它的总供给是由非经济力量决定的,具有固定性和完全无弹性的特征。因此土地的供给曲线是一条与横轴垂直的线,它与需求曲线相交,这一交点相应的地租就是土地的均衡价格。只有在均衡价格上,需求的土地总量恰好等于其供给量,市场才会处于均衡状态。萨缪尔森对于地租是不是决定价格的成本问题上具有自己的见解。他认为,"地租是否成为决定价格的成本,这取决于观察问题的角度,对单个企业或某一行业看来是决定价格的成本,而对整个社会而言则可能是对无弹性供给要素所支付的纯经济地租"(萨缪尔森,1996,第489页)。

哥德伯戈和钦洛依把地租划分为三种类型:契约地租、经济地租、竞标地租,其中契约地租的实体是经济地租,而经济地租又是竞标地租的内在基础。经济地租是核心范畴,内在地规定着契约地租和竞标地租,经济地租在租约期内不变。在地租决定上,他们强调制度是影响地租的重要因素,直接修订在市场理论下形成的城市地租。

通过对17世纪中叶以来的地租、地价理论的回顾,可以发现,虽然在土地市场上,地租和地价具有复杂的决定机制,但在房地产市场上,当土地购买完成后,地价就会被看作开发成本的一个重要部分而存在,土地价格也由此构成了房地产价格的重要部分。结合房地产开发商定价的实践和特定的市场结构,可以进一步对房地产价格的决定方式及变化原因作出分析。

第二节 房地产价格的本质、特性及其构成

一 房地产价格的形式与本质

房地产价格的具体形式较多,可以由产权的内容和形式来确定,如:房地产所有权价格、房地产使用权价格、房地产抵押权价格、房地产典当权价格、土地发展权价格;也可以因为某种目的而确定,如:基准地价、土地批租价格、房地产课税价格等。

揭开房地产价格多种形式的"面纱",可以发现房地产价格内在的本质性内容。事实上,对这一问题的认识直到产权经济学的兴起才得以完成。现代产权经济学认为,商品交易的本质不是物品物质上的转移,而是一组权利的转让。因此,商品交易的前提就是存在一组明确界定的、专有的、可转让的和可实施的财产权。由于交易行为本质上是一买者与其他能从卖者那里获得类似权利的人之间的竞争方式,因而产权就是交易的内容和客体。人们进行交易是为了通过交易获得某种权利。由于"权力束"常常附着在某种有形的物品或服务之上,所以通常表现为物品的交易。但是,正是权利的价值决定了交换物品的价值。例如,当一个人购买土地时,他之所以付出一定代价,是为了获得某些规定的权利,并通过这些权利的实施,获得收益。因此,在交易过程中,作为产权外在表现形式的财产实体并不重要,真正具有决定意义的是内含于财产实体的产权束。也就是说,支配交易的客观基础是物品或资源的占有者对它所拥有的权利,价格只是对附着于这一物品上的权利的衡量,具体地说,是对经济利得权的衡量,它只有在能向各交易当事人表达正确的激励信息时,才能有效地引导资源的配置。

对于房地产来说,涉及房地产这一财产客体的产权有多种,除房地产所有权(房地产所有者在法律范围内拥有的最完全权利)外,还有使用权、地上权、永佃权等。这些权利都可以成为房地产交易的交易客体。当某项产权被最初界定给(不管是通过法律程序,还是通过契约或其他方式)某一主体以后,只要界区明确,房地产产权主体就有可能,也有权利选择如何对这一产权进行实施。产权主体可以选择自己使用房地产,也可以选择将房地产产权转让而获得收入,其选择的标准是为了获得最大收益。当房地产产权主体决定出卖他的一部分甚至全部权利,就发生了通常所说的房地产买卖。因此,房地产买卖并不一定是通常所说的房地产所有权和使用权的转让,其他有关房地产的产权,如发展权、抵押权、典当权也可以成为交易对象,甚至就同一地块而言,地下采矿权、地上权、空间权也可以分别买卖。既然房地产交易是房地产产权的交易,交易价格就因交易中转让的权利的种类、范围的不同而不同,形成不同的产权价格。从本质上说,房地产价格是一种产权价格,是房地产权利的未来收益价格。

房地产产权是未来对房地产利用中如何获益、如何受损的权利。能够用于交易并且具有价格形态的房地产产权一定是明确的、有收益能力的和可转让的。只有产权明晰,人们才可能对产权的未来收益能力形成合理的预期,从而形成合理的、双方都能接受的价格。所以,对房地产产权在将来所能带来的收益量的预期,规定着房地产价格量的取值范围。在房

地产交易中转让的产权内容不同,收益能力的大小也不同,由此形成的价格高低也存在差异。可转让性的要求是不言而喻的,人们进行房地产交易最终是为了获取房地产收益,因此产权的收益不能转让就不会发生房地产交易,而产权的收益能力是问题的关键。假如某人获得的房地产产权中包含任意选择用途的权利,他未来收益的估计值就会大于只规定一种用途的估计值;如果他还有用于抵押的权利,则可减少未来开发中的风险,他在未来的收益就得到较好的保障;如果他具有转让的权利,显然比没有转让权具有更大的未来收益能力。因此,对产权主体所拥有的权利的范围及变化的规定,实际上限定了他未来获取收益的能力,因而也就决定了房地产交易的价格。以下结合几种房地产产权价格作一些分析。

1. 房地产所有权价格

房地产不管是自用还是出租他人使用,只要利用得当就会长期为房地产所有者带来一笔稳固的收入流,即房地产租金。如果是已经开发的房地产,这笔收益就不仅包含纯粹的地租,还包括房地产资本的利息。如果房地产所有者出卖其房地产所有权,就意味着他把未来获取租金收益流的权利让渡给了别人,这种让渡不能是无代价的,必须得到补偿,否则就意味着所有权的自动放弃。而这笔补偿如果存入银行,其利息将与失去的租金额相等。否则,他宁肯保留房地产收取租金或保留资金收取利息,即既不出卖房地产也不买进房地产。因此,房地产价格不过是资本化的租金,即未来期望租金收益折现的总和。房地产价格无非是出租房地产的资本化的收入,因而本质上不过是租金收益权的体现。用公式表示为:

$$P = R/r$$

其中,R 为每年租金纯收入;r 为房地产基准贴现率。

2. 房地产使用权价格

房地产使用权价格是一定期限(n)租金的购买,也即使用者在未来一定期限内可获租金的折现之和。用公式表示为:

$$P = \frac{R}{r}\left[1 - \frac{1}{(1+r)^n}\right]$$

一般来说,在相同条件下房地产使用权价格小于所有权价格。但是,如果期限 n 足够长,P 将趋近于 R/r,房地产使用权价格将越来越接近于房地产所有权价格。然而即使是如此,房地产所有权价格还是有别于房地产使用权价格。如图 6-1 所示,假设两宗房地产的

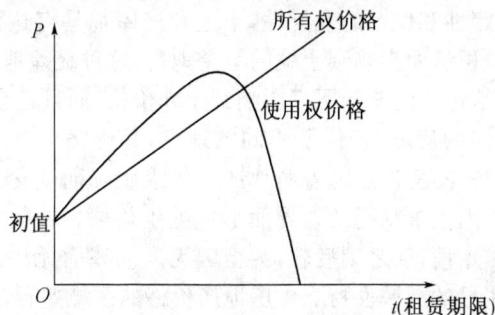

图6-1 土地所有权价格与使用权价格关系

初始价值是相同的,由于获得使用权的投资者最终要失去他的投资物,因此他的年租金纯收入在租约期前期应比所有者高,以弥补期终资本损失。但在接近期终时他的收入则迅速下降。相同的房地产在两种产权方式下所提供的年收入不同,其价格增值幅度和趋势也不同。但是,购买使用权的投资者可以比购买所有权的投资者承担更少的风险。在我国,城市土地属于国家所有,国有土地所有权不允许交易,政府出让的只是一定年期的土地使用权。土地使用者支付一笔出让金后,获得出让期内的土地使用权、收益权及有限的处分权,而土地所有者则保留了到期收回的权利。

3. 房地产抵押权价格

房地产所有权或使用权都可以用于抵押获得贷款。银行在借贷之前,必须要确定房地产抵押权的价格,即查定价格,也就是从正常价格中扣除各种风险后所可能得到的价格。所谓正常价格是在公开市场上所能形成的市场价值的货币额,也是将来如需要清偿债务而对房地产进行处置时所能预计的最高价格。但由于房地产经济活动存在种种风险,不一定能按正常价格处置,因而必须扣除一定的风险因素。可见,从本质上来看,房地产抵押权价格是抵押标的物在未来出卖时可能获得收益的购买价格。

由此可见,任何产权转让的价格都取决于产权所能带来的收益。房地产价格本质上是一种产权价格,它的量是由房地产产权的收益能力规定的。但是,房地产的供求关系也是房地产价格的决定因素。从本质上说,由房地产的供求关系所决定的房地产价格,与由房地产产权的收益能力决定的房地产价格是一致的。房地产的供求关系对房地产价格的影响仍然是通过租金量来起作用的,需求者支付价格取决于他支付租金的能力,而这种能力又是由他在交易中所获得的产权收益能力的大小决定的。供给者要求通过销售价格补偿生产过程中的各种支出(即生产成本等)并获得合理利润,以维持再生产过程。因此供给者的销售价格是供给者按照产权收益能力的大小而确定的愿意出售的价格。无论是房地产产权价格,还是房地产的供求均衡价格,都只是一种理论分析。而实际上房地产的市场交易价格是以理论价格为基础,在多种因素作用下形成的。

二 房地产价格的特性

与其他产品的价格相比,房地产价格有其自身的特点,主要表现为以下几方面的特性。

1. 房地产价格的地域性

房地产具有位置固定性和位置的差异性,土地和房屋都具有这种特点。土地位置的差异,影响到土地的级差地租从而影响到土地的级差地价,这种级差地价之间的差别可能是十分巨大的。房屋所处土地位置的差异不仅影响到土地价格,而且还会因此影响到房屋价格,即设计、规格、质量等相同的房屋,若位于不同的地点,其价格会有所不同,甚至相差悬殊。因为除了土地的级差价格外,房价还随着房地产的供求状况而变化。其他条件基本相同但位置不同的房产,必然会因供求状况的差异而形成差别价格。在位置好、需求旺盛、供应相对不足的地区,房价必然走俏,反之则疲软,甚至因无人问津而无法脱手。房地产的位置差异,使房地产价格具有明显的区域性特点。房地产价格的区域差异,不同于一般商品存在的地区差价。房地产在区域间不能流动,因而不存在产地和销售地的价格差异。人们可以把甲地生产的一般商品运往乙地销售,形成一个竞争的市场价格,但无法把甲地生产的房地产运往乙地销售,这就导致房地产价格具有明显的区域性。

2. 房地产价格的个别性

由于房地产位置的差异和影响房地产价格的其他因素各异,出现了房地产价格的个别性。每一块土地的位置、地形、环境等因素千差万别,我们甚至可以说,世界上没有完全相同的两宗地块。即使其他条件完全相同的房屋,当它们位于不同的地块时,价格也会相应地出现差异。这就使房地产价格具有个别性。这种个别性使得房地产价格与其他标准化产品价格之间存在着相当大的差别,因而需要个别定价。当然,在同一个城市中的位置不同的房地产,尽管其地点可能相差很大,但由于房地产价格受多种因素影响,如果各项影响价格的因素优劣互相抵消之后,也可能出现价格相同或大体相同的两宗房地产,但并不意味着房地产价格不具有个别性。这说明房地产价格的个别性是可以在房地产的相似性和相异性比较中确定的。

3. 房地产价格具有较强的政策性

房地产价格不仅受政府制定的土地利用规划、土地供应计划的影响,还受政府其他有关政策的影响。如政府的产业政策就会影响房地产价格。房地产存在农业、工业、商业、公用事业、居住等不同用途。在公用事业用途的房地产中,大部分属于非营利性的,一般政府所提供的土地的价格比较低,这是保障公用事业发展必不可少的条件。一般而言,作为政府都重视住宅产业的发展,因而在政策上会通过控制地价和降低住宅生产成本的方式来支持住宅产业发展。由于城市居民存在一定的收入差距,为了保障低收入者必不可少的居住空间,政府必须采取措施,筹建低价商品房,供低收入者购买或租用。由此可见,房地产价格具有较强的政策性。

4. 房地产价格的趋升性

一般而言,房地产价格具有明显的趋升性,即其价格呈现不断上升的趋势,这已是古今中外屡见不鲜的事实。随着土地及房地产稀缺程度不断提高和对房地产投资的不断增加,出现房地产价格随着时间的推移逐渐上涨,而当房地产价格上涨幅度超过社会物价上涨幅度时,则产生房地产增值,它表明同一宗房地产所内含的社会实际购买力的不可逆转的增长的总趋势。讨论房地产增值更侧重于土地增值。在房屋有效使用期内,房产的价格会因供求、装修等而有所增加,但随着时间的推移房屋又会因物质磨损和精神磨损的不断积累而最终报废。而土地价格,其变动的总趋势是不断上升的,因为随着社会经济的发展,人们对土地的需求不断增加,而且对土地的投资也不断增加。但是,房地产价格的趋升性,是在房地产价格的周期波动过程中实现的。具体来说,房地产价格的趋升有以下几个表现:

(1) 房地产价格趋升是一种长期趋势,房地产价格上升不是直线式的,而是上下波动、螺旋式上升的。短期内,由于经济周期性的萧条或某种不确定性因素,以及其他非经济原因,房地产价格会维持原状或下降。但从长期来看,房地产增值是一种不可逆转的长期趋势。

(2) 房地产价格趋升是一种整体趋势,就整个区域房地产市场整体而言,房地产价格水平逐渐上升。但是,由于社会经济条件的改变,如经济中心转移,码头、车站等交通设施搬迁,可能造成区域内某些地段或某一宗具体的房地产,发生退化或贬值。在个别城镇中,由各种因素所决定的地价会在较长时期之内平而不升,甚至降而不升。例如,内地的某些偏僻小城镇,经济社会发展缓慢,其房地产价格难以上升,或以开采地下矿藏为主的区域,当地下资源枯竭之后,其房地产价格会显著下降而难以回升。而房地产价格趋升作为一种整体趋势并未改变,即使是在这些情况特殊的地区,随着社会经济的发展,最终也会出现房地产价格上升。

(3)房地产价格趋升是指相对于社会整个物价水平而言,房地产价格是上涨的,即房地产价格上升幅度高于整个社会物价上升幅度。房地产价格的上涨是剔除通货膨胀因素之后的纯上涨,房地产增值的基本标志是房地产价格年增长率大于同期消费品价格的增长率。以英国为例,1970～1986年,零售物价指数上涨了5倍,而同期土地价格指数平均上涨了11倍。以中国为例,如图6-2所示,1998年以来,中国商品房的销售价格指数上升幅度大大高于居民消费价格指数。

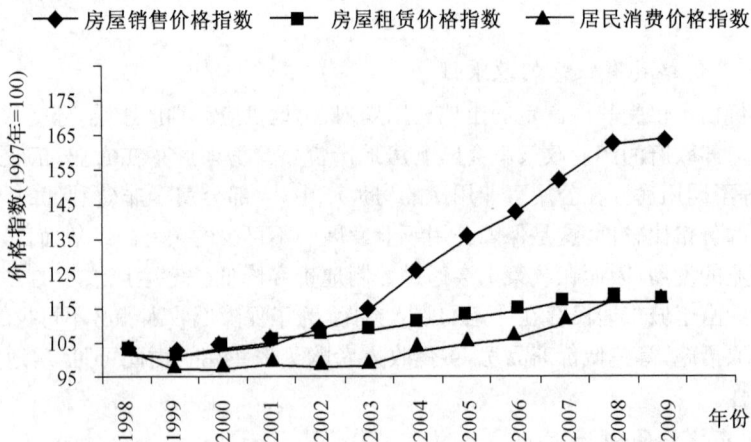

图 6-2 商品房销售、租赁价格和 CPI 定基指数曲线

资料来源:国家统计局,《中国统计年鉴—2009》,北京:中国统计出版社,2009年;国家统计局,《中华人民共和国2009年国民经济和社会发展统计公报》,www.stats.gov.cn,2010。作者根据相关数据计算结果绘图。

三 房地产价格的构成

从理论上来说,房地产价格包括两个部分:成本和利润。其中成本又可以根据具体用途划分为土地开发费用、房屋开发费用及各种交易费用,在各类费用中又可分为更为详细的开支项目,共同构成了房地产价格(见表6-2)。

在房地产价格构成中开发商的利润状况是千差万别的。房地产开发商的利润大小如何甚至亏损,取决于房地产市场的供求状况、房地产的市场结构、房地产商的投资决策水平以及房地产商本身的定价策略和管理能力等。这些问题将会在本章第三节讨论,在此,对利润不作深入分析,而是从成本角度来分析构成房地产价格的几个主要因素。需要说明的是,在各国之间房地产的成本项目有较大的差异,即使在中国,各地区、各城市之间的费用项目也不尽相同,下面根据一些典型城市的状况加以概括。

表 6-2 中国房地产价格构成要素

住房价格	生产过程	土地价格或土地出让金	农地转市地地价	耕地占用税
				土地补偿费
				安置补助费
				地上附着物及青苗补偿费
				土地开发费
				投资利息
				管理费
				土地开发利润
			市地地价	拆迁安置费
				土地再开发费
				投资利息
				管理费
				土地开发利润
		住房建造价格		勘察设计费
				建筑材料费
				建筑施工费
				投资利息
				管理费
				房屋建筑利润
	流通过程	住房销售成本及利润		推销费(广告费)
				保险费
				投资利息
				管理费
				住房销售税
				经营利润

资料来源:曹振良等,《房地产经济学通论》,北京:北京大学出版社,2003 年,第 352 页。

1. 土地开发费用

一般来说,房地产开发费用包括了以下多种支出。

(1)征地补偿费。包括土地补偿费、青苗补偿费、集体财产补偿费、迁转人员安置费、农转非人员级差补贴、菜田基金、安置劳动力补偿、平地补助费和私人财产补偿费。

(2)拆迁安置费。包括私房收购与补偿费、地上物补偿费、搬家费、拆房费、渣土清理费、临时设施费、周转房费、农户房屋原拆原建费、单位拆迁费、安置用房费。

（3）七通一平费。即用于通路、通气、通暖、通信、通供水、通排水、修筑好通往开发场地的输电配电设施，以及场地平整的费用。

（4）勘察设计费。

（5）拆迁征地管理费。

（6）土地出让金。

2. 房屋开发费用

各城市的房屋开发费用大同小异，其中最主要和常见的包括：

（1）房屋建筑安装费。

（2）附属工程费。

（3）室外工程费。包括开发区红线内外的上水、雨污水、电力、电信、热力、煤气、天然气、围墙、人防出入口等工程费。

（4）公共建筑配套工程、开发区内配套建设的各种公共福利设施。

（5）环卫绿化工程费。

3. 各类交易费用

在房地产经济活动中，涉及多种税收和交易费用。目前我国涉及房地产的税收主要有以下几种：营业税、城市建设维护税、企业所得税、国家能源交通重点建设基金、房地产税、印花税、契税等。这些都是由税务部门按统一规定征收的。还有其他部门各种名目繁多的摊派、收费。至于交易费用，涉及经纪费、法律费用及登记、评估、调查等多方面的费用。在税收和交易费用中，可以直接转嫁的税收和交易费用，进入并决定房地产价格。税收和交易费用的存在，会影响房地产市场的供给和需求，使房地产供给曲线和需求曲线发生移动，一般来说，是使需求曲线向右下方移动，供给曲线向左上方移动，从而使供给者得到的价格和需求者支付的价格之间产生一个差额，形成所谓的楔子。税收和交易费用作为一种交易楔子，强行插入实际的供给和需求价格之间。因此，尽管对价格的影响还不能确定，但交易的数量肯定减少。

四　影响房地产价格变化的主要因素

从长期来看，除了房地产开发成本及供求关系等房地产价格的决定因素外，还有一些影响房地产价格的重要因素直接或间接地导致房地产价格的变化。下列因素也是房地产价格变化的决定因素。

1. 政府的土地利用规划、土地供应计划

城市土地利用规划和土地供应计划对房地产价格的影响很直接也很灵敏。土地利用规划和土地供应计划控制着一个地区一定时期的土地供给量，规定了土地和房地产的用途，因而成为房地产价格的重要决定因素。当一个城市把某一片土地规划为城市新区时，这片土地的价格就急剧上升，新区在划定不同用途的功能区时，潜在收益最高的功能区即划定为CBD区域用途的土地价格更是扶摇直上。土地规划确定的土地利用程度也影响土地价格，这主要反映在规划确定的建筑容积率上。把容积率确定在一个比较合理的水平上，提高土地集约利用程度。城市土地供应计划是政府调控房地产市场的重要工具。政府根据社会经济发展和城市发展的要求,有计划地供给土地,包括土地总量及其结构,避免房地产价格的暴涨暴跌,使其保持稳中有升的发展趋势,促使房地产业的健康发展。

2. 总产出和收入增长状况

总产出或人均收入增长会直接影响到房地产投资、房价、空置率等房地产市场的一系列指标。一般而言,当人均收入呈现快速增长、宏观经济处于高度景气时,人们对未来收入和经济增长的前景乐观,此时会倾向于从银行过度融资,从而增加杠杆推高房价。一旦宏观经济景气不再,收入下滑,此时一方面将减少房地产需求,另一方面在过去景气状态下积累的债务仍在,极易造成费雪所说的债务性通货紧缩,从而导致房地产价格调整甚至下跌。

3. 货币供应和信贷约束

货币供应量的松紧,对房地产市场具有直接影响。货币供应量的增加和宽松的信贷条件将促进房地产投资的增加和房价的上涨。尤其是当货币供应量超常规的增加引发通胀预期时,通常将导致资产价格的快速上涨。充足的流动性不仅可能导致商品和服务的价格上涨,由于更多的货币将进入到资产市场,因而也会带来资产价格的上涨。而一旦央行迫于通胀压力开始收紧银根,改变宽松的信贷条件,房地产投资和房地产消费需求将受到抑制,房地产价格出现调整。

4. 通货膨胀率、利率、汇率和股价

房地产价格水平会受到通货膨胀率、利率、汇率和股价等众多经济因素的直接或间接影响,这些影响通常会在房地产市场的供求状况之外发生作用,在短期或在中长期使房地产价格发生变动。关于这些因素的具体作用机制在本章第五节将作更为深入的分析。

5. 房地产经济政策和房地产法规

政府制定的房地产经济政策对城市房地产价格形成也产生重要影响。政府对房地产市场的租金(价格)控制可以采取多种形式,如固定租金(价格)限制、最低租金(价格)限制等。这种对房地产价格的直接干预,对房地产价格造成的影响是不言而喻的。此外,政府有关房地产需求的政策也会导致房地产价格变化,如政府对个人购买房地产给予减税,或给予补贴,或给予贷款支持,都会导致需求增加,房地产价格上升。法律因素也对房地产价格有重大影响,诸如:土地使用分区管制、契约限制、所有权之条件(或形式),以及立法对房地产所有权之保障等。

6. 时滞、开发期与土地使用权出让期限

时间因素在房地产价格的变化中发挥着独特的作用,例如,从开发初期的房价到销售时的房价存在着时滞的影响;开发商可以利用控制开发进度来达到提升房地产价格的目的;土地使用权出让期限的变更也会带来房地产价格的变化。

7. 预期和心理因素

除了上述因素对房地产价格的形成起决定作用,还有其他一些影响因素:人们对未来房地产价格的预期,基于各种心理因素的房地产投资消费行为等。这些因素的作用机理将在本章的第六节作较为详细的分析。

第三节　厂商行为与房价的决定

本节从理论和实践角度,根据房地产开发商的定价行为和定价方法,分别从供给、需求等角度来讨论房价的决定过程。

一　基于供给的房地产价格

从房地产开发商的定价实践来看,供给方面的考虑远比需求方面的考虑更为重要。房地产开发商通常是在土地开发费用、房屋开发费用及各种交易费用的基础上采取平均成本定价法,即他们在平均成本上加上一个固定的溢价,其大小是根据他们认为的行业"合理的"或习惯上可接受的溢价事先确定的。

研究者认为,平均成本定价法可能是企业寻求利润最大化的经验规则或改进归纳过程。因为,"在不确定条件下,企业永远也不会知道,什么样的价格能最大化利润,或者他们是否已经使利润达到最大化。由于缺乏有关概率分布、相关变量的数目以及大量意外收益和意外损失的非对称效果的信息,即使是使利润的预期值事先最大化也常常不可能。通常,唯一可能的反应是一个试错过程,它包括三个阶段:(1)使用简单的经验规则来确定一个价格;(2)重复可接受的决策,避免不可接受的决策;(3)如果现有利润是可以重复实现的,则提高可接受的利润水平;反之,则降低可接受的利润水平。显然,面对需求状况的复杂性和不确定性,包含可调整溢价的平均成本定价法是能够作出上述反应的。它是一种'最优首次行动',这种行动大大降低了信息收集成本,但如果利润最大化是企业的目标的话,它又不妨碍后续调整以达目标"(多纳德•海、德理克•莫瑞斯,2001,第329页)。

如果房地产开发商采取的是平均成本定价法,则房价显然是可以预测的,或者说,在知道房地产开发总成本的情况下,就可以依据"合理的"溢价水平(或利润水平)来计算得出"合理的"房地产价格了。当行业中溢价水平稳定时,房地产的价格应该随着开发成本特别是土地价格的变化而变化。因此,房地产开发商公开成本以及利润水平就成为社会关注的对象。

但是,需要指出的是,基于平均成本的定价方法并不表明房地产价格是由土地价格和建筑成本单方面决定的。土地价格与房价之间的关系、建筑成本与房价之间的关系并非如此简单,尽管土地价格、建筑成本在大多数情况下与房地产价格是同步的或者是符合一定比例的。

1. 地价与房价的关系

从地租、地价理论的演变,可以发现地租是构成土地产品价格的成本还是土地产品价值的分解,这一问题一直受到研究者的关注。从这些研究中得出的结论是十分明确的,就是地租是土地产品价值的分解,是由土地产品价格决定的。例如,马克思指出"土地价格对生产者来说是成本价格的要素"。李嘉图曾论证:因玉米地价高而玉米价高,这不对;事实上,情况相反则更接近实际。玉米地价是因玉米价高所致。因为土地供给缺乏弹性,土地总是按竞争为其提供的收益而发挥作用,因此,土地的价值完全随产品的价值派生出来,而不是相反。而新古典综合派的代表人物萨缪尔森则认为,地租是决定土地产品价格的成本还是由土地产品价格决定的,这取决于观察问题的角度:如果你是一位种植玉米的农民,就会像别人一样,必须支付土地的租金,你肯定会将租金包括在生产成本之中。这个观点也得到了实践的证实,例如在1956～1979,农产品价格上涨刺激了英国农地的价格上升达20倍。

从房地产开发商的角度来看,房地产开发商是根据房价来确定地价的。在土地拍卖中,地价是由供求关系决定的,价高者得。房地产开发商在出价竞拍土地之前会考虑建筑成本及未来销售房地产时的楼价,再加上一个期望利润,就可以估计出他竞拍一幅地皮的底线价。如果在房地产市场繁荣时期,开发商愿意争相高价购入地块,是因为他看好未来地产市场而造成的;相反,如果开发商看淡市场前景,为了维持一定的利润,开发商不会愿意出高价购买土地,地价便会下跌。因此,是房价决定了地价而非地价决定了房价。

但从房地产市场的角度来看,房价与地价之间的关系十分复杂。一方面,地价是房价的基础,房价中包含着地价,地价隐含在房价之中,没有地价就谈不上房价,地价是房价的重要组成部分,土地价格的高低决定着房价的高低。另一方面,房价是地价的表现,房价对地价具有决定作用。根据对中国房价和地价关系的实证检验,短期而言,房价对地价没有影响,而地价是房价的 Granger 原因。也就是说,地价推动房价上涨。长期来说,房价和地价存在双向因果关系。也就是说,房价不但是地价变化的原因,地价也会反作用于房价(宋勃、高波,2007a)。

从各国房地产市场来看,地价在房价中所占的比重差别较大。如在美国的主要城市,用于建造商业楼宇的土地价值通常占全部物业价值的30%～40%,英国为25%～38%,瑞典为20%～22%,新加坡为55%～60%,韩国为50%～65%,日本则高达80%～90%。中国国土资源部2003年、2004年城市地价的动态监测报告显示:中国大多数城市的地价(熟地价,包括土地出让金、城市建设配套费以及土地开发费等)占房价的比重为20%～40%。显然,地价占房价的比例高低,与各国土地稀缺程度密切相关。

我们使用1998年以来的数据绘制了中国的土地交易价格和商品房销售价格的定基指数曲线(见图6-3)。结果发现,中国的土地交易价格上涨幅度大于商品房销售价格上涨幅度,这表明地价推动了房价上涨。

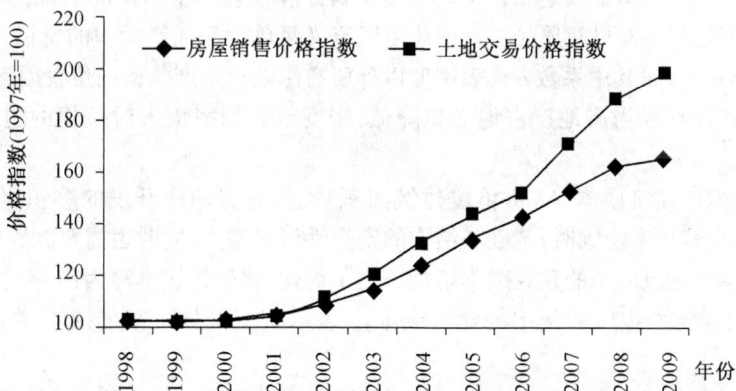

资料来源:国家统计局,《中国统计年鉴—2009》,北京:中国统计出版社,2009年;国家统计局,《中华人民共和国2009年国民经济和社会发展统计公报》,www. stats. gov. cn。作者根据相关数据计算结果绘图。

图6-3　土地交易价格、商品房销售价格定基指数曲线

2. 建筑成本与房价的关系

建筑成本虽然是房地产价格的重要组成部分,但这并不意味着房地产价格的涨跌应该与建筑成本一致。事实上,二者的走势并不一致。例如,香港瑞安的资料表明(谢贤程,1992,第 178 页),在 1983~1985 年,建筑成本基本每年都有上升,平均升幅为 7.6%,但在此期间,楼价却是下跌的(见图 6-4)。

在考察房价与建筑成本的关系时,要分别从短期及长期来讨论。在短期内,房价中包含的建筑成本是无法改变的,房地产的建筑成本是已经发生的成本。从长期而言,开发商将根据未来房地产的价格空间和房地产需求来决定房地产的品质,确定建筑成本在房价中的比例。

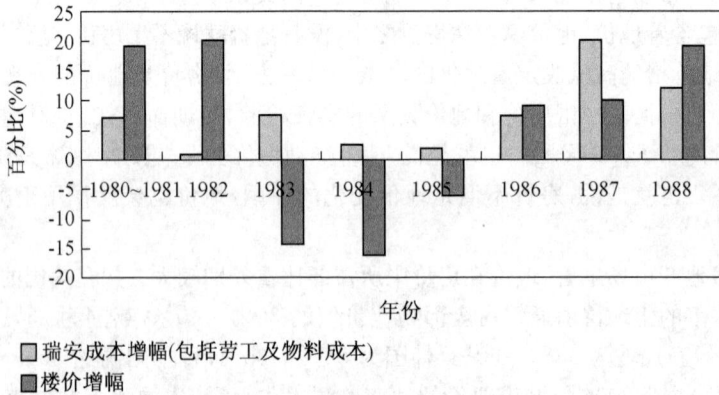

资料来源:瑞安季刊,Property Review 1991.

图 6-4　建筑成本与房价走势

3. 容积率与房价的关系

容积率(floor area ratio,FAR)是反映房地产密度的一个常用指标,它是用房地产建筑面积与土地面积的比率来表达。在房地产其他属性和位置不变的情况下,消费者对于高层住宅或高密度住宅的支付意愿较低。由此可以定义每单位房地产面积的价格(P)与容积率的关系:$P = \alpha - \beta F$。其中系数 α 代表密度以外所有影响房地产价格的位置因素和房地产属性的价值总和;β 代表当房地产占地面积降低、密度或容积率增大时价值的边际降低额;F 代表容积率。

同时,房地产建筑成本(C,每单位建筑面积)也随着房地产开发的容积率的变化而变化。实际上,当容积率增大时,基础和结构的安全性要求增大,同时也需要配置电梯,这些因素都会使每单位建筑面积的建筑成本增加。为了简化,将建筑成本写为:$C = \mu + \tau F$。这里 μ 表示每单位建筑面积所需基本的建筑成本;τ 表示密度增加带来的成本增量(假设为线性)。

将上述两个函数结合在图 6-5 中,就可以进一步分析房价与容积率之间的变化。建造每单位房地产获得的利润就是 $P - C$,即价格和成本曲线在纵向的距离。很显然,随着容积率的增大,每单位建筑面积的利润降低。在两条函数线的交点 d 处利润为零,在 d 点的左侧,价格超过成本,利润为正,在 d 点的右侧,成本超过价格,利润为负。

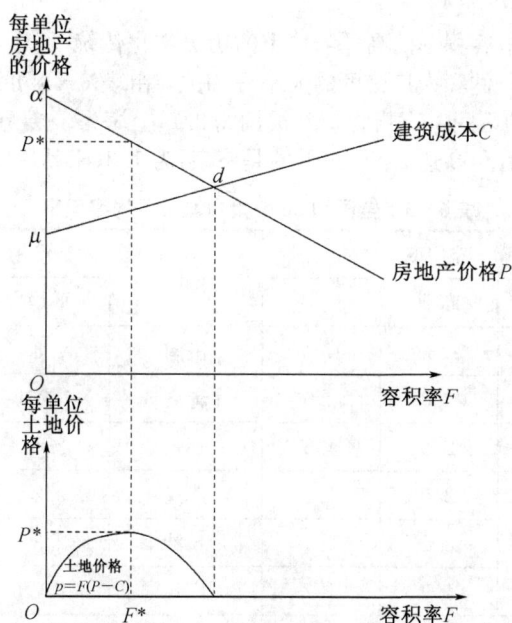

图 6 - 5　最佳容积率与房价

那么土地产生的利润是多少呢？P 和 C 都是按照每单位建筑面积计算的,它们都依赖于 F。土地的剩余价值应该为每单位土地面积的利润。从价格和建筑成本函数之差可获得住宅利润(每单位建筑面积),然后将利润乘以容积率坐标轴上的 F 值,这样就获得了每一单位土地面积的剩余利润 $p = F(P-C)$。每单位土地的剩余利润被描绘在图 6-5 的下半部分。在原点和 d 点,由于单位建筑面积没有利润,所有 p 值为零。在两点之间,p 值升高,在 F^* 处达到最大值,p^* 是容积率为 F^* 的单位土地价值,然后下降。根据纵向坐标轴可以得到在最佳容积率情况下的房地产单位建筑面积价值 P^*。具体推导过程如下。

$$P = \alpha - \beta F, C = \mu + \tau F$$

$$p = F(P-C) = F(\alpha - \mu) - F^2(\beta + \tau)$$

令 $\partial p/\partial F = 0$,解出 F 值(F^*)满足该条件:

$$\frac{\partial p}{\partial F} = (\alpha - \mu) - 2F(\beta + \tau) = 0$$

$$F^* = \frac{\alpha - \mu}{2(\beta + \tau)}$$

将 F^* 的表达式代入 p 的表达式,可以得出:

$$p^* = \frac{(\alpha - \mu)^2}{4(\beta + \tau)} \tag{6.1}$$

(6.1)式表明,对于平衡状态下的房地产开发,容积率的选择必须既能够使土地剩余价值最大化,又能使该利润超过土地其他用途所能带来的利润(丹尼斯·迪帕斯奎尔、威廉·

C·惠顿,2002,第76～78页)。

对于一个城市来说,容积率的高低与城市的历史文化传统、城市的经济发展水平、城市的规划条件限制、自然条件和人口密度的大小等相关。由表6-3可知,中国全国平均容积率为2.1,处于较合理的区间。广州为2.7,厦门为2.7,上海为2.5,重庆为2.5,北京为2.0。全国容积率最高的是太原,高达2.85,最低的是济南,为1.3(宋勃、高波,2007b)。

表6-3　全国和30个大中城市平均容积率

地区	容积率			地区	容积率		
	平均	商业	住宅		平均	商业	住宅
全国	2.1	2.33	1.87	济南	1.3	1.3	1.3
北京	2.0	2.0	2.0	青岛	1.25	1.3	1.2
天津	1.75	2.0	1.5	郑州	2.0	2.0	2.0
石家庄	1.75	2.0	1.5	武汉	2.2	1.8	2.6
太原	2.85	3.1	2.6	长沙	2.3	2.38	2.22
呼和浩特*	1.8	1.9	1.7	广州	2.7	2.7	2.7
沈阳	2.15	2.5	1.7	深圳	2.25	2.5	2.0
大连	2.3	3	1.6	南宁*	2.0	2.0	2.0
长春	2.25	3	1.5	海口	1.6	2.0	1.2
哈尔滨	2.2	2.2	2.2	成都	2.2	2.4	2.0
上海	2.5	2.5	2.5	厦门	2.7	3	2.4
南京	2.14	2.4	1.88	昆明	2.05	2.5	1.6
杭州	2.0	2.0	2.0	重庆	2.5	3.0	2.0
宁波	1.54	1.7	1.38	西安*	2.1	2.2	2.0
南昌	2.2	2.2	2.2	兰州*	1.8	2.0	1.6
福州	2.0	2.0	2.0				

＊推算数据。

数据来源:全国和部分城市的容积率来自于国土资源部网站,其他城市来自于各自城市的国土资源局网站以及城市地价监测资料。

二　基于供求均衡的房地产价格

在房地产市场上,在其他因素确定的条件下,房地产价格主要由供给与需求状况决定。但在现实中,房地产开发商可以通过改变开发进度和房地产空置率来进行适应性调整。下面讨论房地产供求关系对价格决定的几个模型。

1. DUST 模型

DUST 模型可简述为:$V = f(d, u, s, t)$。该模型表明,房地产价值(V)是房地产需求

(d)、效用(u)、稀缺性(s)、可转让性(t)四个变量的函数。房地产需求分析实际上是分析人们的购买欲望和支付能力。需求分析的主要内容包括:人口与收入、房地产市场细分、抵押贷款的可提供性、抵押贷款的可获得性。效用指房地产为潜在的需求者提供多少利益或满足。效用分析的重点是系统研究房地产的特征与所受的法律限制,并改善某些特征以更好地适应潜在购买者的需求。稀缺是满足潜在购买者或租赁者需求的房地产供给水平。这涉及到对竞争性市场、替代产品及供给缺口的分析。可转让性是指房地产产权从一个人转移向另一个人的过程,包括营销、谈判签约、交割等交易活动及房地产产权的完备性、受法律规制的程度等。

DUST 模型把 d、u、s、t 这四个要素各分成若干次级要素,将每个次级要素又分成若干更次一级的要素。这样,把影响房地产价值的现金流的各种因素几乎全部考虑进来了。但实际上,效用可归结为需求因素方面,可转让性与稀缺性可归结为供给因素方面。因此,DUST 模型本质上仍属供求模型。

2. 静态供求价格模型

假设房地产需求函数和供给函数为线性函数,可建立以下的静态供求均衡模型:

$$\begin{cases} D = a + bP & (6.2) \\ S = c + dP & (6.3) \\ D = S & (6.4) \end{cases}$$

(6.2)、(6.3)式表示房地产的需求函数和供给函数。D、S 作为房地产的需求量和供给量;P 为房地产价格。将(6.2)、(6.3)式代入(6.4)式,可求出房价的静态均衡价格,记为 P_e。

$$P_e = (a - c)/(d - b)$$

3. 动态供求价格模型

动态供求价格模型是把时间因素纳入静态供求价格模型。因为房地产开发需要一个相对长的周期,一般从设计到竣工销售需要一年左右的时间,如果把 D、S、P 都看作时间 t 的函数,t 取整数离散值。则静态均衡价格模型将转变为动态供求价格模型。

$$\begin{cases} D_t = a + bP_t & (6.5) \\ S_t = c + dP_{t-1} & (6.6) \\ D_t = S_t & (6.7) \end{cases}$$

(6.5)式表示现期需求依赖于现期价格;(6.6)式表示现期供给依赖于上一期价格,这是假设上一期的价格引致了本期供给,即房地产供给量滞后于价格一个周期。(6.7)式为供求均衡的条件。把(6.5)、(6.6)式代入(6.7)式可得:

$$P_t - d/b \cdot P_{t-1} = (c - a)/b \qquad (6.8)$$

(6.8)式为一个一阶差分方程,其通解为:

$$P_t = A(c/b)^t + P_e$$

其中 A 为任意常数,若初始价格 P_0 已知,则 $A = P_0 - P_e$;P_e 为静态均衡价格。如果初

始价格 $P_0 \equiv P_e$，这表明每期房地产价格将恒为 P_e；如果初始价格 $P_0 \neq P_e$，那么 P_t 的运动方向可能趋于 P_e，也可能背离 P_e，其结果取决于 c/b 的取值。

三 基于开发商定价策略的房地产价格

房地产开发商作为具有一定垄断力量的厂商，市场势力较大。房地产市场势力是指房地产开发商影响和控制所销售的房地产价格的能力。房地产开发商，与竞争厂商相比，在产品市场上具有垄断性；而与垄断厂商相比，房地产开发企业众多，在生产要素市场上则竞争激烈，如在土地市场上的土地竞拍，在资本市场上获得融资，在项目审批中得以过关等，都表现出很强的竞争性。但是，房地产的产品垄断性，使地产开发商可以根据产品的不同特征，针对不同的消费者，制定出不同的价格，并获得超额垄断利润。因此，在产品市场上，房地产开发商在制定房地产价格时，一般垄断厂商所惯用的一些价格策略都会采用。当然，房地产开发商会根据房地产市场的实际条件而进行适应性调整。

（一）房地产开发商的一般性定价策略

1. 垄断定价

房地产的位置差别和技术差别的结合，使房地产的产品差别尤其突出，因而房地产开发商控制房地产价格的能力提高，甚至对某些特定的消费群，这种价格控制可以达到接近于完全垄断的程度。在这种情况下，房地产开发商就会如垄断厂商一样行事，如图 6-6 所示，房地产开发商以 P_0 价格，在市场上销售 Q_0 数量的房地产，实现利润最大化。

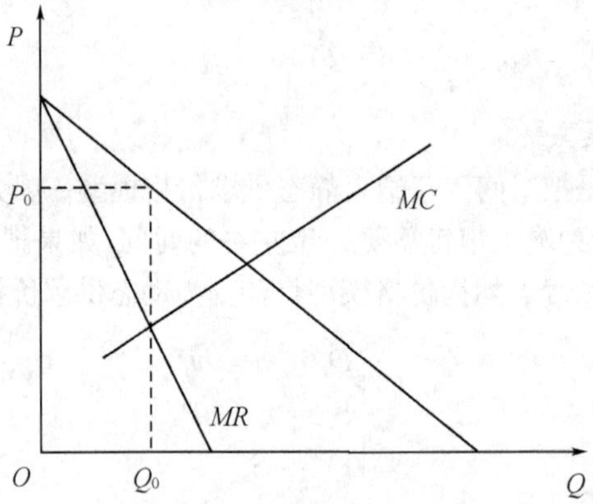

图 6-6　房地产开发商垄断定价

2. 在领导厂商主导价格的条件下，其他开发商选择跟随策略

在房地产市场上某些房地产开发商可能由于以下原因而成为领导厂商：① 较早进入房地产行业，通过"边干边学"形成了良好的生产经验曲线，特别是在创造产品差别方面积累了丰富的经验，已提前发展到最优规模，并比竞争对手更有效率。② 建立了良好的项目品牌和企业品牌，品牌价值高，并在区域房地产市场上得到广泛认同。③ 在同一市场上，与其他楼盘相比，规模更大，优势更明显，产品差别化程度更高。

作为领导厂商的房地产开发商可以不顾及其他厂商,自己选定价格水平和产出水平,而其他开发商则再根据剩余需求曲线来确定他们的房地产价格和产出水平。也就是一个房地产开发商先行动,而其他开发商跟随行动,实施跟随定价。在现实中,这种跟随行动主要有以下几种表现方式:① 开发与领导厂商几乎相同的产品,这种市场结构类似于斯坦克尔博格模型所描述的状况:领导厂商根据竞争对手预期的反应决定产量,同时确定价格,而跟随厂商则在既定的价格条件下根据剩余市场需求确定自身的产量。如图 6-7 所示,Q_0 为领导厂商的产量,Q_1-Q_0 为所有跟随厂商的产量。② 在房地产市场上,尽管产品不可能是同质的,但跟随厂商仍然会根据领导厂商的行动来决定自己的行动。跟随厂商可以生产与领导厂商不同质的产品,并制定有差异的价格从而获取更多的利润。例如跟随厂商可以生产比领导厂商档次低的产品,利用价格优势吸引消费者从而扩大自身的需求,通过降低成本提高利润水平。当然,跟随厂商也可以开发比领导厂商档次更高的产品并按更高的价格销售,以达到增加利润的目的。

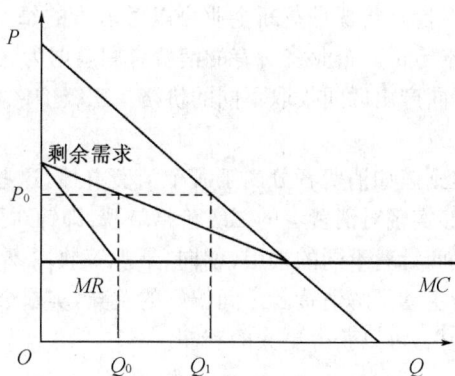

图 6-7 跟随定价

以领导厂商选定的房地产价格为标准,其他开发商根据自身产品的特征与其差别以及市场发展趋势进行校正。

Stigler(1947)发现,如果某个行业存在实施价格领导权的主导厂商,那么这个行业的价格就会相对更具刚性。并且在这种市场上领导厂商所能够获得的利润要大于垄断竞争市场,而跟随厂商则境遇要更差一些。而市场上产品的平均价格要低于完全垄断市场但高于垄断竞争市场。在现实中,一些口碑好的楼盘或品牌开发商的楼盘,比口碑一般的楼盘,销售价格高,升值空间大,并获得垄断利润,就是例证。

3. 合谋

合谋是一种厂商之间互相达成协议,通过限制市场产出、抬高价格来增加集体利润与个体利润的行为,即组建卡特尔。如果一个卡特尔组织严密,那它无异于一个完全垄断厂商,能够获得最大的集体利润。但卡特尔有其内在的不稳定性,即其每一个成员都有降低价格或提高产量的动机,以便在其他厂商不改变价格或产量的条件下获得更多的利润。即使世界上持续时间最久的卡特尔:OPEC(石油输出国组织),也经常会有成员暗中违反协议。

不过,房地产市场本身就是一个垄断性强的市场。特别是在市场繁荣期,房地产开发商即使没有明确达成协议而控制价格,也会因为开发商之间相互模仿定价而表现出一定的卡特尔的特征,即"默契合谋"。这就使房地产市场上开发商的集体利润增加,从而也增加了个别开发商的利润。当然,一群开发商也可能会联合起来并采取集体行动,而类似于形成了一个领导厂商,成为一个垄断的卡特尔,或建立价格同盟。但是,这种合谋的稳定性较差,因为房地产存在高度差异化的特征,房地产价格的可比性差,针对不同稀缺程度的产品,选择相似的限制市场产出,以控制价格的行为,其效应是不相同的。

4. 价格歧视

庇古(Pigou)对价格歧视理论作了经典阐述。准确地说,价格歧视是指对购买同一种商品的不同顾客收取不同的价格。但是这一术语同样适用于尽管对不同顾客供应同一种产品的供货成本不同,仍对顾客收取单一价格的做法。价格歧视一般是在满足以下三个条件时发生:第一,企业必须具有一定的垄断力量;第二,在其市场上,企业要么能够识别有不同预期价格的顾客,要么能够区分有不同需求弹性的市场区域;第三,顾客必须没有机会套利,否则低价买进的顾客可以向被收取较高价格的顾客转售该产品以获得利润。庇古定义了价格歧视的三种理论类型:一级价格歧视是垄断企业可以对出售的每一单位产品收取不同的价格,即按消费者的保留价格定价。企业将所有的消费者剩余据为己有。在二级价格歧视下,企业对同一需求曲线上不同产出区间收取不同的价格。三级价格歧视要求企业区分需求曲线不同的市场区域。

由于开发商只能了解到诸如消费者分属于哪个消费群体,这些消费群体具有哪些特征等信息,所以开发商只能够实现对消费者的二级价格歧视,即针对不同的消费群体收取不同的价格。具体体现在开发商针对不同的楼层、朝向、景观等收取不同的价格,这似乎已经成为开发商的惯例。开发商主动了解消费者之间偏好的差异,实施个性价格策略,针对不同偏好的消费者收取不同的价格,可以获得更大的利润。

5. 拍卖竞价

以拍卖方式,设计一个竞价机制,对房地产进行定价,也是房地产开发商可选择的价格策略之一。经常使用的拍卖机制包括先规定一个较低的底价,然后由拍卖师再往上叫价,直到无人愿出更高价而成交的英式拍卖;以及先订立一个较高的价格,然后逐渐向下叫价,直到有人同意按此价格购买的荷兰式拍卖。根据 Riley 和 Samuelson(1981)的研究,如果买主们希望使消费者剩余最大化,而且对拍卖品各自独立地进行估价,那么这两种方式所产生的预期收入是相同的。

在房地产市场上,开发商同样存在对消费者能够得到的效用或者经营者能够获得的收益等信息不了解的信息非对称情况,要确定最大限度获得利润的价格,难度很大。而选择拍卖竞价这一策略,可以有效降低定价的难度。这一策略,一般适用于下列情况:① 产品极其稀缺,购买者众多,要选择买主。如黄金位置的商铺、景观极佳的住宅等。② 楼盘定价难度大,周围没有可供比较的相似产品,缺乏价格参照系,必须确定价格标尺。③ 借助拍卖这一营销事件,进行新闻炒作,以吸引眼球,获得溢价。

从实践来看,在房地产市场上,拍卖竞价是一种重要的价格试验,具有价格发现功能和信号发送功能。

6. 掠夺性定价

一个领导厂商能够长时期行使市场力量,关键取决于能够进入的厂商数目、这些新厂商的成本结构如何以及他们能够多快地进入。因此，为维持领导地位，在位厂商经常会采取掠夺性定价行为来遏制进入，以尽可能地延长行使市场力量的时间。

某家厂商为将对手挤出市场或吓退意欲进入的潜在对手，他会降低价格，待对手退出后再提高价格，这种策略即为掠夺性定价。在位厂商如果具有某些优势，掠夺性定价尤其容易成功。这些优势包括：成本优势（在位厂商即使将价格定的高于自身生产成本，也有可能由于低于竞争对手成本而达到挤出或吓退的作用）、信息优势（竞争对手无法了解在位厂商的生产成本而无法预料进入之后他会采取什么对策，也可能选择不进入市场）。

另外一种类似于掠夺性定价的方法为阻止进入定价：如果一家厂商将其价格和产出定在某一水平，以致新厂商在进入市场后将发现剩余需求无法使他盈利。例如在位厂商将产量定在 Q_i，以致新厂商所面临的剩余需求曲线恰好低于他的平均成本曲线，那么新厂商就将无法生产出使其盈利的数量（见图 6-8）。

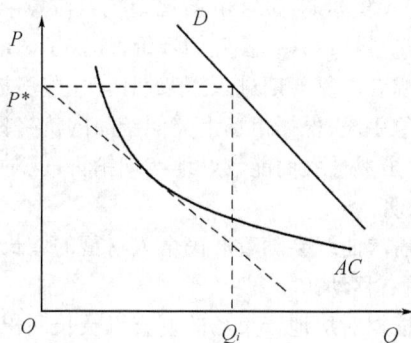

图 6-8　阻止进入定价

这些策略在市场衰退时尤其常见。例如中国房地产市场在 2004 年之前很少有掠夺性定价或阻止性定价的例子，然而在国家实行紧缩性宏观调控政策之后，一些颇具实力的开发商对此策略已经驾轻就熟。

7. 联手竞拍土地

在公开拍卖土地时，各个财雄势大的地产集团之间的竞争相当激烈。在这种情况下，两个或数个地产商有时会私下形成协议，合作发展某一幅正在竞拍的土地。这样做可避免因互相出价、争持不下而令地价不断被抬高。联手竞拍土地的手段是一种降低风险的策略。

（二）房地产开发商的独特性价格策略

在长期的定价实践中，房地产开发商也探索出一些独特的价格策略，进一步提高了开发商的市场势力。

1. 外部效应内部化

由于房地产位置固定且具有垄断性，一个项目所在地段的周边状况，对本项目具有外部效应，并直接影响产品的品质，因而开发商可以将外部效应内部化，尤其当获得好的外部效应时而提高房地产价格。诸如一个项目周边有好的中小学校、美丽的山水景观资源、完善的商业配套和便捷的交通条件，开发商必然制定更高的房地产价格，使这种外部效应转化为开发商的利润。当然，若周边的环境污染严重，各种配套设施奇缺，开发商也不得不调低房地产价格。

2. 增值诱导定价

开发商经常通过对其产品投资价值的宣传以及对市场投放量的控制来谋求一个需求不断扩张的局面。通过宣传增值潜力,往往可以增加对消费者的吸引力,从而扩大了产品的市场需求,进而由于消费者的选择而使得产品增值成为现实。

这包含两种情况。

(1) 在房地产市场复苏期

此时,由于市场尚未走出低谷,开发商仍然需要以价格作为一个主要的竞争手段。同时,由于房地产市场未来走势存在不确定性,部分开发商为了取得较好的销售业绩,将房地产价格确定为略低于当前最优价格,同时通过增值效应诱导,需求不断扩大,价格也逐渐攀升。

房地产市场由萧条期进入复苏期,尽管市场观望气氛浓厚,若潜在需求强烈,开发商普遍采取"低开高走"的房地产价格策略,或者变相降价,加快了房地产市场的复苏。

在房地产市场复苏期,或者由复苏期进入繁荣期,有一些房地产项目由于存在明显的不足,开发商通常选择价格竞争手段,根据市场上类似产品的价格标准,以更低的价格开盘,实施"低开高走"的价格策略。虽然开发商能较好地实现销售,但对于购房者却存在陷阱。

(2) 在房地产市场繁荣期

此时,开发商所面对的需求曲线会随着居民个人财富的增长、消费者对未来价格进一步上涨的预期等因素而不断向右移动。

在这种情形下,开发商根据对房地产市场的调查以及长期积累的经验,预计随着市场不断高涨,需求曲线会不断向右移动。由于对市场充满信心,开发商将房地产价格确定为高于目前最优价格,而不用担心因市场竞争而产品滞销。同时通过增值效应诱导,需求不断扩大,价格也逐渐攀升。

3. 制造短缺挤压,引致剩余需求扩大

由于开发商具有相当的垄断力量,所以开发商不仅可以根据市场条件的变化来调节价格("低开高走"或"高开高走"),还可以通过调节供给量在一定程度上影响剩余需求,从而影响房地产价格。

所谓"短缺挤压"策略,是指开发商在前期投入少量产品,或者利用开发商与消费者之间的信息不对称大肆宣传,采取各种措施来吸引消费者的注意力,如开发商的特价房销售策略或封盘策略,目的是制造短缺气氛,给消费者一种供不应求的感觉,从而强化消费者的抢购心态,扩大本项目的剩余需求,推动价格上涨。

在随后的时间内,开发商仍然可以缓慢地增加供给量,使每一轮价格上涨,从而达到利润最大化的目的。这种策略在市场繁荣期尤其普遍。

第四节　存量-流量模型与住宅价格决定

本节采用丹尼斯·迪帕斯奎尔等（2002，第 246～249 页）教材中讨论的存量-流量模型，来研究住宅市场运行中的住宅价格变化。存量-流量理论认为，短期内，住宅价格能够迅速地进行调整，使得住宅需求等于现有存量；而住宅存量的调整仅随着时间的推延缓慢地出现，这种调整经常是滞后的。存量调整对由市场短期均衡决定的价格作出反应。

一　住宅价格的决定

存量-流量法假定任一时期的住宅价格仅仅取决于模型中其他变量的当期值，而住宅的存量则依赖于这些变量的历史值。为使这一模型尽可能地简单，假定业主自用型住宅单元的当前需求 D_t 与当前家庭数 H_t 以及某一表达式成正比，该表达式是用于住宅的年成本 U_t（业主的资本成本）的负相关线性函数。其中参数 α_0 可看作年成本为零时拥有住宅的家庭比例，而参数 α_1 则是这一比例对持有成本的变动的反应，则

$$D_t = H_t(\alpha_0 - \alpha_1 U_t) \tag{6.9}$$

拥有住宅的年成本依赖于目前的价格水平 P_t、目前的税后抵押贷款利率 M_t 和住宅价格在未来的预期增长率 I_t。对于 I_t，时间下标代表对未来价格增长率的判断或者估计所形成的时期。用于住宅的年成本 U_t 的表达式为：

$$U_t = P_t(M_t - I_t) \tag{6.10}$$

存量-流量模型假定当期的住宅价格会进行调整，使得（6.9）式对业主自用型住宅单元的事前需求等于该类住宅单元的现有存量 S_t：

$$D_t = S_t \tag{6.11}$$

将（6.9）、（6.10）式代入（6.11）式中求解，得到当期住宅价格：

$$P_t = \frac{\alpha_0 - S_t/H_t}{\alpha_1(M_t - I_t)} \tag{6.12}$$

存量-流量法假定（6.12）式适用于每一个时期。根据住宅价格公式，在所有其他条件相同的情况下，如果存量与家庭数的比值减小，抵押贷款利率减小或者对未来价格上涨的预期更加乐观，住宅价格水平就会有所提高。反之，住宅价格水平将下跌。

二　住宅价格的动态变化

引入两期之间住宅存量的变化，进一步讨论住宅存量变化和住宅价格动态变化的关系。两期之间住宅存量的变化，由上期开始的建设量 C_{t-1}，减去一小部分（δ）由于废弃或者拆除而灭失的前一期存量的差决定。

$$S_t - S_{t-1} = C_{t-1} - \delta S_{t-1} \tag{6.13}$$

(6.13)式中的关系表明:只要建设量超过拆除量,存量就会增长,反之,存量就会下降。当建设量刚好等于重置需求量时($C_t = \delta S_t$),存量将不会变化($S_t - S_{t-1} = 0$)。这种情况称为存量处于稳定状态。

很明显,新项目的建设量依赖于当期住宅价格和当期住宅单元的存量。只有在存量增长到使得城市边缘的剩余土地价格等于土地的机会成本的均衡数量之前,较高的住宅价格才能给市场带来新的建设项目。用 ES_t 代表住宅(和已开发土地)的长期均衡存量,它将是住宅价格的直接函数,土地价格是住宅价格的剩余部分。假定存量中不存在由于折旧或拆除而灭失的住宅单元,如果当期的实际存量等于 ES_t,就不会有新增建设项目。如果住宅价格增长,潜在的土地租金上升,ES_t 增长,开发逐渐扩大,直至城区和郊区的租金再一次相等。当期的建设量是一种暂时的流量,仅在实际的存量达到由土地租金理论确定的长期存量之前才是必要的。以下两个公式表明了这一关系:

$$ES_t = -\beta_0 + \beta_1 P_t \tag{6.14}$$
$$C_t = \tau(ES_t - S_t) \geqslant 0$$

参数 β_1 表示价格增长带动土地开发的速度。参数的比值(β_0/β_1)可看作为弥补建设成本而产生正的土地租金所必要的最低住宅价格。参数 τ 为由于实际住宅存量和租金理论确定的长期均衡值之间的差异而导致的建设项目的开发速度,即使价格太低,以至于 ES_t 小于 S_t,建设量也不能是负值。在动态模型中,当存量中的某些住宅由于折旧或拆除而灭失时,如果建设量为零,存量当然会下降。为了保持存量的稳定,ES_t 必须超过存量,超出的数量应足以使产生的建设量恰好等于存量的折旧。

联立(6.13)式和(6.14)式,我们得到了当期住宅价格和住宅存量增加(或者减少)量之间的关系:

$$S_t - S_{t-1} = \tau(-\beta_0 + \beta_1 P_{t-1} - S_{t-1}) - \delta S_{t-1} \text{,如果} -\beta_0 + \beta_1 P_{t-1} > S_{t-1} \tag{6.15}$$
$$S_t - S_{t-1} = -\delta S_{t-1} \text{,如果} -\beta_0 + \beta_1 P_{t-1} < S_{t-1}$$

如果前一期住宅的价格足够高,以至于长期均衡存量超过该期的存量,而且超过量足以使建设量超过住宅单元拆除量(δS_{t-1}),那么(6.15)式表明存量将上升。随着存量的增长,拆除量的绝对值也不断增长,直到最终存量不再增长为止。这就是如果价格 P_{t-1} 永远保持不变时,住宅存量 S^* 的稳态水平。令 $S_t = S_{t-1}$,解方程(6.15)得到 S^* 的表达式:

$$S^* = \frac{\tau(ES_t - S^*)}{\delta} = \frac{\tau(-\beta_0 + \beta_1 P_{t-1} - S^*)}{\delta} = \frac{\tau(-\beta_0 + \beta_1 P_{t-1})}{\delta + \tau} \tag{6.16}$$

如果当期价格相对于当期存量来说太低,建设量将不足以弥补由于拆除而灭失的住宅单元,因此存量将会开始下降。减小后的存量会使所需的重置建设量减小,而最终达到一个新的相对较低的稳定状态 S^*。对任意价格 P_{t-1},(6.16)式表明,如果该价格永远保持不变,该存量最终将会出现并保持不变。无疑,如果价格较高(较低),S^* 相应地就较高(较低)。

(6.15)式和(6.16)式表明了存量作为价格的函数是如何变化的,相反,(6.12)式表明当期价格是当期存量(和其他一些外生变量,比如家庭数)的函数。如果初始存量非常小,由(6.12)式得到的住宅价格将会很高,致使新建设量超过需要重置的数量,在这种情况下,存量开始上升。另外一种情况,如果由于某些原因,初始存量太高,那么,住宅价格就会非常低,足以导致建设量小于拆除量(可能等于零)。在这种情况下,存量就会下降。在模型中外生变量数值固定的条件下,总会存在一个介于以上两个极值之间的存量值,它所对应的住宅价格使新建设量恰好可以维持存量的稳定。我们称这一存量值以及对应的住宅价格为模型的稳定状态完全解。我们在存量不变($S_t = S_{t-1}$)的条件下联立求解方程(6.12)和(6.15)来得到这一解,或者我们可以解方程(6.12)和(6.16)。(6.17)式为此联立方程的变形,要得到P^*和S^*,必须对其进行求解:

$$P^* = \frac{\alpha_0 - S^*/H_t}{\alpha_1(M_t - I_t)}$$
$$S^* = \frac{\tau(-\beta_0 + \beta_1 P^*)}{\delta + \tau}$$

(6.17)

公式(6.17)的联立解,给出如果目前的家庭数、价格预期、抵押贷款利率和模型参数($\alpha_0, \alpha_1, \tau, \delta, \beta_0, \beta_1$)永远保持恒定,市场上将会存在的均衡价格和存量。模型的这一长期稳态组合解将会因为参数和外生变量数值的不同而不同。解方程组得到P^*解如下:

$$P^* = \frac{\alpha_0 H_t(\tau + \delta) + \tau\beta_0}{H_t(\tau + \delta)\alpha_1(M_t - I_t) + \tau\beta_1}$$

(6.18)

通过考察公式(6.17)可以发现,P^*随着家庭数的增多、未来通货膨胀预期值的提高或者当期抵押贷款利率的降低而上升。如果P^*升高,S^*也会随之升高。我们将这些不同的P^*、S^*值称为模型的可比稳定解。实际上我们正在讨论的是,比如说家庭稳定增长,并有足以使市场达到一个新的稳态值的时间已经过去的情况下,住宅的价格(或存量)最终是怎样变化的。

模型的稳定状态解是一种假设的均衡,而在现实中基本上不可能会出现。因为在完全稳定的状态出现所需的时间内,市场的外生变量一般不会是恒定的。虽然H_t可能在几年内保持不变,但一旦一个地区的经济开始增长或下滑,H_t也会随之变化。国家宏观经济状况会导致利率的明显波动,而消费者对未来的预期也会改变。每个外生变量的每次变动都意味着所有模型变量都开始进行调整。

第五节 影响房价变化的外生变量

一 利率与房地产价格

房地产价格的涨跌与利率的高低密切相关,利率的微小变动都有可能导致房地产价格的剧烈波动。一般而言,决定房地产价格的利率体系为:① 当时国内各地房地产抵押贷款的平均利率。② 国家银行所发行的土地债券的平均利率。③ 国内房地产抵押贷款二三十年来长期利率的平均数。④ 政府发行的中长期国债的平均利率。具体选择哪种标准利率决定房地产价格,要视房地产交易者对房地产的未来收益及其风险的判断和承担风险的能力来确定。人们购置房地产获得未来收益要承担相应风险并忍耐等待,因而人们对未来收益与目前收益的看法是不同的,甚至为了获得现在的收益而情愿把将来的收益打折出让。这种折扣率就是将来收入的贬值率或投资的预期收益率;而折扣率的估计是采用当时社会上最通行的利率和房地产交易双方对未来收益与风险大小的评估而定。当投资者认定房地产投资比较安全,每年的收入可靠,则接受较低的利率,即愿意支付较高的房地产价格;如果投资者认为投资风险较大,即每年的收入不稳定,则要求较高的利率,即愿意支付较低的房地产价格。

从理论上说,房价与利率负相关,即利率上升,房价会下降;利率下降,房价会上升。具体来说,利率从以下几个方面影响房价的涨跌。

一是从成本的角度来看,利率上升会增加房地产开发的投资利息,从而使房价上涨;利率下降时,则会降低投资利息和资本成本,从而在利润水平一定的情况下使房价下跌。

二是从投资角度来看,房地产是一种重要的投资品,当利率下降时,抵押贷款将大规模地流入房地产行业,并推动房地产价格上涨;反之,则房地产投资与房价都会下降。

三是从住房消费来看,其年成本主要是银行抵押贷款利息。因此,房地产消费对实际利率应该是非常敏感的。紧缩性的货币政策导致银行利率提高时,房地产消费下降;反之,扩张性的货币政策导致银行利率下降时,房地产消费上升。

四是从房地产价值来看,房地产价值是房地产预期未来收益的现值之和,由于房地产价值与折现率负相关,而折现率与利率正相关,所以利率上升会使房价下降。

综上可见,利率与房价的关系是多种因素共同作用的结果。而且,在现实中,利率的变化也不是孤立的,往往同时伴随着其他经济变量的变化,由于这些经济变量之间存在相互影响,使对利率与房价的关系的考察变得更为复杂。

二 汇率与房地产价格

在新开放经济宏观经济学(NOEM)关于汇率问题的一般均衡分析范式中,汇率变动与资产价格之间的互动关系受到了特别的关注。在这一框架中,本国货币相对于外国货币的升值会导致国内资产价格上涨和外国资产价格下跌(Hau and Rey,2002)。这一理论研究也得到了大量事实的验证。如20世纪90年代,大量资本流入美国,使美元持续坚挺,与之相伴随的是美国利率的下降以及股票价格与房地产价格的上涨;再如在1997年亚洲金融危机发生后,大多数发生危机的经济体伴随着本国货币急剧贬值而出现了股票价格下跌与房地产价格下跌的"三重危机"现象。在开放经济条件下,资产价格不仅受其自身供求因素的影响,也越来越多地受汇率变动的影响。从经验来看,一国(地区)货币升值或贬值,都有可能对本国(地区)的房地产价格变化产生影响。

根据理论假设,如果现实汇率偏离均衡汇率而选择汇率调整,则汇率调整一般通过以下几个途径影响国内房地产价格。

1. 流动性效应

主要表现为境外资金对东道国房地产市场的投机活动。当东道国货币具有升值预期或持续升值时,投资者首先把外币兑换成东道国货币并在东道国购置房地产,等东道国货币升值后,投资者再将持有的房地产在价格上涨后出售,并兑换成外币,就可得到货币升值以及房地产价格上涨两方面的收益。由于房地产供给在短期内较难增加,这种房地产投机需求势必拉高房地产价格。相反,当东道国货币发生贬值时,这些投机者将抛售持有的房地产,导致房地产价格下跌。因此,汇率变动致使境外投机性资金冲击东道国房地产市场,引起房地产价格波动。

2. 预期效应

一般地,境外资金投资东道国房地产的预期回报率可写成: $E(r) = R/H + E(h) + E(e)$,其中: $E(r)$ 为投资预期回报率; R 为租金收益, H 为房地产购买价格,则 R/H 为房地产租金收益率; $E(h)$ 为预期房地产增值率; $E(e)$ 为预期东道国货币升值率。也就是说,当市场预期东道国货币将会升值时,境外投资者在东道国投资房地产的回报率将上升,便会吸引境外资金流入东道国的房地产市场。外资的不断进入增加了房地产市场需求,从而拉高了房地产价格。如果投资者预期货币将持续升值,将会吸引更大规模的外资进入。反之,货币贬值将降低境外房地产投资者的投资回报率,他们将抛售房地产,外资流出该国。外资流出市场,抛售房地产将增加房地产供给,从而导致房地产价格下降。

3. 财富效应

货币升值意味着进口商品价格下降,导致进口增加,进而带动国内一般消费品价格走低,货币也就变得更值钱了,多余的购买力将寻找投资项目。在房地产市场价格一路走高,以及房地产市场也存在财富效应的条件下,大量剩余资金将进入房地产领域,增加了房地产需求从而拉高房地产价格。相反,如果货币贬值,货币的购买力下降,消费者被迫花更多的货币用于国内一般消费品的消费,对房地产的需求减少,导致房地产价格下跌。

4. 溢出效应

一般地,货币升值将影响东道国的产业增长;同时,货币升值可能通过货币工资机制、生产成本机制、货币供应机制、收入机制等途径造成物价的下跌。因此,从理论上来讲,货币升值可能导致国内经济的紧缩。特别是在面临外部压力而被迫升值的情况下,东道国政府更担心货币升值将给本国经济带来紧缩和打击,因此会实行扩张性货币政策,比如,降低利率以及增加货币供应等,这将有可能促使资金流进房地产市场,导致房地产价格上涨和泡沫的出现,从而对房地产市场带来扩张性的溢出效应。相反,若一国货币发生贬值,为了应对国际投机者的冲击,货币当局一般会加强控制,实施紧缩性货币政策,这将对房地产市场带来紧缩性的溢出效应。

5. 信贷扩张或收缩效应

在固定汇率(或钉住单一货币)制度下,本国货币升值或升值预期将吸引大量的外资流进,为了保持币值的基本稳定,货币当局将被动地买进外币同时放出本国货币,即大幅度增加了流动性。同时,在财富效应作用下,居民的储蓄存款大大增加了。这就使得银行资金过剩,银行资金也将积极寻找投资渠道。由于房地产信贷领域有房地产作抵押,房地产贷款成为银行的优质资产。因而银行信贷资金大量进入房地产领域,致使房地产泡沫膨胀。相反,货币贬值将可能导致银行"惜贷",银行信贷收紧则加剧房地产市场降温。

上述理论假设,虽然得到了一些事实的验证,但世界上许多国家都发生过大幅度货币升值或货币贬值,在汇率变动的同时也产生了大量的国际投机资本的冲击,却仍有一些国家成功地避免了房地产泡沫问题。不难理解,汇率调整是通过相关经济变量的传导而影响房地产价格的,在这种传导过程中,其他经济变量的变化也在不同程度地影响房地产价格,汇率变动只是房地产泡沫演化的一个解释变量,房地产泡沫膨胀甚至崩溃是在一系列条件下发生的,单纯的国际"热钱"投机冲击并不必然导致房地产泡沫的膨胀或崩溃(高波、毛中根,2005)。

三   股价与房地产价格

房地产既是耐用消费品又是投资品,因此股价变动对房价的影响是复杂的,存在多个传导途径,而且作用效果不尽相同甚至截然相反。从统计数据来看,一国的股价走势与房价走势之间几乎很难有规律可循。导致这一状况的根本原因在于,与房价相同,股价本身的变动就是一系列因素相互作用的结果,股票市场的有效性也是相对不足的。所谓有效市场假说(efficient market hypothesis),是指若资本市场在证券价格形成中充分而准确地反映了全部相关信息,则称其为有效率。

股价与房地产价格之间有以下几个影响途径。

1. 财富效应

无论是作为消费品还是作为投资品,房价都要受到股价财富效应的影响。根据新帕尔格雷夫经济学大辞典的解释,所谓财富效应(wealth effect)是指:"货币余额的变化,假如其他条件相同,将会在总消费开支方面引起变动。这样的财富效应常被称作庇古效应或实际余额效应"。现代意义上的财富效应,是指居民资产价值的变动对于居民消费需求的影响。从消费角度来看,股价会带来直接和间接的财富效应。直接财富效应,是指当股票投资能够带来持久而稳定收入,并且股票构成投资者财富重要组成部分的条件下,股价变化导致的个人财富水平变化才能显著影响房地产消费支出,从而引致房价变化。间接财富效应指的是由于股价上升导致人们对未来经济发展的预期看好,消费者信心增强从而消费支出增加。Zandi(1999)构建了一个理论,论述股票市场对消费者信心的支持作用,证明股价上涨不仅对参与股票投资的消费者有影响,而且没有参与股票投资的消费者也会由于信心的增加而提高其消费支出。间接财富效应发挥作用主要有两种渠道:一方面,股价上涨反映了较高的当期财富预期,直接支持消费者信心;另一方面,一个健康的股票市场是宏观经济的先行指标,即股票市场的周期波动与宏观经济周期波动相比,有一个提前量。股价的上涨将预示宏观经济的复苏或高涨,而宏观经济的复苏或高涨则意味着较高的劳动收入与财富水平,股价与消费者预期收入有了一个清晰的联系并由此影响居民的消费支出水平。

从投资的角度来看,根据马柯维茨的资产组合理论,股价上涨将导致投资者总财富增加,同时资产组合中的股票比例上升。投资者为重新平衡其资产组合,将会卖掉一部分股票而购买其他资产。

2. 挤出效应

股票与作为投资品的房地产同为风险资产,它们之间还存在挤出效应。股价上涨导致风险资产在个人总资产中所占比例增加,风险中性的投资者会减少风险资产的资金而投入到其他资产当中去,而楼市通常是一个较好的选择。因此,在股价高涨到一定阶段,房价也会随之上扬。

3. 替代效应

由于股市与楼市都是重要的投资场所,所以,在资本量一定的情况下,股票投资与房地产投资是竞争的关系。如果其他条件不变,当资产相对收益发生变化时,还将产生资产的相互替代,即资金从相对收益低的资产转移到相对收益高的资产。如果说资本投入会带来价格的上涨,则意味着房价与股价之间存在着此消彼长的关系。也就是说,当股价低迷时,就会有更多的资金从股市抽出而投入到房地产市场上,从而促进房地产价格的上扬;当股价高涨时,也有一些人会抛售房产,将资金转移到股市,从而抑制了房价的上涨。

综合考虑股价波动对房地产消费和投资两方面的影响,在大多数情况下,财富效应大于替代效应和挤出效应之和。然而在特定的条件下,则可能出现相反的情况:替代效应和挤出效应之和超过财富效应,此时股价与房价将表现出负相关关系。一些经济学家对股价与房地产价格的关系进行了实证检验,并发现了支持财富效应的证据。Donald 和 Daniel(2002)利用美国 130 个大都市区 1984~1998 年的面板数据,估计出 S&P500 股票指数上涨 1% 会对住宅价格上涨有 0.16% 的贡献。Green(2002)利用加利福尼亚州的几个不同城市的住宅价格与 Russell 2000 股票指数从 1989 年 1 月到 1998 年 7 月的月度数据进行了检验,认为在不同的地理、经济以及社会条件下,股价变动的财富效应是不同的,有的比较显著而有的则不显著。在这篇文章之后,Green(2002)又利用 1998 年 1 月至 2001 年 12 月的数据对股价与住宅价格的关系进行了 Granger 因果检验,证明了 S&P500 指数和 NASDAQ 指数是 Santa Clara 地区住宅价格变化的 Granger 原因,并且它们具有相同的变动趋势。

第六节 房价波动的心理因素

一 预期与房价波动

显然,人们的预期对未来的房价走向具有重要影响,甚至是导致房价波动的主导力量。在经济增长的条件下,人们对经济前景和未来个人可支配收入的预期乐观,在适应性预期的作用下,将刺激房地产消费需求、投资需求和投机需求的扩张,而房地产供给具有滞后性,这就使市场价格高于均衡价格。在适应性预期下,人们根据过去的房地产价格推断未来的房地产价格,房价一旦上涨,这一因素会推动房价继续上涨。但是,问题在于研究者很难提出一种符合真实情况的预期理论。因此,依据不同的预期理论,对于房价波动的解释也就截然不同。

丹尼斯·迪帕斯奎尔和威廉·C·惠顿(2002,第 254~259 页)则分析了近视价格预期下的市场动态变化。消费者经常使用适应型或回顾型的预期模型,预测房地产价格。当价格上涨时,大多数人认为未来价格同样会上涨。在这种预期下,一个比较景气的市场,未来价格增值率的预期会比较高,进而预期所有者的总成本就比较低,这将产生更加强劲的需求,从而导致价格上涨。一个最近价格低迷的市场,因为预计价格呈持续下降趋势,会导致所有者成本升高,所以价格相对较低。在这两种情况下,由于他们在预期形成过程中的联系,当期和过去的价格变动是呈正相关的。

理性预期对价格的影响不同于近视价格预期。宏观经济学家长期在探求一种消费者预期理论,在这种预期理论中,家庭运用市场信息,但它们对信息的这种运用并不会产生剧烈的市场波动。当前通用的方式是假定消费者充分完全地获得市场运作的信息。这并不意味着消费者能完全预知无法预料的变化或市场冲击——它仅意味着一旦这样的冲击出现,信息灵通的消费者有能力正确地预测市场如何反应。实际上,一旦利率上升或者人们已经广泛认识到计算机技术的变化将刺激特定地区的经济增长,消费者将有能力正确预测此类变化对住宅价格的影响,并将该预测作为对未来价格增长率的预期。在理性预期中,除因冲击导致的首期价格变化外,消费者预期出现的未来价格的变化路径必定会实际发生。因为按照定义冲击是无法预料的,所以首期市场反应不会是此前消费者所作预期的一部分,但是冲击导致的未来价格波动可以被准确预测,并构成了冲击发生后的预期的基础。因此,在理性预期条件下,市场冲击不会造成周期性的循环模式,仅存在一次价格过高以及一次由此导致的建设高峰。一个信息充分的理性市场仅在影响市场的外生变量周期性波动时才能显示表面上的周期性行为。

与完全理性预期不同,作为一种有限理性预期,意味着人们根据当期收入和对未来可支配收入的预期,来决定当前和以后的消费,在预期乐观的气氛下,必然带来房地产超前消费,并产生相应的投资需求。

二 房地产价格泡沫形成的心理基础

泡沫的形成和破裂都会表现为房地产价格的剧烈波动。一般而言,泡沫是指由于虚拟资本过度增长,偏离实体经济,而导致市场价格高于内在价值(一般均衡价格)的经济现象。当这种泡沫出现了不可持续性,难以长期维持而导致市场崩溃,则演变为泡沫经济(高波,2005,第18~23页)。金德尔伯格在《新帕尔格雷夫经济学大辞典》中对"泡沫经济"作了如下定义:"泡沫状态这个名词,随便一点儿说,就是一种或一系列资产在一个连续过程中陡然涨价,开始的价格上升会使人们产生还要涨价的预期,于是又吸引了一些新的买主——这些人一般只是想通过买卖谋取利润,而对这些资产本身的使用和产生盈利的能力是不感兴趣的。伴随着涨价的常常是预期的逆转,接着就是价格的暴跌,最后以金融危机告终。通常,'繁荣'时间要比泡沫状态长一些,价格、生产和利润的上升也比较温和一些,以后也许接着就是以暴跌(或恐慌)形式出现的危机,或者以繁荣的逐渐消退告终而不发生危机。"房地产作为虚拟资本与实体经济的结合体,具备沿着带有泡沫的路径爆炸运行的市场特征。正如罗伯特·J·希勒所言:全球有一个很普遍的现象,即凡是有魅力的城市,无论从波士顿到纽约,还是从伦敦到悉尼,房地产市场存在泡沫是必然的。

对于股市和楼市的泡沫而言,越来越多的金融专家和投资者开始从市场内部寻求解释。主要有三种解释:行为金融学(behavioral finance)、"理性投机"理论(rational speculation)和临界状态理论(critical state theory)。其中,理性投机或"理性泡沫"(rational bubbles)理论认为:如果足够多的投资者不考察市场的长期行为,只考虑短期走向,那么,忽略经济基本面而单纯考虑价格的行为也是理性的。因此,"聪明的钱"会随泡沫而运作,在泡沫破裂前抽身逃走。临界状态理论认为:各个变量之间的互动决定事态的发展;整个过程非常复杂,没有简单的模型可以预言何时市场会走向反转,一件小事就可以破坏平衡。

行为金融学理论的主要观点是,当人们在评估风险、进行投资时,并不总是理性的。

首先,大部分投资者并非完全理性。在许多方面人们的行为与标准的决策模型是不一致的,从风险态度、预期形成方式以及决策对问题的构想和表达方式的敏感性等方面有根本性的差异。例如人们的亏损函数的斜率通常比获利函数的斜率要大,即人们会尽量地避免遭受损失;在对不确定性后果进行预期时,个人的行事原则常常会违反贝叶斯原则和其他概率最大化理论,人们常常会用短期的历史数据来预测不确定的未来。

其次,心理学的研究表明,人们并不只是偶尔偏离理性,而是经常以同样的方式偏离。因此他们之间的交易并非随机进行,而是在大致相同的时期买或卖同样的资产。这样噪音交易者的行为具有一定的社会性,大家会犯同样的错误。这种现象不仅仅存在于个人投资者中,而且在机构投资者中也普遍存在。

最后,行为金融理论表明,现实中的套利不仅充满风险,而且作用有限,大量的资产没有替代组合,所以一旦由于某种原因出现定价偏差,套利者将无法进行无风险的对冲交易。这种套利已经不再是无风险套利了。如果套利者整体承受风险的能力有限,他们将很难将大量资产的价格维持在符合基本价值的水平上。

因此,在房地产市场有效性有限的条件下,房地产实际价格偏离其基本价值成为常态,对房地产的投机也变成了一种有望获得经济利润的方式。而且,投机者的适应性预期不断放大投机行为而导致价格波动更加剧烈。

如果仅是投资者个体或机构具有非理性的行为并不能够直接导致房地产价格泡沫,房地产泡沫的产生和膨胀与羊群行为有关。所谓羊群行为,是指处于相同时期的人会有相似的想法并作出相似的判断。由于信息不完全、未来不确定,在房地产市场上升期,不同的房地产市场参与者扮演着相应的角色,表现出不同的羊群行为,促使房地产泡沫膨胀。

第七节　中国的房价波动和房价决定因素的实证检验

一　中国的房价走势与房地产泡沫

可以从以下两个方面来判断一个国家或地区是否存在房地产泡沫。

第一,若房地产价格的涨幅超过人们收入的涨幅,房地产市场繁荣不能持续,表明存在房地产泡沫。

第二,房地产价格涨幅与房地产租金涨幅相比,若前者大于后者,甚至发生背离,即房价涨、房租跌,表明存在房地产泡沫。对投资品来说,短期价格由市场的供求机制决定,而长期价格则是由该投资品所能带给投资者收益流的贴现值决定。因此,房价与房租比,如同股票的市盈率,是国际上一个衡量房地产泡沫的标准。

以1988年为基期,绘制商品房平均销售价格增长率和城镇居民人均可支配收入增长率定基指数曲线(见图6-9),结果发现,城镇居民人均可支配收入增长率高于商品房平均销售价格增长率,表明城镇居民的住宅实际支付能力较强。从这个角度看,中国房地产泡沫的程度不高。

再根据《35 个大中城市房屋销售价格指数》提供的数据,设 1998 年房屋销售价格和租赁价格分别为 100,推算以后各年的指数值绘制而成图 6 - 10,分析我国房屋销售价格和租赁价格走势。如图 6 - 10 所示,从 2004 年开始,我国房地产销售价格上涨较快,房地产销售价格与租赁价格走势出现明显的"剪刀差"。剪刀差的概念来源于前苏联,是"剪刀状价格差距"的简称,原指工农业产品在交换过程中的不等价交换,若把工农业产品价格变化趋势画成曲线,则呈剪刀状张开,故称"剪刀差"。这表明房价租金比呈扩大趋势,而且,2004 年以来这种趋势更加显著。房价租金比是判断房地产市场是否存在泡沫的重要方法和指标之一,当房价租金比超过某一数值时,意味着房地产市场中存在泡沫。从图 6 - 10 所显示的结果来看,当前我国房地产市场存在一定的泡沫并不断扩大。

我们从经济基本面的角度,建立面板数据模型,对北京、天津、石家庄、沈阳、长春、哈尔滨、上海、南京、杭州、厦门、济南、郑州、武汉、长沙、广州、重庆、成都、西安等 18 个城市 1999～2007 年的房地产泡沫进行测度。结果表明,在样本区间内,总体上房地产泡沫并不严重,大部分城市的房地产市场存在不同程度的价格泡沫,少数城市泡沫度较大。2003 年之前,房地产泡沫程度很低,除杭州外,17 个城市的房地产泡沫度都在 10% 以下。从 2004 年开始,多数城市房地产泡沫呈上升趋势,2007 年是近年来房地产泡沫度最大的年份,18 个城市中有 10 个城市的房地产泡沫度超过 20%。从四大区域来看,房地产泡沫较大的城市主要集中在东部地区,2007 年东部 9 个城市中有 6 个城市的房地产泡沫度超过 20%,房地产泡沫程度最大的杭州达 41.5%。长三角地区的上海、南京、杭州等三个中心城市,2007 年房地产泡沫度都超过 30%,表明该区域房地产泡沫相对比较严重。东北地区三个中心城市,2007 年沈阳房地产泡沫度超过 30%,长春、哈尔滨房地产泡沫度较低。中西部地区城市的房地产泡沫相对较低。观察发现,房地产泡沫度大致与城市经济发展水平相对应(高波等,2009)。

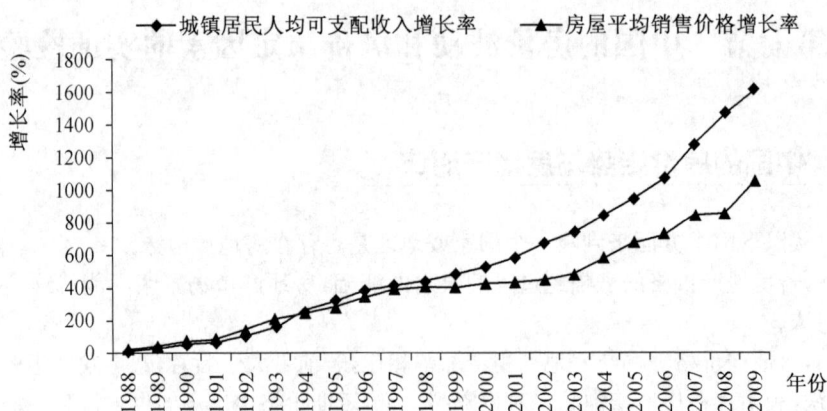

图 6 - 9　城镇居民人均可支配收入和商品房销售价格增长率定基指数曲线

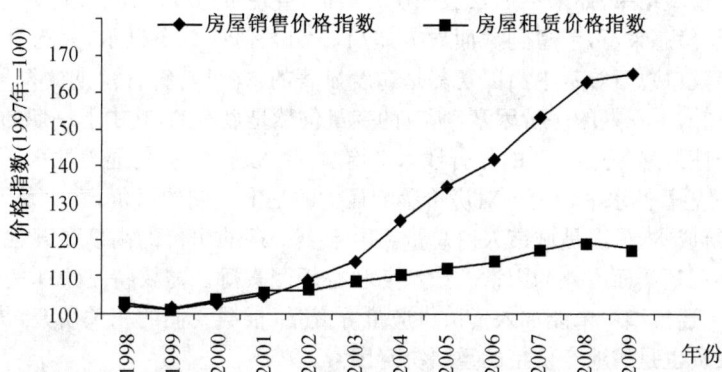

数据来源:国家发改委、国家统计局联合发布的《35个大中城市房地产价格指数》。

图6-10 房屋销售、租赁价格增速剪刀差

二 中国房价决定因素的实证检验

利用面板数据,对中国城市房价的决定因素进行检验。样本范围是大陆30个省市自治区的省会城市(因数据原因,不包括拉萨),2002~2008年的面板数据,因变量为统计年鉴中公布的城市房屋销售价格,自变量包括人均可支配收入、城市人口总量、建筑成本和上一期的房价。其中建筑成本用各省市自治区的建筑成本代替。估计方法采用四种技术,分别是静态面板固定效应估计,静态面板随机效应估计,考虑截面异方差的静态面板FGLS估计,动态面板估计。计量检验结果如表6-4所示。

表6-4 房价的决定因素

	固定效应估计	随机效应估计	FGLS	动态面板估计
C	−0.967***	−1.216***	−2.435***	−1.11***
	(0.353)	(0.322)	(−0.198)	(0.407)
人均可支配收入	0.695***	0.692***	0.806***	0.397**
	(0.060)	(0.055)	(0.034)	(0.182)
城市人口总量	0.023	0.033	0.052***	0.051***
	(0.03)	(0.024)	(0.009)	(0.014)
建筑成本	0.324***	0.355***	0.361***	0.152*
	(0.083)	(0.073)	(0.029)	(0.088)
上一期房价				0.504***
				(0.172)

注:C为截距项,* * *代表通过1%的显著性水平检验,* *代表通过5%的显著性水平检验,*代表通过10%的显著性水平检验,括号内的值为估计系数的标准差。

　　根据实证检验结果,如果不加入上一期的房价,直接考虑收入、城市人口、建筑成本等基本面因素,即从静态来看,考虑到截面异方差后,FGLS估计结果显示,人均可支配收入、建筑成本和城市人口总量等基本面因素都是高度显著的,并且有符合预期的符号。考虑动态面板估计,即加入上一期的房价因素,所有的变量仍然是显著的,其中上一期的房价、城市人口总量的显著性最强,通过1％的显著性水平检验,收入通过5％的显著性水平检验,建筑成本通过10％的显著性水平检验。对房价影响最大的是上一期的房价,其次是人均可支配收入,再次是建筑成本,最次是城市人口总量。由于上一期的房价的高度显著性,这表明中国房价的决定存在基本面以外的因素。如预期和心理因素等。需要特别说明的是,由于数据搜集的困难,上述模型中未能加入货币供应量等变量,根据我们的相关研究,货币供应量和房地产开发投资也是房地产价格的重要决定因素。

本章小结

　　本章首先按照理论演变的线索,择要介绍地租、地价理论,为理解房地产价格奠定基础。其次,阐述房地产价格的本质、特性及其构成和决定因素。再次,应用地租、地价理论、均衡价格理论和厂商定价理论分析房地产价格水平的决定问题。第四,采用存量-流量模型,研究住宅市场运行中的住宅价格变化。第五,对影响房地产价格变化的其他外生变量,如利率、汇率及股价进行了探讨。第六,利用行为经济学的研究成果,集中分析影响房地产价格变化的心理因素,对房地产价格泡沫现象作了初步解释。最后,对中国的房价波动和房价决定因素进行了分析。

　　通过本章的学习,可以对地租、地价理论和房地产价格的原理有一个系统的了解,并对影响房地产价格变化的因素及其方式有一个全面的认识。

本章思考题

　　1. 马克思主义地租理论的主要贡献有哪些?
　　2. 房地产价格的本质是什么?
　　3. 如何理解地价与房价的关系?
　　4. 什么是"羊群行为"? 房地产泡沫形成的影响因素有哪些?

参考文献

　　[1] 曹振良等. 房地产经济学通论[M]. 北京:北京大学出版社,2003.
　　[2] [英]多纳德·海,德理克·莫瑞斯. 产业经济学与组织(上册)[M]. 北京:经济科学出版社,2001.
　　[3] [美]丹尼斯·迪帕斯奎尔,威廉·C·惠顿. 城市经济学与房地产市场[M]. 北京:经济科学出版社,2002.
　　[4] 高波,全球化视野的中国房地产市场:泡沫、调控及走向[J]. 改革,2005(10).

[5] 高波,毛中根. 汇率冲击与房地产泡沫演化:国际经验及中国的政策取向[J]. 经济理论与经济管理,2006(7).

[6] 高波等. 转型期中国房地产市场成长:1978~2008[M]. 北京:经济科学出版社,2009.

[7] 洪银兴,葛扬. 马克思地租、地价理论研究[J]. 当代经济研究,2005(8).

[8] [美]罗伯特·J·希勒. 非理性繁荣[M]. 北京:中国人民大学出版社,2004.

[9] [美]萨缪尔森,诺德豪斯. 经济学(上)[M]. 北京:北京经济学院出版社,1996.

[10] 宋勃,高波. 房价与地价关系的因果检验:1998－2006[J]. 当代经济科学,2007a(1).

[11] 宋勃,高波. 房价与地价关系的国际比较及其引申[J]. 改革,2007b(2).

[12] 谢贤程. 香港房地产市场[M]. 太原:山西经济出版社,1992.

[13] Donald, J. G. and Daniel T. Winkler. The Dynamics of Metropolitan Housing Prices[J]. Journal of Real Estate, 2002, 23:29 - 45.

[14] Green,Richard K. Stock Prices and House Prices in California:New Evidence of a Wealth Effect? [J]. Regional Science&Urban Economics, 2002,32:775 - 783.

[15] Green, Richard K. Can We Explain the Santa Clara County Housing Market? [J]. Housing Policy Debate, 2002, 13(2):351 - 368.

[16] Hau, H and Rey, H. Exchange Rate,Equity Prices and Capital Flows[R]. NBER Working Papers No. 9398, 2002.

[17] Riley,John G. and William F. Samuelson. Optimal Auctions[J]. American Economic Review, 1981,71:381 - 392.

[18] Stigler,George J. The Kinky Oligopoly Demand Curve and Rigid Prices[J]. Journal of Political Economy, 1947,55:432 - 449.

[19] Zandi, Mark R. Wealth Worries[J]. Regional Finance Review, 1999,8:1 - 8.

第七章　房地产投资：收益、风险与决策

内容提要

1. 房地产投资的一般原理。
2. 房地产投资收益的类型和经济效果评价指标。
3. 房地产投资风险的成因、度量与控制。
4. 房地产投资决策的过程和具体指标。

房地产是一种巨额资产,因而房地产投资涉及巨额资金的流动。一项成功的房地产投资会带来巨额盈利,反之,则可能造成重大损失。多种房地产投资机会往往同时存在,其中诱人的投资机会又往往不止一个,而投资者可以利用的资源却是有限的,所以投资者必须在确定的即期支出与不确定的未来收益之间作出慎重的选择。这时,就需要有一种方法能够对各种投资方案进行评估,帮助投资者在各种约束条件下,如可承受的风险、所要求的投资收益率以及城市规划的约束等,进行正确的投资决策,使投资获得最大的收益。投资的收益需要预测,收益获得的时间不同需要校正,收益的置信程度即风险需要考虑,面临多种投资机会但资源有限必须进行选择。这就要求进行科学地房地产投资分析而作出正确决策。

第一节　房地产投资的一般原理

一　房地产投资的概念

投资是指以一定资源投入某项计划,以获取所期望的报酬。这里的资源既可以是资金,也可以是土地、人力、技术、管理经验或其他资源。所以"投资"一词从广义上来说,既用来指特种资源,又用来指特定的经济活动。

房地产投资的形式多种多样。比如一个普通的个人投资者,可以用 16 万元的首付款运作一个 40 万元的置业投资项目;一个不愿意参与房地产直接管理的投资者,可以用 1 万元购买房地产公司的股票、债券;一个房地产开发公司可以投资数千万元或数亿元建造一幢写字楼;而政府可以花费数亿元新建一个车站和交通系统。所有这些都是房地产投资问题。所谓房地产投资,是指资本所有者将其资本投入到房地产业,以期在将来获取预期收益的一

种经济活动。也就是指人们为实现某种预定的目标，直接或间接地对房地产的开发、经营、管理、服务和消费所进行的投资活动。房地产投资所涉及的领域有：土地开发、旧城改造、房屋建设、房地产经营、置业等。房地产业是国民经济的支柱产业，房地产投资对经济增长有着相当重要的作用。房地产投资对相关行业的拉动作用较大，对经济增长具有长期影响。

在现实中，只有当投资收益大于投资成本时，投资才会发生。因此，理解房地产投资必须考虑收益、成本和预期等三个基本要素。决定投资的一项非常重要的因素是收益，收益的大小决定于产出水平。收益与风险是紧紧联系在一起的，收益的表现形式可以是利润，利润包括与风险相联系的三种不同的报酬：① 社会风险补偿。收益中的一部分是在良好的经济气候条件下的超额利润，用来补偿陷入破产或萧条等经济危机时期的损失。② 承担风险的收益。厂商所承担的某些风险不可能被全部分散或加以保险，而投资商一般是厌恶风险的，他们必须得到风险补偿才会持有这样的风险资产。③ 创新利润。即在一个持续创新的世界中，企业家获得的利润。只有当投资商能够售出更多的产品或使产品成本较为低廉时，才能给投资商带来额外的收益。房地产开发中的成片开发可以实现规模收益，而房地产商在确保质量的前提下降低建造成本可以获得更多的收益。因此，建材价格的涨落和地价的变化作为一种投资风险，受到房地产商的关注，努力减少这些风险可以获得风险收益。

决定投资的第二项因素是成本，而影响投资成本的两个重要因素是利率和税收。利率作为资金的价格，是投资成本和总需求的一个重要的决定因素。利率在经济活动中具有调节功能，它是那些想积累财富的人进行消费、储蓄、投资的决策依据。同时，利率也是一种资源配置的手段，它促使投资者选择具有最高收益率的投资项目。税基的调整和税率的变化，直接影响房地产投资成本，进而影响投资决策。

决定投资的第三个因素是投资商对未来的预期。投资本质上是对未来进行风险决策。由于对未来事件难以预测，所以，投资决策随着对未来事件的预期不同而有所不同。房地产投资一般是长线投资，因而对未来的准确预期就显得格外重要。

与其他投资相比，房地产投资存在一些特征，而这些特征与第一章所讨论的房地产的自然、经济、社会特性是一致的。

二　房地产投资的过程与类型

（一）房地产投资过程

房地产投资过程实际上就是房地产项目开发经营的全过程。房地产投资周期长、环节多，是一个相当复杂的过程，房地产投资过程与开发过程是类似的，不过其侧重点不同。概括而言，房地产投资过程大体可分为投资可行性分析、土地开发权的获得、房地产开发建设及房地产销售经营等四个阶段。

1. 投资可行性分析

一旦作出房地产投资决策，资金投入就是一个难以逆转的持续过程。投资决策准确，是确保房地产开发项目成功的关键。反之，投资决策失误，就会导致重大损失。因此，慎重地进行房地产投资决策，是房地产开发经营的必要前提。要保证投资决策成功，必须在充分的市场调查分析、科学的财务分析的基础上，认真做好可行性分析研究。

2. 土地开发权的获得

这一过程是土地使用权或产权的取得与议价程序。在投资可行性分析的基础上,作出投资决策以后,必须确定采取土地招拍挂、合作开发或长期租赁等方式获得土地开发权。

要明确获得土地的程序及与土地所有者议价的程序,确定土地产权的取得成本。在这一过程中,是从一级市场通过批租形式获得土地,还是从二级市场购得土地,其具体法律手续各有差异,必须搞清楚其中的每一个环节,以免产生不必要的纠纷。由于土地(房地产)为良好的担保品,土地产权取得成本巨大,所以大多数投资者会运用财务杠杆向金融机构融资以取得土地产权。不同的金融单位其信用成本与融资条件不同,因而在进行融资活动时,要详细评估投资计划与各种融资机会,以选择最有利的融资方式。

3. 房地产开发建设

房地产开发,首先要取得政府立项和规划许可。立项和规划涉及到资金运作及水、电、气、路等各项配套条件,是一个相当繁杂而又十分重要的工作。在房地产开发过程中,立项和规划与投资决策、土地使用权获得一起又被称为开发前期阶段。

在上述前期工作完成之后,方可进入实质性的开发建设阶段。根据规划及开发要求进行设计,然后寻找建筑商进行建造。在整个建造过程中,投资者又必须进行必要的监督或委托监理公司进行建设监理。房地产开发所需要的资金相当庞大,在大多数情况下,投资者仍须向金融机构融资。此时,融资活动又成为一项重要的工作,要选择有利的融资机会和融资条件,确保融资到位,以保证开发建设进度。

4. 房地产销售经营

在房地产销售阶段,主要包括制定营销计划和营销策划、开展实际销售活动和提供购房者融资服务等工作。制定营销规划,包括确定目标市场的购买者,拟定适当的营销策略及建立营销组织。实际的销售活动,包括根据市场状况及可能条件采取的各种促销手段,以及如签约、收取订金、过户登记等具体手续。由于房地产金额庞大,在促销过程中,常常需要替购买者安排有利的融资计划以吸引买者,因此融资特别是购房按揭贷款及确定各项分期付款方案也会成为这一阶段的重要工作。

在这一阶段中,某些已开发完成的房地产,如果不是以销售为目的,或者因销售状况不理想,也可以把这部分房地产作为物业进行经营,即以经营谋利为目的。房地产经营通常采取租赁经营和自营两类经营形态。

开发建设完工的房地产,在经营阶段依据不同的经营形态,还要提供相应的物业管理服务,如维修、更新、保全,各种费用税金的缴纳与各种收入的收取,以及实际从事经营的必要管理活动等。

(二)房地产投资的类型

房地产投资的类型有多种,可以根据房地产投资形式、用途和经营方式分别进行分类。

1. 根据房地产投资形式对房地产投资分类

根据房地产投资形式,房地产投资分为直接投资和间接投资。

(1)直接投资

房地产直接投资是指投资者直接参与房地产开发或购买房地产的过程并参与有关的管

理工作,包括从购地开始的开发投资和置业投资两种形式。

房地产开发投资,指投资者从购买土地使用权开始,经过项目策划、规划设计和施工建设等过程,建成房地产产品,然后在房地产市场销售或出租,转让给新的投资者或使用者,并通过转让过程收回投资、实现开发商收益目标的投资活动。

房地产开发投资形成了房地产市场上的增量供给。开发投资的目的是赚取开发利润,风险较大但回报也比较丰厚。房地产开发投资者将建成后的房地产用于出租(如写字楼、公寓、别墅、货仓等)或经营(如商场、酒店等)时,这种投资是一种长期置业投资。

房地产置业投资,是指投资者购置物业或房地产开发建成后持有物业,满足自身生活居住或出租经营需要,并在不愿意持有该物业时可以获取转售收益的一种投资活动。置业投资的对象可以是开发后新建成的物业(市场上的增量房地产),也可以是存量房地产。置业投资一般从长期投资的角度出发,可获得保值、增值、收益和消费四个方面的利益。

(2) 间接投资

房地产间接投资是指将资金投入与房地产相关的证券市场的行为。房地产间接投资者不需直接参与有关投资管理工作。具体投资形式包括:购买房地产开发投资企业的债券、股票;购买房地产投资信托基金和房地产抵押贷款证券等。

2. 根据房地产投资的用途对房地产投资分类

从房地产投资的用途来说,房地产投资可分为地产投资、住宅投资、商业房地产投资、工业房地产投资等。

(1) 地产投资

即单纯地投资于土地,利用土地的买卖差价和进行土地开发后出售或出租经营来获取投资收益。主要是对来源于土地一级或二级市场的土地直接进行转让交易后取得差价收益或根据不同生熟程度的土地进行开发后出售或出租经营来获取投资收益。

(2) 住宅投资

住宅分为普通商品住宅、高档公寓和别墅等多种类型。投资于住宅,既可直接出售,也可进行租赁经营。住宅投资成败的关键在于市场定位是否准确、配套设施是否完善、价格定位是否合理、营销力度是否适度等。

(3) 商业房地产投资

这种投资的对象包括写字楼、商场、旅馆、酒店和各种娱乐设施等,这类房地产主要以出租经营为主,收益较高,但同时承担的风险也较大。商业房地产投资对物业地段的要求极高。地段关系到城市级差地租所能产生超额利润及其增值的潜力,是商业房地产投资者获利的首要条件。同时物业管理对于这类投资显得尤其重要,它是防范投资风险的手段之一。

(4) 工业房地产投资

工业房地产投资主要集中在工业开发园区,一般随工业投资项目进行的。工业房地产投资标的大,对小额投资者的吸引力远小于商业房地产投资。工业房地产投资主要考虑能源供应与交通方便,以及环境影响的要求,通常远离市中心。

3. 根据房地产投资经营方式对房地产投资分类

从房地产投资经营方式来说,房地产投资分为出售型房地产项目投资、出租型房地产项目投资和混合型房地产项目投资。

(1) 出售型房地产项目投资

这类房地产项目以预售或开发完成后出售的方式得到收入,回收开发资金,获取开发收益,达到盈利的目的。比如新建住宅投资,回收资金的速度快、风险低、短期利润高、受市场波动的冲击影响大。

(2)出租型房地产项目投资

这类房地产项目以预租或开发完成后出租的方式得到收入,回收开发资金,获取开发收益,达到盈利的目的。常见于商业房地产投资,其主要目的是通过长期出租来获取收益,预期收益将是获利的重要依据,具有不确定性,风险大,但长期回报也高。

(3)混合型房地产项目投资

这类房地产项目以预售、预租或开发完成后出售、出租、自营的各种组合方式得到收入,回收开发资金,获取开发收益,达到盈利的目的。这种方式的投资基于投资组合原理,在有限资源条件下满足多样化的需求,如商住楼,可以在一定程度上分散风险。

三 房地产区位理论

房地产区位是房地产投资十分重要的决定因素。通常认为,房地产投资的准则是:location,location and location。所谓区位(德文为 standort,英文为 location)①是指人类行为活动的空间,是自然地理区位、经济地理区位和交通地理区位在空间地域上的有机结合。区位除了指地球上某一事物的空间几何位置,还强调自然界的各种地理要素和人类经济社会活动之间的相互联系、相互作用在空间位置上的具体反映。德国古典经济学家冯·杜能(J. H. Von Thünen)是最早对土地利用空间结构进行研究的区位理论的先驱。

20 世纪 20 年代以来,随着西方国家城市人口的增长,城市用地规模迅速向外扩展,针对城市功能布局等问题,欧美学者从区位、空间结构、土地租金和价格等方面对土地利用空间结构进行理论假设和实证分析,形成了房地产区位理论。这些理论包括:同心圆理论、多核心理论、扇形理论和中心商务区的土地利用理论等。

(一)同心圆理论

1925 年,伯吉斯(E. W. Burgess)提出了同心圆理论。这一理论认为,城市各功能用地以中心区为核心,自中心向外缘作环状扩展,共形成 5 个同心圆城市土地利用空间结构(如图 7 - 1(a)所示)。由城市中心向外缘布局的一般顺序为:第一环带是中心商业区(CBD),是城市交易、社交、文化活动的中心。第二环带通常为过渡地带(zone of transition),是市中心商业区与住宅区之间的过渡地带。这里绝大部分是由老式住宅和出租房屋组成,轻工业、批发商业、货仓占据该环带内一半空间,其特征是房屋破旧。第三环带是工人住宅区(zone of workingmen's homes),由于租金低,工人便于乘车往返于市中心,接近工作地,工人大多在此居住。第四环带是高收入阶层住宅区(zone of better residences),散布有高级公寓和花园别墅,住宅密度低,居住环境好。第五环带为通勤人士住宅区(commuter's zone),约与中心商业区 30~60 分钟车程距离。

但是,伯吉斯的同心圆理论忽略了交通道路、自然障碍物(河、湖等)、土地利用的社会文

① "区位"源于德文的 standort,1882 年由 W·高次首次提出,1886 年被译为英文"location"。

化和区位偏好等方面的影响，与实际有一定的偏差。1932 年，巴布科克（Babcock）考虑到交通轴线的辐射作用，将伯吉斯的同心圆模式修正为星状环形结构（如图 7-1（b）所示），使这一理论更接近单中心小规模城市的现实。

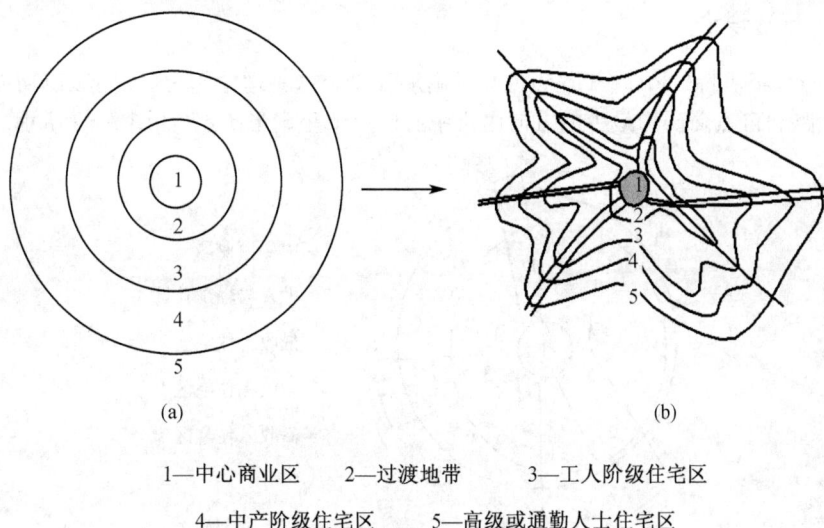

(a)　　　　　　　　　　　　　　(b)

1—中心商业区　　　2—过渡地带　　　3—工人阶级住宅区

4—中产阶级住宅区　　　5—高级或通勤人士住宅区

图 7-1　同心圆城市土地利用空间结构

（二）多核心理论

1933 年，麦肯齐（R. D. Mckenzie）提出了多核心理论，1954 年，由哈里斯（C. D. Harris）和乌尔曼（E. L. Ullman）进一步加以发展。该理论强调城市发展过程中并非只形成一个商业中心区，而会形成多个商业中心。其中一个商业中心区为城市的核心，其余为城市的副中心（如图 7-2 所示）。这些中心不断地发挥增长极的作用，直到城市的中间地带完全被扩充为止。在城市化过程中，随着城市规模的扩大，新的极核中心又会产生。

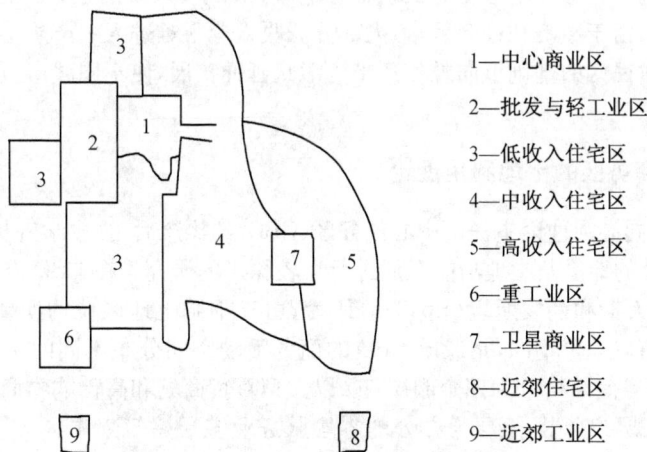

1—中心商业区

2—批发与轻工业区

3—低收入住宅区

4—中收入住宅区

5—高收入住宅区

6—重工业区

7—卫星商业区

8—近郊住宅区

9—近郊工业区

图 7-2　多核心土地利用模式

哈里斯和乌尔曼指出,城市核心的数目多少及其功能,因城市规模大小而不同。中心商业区是最主要的核心,另外还有工业中心、批发中心、外围地区的零售中心、大学聚集中心以及近郊的社区中心等。

(三)扇形理论

1939年,霍伊特(Homer Hoyt)创立了扇形理论。这一理论指出,不同城市功能区沿主要交通线路和自然障碍物最少的方向由市中心向市郊呈扇形扩展(如图7-3所示)。

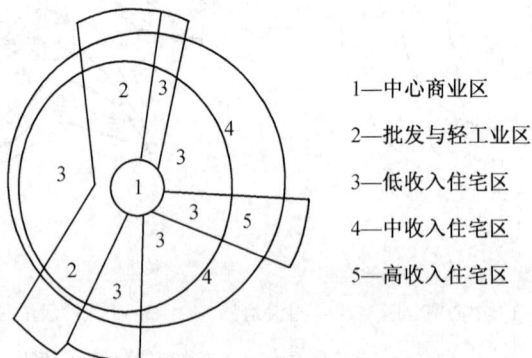

1—中心商业区

2—批发与轻工业区

3—低收入住宅区

4—中收入住宅区

5—高收入住宅区

图7-3 扇形土地利用空间结构

霍伊特认为,由于特定运输线路线性可达性(linear accessibility)和定性惯性(directional inertia)的影响,各功能用地往往在其两侧形成。他还把市中心的可达性称为基本可达性,把沿辐射状运输主干线增加的可达性称为附加可达性。轻工业和批发商业对运输线路的附加可达性最为敏感,多沿铁路、水路等主要交通干线扩展;低收入住宅区环绕工商业用地分布,而中高收入住宅区则沿着城市交通主干道或河岸、湖滨、公园、高地向外扩展,独立成区,不与低收入的贫民区混杂。

如果城市人口增加,城市用地不断扩大,高收入者将从原居住区搬迁到新的环境更好的地方居住,原来的高租金住宅区变为低租金住宅区,供低收入者居住,出现土地利用空间结构的演变。但是,由于经济和社会因素,大部分低收入者很难进入中产阶层的高级住宅区居住,只能在原有贫民区的基础上向外作条带扇形状延伸扩展,使不同城市土地利用在空间上呈现出扇形结构。

(四)中心商务区的土地利用理论

自伯吉斯在同心圆理论中提出中心商务区(CBD)的概念后,很多学者从地价、交通便捷性等方面对CBD的地价及土地功能布局进行了较深入的研究。在CBD内部土地利用结构研究方面,墨菲、万斯和爱泼斯坦(Epstein)认为,由于不同土地区位的便捷性不同,获得的产业利润相异,所以地价不同,是造成CBD的商务活动空间分布不同的主要原因。他们把CBD的土地利用空间结构分为四个圈层:① 以大型百货商场和高档购物商店为主的零售业集中区。② 以底层为金融、上层为办公的零售服务业多层建筑集中区。③ 以办公为主的区域。④ 需要占用较大面积低价土地的商业活动区,如家具店和超级市场。

1972年,戴维斯对CBD的零售业布局提出了一个结构模式(如图7-4所示),认为以零售业为主的区位用地选择除了受空间距离的影响外,还受三个相互独立的交通可达性的影响,即城市中心区传统性的购物活动受一般可达性影响,因而它们的区位常与顾客的分布有关;其他商务,如汽车修理厂、咖啡馆等受交通干线可达性的影响最大;一些特殊性功能受特殊可达性的影响最大,如娱乐设施、家具展销店等的分布与区域发展的历史文化背景和环境条件有关。

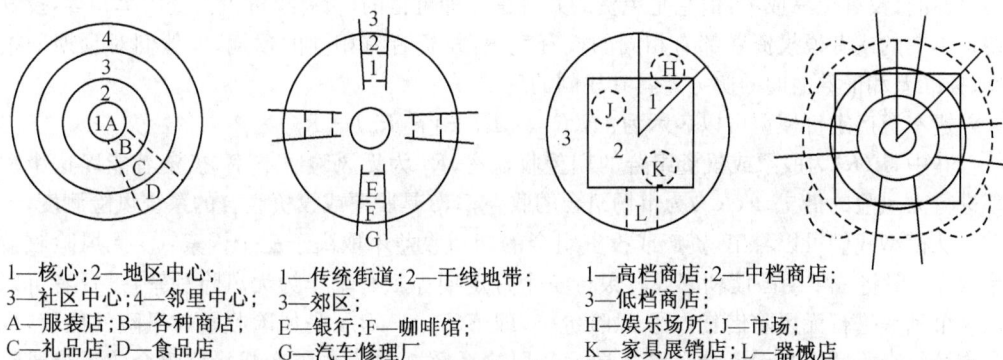

1—核心;2—地区中心;　　1—传统街道;2—干线地带;　　1—高档商店;2—中档商店;
3—社区中心;4—邻里中心;　3—郊区;　　　　　　　　　　3—低档商店;
A—服装店;B—各种商店;　　E—银行;F—咖啡馆;　　　　H—娱乐场所;J—市场;
C—礼品店;D—食品店　　　　G—汽车修理厂　　　　　　　K—家具展销店;L—器械店

(a)圆形的零售业布局　(b)受干线可达性影响的零售业布局　(c)受特殊可达性影响的布局　(d)综合布局模式

图 7 - 4　CBD 的零售业空间布局

以上各种观点都从某一侧面分析并解释了 CBD 的内部空间结构,但实际上,影响 CBD 内部空间结构的因素复杂多样,特别是现代大都市的 CBD,随着世界经济贸易的发展,金融贸易、商务办公、信息服务占据更重要地位,人流、信息流、物流的交换在此更加频繁,这都引起 CBD 内部结构的分化和重组。因此,要从动态的多元的角度来分析 CBD 的土地利用空间演变规律。

四　资本资产定价模型

(一)资本资产定价模型(capital asset pricing model,CAPM)的理论渊源及主要思想

资本资产定价理论源于马柯维茨(Harry Markowtitz,1952)的资产组合理论。1952 年,马柯维茨在《金融杂志》上发表题为《投资组合的选择》的论文,是现代金融学的第一个突破,他在该文中确定了最小方差资产组合集合的思想和方法,开创了对投资进行整体管理的先河,奠定了投资理论发展的基石,这一理论的创立标志着现代投资分析理论的诞生。在此后的岁月里,经济学家们一直在利用数量化方法不断丰富和完善组合管理的理论和实际投资管理方法,并使之成为投资学的主流理论。到了 20 世纪 60 年代初期,金融经济学家们开始研究马柯维茨的模型如何影响证券估值,这一研究导致了资本资产定价模型(capital asset pricing model,简称为 CAPM)的产生。现代资本资产定价模型是由夏普(William Sharpe,1964)、林特纳(Jone Lintner,1965)和莫辛(Mossin,1966)根据马柯维茨最优资产组合选择的思想分别提出来的,因此资本资产定价模型也被称为 SLM 模型。由于资本资产定价模型在资产组合管理中具有重要的作用,从其创立的 20 世纪 60 年代中期起,就迅速为实业界所接受并转化为实用,也成了学术界研究的焦点和热点问题。

资本资产定价模型是在马柯维茨均值方差理论基础上发展起来的，它继承了原有的假设，如，资本市场是有效的，资产无限可分，投资者可以购买股票的任何部分，投资者根据均值方差选择投资组合，投资者是厌恶风险和永不满足的，存在着无风险资产，投资者可以按无风险利率自由借贷等。同时又由于马柯维茨的投资组合理论计算的繁琐性，导致了该种理论的不实用性，夏普在继承原有理论的同时，为了简化模型，又增加了新的假设：资本市场是完美的，没有交易成本，信息是免费的并且是立即可得的，所有投资者借贷利率相等，投资期是单期的或者说投资者都有相同的投资期限，投资者有相同的预期，即他们对预期回报率、标准差和证券之间的协方差具有相同的理解等。

资本资产定价模型可以表示为：$E(R) = R_f + [E(R_m) - R_f] \times \beta$

其中，$E(R)$为股票或投资组合的期望收益率，R_f为无风险收益率，投资者能以这个利率进行无风险的借贷，$E(R_m)$为市场组合的收益率，β是股票或投资组合的系统风险测度。

从模型我们可以看出，资产或投资组合的期望收益率取决于三个因素：① 无风险收益率R_f，一般将一年期国债利率或者银行三个月定期存款利率作为无风险利率，投资者可以以这个利率进行无风险借贷。② 风险价格，即 $E(R_m) - R_f$，是风险收益与风险的比值，也是市场组合收益率与无风险利率之差。③ 风险系数β，是度量资产或投资组合的系统风险大小尺度的指标，是风险资产的收益率与市场组合收益率的协方差与市场组合收益率的方差之比，故市场组合的风险系数β等于1。

资本资产定价模型是第一个关于金融资产定价的均衡模型，同时也是第一个可以进行计量检验的金融资产定价模型。模型的首要意义是建立了资本风险与收益的关系，明确指明证券的期望收益率就是无风险收益率与风险补偿两者之和，揭示了证券报酬的内部结构。资本资产定价模型另一个重要的意义是，它将风险分为非系统风险和系统风险。非系统风险是一种特定公司或行业所特有的风险，它是可以通过资产多样化分散的风险。系统风险是指由那些影响整个市场的风险因素引起的，是股票市场本身所固有的风险，是不可以通过分散化消除的风险。资本资产定价模型的作用就是通过投资组合将非系统风险分散掉，只剩下系统风险。并且在模型中引进了β系数来表征系统风险。

（二）资本资产定价模型的适用性

CAPM最大的优点在于简单、明确。它把任何一种风险证券的价格都划分为三个因素：无风险收益率、风险的价格和风险的计算单位，并把这三个因素有机结合在一起。CAPM的另一优点在于它的实用性。它使投资者可以根据绝对风险而不是总风险来对各种竞争报价的金融资产作出评价和选择。这种方法已经被金融市场上的投资者广为采纳，用来解决投资决策中的一般性问题，特别是资本资产的定价等问题。

当然，CAPM也不是尽善尽美的，它本身存在着一定的局限性。表现在：

首先，CAPM的假设前提是难以满足的。将CAPM的假设归纳为六个方面。假设之一是市场处于完善的竞争状态。在现实中完全竞争的市场是不存在的，"做市"时有发生。假设之二是投资者的投资期限相同且不考虑投资计划期之后的情况。市场上的投资者数目众多，他们的资产持有期间不可能完全相同，而且现在进行长期投资的投资者越来越多，所以假设二也就变得不那么现实了。假设之三是投资者可以不受限制地以固定的无风险利率借贷，这一点也很难办到。假设之四是市场无摩擦。但实际上，市场存在交易成本、税收和信息不对称等。假设之五、六是理性人假设和一致预期假设。显然,这两个假设也只是一种理想状态。

其次,CAPM 中的 β 值难以确定。某些证券由于缺乏历史数据,其 β 值不易估计。此外,由于经济的发展变化,各种证券的 β 值也会产生相应的变化,因此,依靠历史数据估算出的 β 值对未来的指导作用也要打折扣。

总之,由于 CAPM 的上述局限性,金融市场学家仍在不断探求比 CAPM 更为准确的资本市场理论。目前,已经出现了另外一些颇具特色的资本市场理论(如套利定价模型),但尚无一种理论可与 CAPM 相媲美。

尽管有很多研究表示出对 CAPM 正确性的质疑,但是这个模型在投资界仍然被广泛应用。虽然用 β 预测单个股票的变动是困难的,不论市场价格是上升还是下降,投资者仍然相信 β 值比较大的股票组合的价格波动会比市场价格波动大;而 β 值较小的股票组合的价格波动则会比市场价格波动小。对于投资者尤其是高层投资决策者来说,这点是很重要的。因为在市场价格下降的时候,他们可以投资于 β 值较低的股票。而当市场景气上升的时候,他们则可投资 β 值大于 1 的股票。

(三) 资本资产定价模型在房地产领域的应用

房地产作为重要的金融资产,其收益估算、定价等方面,也可以通过这个模型加以阐述和解释。具体来说,可以包括如下几个方面:

(1) 计算房地产的预期收益率。这是资本资产定价模型最基本的应用,根据公式即可得到。资本资产定价模型其他的应用,都是由此延展开来的。

(2) 对房地产进行分类。资产定价是利用各种风险因子来解释平均收益率的,因此风险因子不同的资产具有不同的收益,按照因子变量不同范围划分的资产类型具有不同的收益特征。很明显,不同类别房地产具有不同的收益特征。在此基础上,就可以根据投资者的要求或投资者的风险偏好,进行资产组合管理,从而优化资金配置。

(3) 为房地产定价,从而指导投资者投资行为。资本资产定价模型是基于风险资产的期望收益均衡基础上的预测模型,根据它计算出来的预期收益是资产的均衡价格,这一价格与资产的内在价值是一致的。但均衡毕竟是相对的,在竞争因素的推动下,市场永远处在由不均衡到均衡,由均衡到不均衡的转化过程当中。资本资产定价模型假定所有的投资都运用马柯维茨的投资组合理论在有效集里去寻找投资组合。投资者可根据市场资产组合收益率的估计值和资产的 β 估计值,计算出该资产在市场均衡状态下的期望收益率,然后根据这个均衡状态下的期望收益率计算出均衡的期初价格。将现行的实际市场价格与均衡的期初价格进行比较,若两者不等,则说明市场价格被误定,误定的价格应该有回归的要求。利用这一点,便可决定投资何种房地产。当现实的市场价格低于均衡价格时,说明该房地产的价值被低估,应当购买之;相反,若现实的市场价格高于均衡价格,则应当卖出该房地产,而将资金转向其他被低估的房地产。

(4) 投资组合绩效测定。组合管理的业绩评估不同于传统的业绩评估,它不仅要考虑投资收益,而且要考虑投资风险。投资者事先可以规定相当的风险与收益,将期末实际的风险与收益关系与之比较,则可得出投资组合的绩效,从而评定出投资组合管理者的绩效以进行奖惩。当然,这个过程中的风险与收益关系的确定离不开资本资产定价模型的发展。

五　贝叶斯决策理论

贝叶斯决策理论是由英国数学家贝叶斯于 1763 年提出的经典统计决策、推理理论。贝叶斯决策就是在不完全信息下,对部分未知的状态用主观概率估计,然后用贝叶斯公式对发生概率进行修正,最后再利用期望值和修正概率作出最优决策。

(一)贝叶斯公式

贝叶斯决策理论方法的核心是使用了"逆概率"这个概念,并把它作为一种普遍的推理方法提出来。贝叶斯定理原本是概率论中的一个定理,这一定理可用一个数学公式来表达,这个公式就是著名的贝叶斯公式。具体推导过程如下:

一般地,两事件的乘法法则为 $P(A_1 B) = P(A_1)P(B/A_1)$,如果事件 A_1 和 A_2 是互斥完备的,则:

$$P(B) = P(A_1)P(B/A_1) + P(A_2)P(B/A_2)$$

如果事件 A_1 和 A_2 是互斥完备的,其中某个事件的发生是事件 B 发生的必要条件。则:

$$P(A_1/B) = \frac{P(A_1)P(B/A_1)}{P(A_1)P(B/A_1) + P(A_2)P(B/A_2)}$$

如果事件 $A_1, A_2, \cdots, A_n$ 是互斥完备的,其中某个事件的发生是事件 B 发生的必要条件。则:

$$P(A_i/B) = \frac{P(A_i)P(B/A_i)}{P(A_1)P(B/A_1) + P(A_2)P(B/A_2) + \cdots + P(A_n)P(B/A_n)}$$

[例 7.1]　假设有 10 种房地产股票,其中,5 种是商业购物中心的股票,3 种是写字楼的股票,2 种是工业厂房的股票;商业购物中心、写字楼和工业厂房的亏损率分别为 1/10、1/15 和 1/20,盈利情况下的回报率分别为 20%、15% 和 10%。现在想知道,如果随意购买这 10 种股票中的 1 种,并且能盈利,那么,这种股票是商业购物中心、写字楼和工业厂房的股票的概率各为多少?并且期望回报是多少?

设 A_1、A_2,A_3 分别表示商业购物中心、写字楼和工业厂房的股票,B 表示购买股票后能盈利,则

$$P(A_1) = 5/10, P(A_2) = 3/10, P(A_3) = 2/10, P(B/A_1)$$
$$= 9/10, P(B/A_2) = 14/15, P(B/A_3) = 19/20$$

接着计算 $P(A_1/B)$、$P(A_2/B)$、$P(A_3/B)$:

$$P(A_i/B) = \frac{P(A_i)P(B/A_i)}{P(A_1)P(B/A_1) + P(A_2)P(B/A_2) + \cdots + P(A_n)P(B/A_n)}$$

$$P(A_1/B) = 45/92, P(A_2/B) = 28/92, P(A_3/B) = 19/92$$

投资期望回报率:

$$E = P(A_1/B) \times 20\% + P(A_2/B) \times 15\% + P(A_3/B) \times 10\%$$
$$= 16.41\%$$

从以上例子可以看出,利用贝叶斯公式可以求得后验概率,并且得出一定条件下各类房地产投资的风险概率。

(二)贝叶斯决策理论方法分析

贝叶斯决策理论方法是统计模型决策中的一个基本方法,其基本思想是:已知类条件概率密度参数表达式和先验概率,接着利用贝叶斯公式转换成后验概率,最后根据后验概率大小进行决策分类。

在现实中,可以根据实际的概率分布情况,进行具体分析。

(1)如果我们已知被分类类别概率分布的形式和已经标记类别的训练样本集合,那我们就需要根据训练样本集合来估计概率分布的参数。

(2)如果我们不知道任何有关被分类类别概率分布的知识,已知已经标记类别的训练样本集合和判别式函数的形式,那我们就需要根据训练样本集合来估计判别式函数的参数。

(3)如果我们既不知道任何有关被分类类别概率分布的知识,也不知道判别式函数的形式,只有已经标记类别的训练样本集合,那我们就需要根据训练样本集合估计概率分布函数的参数。

(4)只有没有标记类别的训练样本集合。这是经常发生的情形。我们需要对训练样本集合进行聚类,从而估计它们概率分布的参数。

(5)如果我们已知被分类类别的概率分布,那么我们不需要训练样本集合,利用贝叶斯决策理论就可以设计最优分类器。但是,在现实世界中从没有出现过这种情况。这里是贝叶斯决策理论常用的地方。

对于任何给定问题,可以通过似然率测试决策规则得到最小的错误概率。这个错误概率被称为贝叶斯错误率,且是所有分类器中可以得到的最好结果。最小化错误概率的决策规则就是最大化后验概率判据。

第二节　房地产投资收益分析

一　房地产投资收益的概念

投资收益是指企业进行投资所获得的经济利益。投资活动也可能遭受损失,如投资到期收回或到期前转让的所得款低于账面价值的差额,即为投资损失。投资收益减去投资损失为投资净收益。决定投资的一项非常重要的因素是产出水平,产出在一定意义上支配着收益。在房地产投资过程中,风险与收益是紧紧联系在一起的。收益的表现形式可以是利润,利润包括与风险相联系的三种不同的报酬。

(1)社会风险补偿。收益的一部分是在良好的经济气候条件下的超额利润,用来补偿陷入破产或经济萧条时期的损失。

（2）承担风险的收益。投资商所承担的某些风险不可能被全部分散或加以保险。但是，投资商一般是厌恶风险的——他们必须得到风险补偿才会持有这样的风险资产。

（3）创新利润。在一个持续创新的世界中，企业家获得的利润或暂时的高额收入。

当投资商能够售出更多的产品或使产品成本较为低廉时，才能给投资商带来额外的收益。房地产成片开发可以发挥投资资金的规模收益，房地产商千方百计地降低建造成本可以获得更多的收益。因此，建材价格的涨落和地价的起伏是房地产商所关注的投资风险，努力减少这些风险可以获得风险收益。一般来说，投资收益水平受经济周期波动的影响，投资收益水平也对经济周期波动产生影响。投资资金总是向着投资收益高的方向流动，当房地产投资利润高于社会平均利润时，房地产投资领域将会吸引更多的投资资金。

房地产投资的收益具体表现为现金流量收益、销售收益、避税收入等。

（1）现金流量收益。在房地产投资分析中，把某一项投资活动作为一个独立的系统，把各个时间点上实际发生的资金流出或流入称为现金流量。流出系统的资金被称为现金流出，流入系统的资金被称为现金流入，现金流入与流出之差被称为净现金流量。

现金流量收益是拥有房地产的投资者经营房地产而获取的经营收入、租金收入扣除各种支出后的余额。房地产投资有以下三种现金流量收益。

第一，出售房地产项目的现金流量。对于一个房地产开发项目，项目的净现金流量（即税前现金流量或利润总额）是项目销售收入扣除总投资（或总成本费用）及偿还贷款本息之后的余额。

第二，房地产开发完成后持有房地产项目的现金流量。这种净现金流量与净租金收入或净经营收入有关，同时考虑每年还本付息因素。在持有期或经营期结束后，可能会有转售收益或固定资产余值回收，这些也构成了现金流量的一部分。

第三，置业投资项目的现金流量。置业投资的现金流量通常由两部分构成：一是持有期内物业每年的净经营收益；二是持有期末物业的净转售收益。

当对项目进行投资分析以判断其投资价值时，有些动态指标需要考虑折现因素，即把上述的净现金流量折现到项目投资的起始点，然后与项目的投入或支出进行比较，从而判断项目在财务上的可行性。

（2）销售收益。房地产销售收益既可以来自房地产开发投资，也可以来自房地产置业投资。

房地产开发投资的主要目的是获取销售利润，此时，销售收益也就是销售利润。房地产置业投资的主要目的是获取现金流量收益，也就是将投资购入的物业出租给使用者，获取较为稳定的经常性收入。在投资者不愿意继续持有置业投资的房地产时，可以将其转售给另外的置业投资者，转售价格扣除相应的销售税和交易成本后就是销售收益。总的来说，两种情况下的销售收益都是卖掉房地产所获得的收入，减除纳税和有关成本后的余额。

（3）避税收入。拥有房地产的避税收入，是指因提取房地产折旧而降低纳税基数，给投资者带来的收益。它是房地产投资者因拥有房地产而间接获得的收益。在有关政策和法规允许的范围内，加速折旧是增加避税收入的基本途径之一。

二　房地产投资收益的经济效果评价指标

（一）投资回收与投资回报

房地产投资收益包括投资回收和投资回报两部分。投资回收是指投资者对其所投入的资本的回收，投资回报是指投资者所投入资本在使用过程中所获得的报酬。房地产开发投资的投资回收，是指开发商所投入的总开发成本的回收，而其投资回报则主要表现为开发商利润。

（二）收益率

收益率通常被表示为一个复合年百分率，表明了投资项目在某一计算周期内的连续收益能力。这种收益既包括物业在持有期间预期可获得的收益，也包括物业持有期末转售时所获得的净转售收益，这是与投资回报率之间的最大区别。

投资回报率通常为某年的收益或收入与投资之比。利率通常是针对信贷资金而言的，因此它是借贷资本而不是权益资本的收益率。折现率也是收益率的一个类型，是一个将未来收益或收入转换成现值的收益率。内部收益率是一个使得该项投资未来收益的现值等于其当前所投入资本价值的收益率。

内部收益率可以有两种形式：全部投资收益率和权益投资收益率。

全部投资收益率是在假设项目的全部投资都是投资者的自有资本的情况下所计算的某个投资项目的内部收益率。因为没有借款，所以它不考虑还本付息对现金流的影响，它反映的是全部已投入的自有资本的收益水平。

权益投资收益率是衡量投资者投入自有资本或自有资金收益水平的指标。它是在假设项目的全部投资由借贷资金和自有资金两部分构成的情况下，针对其中的自有资金所计算的收益率。自有资金的投入通常也被称为权益投资。权益投资收益率是相对借贷资金收益率（通常指利率）而言的，是投资者在投资项目中所投入的自有资本的内部收益率。它考虑了还本付息对自有资金现金流的影响。

第三节　房地产投资风险分析

一　风险-收益及风险-效用原理

风险是指在一定条件下和一定时期内可能发生的各种结果的变动程度，是指投资的实际收益与期望的或要求的收益的偏差。在经济活动中风险包括两方面的内容：一是遭受经济损失；二是实际所获得的收益小于预期收益（希望获得的收益）的部分。风险可以事先知道所有可能结果及每种结果的变动程度。

房地产投资风险是从事房地产投资而造成损失的可能性大小，这种损失包括所投入资本的损失与预期收益未达到的损失。承担风险可以获得回报，但风险与回报之间并不存在某种必然的、固定的关系,而是受很多不确定因素的制约,具有很大的随机性。接下来将从投资风险与收益、效用的关系入手进行详细分析。

(一) 投资风险-收益分析

一般来说,风险和收益总是相生相伴的,风险与预期收益之间存在着一定的转化关系。风险大的项目预期收益高,风险小的项目预期收益低,在投资者看来,不同的风险项目对应着相应的预期收益率,并且风险与收益是等价的。一般用概率作为对风险的估计,表示风险的大小,收益用预期收益率表示,通过对不同的投资者对待风险的态度给出风险-收益等价曲线。在这条曲线上任一点所对应的风险与预期收益,投资者认为是等价的。

投资的风险收益等价分析在房地产投资决策中是非常有用的,为房地产投资者进行风险分析提供了一种量化的工具,房地产投资者在进行诸如购物中心、写字楼、公寓、花园别墅、工业厂房等投资项目决策时,可以根据不同风险程度下的预期收益率来决定是否值得冒此风险。

(二) 投资风险-效用分析

投资者在进行投资时,对于方案选择一般遵循以下两条原则:第一,相同收益率的方案,选择风险小的方案;第二,风险相同的方案,选择收益率大的方案。然而,在实际生活中,投资决策除了考虑投资方案的效益外,还与投资决策者对于风险的态度及其对后果的偏好程度有关。一个投资方案的决策,不仅与决策者所处的社会经济环境有关,而且还与决策者本人的地位、素质、心理状态有关。投资者对待风险的态度往往是决定投资行为的重要因素。这样,在进行投资决策分析时,风险-效用分析就显得非常重要。

在决策中,运用效用标准去选择投资方案必须比较效用的大小。效用的具体度量被称为效用值。效用值是对几种方案相比较得到的相对值。一般来说,一旦每个条件结果变成现实,就会引起决策者的心理感受,或高兴,或不满意,这样,每一个条件结果都对应一个效用值,通过比较效用值的大小来决定方案的取舍。

效用值具有二重性。一方面具有客观性,效用大小与一定的客观条件有关,可以通过测算其相对数量值,用于决策中比较;另一方面也有主观性,它受决策者个人对待风险态度的影响。

一般将人们对待风险的态度分为三种。第一种是回避风险型。这种人在投资决策时,力图追求稳定的收益,不愿冒较大的风险,在选择各种投资机会时,对预期收益大但风险也大的项目往往采取回避的态度,而倾向于预期收益小但风险也小的项目,把效用看得很重。这样投资如果成功,也可能有较大的收益,投资如果失败,也不会受到致命的打击,还有较多回旋的余地。第二种是冒险型。这种人有较强的进取心和开拓精神,为了追求较大的利益,宁愿承担较大的风险。在风险程度不同而且收益也不同的方案之间进行选择时,往往选择预期收益大、风险也大的方案。有时尽管投资方案的成功率较小,但由于预期收益很大,也乐于争取,甚至不惜付出孤注一掷的代价。这种人可能获得巨大的成功,也可能一败涂地。第三种是中间型。上述两种对待风险的态度处于两种极端情况,中间型介于二者之间。他们认为有风险和没有风险的结果没有多大差别,认为效用值与期望值是一致的,在决策中往往用期望值作为选择方案的标准。

效用理论对决策者来说是十分实用的。当投资者试图摆脱风险时，潜在利润的预期收益不足以衡量一项风险投资的吸引力，此时，合理决策产生于可选方案预期效用的比较，而不仅仅考虑预期的收益。投资风险-效用原理对于房地产投资决策分析具有一定的指导意义。当进行诸如购物中心、公寓、花园别墅等项目投资决策时，购物中心收益大，风险也大；公寓风险小，收益也小；花园别墅的收益和风险介于二者之间，这时，回避风险型的有可能选择公寓项目，冒险型的有可能选择购物中心项目，而中间型的则会通过计算，选择期望收益最大的投资项目。三种类型投资主体的"风险-回报"曲线如图7-5所示。

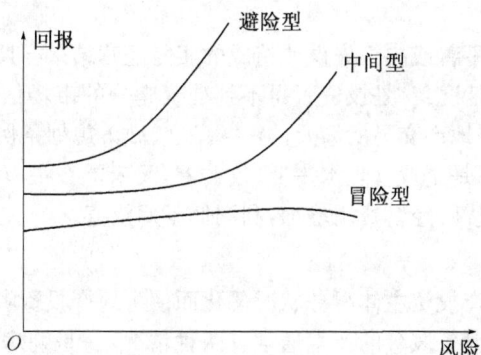

图7-5　三种类型投资主体的"风险-回报"曲线

二　房地产投资风险的种类和产生的原因

在房地产投资过程中，收益与风险是同时存在的。现实中，投资风险种类繁多并且复杂，投资者必须承担相应风险，努力化解和降低这些风险，才能获得相应的回报。

（一）房地产投资风险的种类

1. 市场竞争风险

市场竞争风险，是指房地产市场上可替代产品较多，市场竞争激烈，或者房地产市场波动影响房地产销售，给房地产投资者带来的推广成本的提高或楼盘滞销的风险。房地产开发投资周期较长，房地产市场变幻莫测，导致产品不能适应市场需求，或市场进入萧条期，房地产销售极其低迷，市场风险难以避免。销售风险是市场竞争的主要风险。

2. 购买力风险

购买力风险是指由于物价总水平的上升使得人们的购买力下降。在收入水平一定及购买力水平普遍下降的情况下，人们会降低对房地产的消费需求，导致房地产投资者的出售或出租收入减少，而遭受一定的损失。

3. 流动性和变现风险

与其他金融产品相比，房地产的流动性差。首先，房地产是固定在土地上的，房地产交易的完成只能是房地产所有权或使用权的转移，而其实体是不能移动的。其次，房地产价值量大、占用资金多，决定了房地产交易的完成需要一个较长的过程。这些都影响房地产的流动性和变现,即房地产投资者在急需现金的时候却无法将手中的房地产尽快脱手,即使脱手也难达到合理的价格,从而影响其投资收益,给房地产投资者带来了变现收益上的风险。

4. 利率风险

利率风险是指利率的变化给房地产投资者带来损失的可能性。利率的变化对房地产投资者主要有两方面的影响:一是对房地产实际价值的影响,如果采用高利率折现会影响房地产的净现值收益。二是对房地产债务资金成本的影响,如果贷款利率上升,会直接增加投资者的财务成本。

5. 经营风险

经营风险是指经营不善或决策失误所造成的实际经营结果与期望值背离的可能性。产生经营风险主要有三种情况:一是投资者得不到准确充分的市场信息而可能导致经营决策的失误;二是投资者对房地产交易所涉及的法律条文、城市规划条例及税负规定等不甚了解造成投资或交易失败;三是企业管理水平低、效益差,又未能在最有利的市场时机将手中的物业脱手,以致空置率过高,经营费用增加,利润低于期望值。

6. 财务风险

财务风险是指房地产投资主体财务状况恶化而使房地产投资者面临不能按期或无法收回投资报酬的可能性。财务风险的产生通常有两种情况:一是购房者因种种原因未能在约定的期限内支付购房款;二是投资者运用财务杠杆,大量使用贷款,实施负债经营,这种方式虽然拓展了融资渠道,但是增大了投资的不确定性,加大了收不抵支、抵债的可能性。

7. 社会风险

社会风险是指国家政治、社会、经济因素变动,引起的房地产需求及价格的涨跌而造成的风险。国家政治形势稳定,经济发展处于高潮时期,房地产价格上涨;国家出现政治风波,经济衰退,房地产需求下降,房地产价格下跌。

8. 自然风险

自然风险是指人们对自然力失去控制或自然本身发生异常变化,如地震、火灾、山体滑坡等,给投资者带来损失的可能性。这些灾害因素往往又被称为不可抗拒的因素,一旦发生,就必然会对房地产业造成巨大破坏,从而给投资者带来很大的损失。

借鉴证券投资组合理论和资本资产定价模型的思想,按照这种风险是否影响到市场内所有的投资项目,能否由投资者设法避免或消除,可以将房地产投资风险划分为系统风险和非系统风险,并在此基础上对房地产投资风险类型进一步细化研究(贾楠、刘志才,2002)。

(二)房地产投资风险产生的原因

房地产投资风险,是由多种原因导致的,当发生系统风险时,风险规避的难度较大,而对于非系统风险,则应不断提高化解风险的能力。宏观经济和经济政策出现意想不到的变化,由此引发多种风险。这些变化为:出现通货膨胀、物价上涨,诱发建材价格上涨,工程造价增加;货币政策和银行信贷政策调整,紧缩性货币政策和对房地产业的贷款限制政策,将对房地产市场产生不利影响;宏观经济的周期波动,产业结构的调整,区域发展格局的变动,对房地产市场产生冲击,导致房地产供求关系发生变化。

房地产商所掌握的信息不全、不准,或前期调研不充分,对购买力及项目的销售前景预期过于乐观,投资决策草率,导致房地产投资过程中实际市场状况与当初的估计出现较大偏差。房地产商对房地产市场供求关系、房地产业政策、金融政策的理解、判断或把握上出现偏差,将带来多种风险。房地产商过分相信自己的"感觉",而实际上"感觉"错了或反了。还有房地产商过分相信自己的"道"(通过"关系"拿到"好项目"的能力),而经营实力(开发实力、管理能力、行销能力)不足或较弱,项目运作中难以实现预期的经营业绩。此外,自然灾害和意外事故的发生也可能引发房地产投资风险。

三　房地产投资风险的识别和度量

(一)房地产投资风险的识别

风险识别的目的在于准确地认知项目面临的所有潜在风险,以便采取必要的对策。在房地产项目投资风险分析中,常用如下方法来判定项目的风险因素。

1. 会议分析法

通过召集各种相关人员的会议,广泛征询意见,详细研究项目面临的各类不确定因素,以判定项目的风险源。

2. 专家预测法

聘请专家,请他们就项目开发建设过程中的各种不确定因素发表意见。各个专业范围内的专家,通常都具有多年的工作经验,了解情况,熟悉规律,具备较敏锐的洞察力,能提出许多重要意见。

3. 资料分析法

详细阅读并认真分析项目的文字资料、规划设计资料、审计资料、财务分析报表等,从中分析并判断项目的风险所在。

4. 实地考察法

对项目地块及地块周边环境,有针对性地进行现场实地调查研究,往往会发现文字资料、统计报表中反映不了的问题,从而判定风险因素。

5. 审计、计划等技术方法

通过审计、计划、专题研究等技术手段,分析和判定风险因素。

(二)房地产投资风险的度量

房地产投资风险的度量,一般有三个层次的分析。第一个层次是从项目本身来看待各种不确定因素对项目预期现金流带来的影响;第二个层次是从公司角度来研究项目风险对公司经营的影响;第三个层次是从公司股东的角度来探讨项目风险对股东收益的影响。第二、三层次的风险,将由公司的投资(资产)组合或股东的投资(资产)多样化而分散掉一部分。这里主要研究第一层次即项目本身的风险度量问题。

房地产投资风险的度量包括风险程度和风险概率两个方面。风险程度描述了风险造成损失的大小,在对同一项目不同方案的风险程度进行比较,或对不同项目的风险程度比较分析时,可用层次分析法。在孤立地研究项目本身的风险程度时,用投资损失强度来度量。风险概率描述投资风险发生可能性的大小,一般用随机事件的概率分布评价指标(标准偏差)来描述。

1. 风险损失强度的度量

风险损失强度是从风险可能给投资者带来的最大损失的角度来衡量的风险程度,即风险存在使投资者可能遭受的最大损失在预期投资收入中所占的比例。预期收入是指项目预算收益,实际收入是指扣除因风险可能遭受的损失后的净收益。

当项目实际收入额因风险存在而发生变化时,投资风险损失强度也随之发生变化。最极端的情况有下列三种。

(1)实际收入=0,投资风险损失强度=100%。由于存在风险,使项目损失了全部收益,风险损失强度达100%。

(2)实际收入<0(亏损),投资风险损失强度>100%。说明当投资风险大到一定程度,使项目出现亏损,投资风险损失强度将大于100%。

(3)实际收入≥预期收入,投资风险损失强度将呈零或负的状态,项目无风险。

2. 风险概率分布的度量

风险损失强度只能用来描述投资风险给投资者带来损失的大小,而投资风险的发生是一种随机事件,人们无法确切地知道风险将在何时何地发生,只能依据统计结果的概率分布状态来衡量其发生可能性的大小。

期望值是投资者对未来投资收益的预期结果,是在综合考虑了投资方案在未来面临的各种可能状态发生概率及其投资收益率后的统计量。期望值描述的是统计数列的集中(平均值)状态。标准偏差(σ)则反映了统计数列偏离期望值的状态,即所谓的离散趋势。σ值越大,说明未来的投资收益值偏离期望值的可能性越大,风险也就越大;σ值越小,说明未来投资收益值偏离期望值的可能性越小,风险越小。需要说明的是,这里的"大"、"小"仅仅是一个相对概念,并没有一个绝对的指标可以参照。因为不同项目投资规模不同,不同投资者承受力不同,风险偏好不同,评价"大"和"小"的标准自然不同。

3. 风险度量方法

(1)采用国际房地产投资业常用的三个指标来识别

一是投资房地产的营业率。一切能够带来收入的房地产都必然发生经营费用,以利润来维持其赚钱的能力。营业率被用来判定投资报告的净营业收入是否具有现实性。计算公式为:营业率=年营业总费用/年计划总收入。

据有关调查数据表明,新公寓楼营业率在38%~40%之间是可行的。办公楼、商业楼宇有不同的营业率。营业率太低说明投资方案中有些成本费用没有考虑,太高则说明管理不善。太低或太高都说明风险太大。

二是偿债收益比。营业净收入是扣除所有成本费用后的收入,是偿还债务资金的基本来源。它和偿债责任的比率反映了借款人偿还贷款的能力。偿债收益比=年营业净收入/年偿债额,偿债收益比数值越小,该项借款投资的风险越大;反之,则风险越小。住宅资产的偿债收益比一般要求超过1:2才被认为是安全的。

三是保本占用率。保本占用率是计算房地产安全性的另一重要指标。其计算公式为:保本占用率=(年营业总费用+年偿债额)/年计划总收入。保本占用率越高,投资风险越大。可以接受的住宅资产的保本占用率一般为 85%～90%。

（2）概率与数理统计的方法

由于风险度量涉及到房地产投资项目可能结果的概率分布，因而可以采用概率论和数理统计作为房地产投资风险的识别方法。这里的投资结果主要是指房地产投资的报酬回报率。而报酬回报率的概率分布的取得很不容易。虽然可以做市场调查，有已开发项目的资料，可以使用数理统计的方法得出分布或其估计，甚至通过统计检验，但其结果只能在相对意义上代表拟开发项目的概率分布。这是因为各个房地产项目之间的差异较大，有时相距十几米的位置，即使其他条件都相同，投资回报也可能存在很大的差别。将抽样调查的方法与主观概率判断结合，确定出房地产项目投资的报酬回报率的概率分布是实际工作者常用的方法。

四　房地产投资风险的防范与处理

房地产投资风险的防范与处理是针对不同类型、不同概率和不同规模的风险，采取相应的措施和方法，规避房地产投资风险，或使房地产投资过程中的风险减少到最低程度。

（一）投资分散策略

房地产投资分散是通过调整房地产投资结构，达到减少风险的目的，一般包括投资区域分散、投资时间分散和共同投资等方式。房地产投资区域分散是将房地产投资分散到不同区域，从而避免某一特定地区经济不景气对投资的影响，达到降低风险的目的。而房地产投资时间分散则是要确定一个合理的投资时间间隔，从而避免因市场变化而带来的损失。例如，当房地产先导指标发生明显变化时，如经济增长率、人均收入、储蓄额从周期谷底开始回升，贷款利率从高峰开始下降，而国家出让土地使用权从周期波谷开始回升，预示着房地产业周期将进入扩张阶段，此时为投资最佳时机，可以集中财力进行投资。共同投资也是常用的风险分散方式。共同投资由多个投资者集中资金，实施房地产开发，利益共享，风险同担，最大限度地发挥各自优势，规避投资风险。例如与金融部门、大财团合作，可利用其资金优势，消除房地产筹资风险；与外商联盟，可引进先进技术和管理经验。

（二）投资组合策略

房地产投资组合策略是投资者依据房地产投资的风险程度和年获利能力，按照一定的原则进行恰当的搭配投资各种不同类型的房地产以降低投资风险的房地产投资策略。例如房地产开发商可以投入一部分资金在普通住宅，投资一部分在高档写字楼等。因为不同类型的房地产的投资风险不同，收益高低不同。风险大的投资项目回报率相对较高，回报率低的投资项目相对风险较低，如果资金投入不同的房地产开发项目整体投资风险就会降低，其实质就是用个别房地产投资的高收益来弥补低收益的房地产的损失，最终得到一个较为合理的收益。房地产投资组合的关键是如何科学确定投入不同类型房地产合理的资金比例。

（三）保险策略

对于房地产投资者来说购买保险是十分必要的，它是转移或减少房地产投资风险的途径之一。保险对于减轻或弥补房地产投资者的损失,实现资金循环运动,实现房地产投资者的利润等方面具有十分重要的意义,尤其对于维护房地产投资者的信誉,促进房地产经营活动的发展具有积极作用。房地产保险业务有房屋保险、产权保险、房屋抵押保险和房地产委托保险等。房地产投资者在购买保险时应当充分考虑所需要的保险险种,确定适当的保险金额,合理划分风险单位和厘定费率以及选择信誉良好的保险公司等。

五　房地产项目投资风险控制

对于作出风险自留决策的项目或项目风险因素,风险管理的重要工作便是审时度势,依据当时的具体条件对风险进行有效的控制。在房地产项目投资的风险管理中,常用的风险控制方法有如下几种。

(一)风险调整贴现率法

风险调整贴现率法是用考虑了风险的贴现率来计算项目投资效益净现值的分析方法。由于贴现率的高低决定于风险的大小,这就相当于在进行项目投资决策时计入了风险因素。因而,风险调整贴现率法成为一种重要的控制房地产投资项目风险的方法。风险调整贴现率法的关键在于如何根据投资风险来确定风险调整贴现率。

风险调整贴现率法主要通过调整项目现金流量的贴现率来考虑风险程度,在技术处理上比较方便,得到了广泛的应用。但是,这种分析方法混淆了时间价值与风险价值的概念,把风险价值也以贴现率的形式来考虑,就意味着风险将随着时间的推移而加大。这在有些情况下并不完全与事实相符。

(二)肯定当量法

肯定当量法的基本思路是先用一个系数(肯定当量系数)把有风险的现金流量调整为无风险的现金流量,然后再用无风险贴现率去计算净现值。肯定当量系数是指与每元不确定的现金流量期望值相应的,转换为使投资者满意的确定金额的系数。它可由经验丰富的分析人员主观判定,也可由历年的确定现金流量与不确定现金流量期望值之比求得。

(三)决策树法

决策树法以投资收益的期望值作决策依据,利用一种树枝状的图形帮助决策。该方法形象、直观、规范、有序,适合影响因素复杂、决策程序繁琐的多级风险分析问题。决策树分析法按如下步骤进行。

1. 市场调查,方案研究

针对问题(项目)的性质与条件进行市场调查与研究,拟定各类投资方案及各方案面临的风险状态。

2. 现金流及概率确定

按照拟选投资方案及市场资料,进行项目投资费用、经营成本、经营收入及税费估算,确定项目各投资方案在各种风险状态下的现金流量。按照市场及环境分析结果,判断或计算各种风险状态的概率。

3. 绘制决策树

将拟定的投资方案及其风险状态绘成决策树的形式（如图7-6所示），并将上述概率及现金流标注在相应的位置。对于多级风险分析问题，则要视选定的级数，逐级地展开方案枝和状态枝。

4. 计算各节点（状态点或分级决策的决策点）的期望值

期望值的计算由左向右依次进行。首先将各结果点的收益值（各状态的净现金流量）乘以各状态枝相应的概率值，然后将同一节点下各状态枝的上述乘积累计起来，便得到了该状态节点的期望值，标示于该节点上方。重复上述过程，直至算出了同一决策级的所有状态节点的期望值。对于多级决策问题，各分级决策点的期望值就是所选定方案状态点的期望值。

5. 剪枝决策

比较各方案风险状态点的期望值，剪掉期望值小的方案枝，每一级决策仅保留期望值最大的一个节点。最终整个决策树只剩下一条贯穿始终的方案枝。这便是最后的风险决策方案，其期望值便是该项目投资收益的期望值。

[例7.2]　如图7-6所示，A_1的净收益值$=1500\times0.7+(-300)\times0.3=960$万元，$A_2$的净收益值$=600\times0.7+150\times0.3=465$万元。因为$A_1$大于$A_2$，所以选择$A_1$方案。于是在$A_2$方案枝上打杠，表明舍弃。

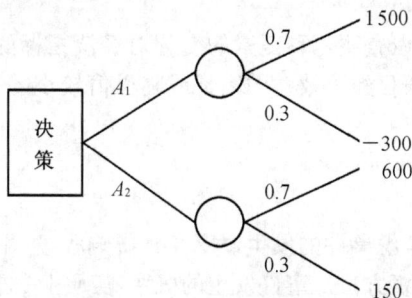

图7-6　决策树法

（四）盈亏平衡分析法

盈亏平衡分析又称收支平衡分析，它是技术经济分析中经济临界点的分析方法在项目规模分析中的应用。所谓收支平衡是指投资项目的收入和支出达到平衡点时的最低生产水平（产量）和销售水平（销量）。当项目的生产规模（或销售规模）达到这个平衡点时，项目既不亏本也不盈利，维持一种简单再生产的状态，称为"保本"状态。在房地产投资项目的经济分析中，借助于盈亏平衡分析，并辅之以边际利润和边际利润率等分析和评价指标，可对项目投资规模、盈利能力及风险程度进行更深入的探讨。

（五）敏感性分析法

敏感性分析又称敏感度分析，是研究投资效益预测中某些不确定因素对预测结果的影响及其影响程度的分析方法，敏感性分析借助于某些指标如成本、单价、税率等随变量的变动而变化的计算分析，协助决策者查找影响项目投资效益最大、最敏感的风险因素；确定这些因素的波动范围,最悲观的边界条件,掌握效益指标随某些风险要素变化而变动的规律;寻找引起这些变化的原因,从而帮助决策者制定相应的风险对策,使项目经济效益达到理想程度。房地产开发项目的敏感性分析按如下步骤进行。

1. 确定分析指标

确定分析指标,应符合突出重点、与经济评价指标相一致、与经济评价阶段相协调的原则。

2. 确定因素及因素变化范围

用于敏感性分析的因素主要是那些预计在可能的变化范围内对项目经济效益有强烈影响的因素,以及在进行效益评价时,采用的不准确、没把握的数据因素。房地产投资的经济效益涉及到的影响因素复杂,在不同的阶段,应选取不同的指标,各因素的变化范围应由市场分析确定。

3. 计算因素波动所引起的分析指标的变化

将某一因素的变化设定若干级的变动数量和变化幅度,然后分别计算在其他因素不变的条件下,相应的经济指标的变化。计算各因素波动的临界值(使评价指标发生逆转的值)。对每一因素均重复这些计算,并将计算结果列成表或图,便得到了用于显示经济指标对因素变化敏感程度的数据资料。

4. 确定敏感因素和敏感程度

根据上述计算结果,可以查明每种因素的变化对经济指标的影响及其影响程度。那些有微小变化即会严重影响项目经济效益的因素或临界值较小的因素,就是该项目的敏感风险因素。

(六)概率分析法

概率分析是一种同时考虑事件的发生概率及其影响程度,用所谓期望指标来估价风险程度,以进行效益评定的分析方法。事件发生的概率,实质上是事件发生可能性大小的一种度量。在风险分析中,不仅不确定因素发生的变化幅度会影响经济指标的波动,而且这些不确定因素发生变化的概率同样也会影响经济指标的变化。各因素变动的概率不同,意味着项目承受风险的程度不同。如两个具有相同敏感程度的因素,一个发生变动的可能性很高(概率大),另一个发生变动的可能性很小(概率小),则投资者对前者更为关注。概率分析是通过经济评价指标的期望值来判断项目的风险和效益,所谓期望值即数学期望,是指同时考虑经济指标取值大小及取值概率的一种度量。它等于项目考虑了风险因素变动后的经济指标与其发生概率之积的代数和。

概率分析的步骤是:① 据市场调查资料选择作为随机变量的风险因素,并具体分析该随机变量的各种可能取值。② 建立评价指标与风险因素间的函数关系,计算在风险因素各种取值情况下的评价指标值。③ 由历史统计资料确定风险因素各种取值的发生概率。④ 计算项目经济指标的期望值。⑤ 对计算结果进行综合性的评价与判断,研究各种风险因素作用下项目投资评价指标的变化,作出考虑风险因素的投资决策。

第四节　房地产投资决策

一　房地产投资决策的内涵

所谓房地产投资决策，是指对拟开发房地产项目或置业投资项目的必要性和可行性进行技术经济分析，对可以达到投资目标的不同方案进行比较和评价，并作出判断，选择某一方案的过程。

房地产空间位置的固定性特征，意味着一旦作出房地产投资决策并付诸实施，将很难随意移动和变更。房地产开发建设周期长，占用资金量大，一旦开工建设就不能中断，要力求缩短工期，在最佳时机投入市场。房地产投资的总量水平、结构状况、空间布局和时间安排十分复杂，直接影响城市建设和经济发展，决定人们的生活质量。房地产投资规模在国民经济投资规模中占有较大比重，必须与社会经济发展相适应。因此，必须十分重视房地产投资决策，不断提高房地产投资决策的科学水平。

二　房地产投资决策过程

房地产投资决策过程是指在房地产投资决策中，提出问题、分析问题和解决问题的过程。一般程序包括分析问题、设计方案、评价方案、实施方案、方案调整和反馈的过程。

1. 通过市场调查，选择潜在的房地产投资机会

市场调查是房地产项目投资决策的前提和基础。通过市场调查，对房地产项目的区位条件、房地产市场行情等进行综合的考量，寻找潜在的房地产投资机会。对在何时投资、在哪里投资、如何投资、有什么样的投资风险等，都要进行可行性研究，这些因素是影响预期投资收益的关键。

2. 确定房地产投资决策目标

在决策目标确定过程中，必须把要解决问题的性质、结构、症结及其原因分析清楚，从而有针对性地确定合理的决策目标。决策目标必须十分明确，目标过分抽象或模棱两可、含糊不清，决策将无所遵循，决策目标的实现程度也难以衡量。合理的决策目标应该是可以衡量其成果、规定其时间和确定其责任的。另外，决策目标往往不止一个，而且多个目标之间有时还会有矛盾，这就给决策带来了一定困难，所以要处理好多目标的问题。

3. 找出所有可行方案

根据房地产投资目标和有关的信息情报，拟定可行方案，并要求整体详尽性和相互排斥性相结合，以避免方案选择过程中的偏差。整体详尽性指拟定的各种备选方案应尽量包括所有可能的方案。因为方案的数量越多、质量越好，选择的余地就越大。相互排斥性指决策者对最有潜力的几个方案进行分析，在不同方案中只能选用一个方案。在拟定备选方案的过程中，还应考虑可能出现的意外变动，并对主要的参数及可能出现的误差和变动，进行预

测性分析。

4. 确立衡量房地产投资效益的标准,测算每个方案的预期结果

衡量效益的标准决定了最后的分析结果。但这一标准很大程度上取决于决策者的主观判断。在不同的决策者之间,最佳方案的选择很可能因衡量效益的标准不同而不同。通常可以通过成本与收益分析来衡量方案效益。成本是方案实施过程中所需消耗的资源,如资金、人员、设备等。收益则是由某些行动的结果而产生的价值。在决定选择方案的整体价值时,成本与收益都要考虑。确立了各可行方案的效益衡量标准后,就可据此对每个方案的预期结果进行测量,以供方案评价和选择之用。

5. 房地产投资方案评估及方案选择

方案评估就是根据确立的决策目标所提出的各种可行方案以及衡量效益的标准、预期的结果等,分别对各方案进行衡量。方案评估的标准包括方案的作用、效果、利益、意义等,应具有技术可能性和经济合理性。方案选择是对每一方案的结果进行比较,选出最可能实现决策预期目标或期望收益最大的方案,作为初步最佳方案。选择方案的方法通常有经验判断法、数学分析法和试验法三类。经验判断法是依靠决策者的经验进行判断,常用的有淘汰法、排队法、归类法等。数学分析法是应用决策论的定量化方法进行方案选择,常用的有概率法、效用法、期望值法、决策树法等。试验法,则是在管理决策中,特别是新方法的采用、新工艺的试验中所采用的一种选择方法,可视为正式决策前的试验。

6. 实施房地产投资决策方案

方案的实施是决策过程中至关重要的一步,在方案选定以后,就可制定实施方案的具体措施和策略。

7. 追踪调查方案实施,保证目标的实现程度

执行一个大规模的决策方案通常需要较长的时间,在这段时间中,情况可能会发生变化。而初步分析只产生对于该问题的一个初步估计。因此,在方案的实施过程中,针对不确定性问题,应不断调整和完善方案。同样,任何连续性活动过程由于涉及多阶段控制,定期的分析也是必要的。这是在变动的环境中获取最优结果的唯一途径。另一方面,由于外部环境和内部条件的不断变动,也需要通过不断修正方案来消除不确定性,以适应变化了的情况,进行必要的调整。

三 房地产投资决策的类型

房地产投资决策贯穿于房地产投资活动的全过程,涉及到各方面的内容。因此,根据不同的要求,从不同的角度对决策过程加以分类,有助于决策者把握各类决策的特点,根据决策问题的特征,按不同的决策种类,采用相应的方法,进行有效的决策。

1. 按决策影响的时间长短,可以分为长期决策和短期决策

长期决策是指关系公司未来发展方向的长远性、全局性的重大决策,又称长期战略决策,如投资方向选择、投资规模的确定等决策。

短期决策是实现长期战略目标所采取的短期策略手段,又称短期战术决策,如日常的资金分配等问题的决策。

2. 按决策的重要性,可以分为战略决策、战术决策和业务决策

战略决策是所有决策问题中最重要的。战略决策所要解决的是全局性的问题,即确定一个长远的房地产投资目标或方向,例如是否从其他行业进入房地产业。

战术决策所要解决的是局部性、短期性的问题,是为保证战略决策实施而采取的项目投资决策。

业务决策,又称执行性决策,是日常工作中为提高生产效率、工作效率所作的决策,涉及范围较小,对投资活动只产生局部影响。

3. 按决策问题的重复程度,分为程序化决策和非程序化决策

程序化决策是按原来规定的程序、处理方法和标准去解决管理中经常重复出现的问题,又称重复性决策、定型化决策、常规决策。它可以通过制定规定程序、决策模型和选择方案的标准,按常规进行处理。

非程序化决策是解决以往无先例可循的新问题,具有极大的偶然性和随机性,很少重复发生。这类决策又被称为一次性决策、非定型化决策和非常规决策,通常是有关重大战略问题的决策。由于非程序化决策需要考虑内外部条件变动及其他不可量化的因素,除采用定量分析外,决策者个人的经验、知识、洞察力和直觉、价值观等主观因素对决策有很大的影响。

4. 按决策问题的可控程度,分为确定型决策、非确定型决策和风险型决策

确定型决策是在稳定或者可控条件下进行的决策,是指决策者确知自然状态的发生,每一方案只有一个确定的结果,方案的选择结果取决于对各方案结果的直接比较。

非确定型决策是在不稳定条件下进行的决策,决策方案未来的自然状态可能有多种,但无法预先作出明确估计,且各种自然状态的概率亦无法确定,似乎每一个备选方案都有可能获得成功,也都隐藏着失败的可能。在不稳定条件下进行有效的决策,关键在于决策人员对信息资料掌握的程度,信息资料的质量以及对未来形势的准确判断。这类决策主要是根据决策人员的直觉、经验和判断能力来进行的。

风险型决策也称随机决策,即决策方案未来的自然状态不能预先肯定,可能有几种状态,但每种自然状态发生的概率是可以作出客观估计的,所以不管哪个决策方案都是有风险的。这类决策的关键在于衡量各备选方案成败的可能性(概率),权衡各自的利弊,作出择优选择。

四 房地产投资决策的指标和方法

(一)静态指标及其计算

对房地产开发项目的投资效益进行评估时,若不考虑资金的时间价值,称为静态评估,计算指标被称为静态指标。常用的静态指标有投资利润率、投资回收期等。

1. 投资利润率

投资利润率是指项目达到设计生产能力后的一个正常生产年份的年利润总额与项目总投资的比率,它是考察项目单位投资盈利能力的静态指标。对生产期内各年的利润总额变化幅度较大的项目,应计算生产期年平均利润总额与项目总投资的比率。其计算公式为:

$$投资利润率 = \frac{项目年利润总额或年平均利润总额}{项目总投资} \times 100\%$$

项目投资利润率越高,表明项目经济效益越好。在利用投资利润率进行评估时,要确定一个利润率标准(例如 20%),当投资方案的投资利润率高于此标准时则接受该投资方案,否则就拒绝该投资方案。如果要从多个可接受的互斥方案中进行选择,应该选投资利润率最高的方案。

投资利润率对于快速评估一个寿命期较短的项目方案的投资经济效果是有用的指标;当项目不具备综合分析所需的详细资料时,或在制定项目方案的早期阶段和研究过程中,对项目进行初步评估是一个有实用意义的指标。该指标特别适用于工艺简单而生产情况变化不大的项目方案的选择和项目投资经济效果的最终评价。

投资利润率指标,经济意义易于理解,净利润是会计人员较为熟悉的概念;使用简单、方便;考虑了投资寿命期内所有年份的收益情况。但这一指标没有考虑资金的时间价值;净利润是会计上通用的概念,与现金流量有较大差异,因此投资利润率并不能真正反映投资报酬率的高低。

2. 投资回收期

投资者通常期望所投入的资金能够在较短的时间内足额收回。用于衡量投资项目初始投资回收速度的评估指标被称为投资回收期,它是指以项目的净收益抵偿全部初始投资所需要的时间。投资回收期一般以年表示,从建设开始年算起,其表达式为:

$$\sum_{t=0}^{P_t} (CI - CO)_t = 0$$

式中,P_t 为投资回收期;CI 为现金流入量;CO 为现金流出量;$(CI-CO)_t$ 为 t 年的净现金流量。

投资回收期可根据现金流量表(全部投资)中累计净现金流量计算求得。其计算公式为:

$$P_t = \left[\begin{array}{c}累计净现金流量开\\始出现正值的年份数\end{array}\right] - 1 + \left[\frac{上年累计净现金流量的绝对值}{当年净现金流量}\right]$$

求出的投资回收期 P_t 与行业的基准投资回收期 P_c 比较,当 $P_t \leqslant P_c$ 时,表明项目投资能在规定的时间内收回,经济效果好。

[**例 7.3**] 甲、乙两方案前 5 年的净现金流量如表 7-1 所示,求这两个方案的投资回收期,并利用投资回收期指标对这两个方案进行评估。

表 7-1 甲、乙两方案各年净现金流量

年份		0	1	2	3	4	5
甲方案	净现金流量(万元)	−1 000	400	400	400	400	400
	累计净现金流量(万元)	−1 000	−600	−200	200	600	1 000
乙方案	净现金流量(万元)	−1 000	200	300	300	400	600
	累计净现金流量(万元)	−1 000	−800	−500	−200	200	800

甲方案的计算结果是：

$$P_{t甲} = 3 - 1 + \frac{200}{400} = 2.5(年)$$

由于甲方案各年净现金流量为年值形式，亦可简化计算为：

$$P_{t甲} = \frac{1\,000}{400} = 2.5(年)$$

乙方案计算结果为：

$$P_{t乙} = 4 - 1 + \frac{200}{400} = 3.5(年)$$

如果行业的基准投资回收期为 4 年，则甲、乙两方案都可以接受。如甲、乙两方案互斥，由于甲方案的投资回收期短于乙方案，故应选择甲方案。

投资回收期决策法，评估指标计算较为简单，只需要确定投资项目前几年的净现金流量，不必确定投资项目寿命期所有年份的净现金流量，不用确定贴现率。投资回收期指标在一定意义上考虑了投资风险因素，因为通常投资回收期越短则投资风险越小。但投资回收期指标没有考虑资金的时间价值和投资回收期以外各年净现金流量，不利于对投资项目进行整体评估，投资回收期标准的确定主要依赖决策者对风险的态度。

（二）动态指标及其计算

房地产开发项目的投资效益评估，考虑资金时间价值的方法，称为动态评估，计算的指标被称为动态指标。动态指标比较全面地反映房地产项目投资活动有效期的经济效益，使评估更加符合实际。常用的动态评估指标有净现值、内部收益率、动态投资回收期等。

1. 净现值

净现值是指房地产开发项目在投资活动有效期内的净现金流量，按预先规定的贴现率或基准收益率，折算到房地产开发项目实施开始的基准年的代数和。用净现值评估房地产开发项目投资效益的方法，称为净现值法。其计算公式为：

$$NPV = \sum_{t=0}^{n} (CI - CO)_t (1 + i_c)^{-t}$$

式中，NPV 为净现值；n 为房地产开发项目投资活动有效期；i_c 为贴现率或基准收益率。

利用净现值法评估投资项目时，若 $NPV > 0$，表示房地产开发项目方案的收益率不仅可以达到基准收益率或贴现率所预定的投资收益水平，而且尚有盈余；若 $NPV < 0$，说明项目投资方案的收益率达不到基准收益率或贴现率预定的投资收益水平；若 $NPV = 0$，表示项目投资方案的收益率恰好等于基准收益率或贴现率所预定的投资收益水平。所以，只有 $NPV \geqslant 0$，该方案在经济上才是可取的；反之则不可取。

［例 7.4］　甲、乙两个互斥投资方案各年净现金流量如表 7-2 所示，已知基准收益率为 10%。试利用净现值法判断甲、乙两方案的可行性，如果都可行，应该选择哪一个方案？

表 7-2　甲乙两方案各年净现金流量

年份	0	1	2	3	4	5
甲方案净现金流量(万元)	−1 000	300	300	300	300	300
乙方案净现金流量(万元)	−1 000	100	200	300	400	500

甲方案的净现值为：

$$NPV_{甲} = \frac{300}{(1+10\%)} + \frac{300}{(1+10\%)^2} + \frac{300}{(1+10\%)^3} + \frac{300}{(1+10\%)^4} + \frac{300}{(1+10\%)^5} - 1\,000$$
$$= 137.24(万元)$$

乙方案的净现值为：

$$NPV_{乙} = \frac{100}{(1+10\%)} + \frac{200}{(1+10\%)^2} + \frac{300}{(1+10\%)^3} + \frac{400}{(1+10\%)^4} + \frac{500}{(1+10\%)^5} - 1\,000$$
$$= 65.26(万元)$$

由于甲、乙两方案的净现值都大于零,因此这两个方案都可以接受。但甲方案的净现值大于乙方案的净现值,根据净现值法可知甲方案优于乙方案,应该选择甲方案。

由此可见,净现值法的基本思想是投入与产出相对比,只有当后者大于前者时,投资才是有益的。为了便于考虑资金的时间价值,将不同时点上发生的现金流量统一折算为同一时点(项目实施的开始时点)的现金流量,未来各年净现金流量的现值之和就是进行投资的"产出",而初始投资就是"投入"。

净现值法的计算考虑了资金的时间价值,净现值能明确反映出从事一项房地产投资会使企业获利(或亏本)数额大小。因此,人们通常认为净现值法是投资评估方法中最好的一个,并被广泛使用。但净现值法也有不足之处:① 净现值的计算依赖于贴现率数值的大小,贴现率越大则所计算出来的净现值越小,而贴现率的大小主要由筹资成本决定。也就是说,一项投资机会的获利能力大小并不能由净现值指标直接反映出来,一项获利很高的投资机会可能由于筹资成本较高而使得该项目的净现值较低。② 净现值指标不能反映投资效率的高低,一项投资规模大、投资利润率低的项目可能具有较大的净现值;而一项投资规模较小、投资利润率较高的项目可能具有较小的净现值。

2. 内部收益率

所谓内部收益率(IRR),是指方案计算期内可以使各年现金流量的净现值累计等于零的贴现率。根据等值的概念,也可以认为内部收益率是指在投资方案寿命期内使现金流量的净将来值或净年值为零的贴现率。所以,内部收益率是使得投资方案各年现金流入量的总现值与各年现金流出量的总现值相等的贴现率。它反映了项目所占用资金的盈利率,是考察项目盈利能力的主要动态指标。

为了与资本的利率 i 加以区别,可以用 r 表示投资方案的内部收益率。其计算公式如下：

$$NPV = \sum_{t=0}^{n} (CI - CO)_t (1+r)^{-t} = 0$$

应用净现值等于零求内部收益率时,可以将净现值 NPV 看作关于 r 的一元高次幂函数。先假定一个值,如果求得的 NPV 为正,则说明 r 值假定得太小,应再假定一个较大的值计算净现值;若求得的净现值为负,则应减小 r 值以使净现值接近于零。当两次假定的值使净现值由正变负或由负变正时,则在两者之间必定存在着使净现值等于零的 r 值,该值即为欲求的该投资方案的内部收益率。其几何意义如图 7-7 所示。

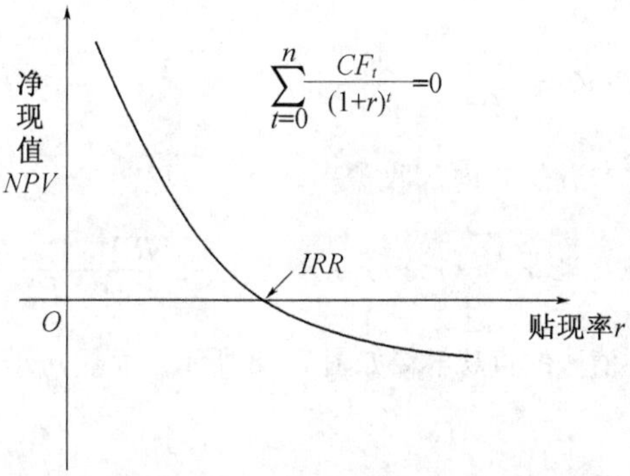

图 7-7 内部收益率的几何解释

在对投资方案评估时,将求出的全部投资或自有资金(投资者的实际出资)的内部收益率(IRR)与行业的基准收益率或设定的贴现率(i_c)比较,当 $IRR \geqslant i_c$ 时,说明投资方案盈利能力已满足最低要求,该方案是可以接受的。下面介绍内部收益率的几种计算方法。

(1)试算法

由图 7-7 可以看出,随着贴现率的不断增加,净现值越来越小,当贴现率增加到某一数值时,净现值为零。此时的贴现率即为内部收益率 IRR。此后随着贴现率的继续增加,净现值变为负值。利用这个特点,可以通过试算,求出内部收益率。

[**例 7.5**] 某投资项目各年净现金流量如表 7-3 所示,求该投资项目的内部收益率。

表 7-3 某项目各年净现金流量

年份	0	1	2	3	4	5
净现金流量(万元)	-100	20	30	30	40	50

首先适当选择一个贴现率 r 值,计算相应的净现值。若取 $r=10\%$,其相应的净现值为:

$$NPV = \frac{20}{(1+10\%)} + \frac{30}{(1+10\%)^2} + \frac{30}{(1+10\%)^3} + \frac{40}{(1+10\%)^4} + \frac{50}{(1+10\%)^5} - 100$$
$$= 23.88(万元)$$

试算结果表明,净现值大于零,所取贴现率偏小,应进一步增加。取 $r=15\%$ 再次计算净现值,$NPV=7.53$,仍然大于零,说明还要增大贴现率 r 值,再取 $r=20\%$ 进行试算,结果相应净现值 $NPV=-5.75$,净现值小于零表明所取的贴现率过大。重复这种试算过程便可以得到内部收益率。

（2）插值法

插值法是利用两个直角三角形相似,对应边成比例的特点,求投资项目的内部收益率的近似解。其计算步骤如下。

首先,通过试算得两个贴现率 r_1 和 r_2,使之满足:

$$NPV_1 = \sum_{t=0}^{n} \frac{CF_t}{(1+r_1)^t} > 0$$

$$NPV_2 = \sum_{t=0}^{n} \frac{CF_t}{(1+r_2)^t} < 0$$

其次,利用下述公式求近似的内部收益率。

$$IRR \approx r_1 + (r_2 - r_1) \times \frac{NPV_1}{|NPV_1| + |NPV_2|}$$

求内部收益率采用插值法的直观解释如图 7-8 所示。显然,r_1 与 r_2 越接近,误差越小。

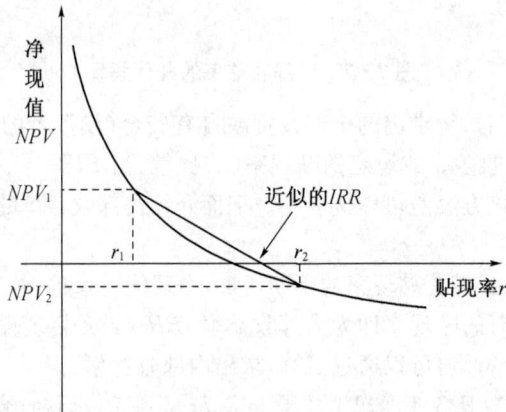

图 7-8 插值法的几何解释

仍以例 7.5 所述的投资项目为例,现利用插值法求近似的 IRR。

[**例 7.6**] 由例 7.5 的试算可知,当贴现率为 17% 时,相应 NPV 为 1.89,当贴现率为 18% 时,相应 NPV 为 -0.76,于是取 $r_1 = 17\%$,$NPV_1 = 1.89$;$r_2 = 18\%$,$NPV_2 = -0.76$,利用上述公式得:

$$IRR \approx 17\% + (18\% - 17\%) \times \frac{1.89}{|1.89| + |-0.76|} = 17.71\%$$

（3）查表法

可直接查阅相关经济类书籍的附表所列系数,求出内部收益率。

内部收益率的计算考虑了资金的时间价值,内部收益率表示投资项目内在收益率,所以能在一定程度上反映投资效率高低。但内部收益率不能直观地显示项目投资获利数额的大小,内部收益率的计算较为复杂。当投资项目各年净现金流量不是常规模式时,一个投资项目的内部收益率可能存在多个解或无解,此时内部收益率无明确的经济意义。

内部收益率与净现值两种评价指标,在具体应用上有一定的区别,主要表现在:① 经济意义不同,净现值表示从事一项投资会使资金增加或减少的现值,而内部收益率则表示投资项目的内在利润率。② 计算净现值需要确定贴现率大小,而计算内部收益率则不需要。③ 在对多个互斥项目排序时,有时会得出不同的结论。

[例7.7] 甲、乙两个互斥投资方案各年净现金流量如表7-4所示,甲、乙两方案净现值与贴现率的关系如表7-5所示。甲、乙两方案净现值与贴现率之间的关系如图7-9所示。图中两条曲线大约在 $r=10\%$ 处相交,曲线 I（对应于甲方案）与横轴交于15.24%,曲线 II（对应于乙方案）与横轴交于12.37%,它们分别是甲、乙两方案的内部收益率。从该图可以看出,当贴现率大于10%时,采用净现值法与采用内部收益率法会得出相同结论——甲方案优于乙方案;但当贴现率小于10%时,采用净现值法与采用内部收益率法会得出相反的结论。

表7-4 甲乙两方案各年净现金流量

年份	0	1	2	3	4	5
甲方案净现金流量(万元)	−1 000	300	300	300	300	300
乙方案净现金流量(万元)	−2 200	550	600	700	650	600

表7-5 净现值与贴现率的关系

贴现率 $r(\%)$	甲方案	乙方案
5	298.84	477.59
8	197.81	265.46
10	137.25	138.30
12	81.43	21.18
15	5.65	−137.85
17	−40.20	−234.01

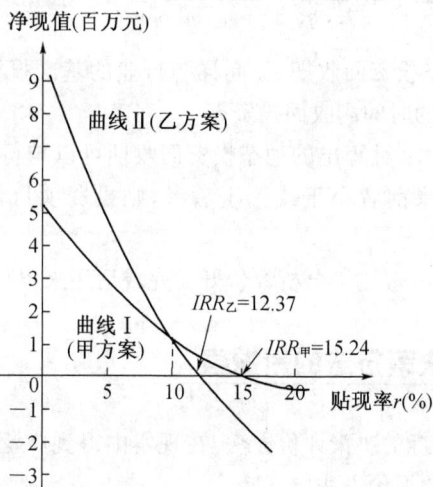

图7-9 净现值法与内部收益率法的比较

出现上述不一致的主要原因是：① 两个投资项目的投资规模不同。② 上述两种计算方法对再投资利润率的假定不同。净现值法假定再投资利润率等于计算净现值所用的贴现率，而内部收益率法假定再投资利润率等于 IRR。

3. 动态投资回收期

动态投资回收期是考虑了资金时间价值的回收期。假设初始投资额为 C，每期期末的净现金流量分别为 $R_1, R_2, \cdots, R_n$，则动态投资回收期即为满足下式的 N 值：

$$\sum_{t=1}^{N-1} \frac{R_t}{(1+i)^t} < C \leqslant \sum_{t=1}^{N} \frac{R_t}{(1+i)^t}$$

如果 $R_1 = R_2 = \cdots = R_n = R$，则动态投资回收期可由下式求得：

$$R(P/A, i, N-1) < C \leqslant R(P/A, i, N)$$

$(P/A, i, N-1)$ 为年金现值系数，相当于 $\sum_{t=1}^{N-1} \frac{1}{(1+i)^t}$。

[例7.8]　投资新建一写字楼，初始投资为 2 亿元，预计此后每年的净现金流量为 5 000 万元。若 $i = 10\%$，则动态投资回收期为满足下式的 N 值：

$$5\,000(P/A, 10\%, N-1) < 20\,000 \leqslant 5\,000(P/A, 10\%, N)$$

$$(P/A, 10\%, N-1) < 4 \leqslant (P/A, 10\%, N)$$

$$(P/A, 10\%, 5) = 3.790\,8$$

$$(P/A, 10\%, 6) = 4.355\,3$$

$$3.790\,8 < 4 \leqslant 4.355\,3$$

即该项目动态投资回收期为 6 年。也可以通过插值法求出更准确的投资回收期：

$$P_t = 5 + \frac{4 - 3.790\,8}{4.355\,3 - 3.790\,8} = 5 + 0.37 = 5.37(\text{年})$$

在评估中，求出的动态投资回收期 P_t 同样与行业的基准投资回收期 P_c 比较，当 $P_t \leqslant P_c$ 时，表明项目能在规定的时间内收回投资。

在投资项目财务评价中，计算出的动态投资回收期可以与行业规定的平均投资回收期或基准回收期相比较，如果前者小于或等于后者，则投资项目在财务上就是可以考虑接受的。

动态投资回收期指标一般用于分析评价开发完成后用来出租或经营的房地产项目。

五　房地产投资决策方法的新探索

上述基于现金流量指标的决策评价方法，在现实中得到广泛运用。实践中也做了一些新的探索，出现了一些新的评价方法。

（1）熵权系数优化模型。根据混合型房地产开发项目的特点，将主观判断与项目客观情况相结合确定权重,利用多准则综合评价的熵权系数优化模型作为房地产开发投资项目的决策方法,并将模型应用于具体案例分析(杜纲、岳松涛,1999)。

(2) 实物期权方法。针对贴现现金流量法在房地产项目投资决策中的缺陷,引入实物期权理论,将房地产投资决策中的实物期权分为延迟投资期权、分阶段投资期权、扩张期权、收缩期权、中止期权、放弃期权、转换期权和企业增长期权,提出了对应各类实物期权的房地产投资策略,并用实物期权的定价方法对传统的贴现现金流量法进行改进(李进涛、朱佳林、郭志涛,2003)。

(3) 灰色系统理论关联度分析法。将灰色系统理论与传统的综合评价方法相结合,形成基于灰色系统理论关联度分析的综合评价方法,这更容易从相对量上而不是从绝对量上来区分各投资方案的优劣(王洪强、林知炎、张英婕,2005)。

本章小结

本章首先阐述了房地产投资的基本概念和房地产投资原理。其次,探讨了房地产投资的收益类型和经济效果评价指标。再次,对房地产投资风险进行了深入的分析,包括房地产投资风险的种类、成因、识别、度量和控制。最后,介绍经典的投资分析技术,进行科学的房地产投资决策。

通过本章的学习,可以对房地产投资的原理有一个系统的认识,并且能利用投资分析技术对房地产投资作出科学的决策。

本章思考题

1. 房地产投资的类型有哪些?
2. 如何正确认识房地产投资收益率?
3. 控制房地产投资风险的方法有哪些?
4. 常用的房地产投资决策的评价指标有哪些?

参考文献

[1] 杜纲,岳松涛.房地产开发投资决策的熵权系数优化模型[J].数理统计与管理,1999(1).
[2] 贾楠,刘志才.关于房地产投资风险类型的研究[J].建筑管理现代化,2002(2).
[3] 李进涛,朱佳林,郭志涛.实物期权理论在房地产投资决策中的应用[J].华中科技大学学报(城市科学版),2003(2).
[4] 王洪强,林知炎,张英婕.基于灰色系统理论的房地产投资环境分析方法[J].同济大学学报(自然科学版),2005(3).
[5] Lintner John. The Valuation of Risk Assets and the Selection of Risky Investments in Stock Portfolios and Capital Budgets[J]. Review of Economics and Statistics, 1965,47(1):13-37.

［6］Mossin，Jan． Equilibrium in a Capital Asset Market［J］． Econometrica． 1966，34（4）： 768－783.

［7］Markowitz，Harry． Portfolio Selection［J］． The Journal of Finance，1952，7(1)：77－91.

［8］Sharpe William． Capital Asset Prices：A Theory of Market Equilibrium［J］. Journal of Finance，1964,19(3)：425－442.

第八章 房地产金融：融资方式与工具创新

内容提要

1. 房地产金融的产生与发展、房地产金融体系及房地产金融的基本理论。
2. 房地产信贷的类型与特点，抵押贷款的几种方式比较。
3. 房地产证券融资的渠道和工具创新。
4. 房地产投资信托基金。
5. 房地产信托、房地产保险与住房公积金。

资金融通与投资绩效是房地产开发经营的核心问题，房地产的投资、开发与消费都离不开房地产金融的支持。房地产金融使家庭突破了"流动性约束"，为房地产商提供了必需的资金，从而成为房地产市场繁荣和房地产业发展的"助推器"。在房地产经济活动中，房地产金融地位日益显著，房地产金融功能不断提升，金融工具不断创新，促进了房地产资源的有效配置，提高了房地产业的绩效水平。

第一节 房地产金融的发展、体系及其理论

一 房地产金融的产生与发展

房地产金融是指由金融机构组织实施的，为房地产经济活动筹集、融通、结算或清算资金并提供风险担保或保险的所有金融活动，它以房地产的产权或产权人的信誉为信用基础，以房地产金融市场和各种金融工具为运行条件。

房地产金融业是适应房地产业发展的需要而成长起来的。房地产开发需要大量资金投入，房地产消费也需要信贷支持，可以说房地产业与金融业具有天然的联系。房地产业作为国民经济的支柱产业，房地产市场规模的扩大和多样化，使房地产金融业务日益增加，房地产金融工具创新层出不穷。

（一）国外和中国香港房地产金融的产生与发展

房地产金融发展较早的国家（或地区）的历史表明，房地产金融是从住房互助或住房储

蓄,以及土地抵押融资起步的。

1775年英国开创了第一家互助性建筑社团。该社团为社团成员筹集资金,并以完全所有或租赁保有房地产证券形式贷给成员。以后英国的房地产金融围绕建筑社团逐步发展起来,并诞生了住房金融公司等,同时商业银行也开始从事房地产金融业务。1769年德国建立了第一家土地抵押信用合作社。该合作社由政府强制组成,并受政府的监督和管理。以后,又在土地抵押信用合作社和土地银行的基础上组成了若干联合银行。

1816年在美国的费城、波士顿、纽约相继成立了互助储蓄银行,到1826年这类银行已发展到35家。1831年英国移民在美国成立了牛津节俭会,二次大战后更名为储蓄贷款协会。它的性质是互助性的,参加协会的居民有在协会存款的义务,当他们购买房屋资金不足时,有权利向协会申请贷款。1916年美国又建立了联邦土地银行,其主要任务是提供长期的房地产抵押贷款,期限为30~40年,贷款最高额度可达抵押品的85%。

二次大战以后,房地产业和建筑业在相当一段时期内成为一些国家国民经济的重要支柱,金融业对房地产业的参与程度加深,房地产金融业务开展较为普遍,并不断有新的金融产品产生,房地产金融已逐步形成体系,几乎覆盖了房地产业。

在发达国家中,美国的房地产金融最为发达,并最具代表性。二战后美国的住房抵押信贷规模迅速扩展。1945年美国未偿还的住房抵押债务为270亿美元,1950年为452亿美元,1960年达到1 630亿美元,1970年突破了1万亿美元,相当于战后初期的37倍。住房抵押信贷的发展,有力地推动了房地产业和建筑业的发展。其他发达国家的房地产金融也各具特色。德国的住房储蓄体系是由专业住房储蓄银行经营运作的封闭性金融体系;英国则是由建筑社团、住房金融公司(向私人筹集资金为住房协会提供建房资金的专门机构)和储蓄银行、商业银行等相结合的房地产金融体系。

自20世纪50年代以来,新兴工业化国家和地区及发展中国家越来越多地利用房地产金融工具和手段来解决居民的住房问题,在很大程度上推动了房地产金融的发展。例如1950年日本建立了住房金融公库,以向居民个人提供低息贷款,资助个人建设、购买、维修住房,以实现政府的住房计划。1955年新加坡政府为加快住房建设,实施"居者有其屋"计划,以一种强制储蓄的方式实行了中央公积金制度,从而使房地产金融领域增添了一个新的特殊品种。除中央公积金外,新加坡其他银行的房地产金融业务也比较活跃。1975年韩国成立了土地金库,作为政府对土地及房产进行投资的来源之一。中国香港的金融机构普遍开展各种房地产金融业务。有资料表明,1979~1985年,香港房地产市场上楼宇买卖的年平均额为349亿港元,而年均贷款金额达到了297亿元,贷款金额占买卖金额的85.1%。巴西则建立了由国家银行控制的房地产信贷体系,由全国住房建设银行通过中间机构向居民发放信贷。

(二)中国房地产金融的发展

尽管在解放前和建国后,中国的一些城市里出现了房地产金融活动,但真正意义上的房地产金融是改革开放后逐步发展起来的。1982年,为配合国务院批准的在常州、沙市、四平、郑州等四城市进行公有住房补贴出售试点,中国人民银行对城市居民个人,并对少数企业单位试办了购房建房存贷款业务(1984年工商银行从人民银行分离后,此项业务划入了工商银行的业务范围)。1987 年,中国人民银行颁布了《住宅储蓄和储蓄借款试行办法》,建设银行对需要建房、买房的单位和个人开办了住房储蓄,吸收存款,发放商品房贷款,房地产信贷业务有了一定的发展。在这期间,中国人民银行还批准烟台、蚌埠先后成立了住房储蓄银行。同时建设银行和工商银行均设立了房地产信贷部,专门为住房等建设筹集和融通资金。

1988 年中国房地产金融业务有了新的拓展。一方面,国家规定逐年在计划上安排一块商品住房信贷指标;另一方面,深圳、上海等沿海经济发达地区,还发行了房地产债券,有的还试办了房地产抵押贷款等。从此,房地产金融不仅在筹资融资方面发挥着应有的功能,还能为房地产企业和消费者提供相关的服务。

进入 20 世纪 90 年代以后,房地产金融的发展进入了一个崭新的阶段,具体表现为:① 1995 年 5 月上海率先建立住房公积金制度,以住房公积金的形式帮助居民解决住房问题的做法逐步在全国各城市推开,并且成为房地产金融的一个重要部分。② 推行配房买债券的房地产金融政策,使住房债券的发行合法化,为房地产融资创造了一条新途径。③ 自上海兴业房产成为上交所第一家房地产上市公司以来,越来越多的房地产企业股票上市交易,在股票市场上形成了房地产板块。④ 房地产抵押贷款业务不断扩展,受益面进一步增加。原来房地产抵押贷款业务只能由建设银行办理,现在办理此业务的银行已发展到所有商业银行。抵押贷款的业务种类也更趋多样化,除公积金贷款外,还有组合抵押贷款、使用权房抵押贷款等。如表 2-13 所示,2000 年以来,商业性房地产贷款业务增长迅猛,2009 年商业性房地产贷款余额高达 7.33 万亿元。其中,消费者购房贷款余额为 4.76 万亿元。可见,2000 年以来,随着房地产业的发展,中国房地产金融市场规模高速扩张。

二　房地产金融的类别与体系

1. 房地产金融的构成及其类别

房地产金融是一个涉及所有房地产经济活动的金融体系。金融的基本职能是为经济运行筹集与分配资金,它是通过金融市场或金融中介直接或间接地将资金从供给方转移到需求方。因此,从内在构成上,房地产金融又可进一步划分为房地产金融市场、房地产金融机构及房地产金融工具等。从房地产金融的整体功能和房地产金融内部要素两个方面,可以对房地产金融作出以下多种分类。

(1) 按不同的房地产领域分类

按不同的房地产领域,可分为土地金融和房产金融。土地金融是指在以土地产权作为信用的基础上开展各种融资活动的总称;房产金融则是指为房屋的生产、销售和消费筹措、融通资金的一系列活动,包括住房金融。

(2) 按资金的融通对象分类

按资金的融通对象,可分为权益性融资和债务性融资(如图 8-1 所示)。权益性融资是指融资者通过产权形式的多种安排以出让一部分权益为条件而向出资者融通资金的行为;债务性融资是融资者以还本付息为条件而向出资者融通资金的行为。

```
                                      ┌ 房地产企业股票
                          ┌ 权益性融资 ┤ 房地产权益信托
                          │            └ 房地产权益合资
              ┌ 按融资对象分 ┤
                          │            ┌          ┌ 商业信用
                          │            │ 直接融资 ┤ 债券
                          └ 债务性融资 ┤          └ 租赁
                                       │          ┌ 信用贷款
                                       └ 间接融资 ┤ 抵押贷款
```

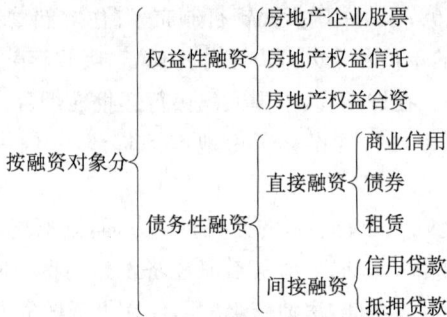

图 8 - 1　按融资对象划分的房地产金融

（3）按房地产金融的业务范围分类

按业务范围，可将房地产金融市场划分为：房地产信用信贷市场，金融机构单凭借款人的信用向其提供贷款的市场；房地产抵押市场，金融机构要求借款人提供房地产产权凭证等作为抵押品发放贷款的市场；房地产证券市场，房地产有价证券发行、交易的场所，是房地产资产证券化的必备条件，包括股票、债券、信托三个子市场；房地产保险市场，对投保人的房地产及其相关利益以及所产生的损害赔偿责任提供保险和保险人依托保险基金参与房地产投资的市场。

（4）按房地产金融的操作实务分类

按房地产金融的操作实务来划分，主要包括房地产金融机构及其业务的具体操作。即房地产金融机构的设置和审批建立过程与必备的手续，具体金融业务的办理程序、基本条件和方式，对房地产金融机构的监管和方法；房地产开发经营企业的融资操作，涉及投资项目的市场分析、偿债能力分析、投资决策、融资方式的选择及融资成本的计算、具体融资手续等；房地产消费融资操作，包括办理手续、合同条款、收费标准等具体内容。

（5）按房地产金融工具分类

金融工具是在信用基础上产生或发行的可流通凭证。它们在一定条件下可以兑换现实货币，故可充当流通手段和支付手段。房地产金融工具有多种，包括房地产长短期信贷、房地产抵押贷款、房地产股票、房地产债券、房地产信托受益凭证、房地产保单等。

（6）按房地产金融机构分类

金融机构是房地产金融活动的主体之一，在房地产金融市场上发挥着主导作用。可以把房地产金融机构划分成两大类，即银行机构和非银行金融机构。银行包括商业银行、专业银行（住宅储蓄银行和房地产抵押银行）；非银行金融机构包括房地产信托机构、保险公司、公积金中心、住宅金融公库、住宅合作社，以及房地产信托投资公司等（丁健、胡乃红等，2003，第2～4页）。在实践中，各国的专业房地产金融机构有较大区别，例如，美国的储蓄贷款协会、互助储蓄银行和英国的建房协会、日本的住宅金融公库之间就存在着不少差异，如表 8 - 1 所示。

表 8-1　各国住房专业金融机构比较

比较项目		美　国	英　国	日　本
抵押贷款专营机构	名称	储蓄贷款协会、互助储蓄银行	建房协会	住宅金融公库
	性质	互助和股份制民营组织	自助性民营组织	政府金融机构
	主要负债	储蓄存款(支票存款)	股票占 70%、存款占 20%	信托基金局借款占负债份额 97%
	主要资产	抵押贷款(有多样化趋势)	抵押贷款	抵押贷款(几乎全是住宅贷款)
	贷款担保机构	FHA 保险和 AV 保险	保险公司(约 80%参与保险)	人寿贷款金融系统,住宅贷款担保系统
	担保机构性质	政府	私人	私人
	贷款期限(年)	15~30	20、25、30,最长 35	通常 25
	贷款利率	固定利率居多(是在长期国债利率上加 1.5%~2.0%)。目前,可调利率有所发展	主要是可调利率(由同业协会 BSA 给予建议)	低于市场利率(资金来源有政府贴息)
	促进流动性办法	建立二级抵押市场,可调利率抵押	可调利率抵押,目前也在发展二级抵押市场	因市场利率稳定,亦在探索抵押证券化途径
	发展趋势	逐渐与商业银行趋同	逐渐与商业银行趋同	仍为政府专业性金融机构
主要兼营机构	名称	商业银行、人寿保险公司	银行	城市银行、区域银行、住宅贷款公司
	占市场份额	50%以上	30%	全部占 65%
	发展趋势	持有抵押上升	持有抵押上升,打破原垄断格局	

资料来源:殷红、张卫东,《美、英、日房地产金融机构分析与比较》,《北京房地产》,1996,66(5):33~36.

2. 融资路线与房地产金融体系

世界各国的经济发展状况、金融发育状况不同导致了房地产融资路线的差异,由此也决定了房地产金融体系在具体形态上具有较大差异。事实上,一些研究将房地产的融资路线归纳为四条路线(田东海,1998,第 166~167 页)。

(1) 直接路线

需要购房资金的人直接向拥有剩余金融资产的人借用,或者是由于个人关系,或者是由于商业关系,例如卖方可能向买方提供资金。通常,在那些住房金融系统不成熟的环境中,购房者所需资金可能直接从亲属、朋友特别是父母亲那里获得支持。

(2) 契约路线

购房者所需部分资金从其他将来可能购房者的储蓄中筹集,或者从其他契约储蓄体系筹集。任何契约系统的实质都是,存入几年以上的定期储蓄,收取低于市场利率水平的利息,投资者取得以低于市场利率水平的利率享受贷款的权利。一般地说,那些参加契约储蓄系统的人可以得到政府住房。正式的契约系统存在于许多国家,最著名的是前西德的专门机构——建房互助储金信贷社、法国的住房储蓄系统经营的契约系统。一些发展中国家则利用社会保险基金提供住房贷款。

(3) 存款金融路线

经过零售银行这类媒介把个人短期储蓄注入长期贷款,或者是一般贷款,或者是专门性的住房金融贷款。这一路线的最普遍做法是存款金融机构运用存款的一定比例,进行购房贷款。

(4) 抵押银行路线

经过专业金融机构发行债券来筹集抵押贷款资金,该债券由投资机构购买,或者在很小的范围内由个人购买。抵押银行系统也可以称为抵押债券系统。金融机构可以通过这一系统对购房者贷款,一般按照固定利率,该系统是通过在资本市场按照现行利率销售债券而发放贷款的。只要有一个私人机构可以参加的活跃的债券市场,这种系统就可以有效地工作。抵押银行系统不承担任何零售存款的筹集,因此利用这一系统的机构,没有像银行那样的分支网络。典型的做法是,抵押银行发行的债券,由诸如保险公司、退休基金和商业银行等金融媒介购买。在美国,由一种叫抵押银行的机构发行贷款,发行后他们立即把贷款卖给一个投资机构,贷款事前已经过保险或取得政府担保。这种机构也可以被视为抵押银行路线的一个变种。

上述四种路线就构成了四种类型的金融系统,如图 8-2 所示(马克·博立特、朱田顺,1990)。

在实践中,四种融资路线可以同时并存,而且,政府也通常会在房地产金融体系中扮演重要角色。各国政府也直接参与和间接影响住房金融活动。国家有关机构在宏观上的调节活动可以扩大和开辟住房信贷的资金来源。国家财政拨款也是一个重要的资金来源。在发

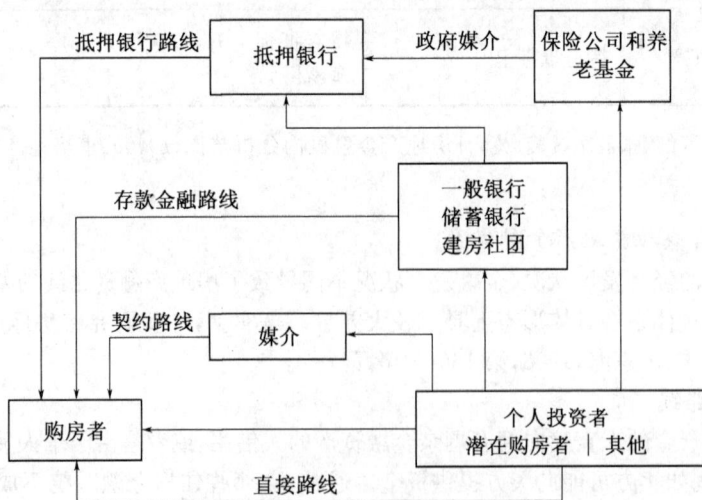

图 8-2 四种类型的金融系统

达的工业化国家，政府采取了各种行动间接地影响着提供住房金融的途径。在一些发展中国家，政府则直接介入了资金的融通和管理。

一个比较全面的房地产金融体系如图8-3所示。在这一体系中，不同的融资路线覆盖了社会上不同的收入群体住房资金需求，所包含的市场、机构和金融工具也是多样化的。根本上来看，现代房地产金融体系的发展趋势是建立以市场为导向，融资路线多样，对不同收入家庭有所区别的金融体系。

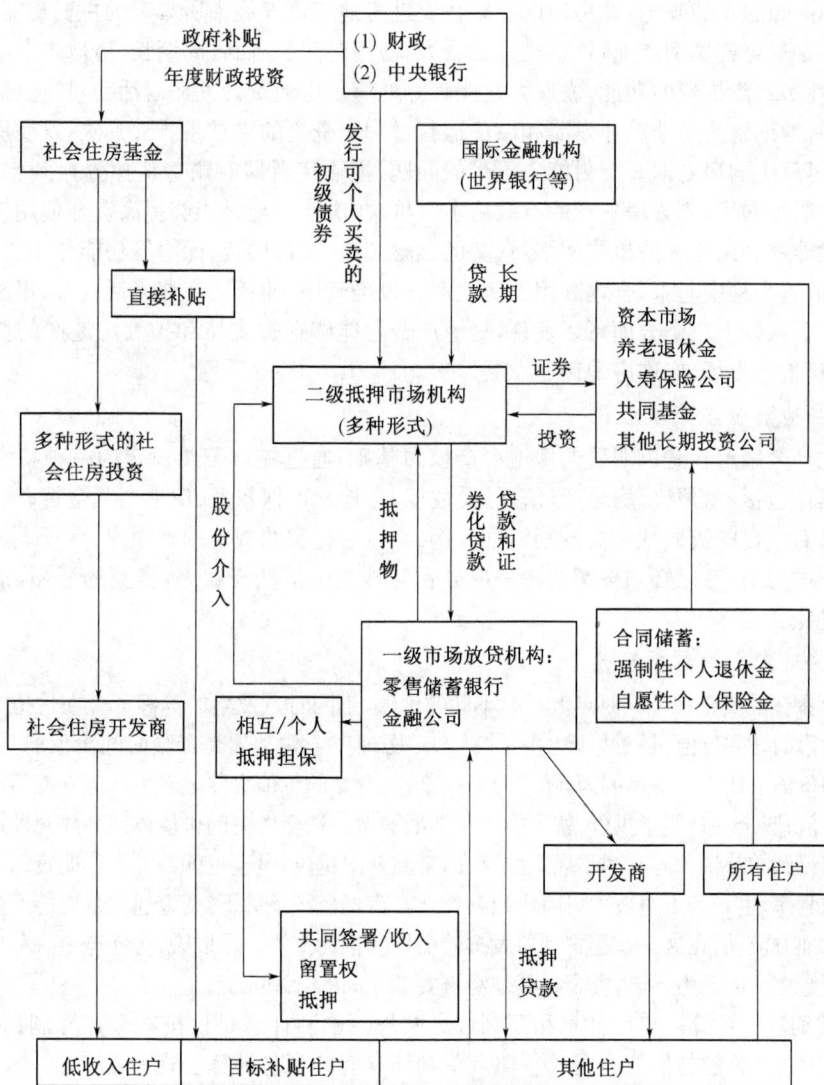

图 8-3 现代国际房地产金融体系的趋势

资料来源：Renaud Bertrand, Strategies to Develop Mortage Markets in Liberalizing Economics, In：Chung Hee-Soo, Lee Dong-Sung ed, Globalization and Housing Industry, Seoul：NANAM Publishing House,1996：130。

三 房地产金融的基本理论

所谓房地产金融的基本理论是指人们由实践总结概括而来的有关房地产金融运作的基本规律。房地产金融的基本理论主要包括以下几个方面。

1. 房地产金融功能理论

房地产金融功能理论,即房地产金融在促进房地产业发展中所具有的主要功能。首先,房地产业是资金密集型产业,资金投入数量大、占用时间长、回收周期长,房地产金融对直接的、实质性房地产投资的功能,表现为它能较好地满足房地产开发经营活动对资金的多样化需求,能有效地解决房地产业发展和市场运行过程中资金的供求矛盾。其次,发展房地产金融服务,可解决购房者即时支付能力不足的问题,把购房者即时购房负担分摊到若干年内,从而鼓励居民购房,刺激房地产的有效需求。再次,房地产金融能够提高资金使用效率。房地产金融能够利用庞大的机构网络,众多的金融工具,发挥融资、保险等功能作用,将社会分散、无序的资金集中起来,合理利用到房地产开发经营中,使死资产变为活资金,提高资金的使用效率。从以上三个方面可以发现,房地产金融能够通过支持和扩大房地产的投资与消费,活跃房地产市场,促进房地产业发展。

2. 房地产金融产权理论

房地产金融产权是以明确的房地产产权为基础,通过签订契约设定的一种特别的留置产权。具体包括:抵押权、房地产(信托)受益权、房地产可保权益、房地产基金持有权等。这些产权具有一定的流通性和契约制约性。例如,在信托契约规定的期限内,受托人可自己支配所受托的房地产,但必须按契约将一部分收益转交给信托受益人,当契约届满,信托受益权即告终止。

3. 房地产金融利率理论

同等数额的资金在不同时点上具有不同的价值,不同时点发生的等额资金在价值上的差别被称为货币的时间价值,是对风险的一种补偿。房地产金融利率是资金时间价值的具体体现。资金时间价值的产生主要是因为,随着时间的推移,资金的价值会伴随着生产与交换活动的不断进行而增值;资金一旦用于投资,就不能用于即期消费。资金的时间价值体现为放弃即期消费的损失所应得到的补偿。同时由于风险的存在,贷款期限越长,风险也就越大。长期贷款利率高于短期贷款利率,也是为了对较大风险作出补偿。在市场经济条件下,资金通常是向能产生较高预期收益的地方流动,在这个过程中利差发挥着引导和推动作用。可以说,房地产金融利率之间的差额是资金流动的动力,促进资金与其他经济要素之间的合理配置。

通常利息的计算有单利计息和复利计息两种。单利计息是仅按本金计算利息,利息不再生息,其利息总额与借贷时间成正比。单利计息时的利息计算公式为:

$$I_n = P \cdot n \cdot i$$

其中,P 为本金,i 为利率,n 为计息周期。n 个计息周期后的本息之和为:

$$F_n = P(1 + i \cdot n)$$

复利计息,是指对于某一计息周期来说,按本金加上先前计息周期所累计的利息进行计息，即"利息再生利息"。按复利方式计算利息时，利息的计算公式为：

$$I_n = P[(1+i)^n - 1]$$

n 个计息周期后的本利和为：

$$F_n = P(1+i)^n$$

我国个人储蓄存款和国库券的利息以单利计算，房地产开发贷款和住房抵押贷款等则按复利计息。

房地产金融利率因金融业务或融资期限及偿还方式的不同，而呈现出多样化，如信用贷款利率、抵押贷款利率、债券利率、基金利率；固定利率、浮动利率；优惠利率、差别利率等。特别需要区别的是名义利率与实际利率。

首先是通货膨胀差异。名义利率是指不考虑通货膨胀因素的利率。实际利率是当前消费机会交换未来消费机会的价格。在不考虑复利的情况下，实际利率＝名义利率－通货膨胀率。某特定金融合同的实际利率取决于许多因素，包括合同的有效期限、税金、合同的特点（如购买权限等）以及风险特征等。全社会范围内的实际利率的时间变化由包括资本生产率、社会的资本市场开放程度、财政政策以及货币政策在内的宏观经济因素决定。在这些政策因素中，货币政策通常被认为是引起实际利率变化的主要因素。

其次是计息期上的差异。在不考虑通货膨胀，只考虑复利的情况下，名义利率、实际利率只是计息期不同。名义利率，指一年内多次复利时给出的年利率，它等于每期利率与年内复利次数的乘积。实际利率，指一年内多次复利时，每年末终值比年初的增长率。在通常讨论中，一般以年为计息周期。但在实际经济活动中，计息周期有年、季度、月、周、日等，这样就出现了不同计息周期的利率换算问题。也就是说，当利率标明的时间单位与计息周期不一致时，就出现了名义利率和实际利率的差别。

名义利率与实际利率两者之间存在着以下关系：设名义利率为 r，若年初借款为 P，在一年中计算利息 m 次，则每一计息周期的利率为 $\dfrac{r}{m}$，一年后的本利和为 $F = P\left(1+\dfrac{r}{m}\right)^m$。故实际利率 i 与名义利率 r 的关系式为：

$$i = \frac{F-P}{P} = \frac{P\left(1+\dfrac{r}{m}\right)^m - P}{P} = \left(1+\frac{r}{m}\right)^m - 1$$

第二节　房地产信贷融资分析

一　信贷融资的运用方向

除极个别房地产企业靠自有资金运作外，绝大多数房地产企业需要向房地产金融机构贷款融资，才能保证房地产开发、经营的顺利进行。房地产信贷是房地产金融中的重要组成部分。房地产信贷资金运用的方向主要包括房地产开发、房地产经营和房地产消费。据此，从贷款用途而言,信贷资金可分为房地产开发贷款、房地产经营贷款和房地产消费贷款三类。

房地产开发贷款,是指房地产开发企业在开展业务过程中,因资金不足而向银行申请的贷款。房地产开发贷款又可以细分为房地产开发企业流动资金贷款和房地产开发项目贷款等。

房地产经营贷款,是指房地产金融机构为弥补房地产企业在经营过程中的资金不足而发放的贷款。它包括流动资金贷款、大修理资金贷款和专项贷款等。

房地产消费贷款,是指房地产金融机构为解决个人购建或改造住房时的资金不足而向住房消费者直接发放的贷款。这类贷款是房地产金融业务的重要内容,也是国家住房金融政策的重要体现。

从国内外的情况来看,银行信贷通常是房地产企业的一项重要资金来源,大约占企业开发投入总额的1/4~1/3。表8-2显示,七个发达国家的消费者住房也大多依靠信贷的支持。

表8-2 七个发达国家住房自有与住房贷款情况比较

各国住房自有率(%)*	英国	日本	美国	德国	西班牙	法国	意大利
	67(1990)	61(1988)	65(1990)	40(1990)	76(1985)	54(1989)	70(1988)
新住房平均价格为人均GDP的倍数*	6.4(1981)	6.7(1983)	6.3(1981)	10.2(1981)	—	7.6(1981)	—
	6.6(1990)	9.2(1990)	5.1(1990)	10.6(1990)	—	5.3(1990)	5.9(1990)
政府对还贷利息免税的条件	对每一家庭3万英镑之内的贷款利息免税	对每一家庭20万日元之内的贷款利息免税	对第一住所或第二住所100万美元之内的贷款利息免税	无①	有	10年内还贷利息可减免至一般高上限②	有
平均房价上涨超出物价指数上涨(%)(1980~1989年)	5.9	4.2	2	—0.6	—		0.9
贷款数额占住房价格比	最高至100③	60	95④	"合同储蓄"贷款不超过20~30。"抵押贷款"不超过60	最高至80	最高至80	50

续表

各国住房自有率(%)*	英国	日本		美国	德国	西班牙	法国	意大利
	67(1990)	61(1988)		65(1990)	40(1990)	76(1985)	54(1989)	70(1988)
还款期限(年)	25	固定利率:25	浮动利率:30	28	12~30	10~15	15	10~25
贷款额与年收入比(倍)	1989年平均2.16	1986年25年期为3.7		3	"合同储蓄"与储蓄额挂钩	—	大约为5	—
获得贷款的储蓄条件	无	无		无	"合同储蓄"有	住房储蓄有	—	无

＊括号中的数据是年份。

① 参加住房合同储蓄的利息收入免税,并可获政府奖金;8年之内可得住房价的5%。最高30万马克,每人一生一次。

② 参加住房合同式的利息收入免税,并可获政府奖金。

② 贷款超过80%需持保险公司担保书,平均贷款比例1989年为82.89%(住房协会客户)。

④ 条件同③。

资料来源:Miles, D K. Housing, Financial Markets and the Wider Economy, Chichester:John Wiley&sons,1994。

随着房地产业的发展,中国房地产信贷政策历经调整,取得了显著成效。1998年以来,为扩大内需,促进经济增长,中国人民银行出台了一系列鼓励住房建设与消费的信贷政策,要求各商业银行调整贷款结构,积极支持住房建设。1999年,中国人民银行下发了《关于开展个人消费信贷的指导意见》,鼓励商业银行提供全方位优质金融服务。同年9月,人民银行将个人住房贷款最长期限从20年延长到30年。为促进房地产信贷市场的健康发展,2001年以来,人民银行先后发出了规范住房金融业务和加强房地产信贷业务管理的通知。2005年3月,人民银行对个人住房贷款的利率定价机制进行了市场化调整。

这些政策取得了显著成效,有效地支持了房地产业的发展,同时加强了风险防范。如表2-13所示,从房地产贷款余额看,1998年商业性房地产贷款余额为2 454亿元,2009年底达到73 300亿元。其中,1998年居民个人购房贷款余额为426亿元,2009年增加到47 600亿元;1998年房地产开发贷款为2 028亿元,到2009年底房地产开发贷款达到25 700亿元。2009年底房地产贷款占金融机构全部人民币贷款的比例达到19.2%。

二　信贷融资的主要方式

按贷款条件,信贷融资可以分为房地产抵押贷款、房地产担保贷款、房地产抵押加保贷款、房地产按揭贷款等。

1. 房地产抵押贷款

房地产抵押贷款是指房地产金融机构要求借款人以房地产作抵押品而发放的贷款。它是以抵押合同为依据的一种对借贷双方都有利的抵押贷款,是房地产信贷业务的主要形式,在融资业务中占据重要地位。在房地产抵押贷款业务中,不转移房屋的占有权、使用权、处分权和收益权,但产权人和抵押权人都不能随意处置房屋,双方可将受押的房地产的产权证书通过信托方式由第三者保管,直至债务清偿完毕为止。对于抵押贷款的具体选择方式,将在本节后文中详细介绍。

2. 房地产担保贷款

房地产担保贷款是指房地产金融机构要求借款人以第三者的信用为担保而发放的贷款。当金融机构不了解或不信任借款人的信用,而又感到有必要满足借款人的资金需要时,房地产金融机构可要求借款人提供信用可靠、实力雄厚的第三人作担保。当借款人无力偿还贷款时,所欠贷款本息则由担保人偿还。

3. 房地产抵押加保贷款

房地产抵押加保贷款是指房地产金融机构要求借款人不仅需将所购房屋作抵押品,而且还需有第三人作担保方可发放的贷款。当借款人无力偿还贷款本息时,金融机构可处理抵押物,不足部分由担保人代为偿还。

4. 房地产按揭贷款

所谓按揭贷款就是买主以购买住宅合同作抵押,交付房价的首期定金后,从银行获得相当于房价若干成的款项作为付款,并以分期付款方式向银行摊还本息。按揭贷款是中国香港地区金融机构提供的一种主要贷款类型。

一般来说,按揭与抵押的含义基本上是一致的,是对债务的一种担保形式。不同点在于,抵押适用的范围较广,可以和多种抵押受益人发生关系,而按揭只是在"楼花"的买卖关系中发生,按揭的受益人则是银行。按揭是银行提供的房地产融资方式,与抵押的主要区别在于抵押客体所有权的处理。在按揭关系中,按揭人把按揭的房地产的所有权转让给按揭受益人(银行)而得到贷款,贷款本息清偿后,由按揭人从银行赎回被按揭的房地产所有权。在抵押关系中,抵押的房地产所有权不转移抵押给受益人,抵押受益人只享有抵押房地产按契约规定的权益,这些权益包括止赎、出售、指定接受人、为占有被抵押房地产进行诉讼等。由于以上区别,当双方当事人发生纠纷时各方所处的地位也不相同,按揭受益人是以所有权的名义进行诉讼,而抵押受益人只能以抵押受益人的名义进行诉讼。

中国内地住房按揭贷款的实践是从 1988 年开始的。1998 年以后,政府鼓励银行向消费者发放按揭贷款,有的银行按购房额全额贷款。针对这一现状,中国人民银行颁布了一系列政策规定,目的之一就是规范个人住房贷款按揭成数,严禁"零首付"个人住房贷款,提出按揭成数最高不得超过 80%,对购买第二套或二套以上住房的,适当降低按揭成数。总体来看,中国内地居民个人住房按揭贷款的规模与西方发达国家相比仍偏小,有较大的发展空间。2009 年底我国居民个人住房按揭贷款占 GDP 的比例为 14.2%,而欧盟国家 2001 年居民按揭贷款占 GDP 的比例平均达到 39%,其中英国为 60%,德国为 47%,荷兰达到 74%。我国居民个人住房贷款的增长潜力巨大。

三　信贷融资的主要决定因素

信贷资金的供给与需求是需要考虑的重要因素。事实上,大多数贷款人是充当连接从储蓄者到借款人的资金流动管道的中介或机构,借款人以贷款形式使用储蓄者的资金,信贷市场利率是建立在如下均衡的基础之上的:借款人愿意为特定时期内使用资金支付的、作为对这笔资金使用的补偿的利率,同时又是贷款人愿意接受的利率。

从信用贷款市场的供给方面来看,是由对借款人提供资金时贷款人愿意接受的利率决定的。愿意提供贷款的数量是如下因素的函数:用于吸引储蓄者资金的成本,管理和启动贷款项目的成本,贷款未被偿还及行使所有权、抵押权时的成本和(对于固定利率贷款)贷款后利率不可预期的变化所导致的潜在损失。

为信贷市场提供资金时,贷款人也考虑到与贷款可获收益率相关的可选投资的收益率及其相连的损失风险。贷款人和投资者分别评价贷款市场收益率和所有的可替代投资的收益率,也分别评价各人的相连风险;如果贷款人认为投资于信贷比投资于公司债券或商业贷款收益更高(已经考虑到成本和损失风险因素),那么将更多投资于信贷。

具体来说,在信贷融资过程中还需要考虑以下因素。

1. 实际利率

实际利率水平是用以诱导储蓄者将可用资源(资金)从当前消费转移到未来消费,储蓄者所必须获得的最低利率。个人确信做出这种消费转移是正确的,是因为他们预期所增加的利息收入必然足以使未来的消费相对于目前的消费得到提高。

2. 通货膨胀预期

对于以固定利率作出长期贷款的贷款人和投资者来说,通货膨胀率尤为重要。因为,决定是否作出这种决策或签订这种合约时,贷款人和投资者必须确信这种利率合约足以补偿投资期或贷款期内购买力的预期损失;否则,获得的收益率将低于实际收益率。因此,在作出贷款和投资决策时,贷款人和投资者对其贷款期或投资期内通货膨胀的一致预期,也被包含在利率中。

3. 各种风险

贷款人和投资者都关心从各种贷款和投资所获得的利息和收益是否足以补偿风险。这些风险主要有:① 拖欠(违约)风险,即借款人违约拖欠本息的风险。② 利率风险,未来储蓄的供给、房屋的需求和未来通货膨胀水平的不确定性都可能导致利率的剧烈变化。③ 提前清偿风险,贷款被提前清偿的风险被称为提前清偿风险。④ 法规风险,即因市场运行法规环境改变引致的风险。⑤ 其他风险。

总之,信贷融资需要考虑的因素取决于实际利率、预期通货膨胀率、利率风险、拖欠风险、提前清偿风险以及其他风险。这些关系可以总结如下:

$$i = r + p + f$$

也就是说,对某项贷款定价或确定利率 i 时,贷款人必定会要求借款人支付足以补偿各种风险的溢价 p,同时要求支付溢价 f 以反映出预期通货膨胀从而获得实际利率 r(这个 r 与经济中其他可获得的投资机会的真实收益率是可以竞争的)(威廉姆·B·布鲁格曼、杰夫瑞·D·费雪,2000,第86~91页)。

四 抵押贷款的方式选择

(一)抵押贷款的机构与程序

房地产抵押市场是美国房地产金融的代名词,美国的住房抵押市场是世界上规模最大、最发达的住房金融市场,是现代住房金融市场的典型。美国的一级抵押市场的金融机构是直接对住房需求者提供存款、贷款及其他金融服务的金融中介。因其在金融一级市场上活动,所以被称为一级金融机构,也被称为一级抵押机构。美国住房一级金融机构主要有:

(1)商业银行,是美国最大、最为广泛的金融中介,是短期信用和商业贷款的主要资金提供者。

(2)储蓄贷款协会,是以吸收储蓄存款、发放抵押贷款为主的专业性金融中介。

(3)储蓄银行,是一种互助组织,由存款人共同所有和经营。

(4)人寿保险公司,因其保费收入稳定,支出可以估算和把握,已成为抵押贷款的主要资金来源。

美国各个住房一级抵押机构的抵押贷款份额变化可以从表8-3中清楚地看出。

表8-3 美国抵押贷款市场结构

年份	储蓄贷款协会		储蓄银行		商业银行		人寿保险公司		联邦及相关机构		个人和其他		总数(亿美元)
	余额(亿美元)	比重(%)	余额(亿美元)	比重(%)	余额(亿美元)	比重(%)	余额(亿美元)	比重(%)	余额(亿美元)	比重(%)	余额(亿美元)	比重(%)	
1950	137	19	83	11	137	19	161	22	28	1	184	25	780
1960	601	29	299	13	288	14	118	20	115	6	381	18	2 670
1970	1 503	32	579	12	733	15	714	16	383	8	793	17	4 785
1980	3	032	35	999	7	2 627	18	1 311	9	2 568	18	2 639	14 576
1990	9 800(27%)		8 000	22	5 450	15	8 700	24	4 250	11.7	36 290		

资料来源:易吾一,"对美国政府参与和干预住房金融的研究",《中国房地产金融》,1997(2)。

一般来说,房地产抵押贷款的程序主要包括以下几方面。

1. 贷款申请及受理

贷款申请及受理的主要内容有:申请人选购住房,与开发商签订购房协议或初步意向,向拟贷款金融机构初步咨询贷款条件,填写贷款申请表,按要求提供贷款文件资料,如身份证、购房契约、首付款证明、收入证明等。

2. 贷款审查与资信评估

该步骤对贷款机构来说是住房抵押贷款的核心环节,是防范信贷风险的关键所在。审核包括申请书内容的真实性、购房者的偿还能力、购房者的债务状况、购房者的信用程度。申请资料真实性是贷款检查的基础工作，申请人资信评估主要是申请人还款能力审查、申请人还款意愿审核等。此外，抵押房地产的评估也是贷款审查的一个重要环节。

3. 协商贷款条件

贷款条件分为贷款机构的标准贷款条件和针对待定申请人的贷款条件。标准贷款条件是贷款机构对贷款对象、用途、贷款比率、利率、抵押品、担保、还款方式等条件的基本规定，它是根据金融监管机构和贷款机构信贷政策制定的，所有贷款都必须符合标准条件的规定。针对待定申请人的贷款可以在标准贷款条件基础上，对贷款金额、利息、偿还时间、偿还方式、违约处罚等做具体规定。

4. 签订贷款合同

签订贷款合同的主要工作有：按协商的贷款条件起草和签署贷款合同、落实抵押贷款担保措施、收取有关费用、办理还款和代扣费税手续、贷款文件整理归档等。

5. 贷后管理和不良资产处置

借款人依据住宅抵押贷款合同，在规定的偿还期限内分期还清贷款。房地产金融机构把资金借给购房者，购房者以自己用贷款购得的房地产作为抵押物，即将房地产权证明文件交给银行保存。在抵押期间，房地产所有权属于金融机构，购房者获得使用权。当购房者还清全部款项时，抵押关系就自动终止，住宅抵押贷款合同也就自动取消。

贷款者此时应加强贷后管理，及时监控贷款合同的执行情况，跟踪分析借款人信用状况的变化，及时解决贷款中出现的问题等。对于出现的不良资产，贷款机构一般根据违约时间和违约的严重程度，分别采取催收、协商更改原协议、采取法律诉讼收回抵押物、呆账核销等措施加以解决。

以上贷款程序之间没有严格的界限，实践中存在着较多的交叉。

（二）固定利率抵押贷款方式

根据贷款利率是否变化，抵押贷款可以分为固定利率贷款和可变利率贷款两大类。这种分类方式也是各国普遍使用的方式。目前的住房抵押贷款中，固定利率抵押贷款仍然是最主要的一种形式。固定利率抵押贷款主要指在贷款期内贷款利率保持不变的抵押贷款方式。具体来看，固定利率的抵押贷款方式主要有以下几种。

1. 分期偿还固定本金式抵押贷款（CAM）

确定对 CAM 的付款额时，首先根据本金计算每月所支付的固定金额，然后根据每月贷款余额计算利息并将其与每月的摊销额相加。每月总的付款额是每月固定持续摊销额与贷款余额的利息之和。

2. 充分摊销、分期偿还固定金额式抵押贷款（CPM）

CPM 是目前房地产融资中最通用的付款模式，广泛应用于单户家庭住宅融资与收益性房地产的长期抵押贷款中。这种付款模式意味着根据起始的贷款金额，以一定的期限、固定的利率，计算出一种均匀不变的，或者说是固定的每月付款。CPM 方式中，每月付款额由本金摊销和利息支付两部分构成，但每月的本金摊销金额不一样，随着还款年期的逼近逐渐增加。

3. 累进还款式抵押贷款(GPM)

CPM 曾经是使用最广泛的抵押贷款工具,然而通货膨胀对这种"标准"抵押工具的影响使贷款人和借款人都面临着巨大的问题,因此在标准抵押贷款之外又提出了许多种不同的抵押贷款工具。例如,贷款人推出了新的抵押贷款工具——累进还款式抵押贷款(GPM)。其目的是在贷款偿还期的前几年提供一个比标准抵押贷款更低的抵押贷款方式,同时 GPM 的付款额随着借款人预期收入的增加而按预定比率增加。通常 GPM 在前 5～10 年内月付款以每年 2.5%～7.5% 的速度递增,随后又保持恒定不变。

比较上述三种主要的固定利率抵押贷款方式,可以发现:在付款方式上,CPM 和 GPM 所提供的起始付款远低于相同条件下 CAM 所要求的付款额。在抵押贷款余额上,GPM、CPM、CAM 三种抵押贷款方式,贷款余额呈现出递减的趋势,这与房地产价值的不断递增构成了某种形式的协调(见图 8-4)。

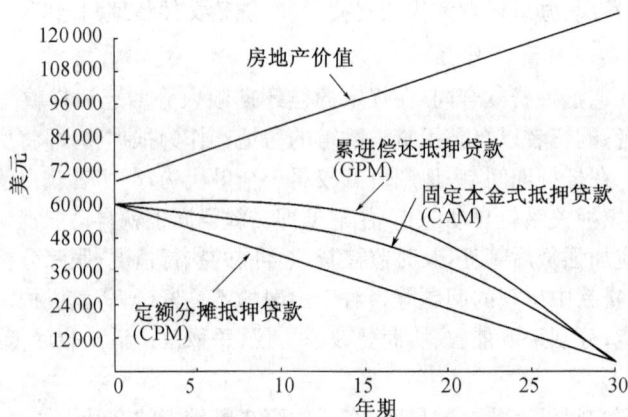

图 8-4 CAM、CPM、GPM 三种抵押贷款方式贷款余额比较

(三) 可变利率抵押贷款

可变利率抵押贷款(ARM)是根据市场利率指数,按照借贷双方约定的条件,调整贷款利率和还款方式的抵押贷款种类。

在市场利率发生变化时,以固定利率(FRM)作出的贷款可能给贷款人带来严重的问题。很明显,这种固定利率的长期住宅抵押贷款只有在利率不会迅速上升及短期利率低于长期利率的情况下才是可行的。储蓄机构通常是进行短借长贷,如果利率稳定,它们才有可能预测在贷款方面的收入与支付给存款人的利息之间的差价。但当通货膨胀很高,利率急剧上升时,储蓄机构就将陷入困境。而且,固定利率借贷对风险的承担是"不对称的",当利率上升时,贷款人承担损失的风险,而这种损失的风险并不能在利率下降时通过获利而得到补偿,这是因为借款人在利率下降时通常可以提前偿还贷款。

解决上述问题的一个有效办法是将贷款利率不断进行调整,从而缩短资产与负债的到期日之间的时间间隔,即可变利率抵押贷款(ARM)。在这种方式下,贷款人和借款人共同承担利率变化的风险,或称为利率风险。实际上,由于采用可调利率方式,贷款人可将贷款利率风险部分地向借款人转移。作为借款人承担利率风险的补偿,在贷款初期,可变利率抵押贷款的贷款利率与固定利率抵押贷款相比，通常要低若干个百分点，从而减少了贷款初期的每月付款额。所以说，可变利率抵押贷款提高了普通百姓的借款能力。这就使贷款人可以更有效地调整利息收益，使之适应利息成本的变化，并有可能降低借款人的融资成本。

ARM 的其他影响因素主要包括：起始利率、指数、毛利、调整间隔、合成利率、限制或上限、负摊销、下限、可代偿债务能力、起始费用、提前偿还权利。上述条款根据借款人的资质和承担风险意愿的不同，可以有许多种组合，以便在贷款人和借款人之间分配利率风险。

但 ARM 的借贷双方也面临着很大问题。对于借款人而言，与分期偿还金额式贷款相比，这些特征更复杂和更难以理解。对于贷款人则同样面临很大的不确定性，他们必须找到合适的期权组合以包括在抵押贷款工具中，从而满足借款人的要求。同时，贷款人选择上述的 ARM 特征时也面临着如何更加准确的问题，否则不能保证贷款预期收益率高于未来储蓄成本的可能（威廉姆·B·布鲁格曼、杰夫瑞·D·费雪，2000，第 100～104 页）。

除了 ARM 之外，还有一些其他的抵押贷款工具，如：随物价水平调整的抵押贷款（PLAM）、逆向年金抵押贷款（RAM）、分享增值抵押贷款（SAM）等，都为贷款者提供了多样的选择。

第三节　房地产证券融资：抵押贷款二级市场、股票和债券

当完善的金融市场形成后，证券融资形式在一定范围内对银行信用产生替代，这是信用发展的一般规律。戈德·史密斯在《金融结构与金融发展》一书中指出，在金融发展的初级阶段，债券凭证远远超出股权凭证而居主导地位，商业银行在金融机构中占突出地位；在金融发展的高级阶段，虽然债权占金融资产总额的 2/3 以上，但股权凭证的比例已显著上升，银行体系的地位下降（上海财经大学投资研究所，2004，第 502 页）。从房地产融资方式的演进来看，也出现了银行间接融资比重下降、证券市场融资快速兴起的现象，反映了股权融资在一定范围内对债权融资有效替代的一般规律。本节主要讨论抵押贷款二级市场、股票和债券等证券融资，关于房地产投资信托基金方式的证券融资将在下一节专门分析。

一　抵押贷款二级市场

（一）抵押贷款二级市场的发展

抵押贷款二级市场是投资者买卖已有抵押贷款的市场，它形成于 1929 年美国的经济危机期间。当时大量抵押贷款的借款人无力还款，众多贷款机构也因取消抵押品赎回权的房地产价格的下跌难以弥补贷款损失而纷纷倒闭。为缓解抵押贷款市场的危机，美国政府先后设立了联邦住宅管理署（FHA）和退伍军人管理署（VA），为私营金融机构发放的住房抵押贷款提供担保或保险，并于 1938 年成立联邦全国抵押贷款协会（FNMA），购买由 FHA 和 VA 提供保险的贷款，向私营机构提供资金支持。不过，尽管美国政府做出了这种努力，房地产抵押贷款二级市场的发展仍然缓慢，难以发挥向抵押贷款市场注入资金的功能。

此外，由于美国历史上对金融体系跨州经营的限制，特定地方范围内抵押贷款的可获得

性依赖于当地的储蓄额,这就有可能导致资金供求的地区不平衡。20世纪60年代,资金供求在地理上的不平衡进一步加剧,促使美国进一步干预抵押贷款市场,加快二级市场建立以消除住宅融资体系的地方性差异,采取措施吸引私人资本的参与。1968年,美国政府将原FNMA一分为二,设立了新的FNMA和政府国民抵押协会(GNMA),并授权后者为金融机构所发行的以FHA贷款及VA贷款为担保的抵押贷款支持证券提供本金及利息偿还的担保。1970年由GNMA担保的第一笔转递证券发行成功,从而开创了抵押贷款证券化的先河。1972年,由美国联邦抵押贷款公司(FHLMC)发行了首笔被称为参与证书(PC)的转递证券;1981年后FNMA也加入了这一行列。1979年,私营金融机构储贷协会、抵押贷款公司及大型的投资银行开始通过由保险公司或以信用证作为担保,发行抵押贷款支持证券。经过20多年的发展,抵押贷款支持证券已经形成了一个有上万亿美元规模的证券市场,并在美国金融市场债务证券中占有重要比重。

通过房地产抵押贷款证券化的形式将流动性较差的资产转化为可在金融市场上流通的证券,这一思路得到了广泛的认同。此后,英国、日本和德国等国家也纷纷效仿美国的做法。就房地产抵押贷款证券化而言,其意义表现在三个方面:首先,证券化的发展提供了抵押贷款的流动性,为放款机构进行资产负债管理提供了新的手段。其次,抵押放款支持证券具有良好的安全性、收益性和流动性,为投资者提供了新的投资选择。再次,房地产证券化有利于以较低的成本吸收社会公众的投资资金进入抵押贷款市场,从而扩大了一级抵押贷款市场。

(二)抵押贷款二级市场所使用的主要金融工具

房地产抵押贷款证券化所使用的金融工具统称为抵押贷款支持证券。目前,由住宅抵押贷款担保的形式主要有以下四种,发行商业抵押贷款担保证券(CMBS)时使用的方法和结构与此非常类似。

1. 抵押贷款担保债券(MBB)

这是由抵押放款人以其持有的抵押贷款或抵押支持债券(MBS)为担保而发行的债券。发行人保留了抵押贷款的所有权,但它们被抵押为担保并且通常受到第三方委托人的托管。MBB通常以固定的息票利率和具体的到期日发行。为了确保投资者从抵押贷款上获得的收入足以支付债券利息并在到期日足以偿还本金,发行人通常为债券发行提供"超面值担保"。

2. 抵押贷款转递证券(MPT)

它代表着对一个抵押贷款组合及其还款现金流量的所有权。与MBB不同的是,由于相应的抵押组合归投资者所有,所以转递证券不是发行人的债务,不出现在发行人的资产负债表上。管理人按月收取贷款人偿还的利息和本金,在扣除管理费用后,将剩余部分"转递"给投资者。

3. 抵押贷款转付债券(MPTB)

转付债券可以说是转递证券和抵押贷款债券的结合,兼有两者的特点。转付债券是发行机构的债务,购买者是债权人,这与抵押贷款债券相似。发行机构用于偿还转付债券本息的资金来源于相应抵押贷款组合所产生的现金流量,这又与转递证券相同。

4. 担保抵押债务证券(CMO)

CMO 是利用抵押贷款作为担保品而发行的债务凭证,但与 MPT 和 MPTB 一样,CMO 是一种转付证券,其中所有的分期付款和提前偿付都给了投资者。CMO 与其他抵押贷款的差别主要在于 CMO 是根据其抵押贷款组合发行多个类别的债券,这些债券可能有很多到期时间类别,诸如 3 年、5 年或 7 年等。

(三)抵押贷款二级市场的流程

下面以最早出现的由 GNMA 所担保的转递证券为例说明房地产抵押贷款证券化的过程。GNMA 认可的放款机构以其所发放的由 FHA 或 VA 提供担保或保险抵押贷款构成一个组合后,向 GNMA 寻求担保。但该组合所包含的抵押贷款必须满足 GNMA 规定的最低标准,例如总额须在 100 万美元以上,利率及期限须有相似性,必须得到政府机构担保或保险。如满足上述条件,GNMA 将提供担保并按每年 6 个基点的比例收取担保费。此后,该机构就可将各种抵押贷款文件交由受托人保管并通过投资银行将转递证券售给投资者。在转递证券的期限内,该放款机构将把借款人所支付的本息在扣除费用后交由受托人转递给投资者。

一般的抵押贷款证券化具体步骤如下(查尔斯·H·温茨巴奇等,2002,第 356 页):

(1)抵押贷款银行从 FNMA、GNMA 或 FHLMC 获得购买或保证抵押贷款银行所发放的抵押贷款的承诺,保证抵押贷款或保证投资者能按时获得本息的支付。抵押二级市场上的这些机构从抵押银行处获得承诺费。

(2)有了二级市场的承诺,抵押贷款银行会在一级市场上发放二级市场机构所定标准的贷款。

(3)一旦有足够多的贷款被集中起来准备在二级市场上出售,抵押贷款银行向二级市场机构递交所定标准已达到的证明文书。

(4)如果 FNMA、FHLMC 承诺购买,他们将用现金购买贷款,为一级市场发放新贷款提供了资金,新的循环开始。如果承诺保证投资者得到本息支付,这些机构将向抵押贷款银行发放保证文件,这样抵押贷款证券就可由券商在二级市场上出售。

(5)券商将抵押贷款证券出售给希望从中获得收入的投资者。抵押贷款银行将获得出售收入并向投资银行付费,然后在地方抵押贷款一级市场上再放出新贷款,新循环开始。

二　房地产股票融资

股份制房地产企业为筹集资金,通过发行股票直接上市融资也是房地产证券融资的重要方式。由于房地产具有保值和增值的特点,房地产企业发行的股票在市场上较易销售。在有些国家的股票市场上,有相当数量的股票是由房地产企业发行的。

但是,房地产公司通过发行股票上市融资通常面临一些限制条件。例如,对发起人的认购股本数额的限定、对有重大违法行为发起人的拒绝、对公司盈利状况的要求等。而且,以发行股票的形式筹集资金,可能会使企业的所有权结构与经营体制发生变化,所以企业在采用这种形式时,一般都要先认真分析,以便作出慎重的选择。

在发行股票的程序上,设立时发行股票与增资时发行股票有所不同。一般来说,设立时发行股票的程序包括:① 提出募集股份申请。房地产公司要向社会公开发行、募集股份,须向证券管理部门递交募股申请并报送多种文件。② 公告招股说明书,制作认股书,签订承销协议和代收股款协议。③ 招认股份,交纳股款。④ 召开创立大会,选举董事会、监事会。⑤ 办理设立登记,交割股票。

房地产企业在筹集资金时除了股票股息外,还要支付其他的各种费用。包括:① 手续费,是委托单位即房地产企业支付给受托单位(金融机构)的发行股票的费用。② 证券印制费。③ 其他的相关费用,包括为保证企业及时发行证券而花费的广告宣传费,发行债券或股票需进行信誉评估或资产重估的费用等。

从中国房地产股票融资的实践来看,近年来已取得了较大的成就。2001 年资本市场解除了长达 8 年之久的房地产企业上市禁令,房地产企业重新获得了通过资本市场融资加快发展的途径。但上市复杂、严格的审核过程以及漫长的辅导期使很多房地产企业望而却步。首批开禁的是天鸿、金地和天房三家企业,随后房地产企业通过“借壳、买壳”上市的步伐加快。总体来看,房地产企业通过资本市场融资或再融资,缓解了在信贷政策紧缩情况下房地产项目资金需求方面的压力(上海财经大学投资研究所,2004,第 505 页)。事实上,有相当一部分过去主业非房地产业的上市公司,正在从事房地产开发经营活动,甚至已将房地产开发经营发展成为主营业务,这部分公司实质上是运用股票融资来从事房地产开发经营的。

三　房地产债券融资

债券融资也是筹集房地产资金的一种办法。房地产债券是各级政府、房地产金融机构和房地产开发企业为解决房地产开发资金问题向投资者开具的具有借款证书性质的有价证券。房地产债券所筹集的资金必须用于房地产开发建设。与房地产公司股票融资相似,债券融资也需要遵循严格的程序和条件。但与股票融资相比,房地产债券融资对于房地产企业的压力要更大,因为房地产债券到期必须还本付息。

在我国,债券融资已经拉开了序幕。中国目前为房地产开发筹资已发行的债券主要有两种:一是房地产投资券。1992 年初,海南经济特区率先推出了房地产投资券,包括由海南开发建设总公司物业发展公司发行的“万国投资券”,发行额为 2 600 万元,以及由台海地产有限公司发行的“伯乐投资券”及“富岛投资券”,3 种债券共计发行 1.5 亿元,在海南证券报价中心上市。二是受益债券,如农业银行、宁波市信托投资公司于 1991 年 1 月 20 日向社会公众公开发行的收益率由资金实际运用收益决定的“住宅投资收益证券”,总额为 1 000 万元,期限 10 年,主要投资于房地产项目。2002 年金茂集团股份有限公司为开发金茂大厦获得了国家计委特批,正式发债 10 亿元,此次发债筹集的资金投向以房地产经营为主业的公司。作为首例,它表明了政府对企业发债筹资的用途已经放松了限制,为房地产企业债券融资拉开了序幕。

需要指出的是,在目前的监管条件下,债券审批程序比较严格,尤其是对房地产项目债券的审批更为严格。因此,一些研究者提出对项目债券方式的采用,即以房地产开发项目为依托,筹集的资金用于房地产项目开发,而债券本息则用项目的收益偿还。

第四节 房地产投资信托基金（REITs）分析

一 REITs 的概念界定

房地产投资信托基金（real estate investment trusts,简称 REITs）,是在交易所上市、专门从事房地产经营活动的投资信托公司或集合信托投资计划。REITs 不仅为房地产业的发展提供了一种重要的融资渠道,而且为投资者提供了具有稳定收入、风险较低的投资产品。REITs 是一种集合众多投资者资金,用来投资及经营各类房地产项目的投资工具,投资标的一般包括购物中心、写字楼、酒店、出租公寓及游乐场所等。REITs 属于一种房地产证券化,是指信托机构面向公众公开发行或者向特定人私募发行房地产投资信托受益凭证来筹集资金,然后将信托资金投向房地产项目、房地产相关权利或房地产证券等,投资所获得的利润按比例分配给投资者。实际上,REITs 是由专业人员管理的房地产类的集合资金投资计划（collective investment scheme）。

REITs 包括两个内容：一个是资金信托,另一个是房地产资产信托。前者是由受托机构依法设立房地产投资信托,向特定人私募或向不特定人公募发行房地产投资信托受益证券,以获取资金,投资房地产、房地产相关权利、房地产相关有价证券及其他经主管机关核准投资的项目,投资者从中获取投资收益。后者则是由委托人转移其房地产或房地产相关权利予受托机构,并由受托机构向特定人私募交付或向不特定人公募发行房地产资产信托受益证券,以补偿受益人对该信托之房地产、房地产相关权利或其所生利益、孳息及其他收益的权利。

REITs 的资金信托与房地产资产信托是有区别的。

第一,信托财产和信托性质不同,前者的信托财产是资金;后者的信托财产则是房地产或房地产相关权利,例如房地产抵押权、房地产租赁权等。因此,前者是信托种类中的资金信托,只是因为投资方向为房地产,所以才列入 REITs 的范围;后者是真正意义上的房地产信托,这符合信托性质按信托财产分类的属性。

第二,信托的当事人不同。前者属于自益信托,即投资者既是委托人又是受益人;后者通常归于他益信托,即委托人与作为受益人的投资者往往不是同一个人,在少数情况下,委托人可以成为受益人中的一个（不排除委托人到证券市场上购买受益证券,成为受益人的情况）。

第三,投资目标的确定性不同。虽然两者的投资目标均为房地产项目,但是后者更具确定性,为委托人所委托的特定房地产项目;而前者投资的项目往往是不确定的,可以自由选取房地产项目。

第四,信托机构的操作流程正好相反。前者是先募集资金再投入房地产;后者是先受托房地产再募集资金。

在现实生活中,人们可能还会混淆 REITs 与房地产贷款担保的证券化（mortgage backed securitization,简称 MBS）的概念,因为在 MBS 中存在着一种情况：银行把房地产抵押贷款以信托的形式委托信托机构发行受益证券,这其实就是 REITs 的房地产资产信托的一种。其实，REITs 和 MBS 的交叉部分也只限于此，除此之外，两者有更多的区别。

首先，MBS 中的资产转让往往通过买卖关系达到"真实销售"目的，信托在 MBS 的运用只占少数。

其次，MBS 的基础资产只限于房地产抵押贷款，而 REITs 的房地产项目远不止于房地产抵押贷款权益。

最后，REITs 只能由信托机构(公司型的，必须具有信托职能)担任，而 MBS 则可以采用信托型、公司型和有限合伙型。在美国，联邦国民抵押贷款协会(FNMA)、联邦住宅贷款公司(FHLMC)和政府抵押贷款协会(CNMA)三家有政府背景的公司是美国 MBS 得以顺利开展的关键。

二　REITs 的起源及发展沿革

最早的信托业产生于 11 世纪的英国，主要是对土地财产的遗嘱信托，在此基础上逐渐形成了现代信托制度。1822 年荷兰国王威廉一世时期，投资信托用以筹集社会游资，作为开发煤、铁、纺织及其他产业的基金，运作效果良好。1883 年美国首先成立了波士顿个人房产信托(boston personal property trust)，当时如果信托产品将其收入分配给投资人可免缴公司所得税。但 20 世纪 30 年代美国政府取消了这项税收优惠。第二次世界大战后，房地产业迅猛发展，投资者对房地产投资的热情增加。但是由于房地产单笔投资数额巨大，远远超过一般中小投资者的经济承受能力，并且房地产属于实物资产，流动性较差，因而市场对房地产投资基金的呼声十分强烈。在这种背景下，美国在 1960 年恢复了对该类产品的税收减免，以艾森豪威尔总统签署的《房地产投资信托法案》(Real Estate Investment Trust Act of 1960)为标志，第一个真正意义上的 REITs 应运而生。REITs 按此条例可以避免双重征税，享受税收优惠。迄今为止，除了一些很小的修改，该条例基本没变。20 世纪 80 年代，一些房地产税收的改革使 REITs 进一步增长。1986 年税法改革允许 REITs 直接管理地产。1993 年退休基金对 REITs 投资的限制被取消。这些改革激发了投资者对 REITs 的兴趣，使 REITs 自 20 世纪 80 年代以来有了迅猛的发展。目前，美国是 REITs 规模最大的国家，并成为世界 REITs 发展的典范。美国 REITs 的发展经历了 20 世纪 90 年代前的积累阶段和 20 世纪 90 年代后的扩张阶段。

在亚洲，REITs 在 20 世纪末 21 世纪初才有突破。最早出台关于 REITs 的立法并推出第一只 REITs 的亚洲国家是新加坡，新加坡在 1999 年 5 月颁布了《财产基金要则》(Guidelines for Property Funds in Singapore)并在 2001 年的《证券和期货法则》(Securities and Futures Act 2001)对上市 REITs 作出相关规定。到 2003 年底已有 2 个 REITs(S-REITs)在新加坡交易所上市。日本在 2000 年 11 月修改了投资信托法，修改后的投资信托法准许投资信托基金进入房地产业。2001 年 3 月东京证券交易所(TSE)建立了 REITs 上市系统。2001 年 11 月 2 家 REITs(J-REITs)在 TSE 首次上市。到 2003 年底，已有 6 家 REITs 在东京证券交易所上市。韩国 2001 年 7 月颁布了《房地产投资公司法》，为 REITs 发展提供相关的法律制度。随后，韩国证券交易所修改了上市规则，制定了 REITs 上市的相关条例。香港证券和期货事务监察委员会(香港证监会)2003 年 7 月 30 日颁布了《房地产投资信托基金守则》，对 REITs 的设立条件、组织结构、从业人员资格、投资范围、利润分配等方面作出明确的规定。2005 年 6 月，香港证监会正式发布了修订《房地产信托投资基金守则》的相关内容，撤销了香港房地产投资信托基金(REITs)投资海外房地产的限制，从而促进了香港 REITs 的迅速发展。

从 1960 年美国推出第一只 REITs 产品至今，全球已有 22 个国家推出 REITs 产品，并有 4 个国家正在进行有关 REITs 方面的立法。全球 REITs 增长迅猛，1990 年全球 REITs 市值仅为 70 亿元，2002 年以后增长尤其迅猛，截至 2009 年 9 月末，REITs 全球市值已超过 6 050 亿美元。美国是全球 REITs 最成熟、市值最大的市场，REITs 市值约 3 000 亿美元。澳大利亚已发行 64 只 REITs，市值达到 780 亿美元，位居世界第二。处于第三位的是法国，有 48 家房地产投资信托基金，市值达到 730 亿美元。亚洲大部分国家房地产投资信托基金是成长中的市场，中国内地仍处于早期探索阶段。

三　REITs 的种类

根据资金投向的不同，REITs 可分为三类。

1. 权益型(equity REITs)

权益型 REITs 直接投资并拥有房地产，其收入主要来源于属下房地产的经营收入。权益型 REITs 的投资组合视其经营战略的差异有很大不同，但通常主要持有购物中心、出租公寓、办公楼、仓库等收益型房地产。投资者的收益不仅来源于租金收入，还来源于房地产的增值收益。

2. 抵押型(mortgage REITs)

主要以金融中介的角色将所募集资金用于发放各种抵押贷款，收入主要来源于发放抵押贷款所收取的手续费和抵押贷款利息，以及通过发放参与型抵押贷款所获抵押房地产的部分租金和增值收益。

3. 混合型(hybrid REITs)

顾名思义，此类 REITs 不仅进行房地产权益投资，还可从事房地产抵押贷款。

早期的 REITs 主要为权益型，目的在于获得房地产的产权以取得经营收入。抵押信托的发展较快，现已超过产权信托，主要从事较长期限的房地产抵押贷款和购买抵押证券。但混合型无疑是将来发展的方向。

另外，REITs 还有很多其他分类方法。例如，按是否有确定期限，可分为定期型和无期限型。定期型 REITs 是指在发行基金之初，就定为确定期限出售或清算基金，将投资所得分配予股东的事前约定；无限期型则无上述限制。按照投资标的确定与否，分为特定型与未特定型。基金募集时，特定投资于某不动产或抵押权投资者为特定型 REITs；反之，于募集基金后再决定适当投资标的者为未特定型 REITs。按照投资人能否赎回或是否可以追加发行分类，可将 REITs 分为封闭式和开放式两类。封闭式 REITs 的发行规模固定，投资者只能通过二级市场投资，同时为保证原始投资人的权益不被稀释，上市后不得再募集资金；开放式 REITs 的规模是变化的，投资者可以按照基金净值申购和赎回股份或受益凭证。

四 | REITs 的运作流程

1. REITs 的运作阶段

REITs 的基本运作模式是通过向市场发售受益凭证(或股份),集聚众多中小投资者的资金,然后凭借自身专业的投资理念参与房地产项目的投资,最后将投资收益以股息、红利的形式分配给投资者。它本质上是一种资金信托性投资基金,其运作一般分为四个阶段(见图 8-5)。

(1) 成立阶段,REITs 依法设立。

(2) 筹资阶段,REITs 向特定或其他的投资者发行 REITs 受益凭证(或股份),以获取资金。

(3) 经营阶段,REITs 将资金投入到房地产及其相关权益的投资项目中,并将实际经营管理工作承包给独立的专业开发商负责(或自身进行经营管理),从中获取利息、租金、资本增值等投资收入。

(4) 利润分配阶段,上市 REITs 的投资经营效益直接反映在 REITs 股票的价格涨落上,受益凭证(或股份)的持有者(也就是投资项目的受益股东)通过股息分红或低买高卖的方式实现自己的投资收益。未上市的 REITs 则通过股息分红的方式来实现利润的分配。

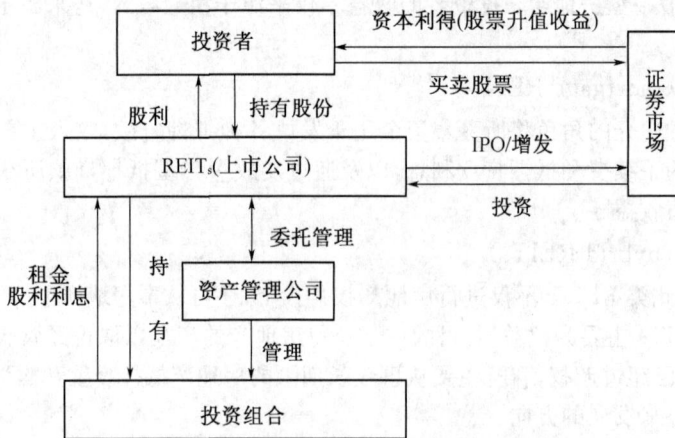

图 8-5 REITs 的基本运作模式

2. REITs 运作的关键环节

在实践中,REITs 一般以股份公司或信托的形式出现,通过发行股票或受益凭证募集投资者的资金,然后进行房地产或房地产抵押贷款投资,并委托或聘请专业机构和人员实施具体的经营管理。

(1) REITs 的发起。大多数的 REITs 是由某个组织或某个机构发起的,发起人通常包括商业银行、独立经纪人、房地产公司、联营公司、人寿保险公司等。

(2) REITs 的资金来源。REITs 的资金来源主要有两个方面,一是发行股票,由机构投资者(人寿保险公司、养老基金组织等)和股民认购;二是从金融市场融资,如银行借入、发行债券或商业票据等。

(3) REITs 的管理机构。REITs 主要由投资者、管理者和经营者三方当事人构成。REITs 的管理机构为董事会(当 REITs 组建为信托机构时为受托人委员会),REITs 的经营与管理由受托人委员会或董事会负责。受托人委员会或董事会通常由三名以上受托人或董事组成,其中大多数受托人必须是"独立"的。所谓独立受托人是指该受托人与 REITs 的投资顾问和其附属机构没有任何直接或间接利益关系。受托人和董事会的主要职责是负责制订 REITs 的业务发展计划并指导其实施。

(4) REITs 的经营机构。可分为内部经营和外部经营两种形式。内部经营机构与一般股份公司类似,由 REITs 自身的经营公司负责。CEO 由董事会任命。外部经营机构与共同基金的运作类似,由董事会聘请或委托独立的经营公司(或投资顾问公司)负责。无论是内部经营还是外部经营,均在董事会的监督下进行。

(5) 经营决策与管理。由于 REITs 除受到社会经济环境(对房地产的市场需求与总体空置水平)的影响外,投资对象选择不当、投资时机把握不好或者管理不善等原因,都有可能造成房屋出租率的下降、营运成本的增加或贷款偿还的拖欠,进而影响到 REITs 的营运业绩与市场价值。因此,REITs 常聘请专业顾问公司和经理人员来负责公司的日常事务与投资运作,并实行多样化投资策略,选择不同地区和不同类型的房地产项目及业务。通过集中专业管理和多元组合投资,有效降低投资风险,取得较高投资回报。

由发起人发起成立 REITs 公司后,有些 REITs 公司自己选聘经理,同时从外面聘任顾问。经理或顾问的职责是负责 REITs 公司的日常事务。还经常为公司提供咨询服务,顾问与聘请的投资银行家、证券包销商、律师、房地产中介商、会计师或抵押公司共同完成咨询业务。顾问服务通常包括建议受托人购进、出售或评估投资机会,代理 REITs 购进、销售物业,协助受托人制定、修改、补充 REITs 的投资政策,并负责日常的运作,提供管理人员、行政人员、办公地点等服务(张寒燕,2005)。

综上可见,REITs 实行专业化经营,具有很强的流通性和变现性,资金募集能力强,可以通过组合投资分散投资风险,从而增强房地产市场的机能。但是,REITs 也存在募集资金失败的风险、代理关系的风险和受房地产市场及利率波动的影响。

五 中国 REITs 的发展

2003 年 9 月 20 日,中国第一个房地产产业基金——精瑞基金——宣告成立,此后信托基金得到迅速发展。2004 年全国房地产信托发行额约 122 亿元,比 2003 年翻了一番,2005 年突破 200 亿元,房地产信托逐渐被国内开发商所认识和接受。2005 年 1 月 22 日,按照 REITs 的标准设计并借鉴了香港领汇房地产信托基金、美国 REITs 和内地证券市场基金的成熟管理模式,被誉为国内首支准 REITs 的"联信·宝利"1 号顺利推出,在当年 12 月初,联华信托又发行了"联信·宝利"7 号,这个信托计划被业界誉为开辟了国内"夹层融资"的先河。2005 年 7 月 25 日,新加坡嘉德置地与美国柯罗尼基金签订协议,计划将旗下酒店服务品牌莱佛士拥有的 41 家酒店资产打包出售,将出售收益的 4 亿多美元全部投入到中国商业地产开发,所提供的股息派发回报率约 7%,这是外资进入中国的第一家 REITs。中国内地第一只房地产投资信托基金(REITs)——广州越秀房地产投资信托基金(00405.HK),2005 年 12 月 21 日正式在香港联交所开售,募集到 17 亿港元的资金。将集团的白马大厦、财富广场、城建大厦、维多利广场四大用于出租的物业全部打包,当年开出的年息回报率高达 7%。

2007 年 1 月,央行从金融稳定的角度,开始着手研究制定 REITs 的相关政策,并计划于 2007 年年底推出管理办法及试点。其中,中信证券和联华信托的两套方案正在进行试点。2008 年 3 月,银监会曾召集五家信托公司共同起草《信托公司房地产投资信托业务管理办法(草案)》征求意见稿。参与其中的五家信托公司分别是联华信托、中诚信托、北京国投、衡平信托和中原信托。2008 年 12 月 3 日,国务院明确提出"开展房地产信托投资基金试点,拓宽房地产企业融资渠道",上海成为试点城市。随着房地产业和房地产金融业的发展,中国房地产投资信托基金业的发展空间巨大。

第五节　房地产信托、房地产保险与住房公积金

一　房地产信托

信托的本质可概括为:"受人之托,代人理财"。房地产信托是指信托机构接受客户的资金或房地产委托,按其要求代办房地产买卖、经营、管理、建造的经济行为。在整个信托业中,房地产信托是历史最为悠久的一项业务。最早的信托业产生于 11 世纪的英国,主要是对土地财产的遗嘱信托,在此基础上逐渐形成了现代信托制度。18 世纪后期,房地产信托逐渐在美国兴旺起来,到 20 世纪 20 年代发展了房地产投资信托。二次世界大战后,发达国家的信托机构进一步介入房地产业务,形成了较为完善的房地产信托体系。可以说,房地产信托是房地产业与信托业相互融合的产物,是房地产金融的重要组成部分。在西方国家,房地产信托的发展不仅扩大了房地产业的融资渠道,也依托房地产业使自身获得了长足的发展。

房地产信托包括资金信托和不动产信托两大类。资金信托是房地产信托机构接受客户的委托,运用和管理房地产信托基金进行房地产开发和经营活动的信托业务。不动产信托是房地产信托机构受托对房屋和土地不动产进行经营或管理的信托业务。从经济实质上来看,房地产信托是一种融资、融物与财产管理相结合的金融性质的信托业务,受托人一般是银行或非银行金融信托机构,其业务经营以获取手续费、代理费为目的,其标的物是客户的资金、房屋或土地的财产和权力。因此,房地产信托是以委托人提供财产为前提,体现财产委托人和受托人、受益人之间的经济关系。

房地产信托能够较为灵活充分地适应和处理房地产的多种经济和法律关系,解决其他融资渠道难以解决的问题。例如,相对于银行信贷而言,房地产信托融资不仅可以降低房地产企业的整体运营成本,节约财务费用,优化房地产企业资产负债结构,还有利于房地产资金的持续运用和企业的发展。在供给方式上,房地产信托可以针对房地产企业本身运营需求和具体项目特征来设计个性化的资金信托产品,从而增大市场供需双方的选择空间。对于投资者而言,房地产信托产品因其收益率较高具有较大的吸引力。

房地产信托资金的筹集方式主要有:房地产信托存款、房地产信托基金、房地产集资信

托、房地产信托投资基金。房地产信托业务是很复杂的,其主要业务包括了房地产信托贷款、房地产信托投资、房地产信托代理(如受托代建、代理房地产买卖、代管房地产等)以及其他房地产信托业务。

房地产信托涉及信托行为、信托当事人及信托标的物三个基本要素。

1. 信托行为

信托行为一般指信托当事人在相互信任的基础上,以设定房地产信托为目的,通过签订合同或协议等书面形式而形成的一种法律行为。

2. 信托当事人

信托行为的设立形成了当事人之间以信托财产为核心的特定信托关系。信托关系涉及三方当事人:委托人、受托人和受益人。① 委托人是信托财产的所有人,是房地产财产的所有者以信托的方式,委托受托人按其要求对房地产财产进行管理或经营的人。② 受托人是指接受委托人的委托,并按约定的信托条件对信托财产进行管理或经营的人。③ 受益人是指享受信托利益的人。受益人可以是委托人自己,也可以是第三人。当受益人是委托人本身,称为"自益信托";若受益人是委托人和受托人之外的第三人,则称为"他益信托",大多数信托是属于"自益信托"。

3. 信托标的物

房地产信托财产就是信托行为的标的物,即通过信托行为从委托人手中转移到受托人手中并由受托人按一定的信托目的进行管理或营运的房地产财产(丁健、胡乃红等,2003,第100-106页)。

改革开放以来,中国的信托业从恢复至今已经历了20多年的曲折发展时期。2002年5月中国人民银行对《信托投资公司管理办法》的再次进行修订和2002年7月《信托投资公司资金信托管理暂行办法》的正式实施为信托投资公司开展资金集合信托业务提供了政策保障,其业务发展空间有了实质性突破。房地产投资信托采取类似于投资公司的形式,通过发行股票或收益凭证募集资金,然后进行专业化的房地产投资或房地产抵押贷款投资的一种形式。例如,2004年发放的57只信托产品中,募集资金投向房地产业的高达19只,募集总额近30亿元。其中有纯粹针对地产项目投资的信托产品,也有旧城改造等信托项目。

二 房地产保险

房地产保险就是以房屋及其相关利益和责任为保险标的的保险。房地产保险的根源是房地产风险的普遍存在。因为房屋从设计、生产到销售、分配、使用,每个环节都面临风险,都有可能发生损失。具体来说,房产风险包括:房地产财产风险、房地产责任风险、房地产人身风险和房地产信用风险。这里要说明的是,房地产是房产与地产两种财产的总称,包括房与地两方面。土地是一种天然形成的自然产物,一般不存在灭失、损毁等风险,因此房地产保险的标的只能是房屋及其相关利益与责任。

房地产保险在房地产经济活动中发挥着重要的作用。它对于减轻或弥补投保人的损失,实现资金的循环运动,保证房地产经营者的利润等,都具有十分重要的意义,尤其对于增强房地产业主或经营者的信誉,促进房地产经营活动的发展具有积极的作用。在欧美国家,银行在向房地产投资者发放贷款时,为确保贷款的回收,避免贷款风险,保障抵押权人的利益,也往往要求投资者对作为抵押物的房地产加以保险,以此作为抵押贷款的先决条件。因而,房地产保险无论对于房地产业主、经营者还是贷款者来说,都是十分必要的。

房地产保险按风险潜在损失所涉及的客体(保险对象)可以分为房地产财产保险、房地产责任保险、房地产人身保险、房地产信用保险和保证保险。由于房地产责任风险、信用风险危及的对象主要是财产与人身两类,从广义上来说,房地产保险按保险对象划分为房地产财产保险和房地产人身保险,且以房地产财产保险为主。在四大保险险种下又有不同险别,如房地产责任保险下有房地产公共责任保险、房地产职业责任保险等,如表8-4所示(丁健、胡乃红等,2003,第114页)。

表8-4 房地产保险险种

险种	房屋财产保险	房地产责任保险	房地产人身保险	房地产信用和保证保险	房地产其他保险
险别	企业房屋保险	房地产公共责任保险	住房抵押贷款寿险	工程合同保证保险	房地产产权保险
	家庭房屋保险	房地产职业责任保险	房地产人身意外伤害保险	住房抵押贷款保证保险	房屋质量责任保险
	抵押贷款房屋保险				房地产当值保险
	房屋利益保险				房地产投资保险
					房屋综合保险

三　住房公积金

住房公积金制度是一种强制性的公益筹资政策。政府通过强制储蓄帮助居民积累购买住房的资金。新加坡是推行中央公积金制度的代表性国家。经过40多年的建设,新加坡的这一融资方式呈现出良好的发展势头。目前,公积金制度已远远超出其原有的养老范围,逐步扩展到医疗、教育、住房、保险、投资等社会生活的各个方面。公积金制度不仅是新加坡社会保障体制的主要组成部分,甚至已超出社会保障范围,成为新加坡的基本社会制度,对新加坡的经济、社会和政治等各个方面都发挥着重要作用。在运作方式上,新加坡《中央公积金法》规定,雇员和其雇主每月缴纳一定比例的工资作为公积金储蓄,存入中央公积金局设立的雇员公积金储蓄账户。参加这一公积金制度的成员日后可以获得住房、退休养老及医疗保健等方面的社会保障。

在作业流程上,新加坡的中央公积金局的资金除保证正常支取公积金外,大部分资金存入政府投资局。政府投资局通过发行债券筹措的资金作为"国家发展基金"贷放给政府机构和企业,住房发展局是最主要的贷款对象,贷款利率高于公债两个百分点。公积金作业的流程如图 8-6 所示(董寿崑,1988)。可见,新加坡的公积金既是政府信贷的主要来源,也是住房发展局住房建设投资的主要来源。

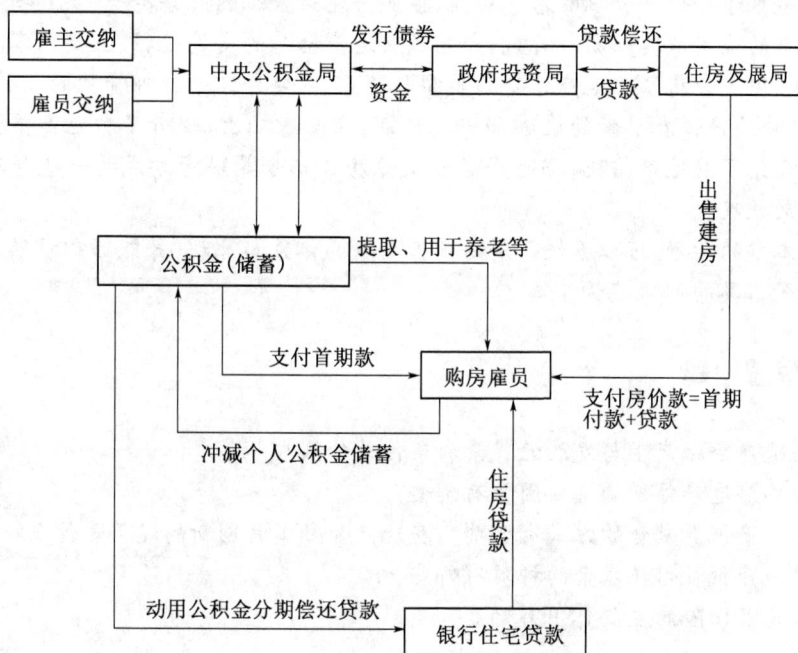

图 8-6　新加坡公积金与住宅资金流动

中国的住房公积金制度在参考新加坡的基础上有一些变化。住房公积金制度是我国城镇住房制度改革的产物,1991 年上海率先实行住房公积金制度,1994 年在全国推行,取得了较好的效果。住房公积金是指各单位及其在职职工缴存的长期住房储金,用于职工购买、建造、翻建、大修自住住房。在中国,住房公积金的管理实行住房公积金管理委员会决策、住房公积金管理中心运作、银行专户存储、财政监督的原则。住房公积金的存、贷利率由中国人民银行提出,经征求国务院建设行政主管部门的意见后,报国务院批准。直辖市和省、自治区人民政府所在地的市以及其他设区的市(地、州、盟)设立住房公积金管理委员会,作为住房公积金管理的决策机构,并设立住房公积金管理中心。

根据中华人民共和国建设部公布的全国住房公积金缴存使用情况,截至 2008 年末,全国住房公积金缴存余额为 12 116.24 亿元,较上年末增长 26.14%。实际缴存职工人数为 7 745.09 万人,同比增加 557.18 万人,增幅为 7.75%。截至 2008 年末,全国住房公积金提取总额为 8 583.54 亿元,占住房公积金缴存总额的 41.47%。截至 2008 年末,累计为 961.17万户职工家庭发放个人住房贷款 10 601.83 亿元,同比增长 23.77%,个人贷款余额为 6 094.16 亿元,新增余额 1 019.83 亿元,增幅为 20.10%,个人贷款余额与商业性个人住房贷款余额比例由 2007 年末的 18.77%上升为 2008 年末的 20.43%。2008 年末,全国住房公积金银行专户存款余额为 5 616.27 亿元,扣除必要的备付资金后的沉淀资金为 3 193.02 亿元。沉淀资金占缴存余额的比例为 26.35%,同比上升 3.59%。

本章小结

本章着眼于房地产金融的基本功能,按照房地产金融的业务类型,重点研究了房地产金融工具的应用及其创新。首先,介绍了房地产金融的发展过程、主要内容及其基本理论;其次,重点分析了房地产信贷的类型与特点,主要介绍了抵押贷款的几种方式;然后,探讨了房地产证券融资的渠道和工具创新,在此基础上,分析了房地产信托投资基金;最后,介绍了房地产信托、房地产保险及住房公积金等融资方式的一般原理及其在中国的发展状况。

通过本章的学习,可以系统了解房地产金融的体系与原理,并能够初步熟悉和掌握房地产金融工具的创新趋势。

本章思考题

1. 房地产金融产生与发展的背景和条件是什么?
2. 影响房地产信贷的主要因素有哪些?
3. 房地产证券融资的方式有哪些? 房地产金融工具创新的趋势是什么?
4. 房地产投资信托基金的种类有哪些?
5. 房地产保险的主要作用有哪些?

参考文献

[1] 查尔斯·H·温茨巴奇,迈克·E·迈尔斯,苏珊娜·埃思里奇·坎农. 现代不动产(第五版)[M].北京:中国人民大学出版社,2002.

[2] 丁健,胡乃红等. 房地产金融[M].上海:上海译文出版社,2003.

[3] 董寿昆. 住宅经济比较研究[M].北京:中国金融出版社,1988.

[4] 马克·博立特,朱田顺. 住房金融[M].北京:改革出版社,1990.

[5] 上海财经大学投资研究所. 2004 中国投资发展报告:持续发展中的房地产投资[M].上海:上海财经大学出版社,2004.

[6] 田东海. 住房政策:国际经验借鉴和中国现实选择[M].北京:清华大学出版社,1998.

[7] 威廉姆·B·布鲁格曼,杰夫瑞·D·费雪. 房地产融资与投资(第 10 版)[M].大连:东北财经大学出版社,2000.

[8] 易吾一. 对美国政府参与和干预住房金融的研究[J].中国房地产金融,1997(2).

[9] 张寒燕. 房地产投资信托(REITs)研究[D].中国社会科学院研究生院博士学位论文,2005.

[10] Miles D K. Housing. Financial Markets and the Wider Economy[M]. Chichester:John Wiley&sons,1994.

[11] Renaud Bertrand. Strategies to Develop Mortage Markets in Liberalizing Economics. In:Chung Hee-Soo, Lee Dong-Sung ed. Globalization and Housing Industry[M]. Seoul:NAN-AM Publishing House,1996:130.

第九章　房地产税收：功能、经济效应
与体制比较

内容提要

1. 房地产税收的特征、功能与构成要素。
2. 房地产税收的经济效应分析。
3. 中国的房地产税收体制及不同国家和地区税收体制的比较分析。

马克思认为："赋税是政府机器的经济基础，而不是其他任何东西"（马克思、恩格斯，1958，第32页），"国家存在的经济体现就是捐税"（马克思、恩格斯，1958，第342页）。据此，国内学术界的主流观点认为，税收是与国家的存在直接联系的，是国家机器赖以存在并实现其职能的物质基础，也是政府保证社会公共需要的物质基础；税收是一个分配的范畴，是国家参与并调节国民收入分配的一种手段，是国家财政收入的主要形式；是国家在征税过程中形成的一种特殊的分配关系，即以国家为主体的分配关系，税收的性质取决于社会经济制度的性质和国家的性质。房地产税收是非常重要的税类，随着房地产业的发展，房地产税收在政府收入中的比例不断提高。在房地产经济运行过程中，房地产税收对于收入分配的调节和房地产市场的宏观调控发挥着越来越重要的作用。

第一节　房地产税收的特征、功能与构成要素

一　房地产税收的概念

税收是国家参与社会剩余产品分配的一种规范形式，是国家凭借政治权力，按照法律规定的程序和标准，无偿地取得财政收入的一种手段。房地产税收是以房地产作为调节对象的一类税收。房地产税收涉及房地产的开发、持有、使用、经营和转让等一系列经济活动，征税对象涉及房地产开发经营、买卖交易、持有等各个环节的行为和标的，涵盖了我国税收体系中的绝大多数税种，主要包括取得环节的耕地占用税与契税；持有环节的房产税、城镇土地使用税；转让环节的土地增值税、营业税、印花税与个人所得税等。

二 房地产税收的特征

房地产税收是国家针对房地产经济的一种调控工具，受房地产经济特性的限制，房地产税收除了具有一般税收的共性外，还具有以下四个独立特性。

1. 房地产税收税基具有不可移动性和可见性

由于房屋和土地在空间上是不可移动的，基于房地产价格的一个地区的财产税基不会因为税收政策而流向其他地区。因此，房地产所有者即使有避税动机，但由于不能将房地产从一个地区搬移到另一个地区，无法通过税基流动的办法来减少其税负。由于房地产税基是不可移动的，也就不存在区域之间的房地产税收竞争。这是房地产税收相对于其他可移动财产税收的显著特点，也是房地产税收区别于其他税种（如消费税）的重要特征。同时，由于房地产外在的物质表现，它是透明与可见的，房地产所有者无法隐藏其税负（税基），使逃税变得困难。房地产税收的可见性使人们意识到公共服务的成本，从而去权衡公共服务的成本和收益。

2. 房地产税收收入的地方性

房地产空间位置的不动性，使人们容易鉴别房地产税基的地方所有权，这是其他税种不具备的优势。房地产税收的纳税主体缴纳房地产税收是因为他们要对所接受的政府服务付费。由于地方政府提供的服务有着很强的地域性，房地产价格与地方政府提供的服务水平密切关联，所以房地产税收最能反映纳税主体为所接受的政府服务（基础设施和公共服务）的付费，纳税义务和所接受的服务之间的关联性，在房地产税收上反映尤为突出。地方政府有了独立自主的税收来源，并将地方政府的税收和财政支出更直接地联系起来，促使地方政府作出正确的财政决策，从而可以最大化公共开支所带来的效益。

3. 房地产税收的可持续征收性

除了土地之外的任何资产都会在使用中被磨损直至报废和灭失。而土地作为天然的自然资源禀赋，可以被不断维护、改良、改造，实现永续反复利用。房地产作为土地和土地的附着物本身也有使用的持久性，不同于 GDP、收入和市场交易价格等一般宏观经济变量，房地产税收税基随时间的变化相对平缓，变化的弹性较小。这就使房地产税收可以成为地方政府一个充足和稳定的税收来源。在城市化快速发展和城市化成熟期，由于对城市发展规模的限制和城市辐射能力逐步递减，城市、市镇的房地产供给稀缺性增强，伴随居民对住宅需求的提高，呈现出房地产价格随经济增长不断升值的经济现象，因而房地产的增值可以为政府带来持续增长的税收收入。

4. 房地产税收使用的公益性

房地产税收的相关法律可能是由中央政府来制定，但多数国家的房地产税收入是由地方政府征收、管理和使用的。地方居民纳税和地方政府管理的公共财政体系一方面有助于政府权力的下放，增加地方政府财政决策的透明度和效率，另一方面鼓励居民参与地方事务。因为房地产税收的使用，具有很强的公益性，居民参与地方事务的动机是为了保护他们自己最重要的财富——房地产，他们有极大的兴趣和利益冲动通过公共参与（如投票等）来影响地方政府公共开支决策（如公共项目：学校、污水处理、道路等的选择），以便保护他们的房地产的价值。

三　房地产税收的功能

1. 房地产税收的财政收入说

财政收入说的主要观点是：为了满足财政支出的需要，筹集财政收入，政府应该对行政管辖范围内的土地、房产等财产征税。在农业经济为主导经济的社会，针对土地课征的各种赋税构成了农业社会最主要的财税体系。进入工业社会后，国家更多通过工业品的流转税和非土地类的所得税来筹集国家财政收入，对土地、房产等财富征税在国家整个财政收入规模中地位下降，更多地成为各级地方政府筹集财政收入的主要渠道，相应地作为地方性税种，课税的主要目的在于为地方公共产品和服务提供财力保障。

2. 房地产税收的受益论

在公共财政术语中，"税收受益原则"指的是税收负担应根据公共服务的受益程度来分配。由于中央和地方政府为房地产所有者提供了包括国防保卫、国内治安、消防设施、交通、市政、环境等公共服务，房地产所有者理应为服务带来的受益支付税收报酬。大量的实证证据表明，尤其是地方政府通过增加对本地区的城市基础设施和服务的开支提高辖区居民的福利水平，导致本地区房地产价格的抬升，也就是说房地产增值主要是源于政府公共服务资本化。

3. 房地产税收的社会政治功能说

现代房地产的增值有三个主要的源泉：私人投资、政府、城市化。通常政府在城市基础设施和公共服务方面的投资通过资本化提高房地产价值。城市化带来住房需求的增加，进而提高房地产价值。政府投资及城市化带来的房地产增值超出了私人投资的正常收益范围，对个体而言属不劳而获的收益，政府应避免此类现象的发生。对个人拥有的房地产课税是国家对社会财富分配进行控制的一种手段，实现国家对社会财富和资源进行再分配，具有抑制房地产所有者不劳而获，消除社会贫困的社会政治功能。房地产税收承担的一个很重要的功能是政府对房地产价值的溢价回收。如果不把这些由政府投资带来的房地产价值的增值收回，将变相造成"国有资产流失"。从税收的"横向公平"和"纵向公平"原则来看，对房地产财富课以一定水平的税收是符合社会进步和现代社会伦理的，现已成为公共经济学领域内的一个共识。

四　房地产税收的构成要素

税基和税率是一个税种的主要构成要素，前者代表税收课征的广度，后者代表了课征的深度。从国际税收实践经验来看，房地产税收的税基可以是土地、建筑或两者结合。评估价值可以根据面积也可以根据房地产的市场价格。税率可分为单一税率（土地和建筑采取同一个税率）或双税率（土地和建筑有不同的税率）。政府的政策目标不同决定了采取不同的税基和税率的制度设计。

（一）税基的选择与计价

房地产税收是一种财产税性质的税收。从全球范围内房地产税收实施的情况来看，房地产税收税基的确定主要有三类：一是按房地产的价值征税，依计价的不同又可分为市场价值、原始价值、租金收益价值；二是按房屋建筑面积或占用土地面积征税；三是极少数国家或地区按房屋套数征税。不同国家或地区根据自身的国情对上述三种税基做出不同选择和组合。从实践来看，不同的税基选择各有利弊。

1. 房地产税收税基的种类

（1）房地产市场评估价值

房地产市场评估价值是以房地产市场发生的实际交易价格为依据进行房价评估而确定的房地产价值，通常是土地和建筑物的价值总和，反映了房地产所有者现实所拥有的财富状况。

业主拥有的现价房地产价值代表了其拥有财富的水平，以其为税基，最能体现"量能纳税"的公平性原则，可以基本消除税收不公的矛盾。由于房屋原值与现值的差异通常比较大，这种差异一般会随时间的增加而扩大。如果以原值而不是以现值为税基，由于不同房屋升值或贬值的速度不同，按原值征收房地产税收则会带来不公平的问题。世界上大多数征收房地产（不动产）税收的国家均将市场价值作为房地产（不动产）税收的税基。

以房地产市场价值为税基的缺点是需要定期对房地产的现值进行评估。在一个房地产市场交易发达的地区，对辖区内的房地产现价估值具有相对高的准确性；相反，在房地产交易不发达的地区，由于缺乏充分的房地产市场交易资料支撑，导致房地产现值评估工作难以开展和评估结果缺乏客观性和准确性。

（2）房地产原始价值（原值）

房地产原始价值是房地产业主最初取得房地产产权时所支付的价款总和或投资总和。以它为税基，只要不发生税法规定的产权交易，计税的税基就不变更，若发生税法规定的产权交易，税基就相应地变更为新取得产权的价值来重新作价。

以原始价值作为税基可以产生抑制房地产投机的功效。从长期来看，房地产增值是比较普遍的，房地产市场上投资与投机并存。当房地产被出售时，买主缴纳的房地产税将以本次交易价值作为新税基，买主必然要在持有新资产所产生的税负和收益之间作出权衡，如果房价明显上涨，导致税负大幅增加，将会降低房地产需求。

但是，以房地产原始价值作为税基也存在以下两方面的问题：第一，以房地产原值征税，导致税收不公。拥有最初原始价值相同的相邻住宅因为其换手率不同，需缴纳的税额可能有很大差别。第二，房地产存在自我增值的特征，以房地产原值征税，政府的征税额不能随着时间的推移和房地产价值的增加而增加，造成政府对房地产资产增值溢价的税收流失。

（3）土地价值

以土地价值作为税基，而不包括土地附着物如房产及设备的价值。按照土地价值的具体内涵不同，有土地价值税和土地增值税之分。土地价值税的土地价值一般是指土地的市场评估价值，也可以是政府公示的地价，还可以是由土地所有者自己申报的土地价值等。土地增值税是按土地原值基础增加的价值来课税。

以土地价值作为税基，其优点是不会对土地上附着物的状况产生影响，在一定的税额下,土地的所有者或使用者会自觉地不断提高土地的集约利用水平及其使用效率。古典经济学家认为,在短期内,土地这一生产要素的供给是完全无弹性,只对土地征税,相对于征收人头税(head tax 或 poll tax),不会产生社会福利损失和对经济的扭曲作用。

但以土地价值作为税基也存在着致命的缺陷:首先,由于土地是稀缺资源,其数量是有限的,房地产税作为地方政府的主体税收,要么政府在既有的土地使用面积下提高税率,要么在既定的税率下增加土地开发面积,否则难以满足日益增长的财政支出需要。第二,要从房地产总价值中分离出土地价值有一定难度,如繁华的闹市区很难找到仅有土地交易的数据,相对于活跃的房地产市场交易而言,土地市场的交易频率低且可比性也低。

(4) 租金

因租借对象不同,房地产租金可分为对土地的地租和对房产的房租。租金通常又可分为毛租金和净租金,净租金为毛租金扣除维护费、保险费用等费用之后的净所得。按照虚拟资产的定价理论,净租金的贴现值(年值)等于房地产的资本价值,从本质上来讲,以房地产租金和以房地产市场价值为税基是"李嘉图等价"。

以房地产的租金为税基与以房地产市场价值为税基一样,具有公正性,同时有利于减少房地产的空置,进而提高房地产的利用效率。但是,其弊端在于:第一,在实践中,租金收益常常是依据房地产的现行用途而非最佳用途来确定,常常会出现低于其潜在市场价值的情况。第二,当居民自有住房率很高时,绝大部分房地产缺乏租金的资料,因而需要对租金价值进行再评估。第三,某些特殊类型的房地产租借市场只存在唯一的使用者而无公开市场租金,确定房地产租金收益成为一个难题。

(5) 面积(建筑面积或者土地面积)

以房地产建筑面积或占用土地面积为税基,是指按照房地产的面积大小来征收房地产税。按房地产的建筑面积或占地面积征税,其优点是:① 由于面积具有易测量、记录全(通常房屋登记资料均有面积数值)和不变动的优点,所以便于管理,征管成本相对低。② 不受市场房地产交易数据缺少的限制。③ 便于业主自我评估纳税,增加税收透明性。以面积为计税依据的缺点是:① 税收收入不能根据房地产价值的增加而增加。② 面积不能充分反映价值,因而会导致纳税义务与纳税人所得到的收益之间产生偏差,进而导致税负不公平。③ 难以起到提高土地利用效率的目的。在经济和社会发展相对落后、市场发育不足、房地产价值因区位和城市基础设施产生的价格空间变化不大、专业人员缺失等情况下,以面积作为计税依据不失为一个有效的方案。

为了消除按照面积征税带来的明显不公平,一些国家采取了一种改进的办法,即将一个城市划分成不同的区块(zoning),同一区块按面积征收房地产税,不同区块依平均价格的不同,设定不同的房地产税税率。这一方法基本保留了按面积征收的简便、可操作的优点,又在一定程度上缓解了按面积征收带来的不公平的矛盾。但是,这一方法只是在一定范围内消除而不可能完全消除不公平。

2. 不同标准的房地产税基的比较

在上述对不同标准的房地产税基进行比较分析的基础上,进一步运用由五个方面的测度标准构成的指标体系对五个不同的税基进行综合比较(表 9-1)。

表 9-1 不同标准的房地产税基的比较

评判标准 税基	税收公平		征管成本		税收收入的 持续增长性	资源利用效率 （土地和房产）	市场影响 （价格稳定）
	受益 原则	量能 纳税	获取 便捷	征管 方便			
房地产市场评估价值	✓	✓	✗	✗	✓	✗	✗
房地产原始价值	✗	✗	✓	✓	✗	✗	✗
土地价值	✓	✓	✓	✓	✗	✓	✗
租金收益	✓	✓	✗	✗	✓	✓	✗
房地产面积	✗	✗	✓	✓	✗	✓	✓

从税收公平评判标准来看,最能够体现房地产受益原则的税基是房地产市场评估价值、土地价值和租金水平,三者均能很好体现房地产受地方公共服务影响的水平和程度;而房地产原值相对于房地产市场价格往往具有滞后性,不能动态反映整个社会不动产价值变化的实际情况。以房地产面积作为税基,则不仅不能很好体现税收公平性,在市场环境变化较大的时候,甚至违反受益原则和"量能纳税"原则。

税收征管成本标准代表了税收在现实中的可行性。以房地产的市场价值(租金)作为税基,动态求取,较复杂,给税收征管带来不便;而以房地产面积确定税基,可以降低征管成本。

税收收入的持续增长性是考察一个税种是否长期采用的重要标准。以房地产市场价值为税基,一般能带来与经济增长同步增长的税收收入。但是,在房地产市场处于激烈波动时期,也有可能由于价格的暴跌,导致税收的剧减。

税收促进课税对象资源有效利用是税收效率原则的必然要求,以土地价值为税基征税,可以刺激房地产资源的有效开发和利用;而以房地产市场价值为税基,效果恰恰相反。

从对房地产市场价格的影响看,对房地产征税,不论采用何种税基,都会影响供求双方的决策,从而引起交易价格的波动。但相对而言,以面积和原值为税基时,由于税负相对稳定,引起房价变化较小。在买方市场或卖方市场的条件下,税负分别实现后转或前转。

(二)房地产税收的税率

税率是指国家征税的比率。税率是国家税收制度的核心,反映了征税的深度,体现了国家的税收政策。一般来说,税率可以划分为比例税率、定额税率和累进税率。

(1)比例税率

比例税率是对同一课税对象,不论其价值数额大小,统一按一个比例征税。在比例税率下,同一课税对象的不同纳税人的负担相同,具有鼓励生产、计算简便的优点,也有利于税收征管。比例税率的缺点是其有悖于"量能纳税"原则,且具有累退的性质。我国现行与房地产税收相关的房产税、营业税、契税和绝大多数的印花税税目实行比例税率。

(2)定额税率

定额税率亦称固定税额,它是按课税对象的一定计量单位直接规定一个固定的税额,而不规定征收比例。定额税率在计算上更为便利,而且由于采取计量计征办法,不受价格变动的影响。它的缺点是负担不尽合理,因而只适用于特殊的税种。我国现行的耕地占用税、城镇土地使用税和印花税中的个别税目实行定额税率。

（3）累进税率

累进税率是按课税对象数额的大小，划分为若干等级，每个等级由低到高规定相应的税率，课税对象数额越大税率越高，数额越小税率越低。累进税率因计算方法的不同，又分为全额累进税率、超额累进税率和超率累进税率三种。我国现行的个人所得税和土地增值税分别实行超额累进税率和超率累进税率。

房地产税收税率的选择，与非房地产税收一样，关键在于确定合适的税率水平。关于税率水平最具经典的论述当属美国供给学派经济学家拉弗提出的"拉弗曲线"原理。1974年，拉弗通过政府征税对个人、家庭、企业从事劳动或进行投资的实际影响，实证研究得出在税率和税收收入之间存在一条由低到高再到低的倒"U"型曲线关系，即当税率为零时，政府的税收收入也为零；如果税率从零逐渐增大到最佳税率点，政府的税收收入将不断上升；如果超过最佳税率点继续增税，税收收入反而下降，如果税率升高到100%，意味着人们要把全部收入或财富用于纳税，就无人愿意工作、投资或储蓄，因而政府的税收收入为零。在最佳税率点上，政府的税收收入达到最大，偏离这一点，无论税率提高或降低，都会减少税收收入。供给学派将最佳税率点至100%征收率的区间称为"税收禁区"。

"拉弗曲线"对1980年代席卷全球的税制改革及其后的税制改革产生了深远影响，倡导"宽税基、低税率"成为各国税制改革的重要指导思想。房地产税制的改革也不例外，即降低税率，扩大征税范围，在总量上保持稳定的房地产税收收入。

第二节 房地产税收的经济效应分析

一 房地产税收的收入效应和替代效应

对房地产征税将对房地产市场产生冲击，如同一个价格增量，房地产税收的总效应可以分解为收入效应和替代效应。由于不同的市场结构、不同的需求者和供给者影响力，税收负担会在需求者与供给者之间分配，从而形成新的房地产市场均衡价格。需求者和供给者因为税收的存在，会对其经济决策行为产生影响，绝大多数情况下，存在经济效率的损失。

（一）房地产税收的收入效应

简单地说，在其他条件不变的情况下，税收的收入效应是指税收的课征使纳税人的收入相对减少，其支付能力和满足程度下降，但并不改变纳税人的经济行为，税收的功能是将资源从纳税人处转移至政府部门。

通过公式的推导和图9-1可以更清楚地看出税收的收入效应。假设有一消费者，收入为y，在房地产商品x和其他商品z之间进行选择，两种商品价格分别为P_x、P_z，其在征收房地产税收之前的预算约束为$xP_x + zP_z = y$，其对应为图9-1的预算线AB，总可以找到一条无差异曲线I与预算线AB相切，设切点为E_1，在该点实现个人税前消费的最优组合，这时的无差异曲线斜率等于预算线的斜率。对两种商品征收统一税率为t的从价消费税，可推得此时的边际替代率 $MRS_{xz} = P_x/P_z$，约束条件变为：

$$(1+t)xP_x + (1+t)zP_z = y \qquad (9.1)$$

即：
$$xP_x + zP_z = y/(1+t) \qquad (9.2)$$

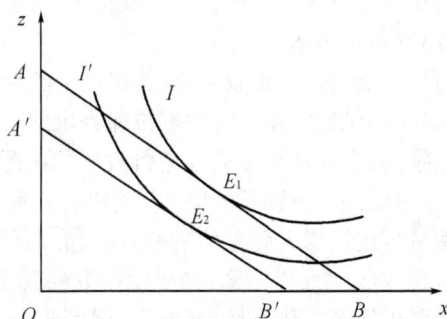

图 9-1　房地产税收的收入效应

（9.2）式显示，税后该消费者的实际收入由税前的 y 下降到 $y/(1+t)$。在图中对应为 $A'B'$，可以发现它是由 AB 向左内移形成的，总能找到一条无差异曲线 I' 与之相切，假设切点为 E_2，该点即为税后消费者对 x、z 的最优消费组合，税后该消费者的边际替代率，与税前的边际替代率相等。

为了简化问题的分析，假设市场结构为完全竞争型，则生产商品 x 和 z 的生产者的边际转换率（MRT）等于商品的价格比率。

$$MRS_{xz} = MRT_{xz} = P_x/P_z \qquad (9.3)$$

$$(MRS_{xz})' = MRT_{xz} = P_x/P_z \qquad (9.4)$$

（9.3）式表示消费者、生产者个人的税前行为符合帕累托效率条件；（9.4）式表示消费者、生产者个人的税后行为仍然符合帕累托效率条件。也就是说，税收并未改变两商品之间选择的效率条件。

由此可知，在上述情况下，税收的收入效应将个人的一部分收入转移到了政府部门，导致个人的支付能力下降，不再能消费原来那么多商品，导致满足程度下降。但人们并未改变其原有的行为方式，还是以相同的边际替代率安排不同商品的消费，亦即没有对资源配置产生歪曲。

（二）房地产税收的替代效应

税收的替代效应是指税收的课征使纳税人的行为方式发生改变，在资源由私人部门向政府部门转移的过程中个人行为发生扭曲，产生效率损失。

假定对房地产 x 征收税率为 t 的从价税，而对其他商品 z 不征，则个人的预算约束变为：

$$(1+t)xP_x + zP_z = y \qquad (9.5)$$

可见，征税后预算线的斜率已发生变化，不再等于 P_x/P_z，而是变为 $(1+t)P_x/P_z$。如图

9－2所示，税后预算线为AB'，不再平行于原预算线AB，而是围绕A点发生顺时针转动，由于对商品z不课税，所以原来的A点仍在税后预算线上（此时$x=0$）。总可以找到一条无差异曲线I''与AB'相切，设切点为E_3，在这一点，无差异曲线I''的斜率等于税后预算线AB'的斜率，亦即，税后个人在商品x和z之间消费的边际替代率$(MRS_{xz})''=(1+t)P_x/P_z$。这时生产的边际转换率并未改变，因为商品$x$的生产者得到的价格仍为$P_x$，而不是$(1+t)P_x$。这使得：

$$(1+t)P_x/P_z=(MRS_{xz})''\neq MRT_{xz}=P_x/P_z \tag{9.6}$$

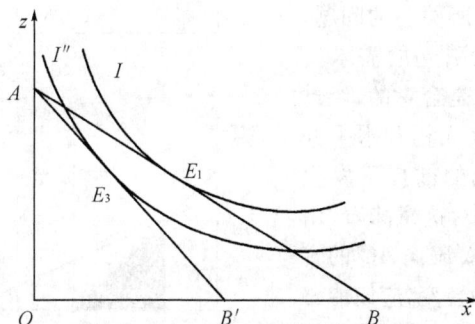

图9－2　房地产税收的替代效应

由此可见，消费者、生产者之间的帕累托效率条件已被破坏。因此，税收的替代效应是在个人收入转移到政府部门的过程中，改变了消费者、生产者的行为，对资源配置产生了扭曲，税收的替代效应必然带来社会效率的损失，这是它与税收收入效应的本质区别。

二　利用补偿需求曲线计算房地产税收引起的效率损失

由于税收替代效应的存在导致效率的损失，如何计算效率损失大小，成为一个不容回避的问题。在分析税收的收入效应和替代效应时使用的是无差异曲线，而无差异曲线是序数效用论下的分析工具，所以两条无差异曲线之间的差距并不具有基数的特点，也就不能转化为有意义的数字来表示效率损失的大小。由于这一原因，人们改用测度消费者剩余的方法来衡量效率损失。哈伯格（A. C. Harberger，1962）创造性地借助补偿需求曲线来说明和计算税收的效率损失问题。

（一）补偿需求曲线的含义与导出

在微观经济学中，补偿需求曲线（compensated demand curve）的概念非常重要。补偿需求曲线关心的是价格比率变化可能对个人福利产生的不利影响。所谓补偿，是令个人福利不受影响，看他如何改变选择行为。一般而言，价格变化将影响个人福利，若在理论上能够找到一种方法将价格变化对个人福利的影响消除掉，就可以看作或理解为对个人采取了某种补偿措施。在微观经济学中，这种补偿称为保持个人实际收入不变（朱善利，1994，第88页）。

如图9－3(a)所示，$A'B'$为与原预算线AB平行且与税后无差异曲线I'相切于点E_3的补偿需求曲线。可见，补偿需求曲线不考虑由点E_3到点E_1所引起的对x的需求的变化，因为在这一变化中没有价格变化的影响。以此类推,作一条与税前无差异曲线 I 相切于 E_4 点,且平行于税后预算线 AC 的直线 $A''B''$,可知,补偿需求曲线也不考虑由点 E_2 到点 E_4 所引起的对 x 的需求的变化,这一变化同样没有价格变化因素的影响。但是,由 E_2 到 E_3 的变化,或者由 E_4 到 E_1 的变化却发生了价格变化,这才是补偿需求曲线所关心的问题,它要考察纯粹价格因素引起的需求变化。同时,这种变化应该是合意的,经过补偿了的,或者说是在个人福利水平并没有比价格变化前更低的前提下发生的。反映在图 9-3(a)中,这意味着,由价格变化引起的预算线 $A'B'$ 向 AC 的转变,或者由 AB 向 $A''B''$ 的转变,应该能够沿着变化前的无差异曲线进行,以确保个人福利能够得到充分的补偿,而不致发生福利水平的下降。

将图 9-3(a)由 (x,z) 空间转换为图 9-3(b)的 $(x,$ 价格$)$ 空间,这是常见的一个空间转换,两者之间存在对应的

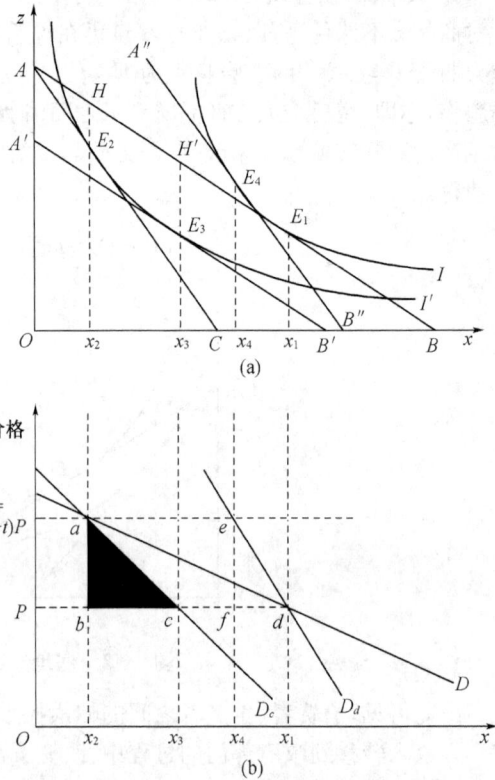

图 9-3　补偿需求曲线与房地产税收效率损失

关系,这样就可以利用图 9-3(b)求出个人效率损失的额度。由图 9-3(a)可知,商品 x 有两种价格水平,即税前的 P 和税后的 $(1+t)P$,在税收总效应的作用下,消费者对房地产 x 的需求量从 x_1 下降至 x_2,这样可推出一般需求曲线 D,或称马歇尔曲线,它反映的是包含收入效应在内的总效应的变化情况;而补偿需求曲线只考虑纯粹价格因素引起的需求变化,即 x_2 到 x_3、x_4 到 x_1 的变化,反映在图 9-3(b)即为 D_c、D_d 两条需求曲线,也就是仅仅反映税收替代效应变化的希克斯需求曲线。

(二)效率损失计算公式的推导

图 9-3(b)的补偿需求曲线 D_c(或 D_d)为进一步求出效率损失提供了可能。税前、税后价格分别为 P、$(1+t)P$,替代效应引起的消费者需求由 E_3 到 E_2(或由 E_1 到 E_4)。由图 9-3(b)可见,因征税引起的消费者剩余的损失为 $S_{四边形acPP_1}$,其中 $S_{矩形abPP_1}$ 为政府部门征收到的税收,$S_{\triangle abc}$ 为消费者剩余的净损失,也就是税收造成的效率损失,即图 9-3(b)的阴影部分。

用 EL 表示效率损失的额度,设 $\triangle P$、$\triangle Q$ 分别表示税收引起的价格和需求的变化量,则 EL 等于三角形 abc 的面积,即:

$$EL = \triangle P \times \triangle Q / 2 \tag{9.7}$$

其中 $\triangle Q$ 可用 $\triangle P$ 与补偿需求曲线 D_c 的弹性 E_{QP} 关系表示出来,因为

$$E_{QP} = (\triangle Q/Q)/(\triangle P/P) \qquad\qquad (9.8)$$

可推出：
$$\triangle Q = E_{QP} \cdot \triangle P \cdot Q/P \qquad\qquad (9.9)$$

又由于
$$\triangle P = (1+t)P - P = tP \qquad\qquad (9.10)$$

将式(9.9)、(9.10)代入式(9.7)，可得效率损失的计算公式：

$$EL = t^2 \cdot E_{QP} \cdot P \cdot Q/2 \qquad\qquad (9.11)$$

(9.11)式表明，人们可以通过税率和补偿需求曲线的弹性可以很方便地计算出税收造成的效率损失。

三　房地产税收归宿均衡分析

(一) 税收转嫁与税收归宿的概念

在西方财政学教科书中，把税收对于经济运行的最初的作用称为"税收冲击"(tax impact)。在绝大多数时候，税收冲击带来的税收负担并不会停留在它最初发生作用的地方，而是会随着经济运行而发生位移。马斯格雷夫(R. A. Musgrave,1959)在他的财政学教科书中用一个经济运行的循环流转图(见图9-4)清楚地标明了在私人部门收入与支出的循环流转过程中，有哪些可能的"税收冲击点"，不过并非所有冲击点都能同样有助于征税目的的实现，究竟选择哪些冲击点课征税收，关键是要看税收冲击之后会产生怎样的影响。

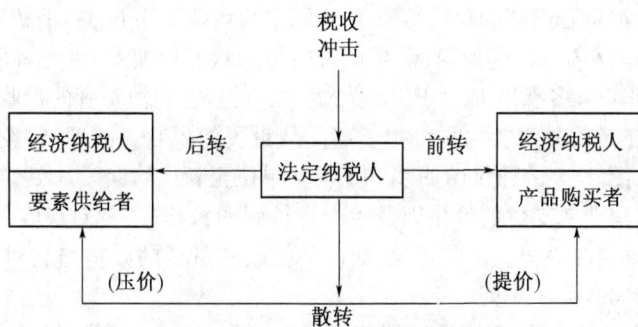

图9-4　税收转嫁示意图

发生税收负担位移最主要的原因是发生了转嫁(shifting)，但税收冲击一般有三种影响，除转嫁外还有消转(transformation)和资本化(capitalization)，将三者都视作转嫁是不合适的，转嫁的结果是由别人承担税负，而消转指的是法定纳税人通过改进技术和管理等自己将税负消化吸收，而并非将税负转嫁给别人。所谓资本化指的是税收对资产的预期收入产生影响，从而改变了资产的市场价格。如图9-4所示，法定纳税人会设法将自己法定的税负全部或部分地转移到别人身上。西方财政学通常把实际承担税负的人称为经济纳税人，从图9-4看，它既可能是法定纳税人产品的购买者，也可能是法定纳税人的要素供给者，关键看现实中法定纳税人对上下游的控制能力。一般将法定纳税人通过提高自己产品价格将税负转嫁给其产品的购买者的行为被称为前转(forward shifting)。对于房地产商品而言，发生前转的前提是房地产供给有弹性而房地产需求弹性相对较小。法定纳税人通过压低其使用的生产要素的价格将其税负转嫁给要素供给者的行为被称为后转（backward shifting）。如果法定纳税人同时把税负转嫁给产品购买者和要素供给者则称为散转或旁转（disfused shifting）。

税收转嫁的结果，就是税收负担的最终落脚点不是或不完全是法定纳税人，而是经济纳税人，财政学的术语称后者为税收归宿（tax incidence），有时也称为承担税负的人（tax bearer），以区别于纳税人（tax payer）。

（二）房地产税收归宿局部均衡分析

结合房地产的特性，分别对从量房地产税、从价房地产税的税收归宿进行局部均衡分析。

1. 从量税的税收归宿

从量税，又被称为单位税（unit tax），是一种以课税对象的数量、重量、容积、面积等自然属性作为计税标准，对每单位课税对象征收一个固定的税额。如我国现行的城镇土地使用税、耕地占用税就是以所占用土地的面积，以每平方米为单位征收一定标准的税。

从量税的税收归宿，符合税收的无关性定律。所谓税收的无关性定律，是指对商品征收从量税，税收归宿与对消费者课征还是对生产者课征无关。如图 9-5 所示，假定对商品的消费者征收 u 单位从量税，需求曲线 D 下移 u 单位得到税后需求曲线 D'，税后均衡点为 E_d，对应的均衡数量为 OB，生产者得到的价格是 P_d，消费者支付的价格是 P_d 加上 u，即 P_s，通常被称为含税价格。此时的税收总量为 $S_{长方形 P_s E_d E_d P_d}$。对消费者征收商品从量税使消费者的福利状况变差，消费者面临的税后价格 P_s 比原来的均衡价格 P_0 高，消费者承担了 $P_s - P_0$ 单位的税收负担，其小于 u。与此对应，生产者的福利状况也变差，生产者面临的新价格 P_d 低于原来均衡价格 P_0，多承担 $P_0 - P_d$ 单位的税收负担，它和消费者的税收负担之和为 u 单位，由此可见，生产者和消费者共同负担了商品从量税的税收。同理，假设对生产者课征 u 单位从量税，此时图 9-5 的原供给曲线 S 上移 u 单位至新供给曲线 S' 处。从图中可以看出税后的均衡数量、消费者支付的价格以及生产者得到的价格、两者对税收的负担份额，都与对消费者课征从量税时一样。由此可见，对商品征收从量税的归宿与它对市场中的哪一方课征无关（罗森，2009，第 296 页）。

根据税收的无关性定律，无论是对消费者征收 u 单位的税，还是对生产者征收 u 单位的税（如图 9-5 所示），供给曲线和需求曲线移动的幅度相同，税收归宿在消费者和生产者之间分配结果 $P_s - P_0$、$P_0 - P_d$ 保持不变。征收从量税，供求弹性的变化与税收转嫁和归宿存在以下关系：供求双方所承担的税负与供求弹性之间的数量关系是 $E_d/E_s = T_s/T_d$。其中，E_d 是住房的需求弹性，E_s 是住房的供给弹性，T_s（即 $P_0 - P_e$）是供给方承担的税收，T_d（即 $P_s - P_0$）是需求方承担的税收。对住房的供求双方来说，弹性小的那一方税负不容易转嫁，税收负担重。具体地说：① 在商品需求弹性不变的条件下，供给弹性越大，税后消费者支付的价格上升的越多，大于供给弹性小时税后消费者支付价格上升的程度。对生产者而言，供给弹性越大，税后他得到的净价格越高。② 在商品供给弹性不变的条件下，需求弹性越大，税后消费者支付的价格上升的越少，小于需求弹性小时税后消费者支付价格上升的程度。对生产者而言，需求弹性越大，税后他得到的净价格越低。③ 在同时考虑供给弹性和需求弹性的情况下，供求双

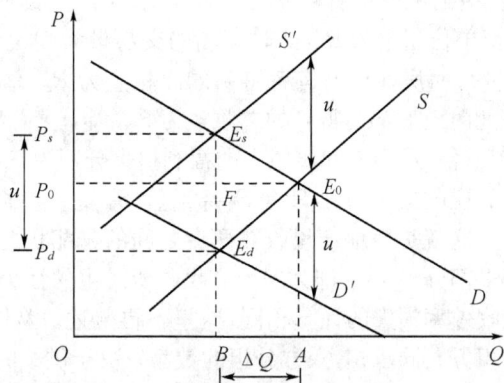

图 9 - 5 从量税示意图

方各自承担的税负与各自的弹性成反比。生产者供给弹性越小,其税负越高;供给弹性越大,其税负越低。消费者需求弹性越大,其税负越低;需求弹性越小,其税负越高。

2. 从价税的税收归宿

从价税(ad valorem taxes)是征税时按商品价格一定百分比(税率)确定税额。如我国房地产税种中的房产税、土地增值税、营业税、契税、个人所得税等都采用比例税率,都是从价税的税种。

与从量税相比,征收从价税后供求曲线不再平行移动,而发生了偏转。如图 9 - 6 所示,对需求方按 $u\%$ 的比例征税,假设图 9-6(a)价格 P_B 对应的 B 点,由于征税下降至 E_1 点,此时有 $BE_1/BQ_1 = u\%$,均衡点 E 对应的价格为 P_E,由于是按统一比例征税,它下降至 A 点,此时亦有 $EA/EQ_0 = u\%$,连接点 E_1、A 得出图 9-6(b)税后需求曲线 D_2,可以很清楚地看出 D_1、D_2 不平行。由于从价税存在上述特性,导致供求弹性的变化与税收转嫁和归宿的关系复杂。

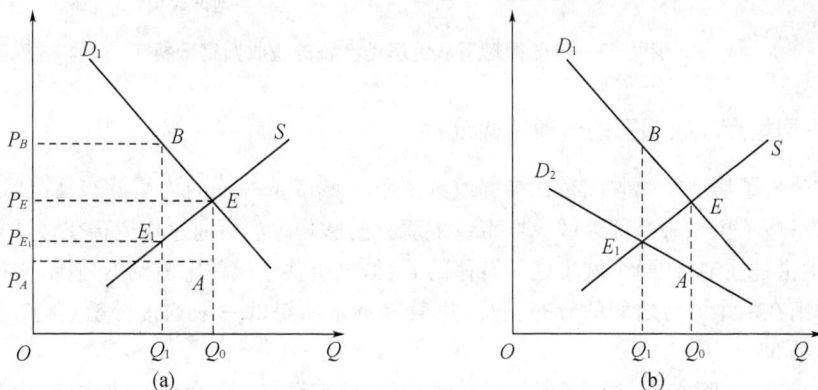

图 9 - 6 从价税生成示意图

以对供给方征收房地产从价税(房地产出租)为例,来分析税收是如何在房地产供给方(所有者)与房地产需求方(使用者)之间进行再分配的。从房地产从价税税后供求曲线形态变化性质可知,房地产的供给曲线会发生左移,但不是平行移动。如图 9 - 7 所示,S 为具有一定弹性的税前房地产供给曲线,对供给方征收 t 比例的从价税,S 左移形成税后供给曲线

S'。税前均衡点为 E_0，相应的税前均衡单位租金为 R_0，此时市场的交易量为 Q_0。税后均衡点为 E_1，相应的税后均衡单位租金为 R_1，此时市场的交易量为 Q_1。此时，房地产使用者支付的单位租金为 R_1（含税），而房地产所有者得到的净租金为 R_2、总收益面积为 $S_{矩形R_2E_2Q_1O}$、总收益额为 $R_2 \cdot Q_1$，而此时政府部门得到的总收益为 $S_{矩形R_1E_1E_2R_2}$、总税额为 $(R_1-R_2) \cdot Q_1$。从消费者剩余来看，由于征税，承租人和出租人的福利损失分别为 $S_{梯形R_1E_1E_0R_0}$、$S_{梯形R_0E_0E_2R_2}$。但实际上承租人和出租人的税收损失分别只有 $S_{矩形R_1E_1HR_0}$、$S_{矩形R_0HE_2R_2}$，两者之和为政府部门得到税收总收益 $S_{矩形R_1E_1E_2R_2}$，这就是房地产税收在两者之间的分配状况，也就是局部均衡条件下的税收归宿。图中阴影部分 $S_{\triangle E_1E_0E_2}$ 即为房地产税收所产生的社会福利损失，其损失额度的计算与前面所讲的税收效率损失的计算相同，这里不再赘述。从图 9-7 可以看出，从价房地产税由承租方和出租方共同承担，双方分担的数额取决于供给曲线、需求曲线的弹性。

在现实社会生活中，房地产的供给具有一定弹性，但相对于其他流动性大的普通商品，其供给弹性较小，在二维的供求均衡分析图中房地产供给曲线 S 较陡直，房地产税收引致的税收效率损失或者社会福利损失（图 9-7 阴影部分 $S_{\triangle E_1E_0E_2}$）虽然存在但较小。因此，一般认为房地产财产税是一种高效率的税种，尤其是土地税更是如此。

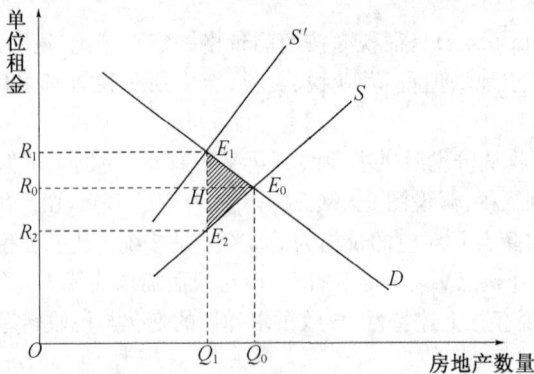

图 9-7　一般情形下从价房地产税的税收归宿分析

（三）房地产税收归宿的一般均衡分析

上文分析了房地产税收归宿在局部或者说单一城市条件下的均衡分布情况，这种局部均衡分析忽略了税收对外部地区或城市供求双方的影响。下面通过构造存在移动式房地产（更确切地讲是住宅）在两个城市之间转移的假设，分析移动式住宅流动的情况，来研究房地产税收归宿在两个城市之间的分布情况，也就是通常所讲的一般均衡分析（阿瑟·奥沙利文，2008，第337～339页）。

假设有 A、B 两城市，两个城市是同质的，每个城市都有 900 套移动式住宅，均衡租金是5 000 元，对应图 9-8 的均衡点 e、f，移动式住宅可以在这两个城市之间无成本地流动，但不能离开这两个城市去第三个城市。换句话说，A、B 两地的建筑物供给（资本）是固定的。从特定时间开始，A 城市决定征收 800 元/套定额房地产税。运用一般均衡分析，分析移动式住宅在 A、B 城市之间的流动以及住宅租金的波动情况。

为逃避 A 市的纳税负担，现假设有 200 套移动式住宅迁往 B 市。在 A 市中，局部均衡的结果可用图 9-8(A 市)点 c 表示。此时，A 市的建筑物数量是 700 套，消费者为每套建筑物支付 5 800 元，其中包括 5 000 元的资本收益，800 元的房地产税。由于有 200 套住宅迁到了不征税的 B 市，那么 B 市的市场需求将从需求曲线上的点 f 移向点 h，资本收益从 5 000元下降到 4 200 元。资本收益下降的原因在于，在 B 市居民需求一定的情况下，200 套额外增加的移动式住宅加大了市场住宅的供应量，住宅所有者必须通过降低租金来消化新的住宅供应，否则，一些移动式住宅将会被空置，产生零租金。

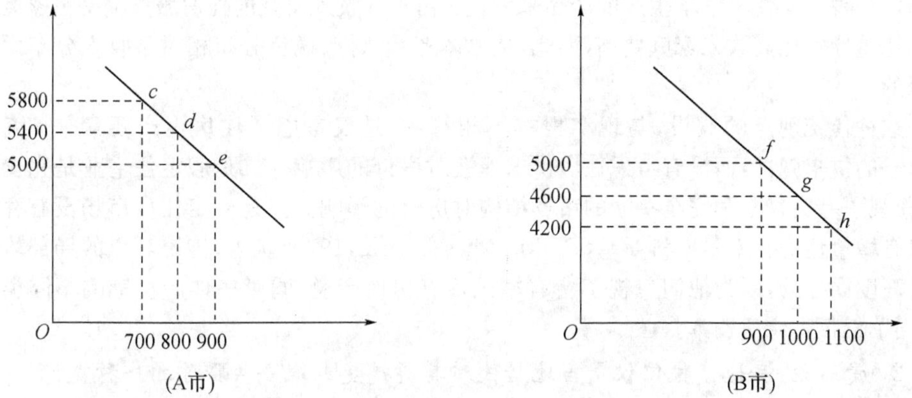

图 9-8 房地产税的一般均衡效应

由于移动式住宅从 A 市向 B 市移动，使得两个城市之间出现了一个 800 元(A 市资本收益 5 000 元－B 市资本收益 4 200 元)的资本收益差。市场经济条件下，这并不是一个均衡，因为资本收益差将激励资本所有者将他们的移动式住宅再移向 A 市。在均衡状态下，这两个城市的资本收益应是相同的。

于是，出现了移动式住宅的第二次移动——从 B 市向 A 市移动。在图 9-8 中主要表现为：沿着 B 市的需求曲线向上移动，沿着 A 市的需求曲线向下移动。如果 B 市有 100 套移动式住宅外迁至 A 市，B 市的需求将从点 h 上移至点 g，资本收益提高到 4 600 元。在 A市，需求将从点 c 下移至点 d，资本收益下降到 4 600 元(消费者支付的 5 400 元租金减去800 元的税)。比较点 g 和点 d，其资本收益相同，因此市场达到了均衡状态，A 市的住宅数量是 800 套，而 B 市的住宅数量是 1 000 套。

房地产税主要由本地区的资本所有者承担。A 市对每套住宅征收 800 元的房地产税，将使 A、B 两地的每套住宅的资本收益下降 400 元。这项税收完全转嫁给资本所有者，因为本地区的资本供给被假设是固定的。这也证明局部均衡分析关于"如果要素投入的供给是固定的，那么税收将主要由要素所有者承担"的结论在一般均衡分析当中仍然成立。

（四）学术界关于房地产税收归宿的争论

房地产税收归宿研究的是房地产税收税负、实际分布情况和影响程度。房地产税收归宿的实质是确定房地产税如何改变房地产相对价格，包括法定归宿与经济归宿。对房地产税归宿研究的争论较多，由此形成了对房地产税收性质认识的"传统观点"、"受益论"和"新论"等三个理论流派，后两者是学术界广泛关注的主流派。

1. **传统观点：开征房地产税会导致房价上升，并最终将税负转嫁给消费者**

核心观点是由西蒙（H. A. Simon,1943）和内茨（D. Netzer,1966）采用"财产税是消费税"的理论假设和局部均衡方法分析开征房地产税所产生的经济效应得出的。他们假定经济是开放的，整个国家的资本回报是固定的，房地产资本是自由流动的，且资本的供给并非零弹性。因资本在全国是流动的，资本不承担任何税负，所以房地产税的税负由当地的生产要素（如土地）或消费者承担。这种观点认为房地产税带来的税收负担全部由房屋消费者或是由已征税的非住宅资本生产的产品来承担。由于低收入家庭的住房服务消费占家庭年收入的比重通常比高收入家庭要高，因此，从总体上看，财产税负分布相对于收入分布而言是累退的。

这种传统观点的假设，与现实根本不相符：一是仅考虑了住房生产要素——流动资本——的供求弹性，而没有考虑住房供求弹性对房价的影响。二是假定住宅业是完全竞争的，忽视了寡头垄断和完全垄断的市场结构对房价的影响。三是假定住房市场没有存量住房只有增量住房。米尔斯科斯基（P. M. Mieszkowski,1972）认为，传统观点的局部均衡分析是高度误导的，因为他们忽视了所有辖区均有房地产税，同时房地产税影响不同类型资本，而不仅仅是住房资本。

2. **受益论：房地产税仅仅是当地居民对其所接受本地公共服务的一种支付**

受益论是从著名的蒂伯特（C. M. Tiebout,1956）的理论模型关于地方公共产品提供的观点中延伸而来的。由汉密尔顿（B. W. Hamilton,1975、1976）、费雪（W. A. Fischel,1975）和怀特（M. J. White,1975）首先提出，并由费雪（W. A. Fischel,1992）进行了更深入地阐述。汉密尔顿从四个方面延伸了蒂伯特模型的研究：① 地方公共服务被假定为公开提供的私人产品，因此提供公共服务的人均成本是固定的，而社区面积大小与公共服务是否能有效提供无关。② 假定地方政府的公共服务完全由居民的房地产税收来提供。③ 根据消费者对房地产税和政府服务的不同需求划分不同的辖区。④ 地方政府通过实行严格的分区（zoning）法令为每一个辖区规定了最低的住房价值。由于消费者"用脚投票"来选择满足自己需求偏好的辖区，不同辖区的政府为吸引消费者而在房地产税和公共服务上展开竞争。在上述假定下，汉密尔顿（1975）模型得出了一个重要的结论：在同一辖区内，不仅人们对公共服务的需求趋同，而且人们在房屋的消费上也趋同，在这种情况下，人们不会因为房地产税的征收或增加而调整他们的住房消费，也就是说房地产税和公共服务没有资本化为住房价值，因此，房地产税被有效地转化成了人头税（head tax）。费雪（1992、2001）进一步拓展了汉密尔顿模型，认为房地产税是否是受益税取决于地方政府是否以房地产税为地区发展融资，即新开发区所缴纳的总税额必须足以弥补社区为它提供公共服务所需要的成本。他认为分区法令的限制和辖区竞争使房地产税转化为受益税。可见，受益观点的房地产税仅仅是一种使用费，不是资本税，它是中性的，对资本和资源配置不产生任何扭曲。综上所述，受益观点的房地产税对住房价值没有影响，房地产税仅仅影响地方公共支出。

批评者认为，与传统观点类似，受益观点的不足是没有考虑住房供求弹性和住房市场结构对房价的影响。

3. **新观点：房地产税是对辖区内资本使用的一种扭曲税**

新论（也被称为"资本税观点"）是由米尔斯科斯基（P. M. Mieszkowski,1972）提出，并由佐德罗（Zodrow，1986）、米尔斯科斯基（1989）等学者相继进行拓展。新论的基本观点认为房地产税是一种资本税，房地产税多由房地产持有人承担，并且房地产税是累进的。米尔斯科斯基（1972）在哈伯格（A. C. Harberger，1962）关于税收归宿的一般均衡模型的基础上假定：① 整个经济有工业品（全国性商品）和住宅商品（地方性商品）两种。② 每一城市住宅资本的房地产税税率不同，但工业资本的税率相同。③ 产品和要素市场是完全竞争市场。④ 资本和劳动的总供给不变。⑤ 资本在产业和区域间是完全流动的。在上述假定下，由于全国资本供给完全无弹性，资本所有者作为一个团体承担了全国财产税负的平均水平，全国住宅资本房地产税的平均税率等于不同城市住宅资本在全国住宅总资本中所占的比重与其税率之积的加总。米尔斯科斯基把财产税的这一特性称为财产税的利润税效应，并认为财产税的税收归宿具有累计效果，因为资本所有权集中在富人手中。米尔斯科斯基分析认为，在税率较高的区域内，财产税使资本流出该地区，从而降低当地生产要素（土地和劳动力）的生产力以及对这些要素的竞争性回报，最终提高了住宅和商品的价格。与此同时，资本流入到税率较低的区域，从而使该地区的工资和土地价格上升，并使住宅和商品价格下降。米尔斯科斯基将这一结果称为房地产税的消费税效应，并指出就整个经济系统而言，消费税效应影响较小，财产税效应是决定税收归宿的主要原因。显然，房地产税的消费税效应扭曲了整个经济的资本配置，资本会从高税收区域流向低税收区域，直到整个经济系统的资本税后回报率相等为止。

后来，米尔斯科斯基和佐德罗（P. M. Mieszkowski and G. R. Zodrow，1989）将模型进行了拓展，将新观点和受益观点结合起来，考察了房地产税对资源配置的影响。该模型分析的结果证明，向新论模型中加入蒂伯特模型的假设条件，并不会改变上述米尔斯科斯基（1972）模型的基本结论。

资本税观点认为，征收房地产税，一方面降低了资本回报，另一方面影响了当地生产要素和商品价格。有人认为，新观点所分析的房地产税也是一种流动资本税；米尔斯科斯基模型仅仅是住房流量模型，而非存量-流量模型；此外，新观点同样没有考虑不同市场结构的房地产税的影响。

四　房地产税收经济效应的实证分析

房地产税收的征收，既对房地产价格产生直接影响，又影响政府、企业和个人利益的再分配，还通过经济系统的传导机制对市场资源配置产生间接影响。

（一）房地产税收对房地产价格的影响

学术界通常采用房地产税收是否资本化，讨论税收对房价的影响。奇劳尔（Chinloy，1978）和费雪（W. A. Fischel，2001）没有发现明显的房地产税资本化效应，这表明房地产税是受益税。金（A. T. King，1977）、英格（J. Yinger，1982）等证明了房地产税的部分资本化，这表明房地产税在某种程度上是资本税。奥茨（W. E. Oates，1969，1973）、帕尔蒙和史密斯（O. Palmon and B. A. Smith，1998）等学者验证了房地产税的高度资本化，这表明房地产税是资本税。此外，一些学者从投资的角度，研究了房地产税对房价的影响。波特巴等（J. M. Poterba，etc.，1991）从使用者成本、人口统计特征和预期的角度分析了房价的决定因素。他们认为,房地产税仅仅通过使用者成本来影响房价。

1990年前后,美国、英国和日本等多个OECD国家改革房地产税制,波尔豪沃尔等(P. Boelhouwer, etl, 2004)对各国税收改革前后4年房价年平均变化情况进行分析,结果发现旨在打击房地产投机、增加房地产持有成本的房地产税收政策并不一定导致房价下跌。

(二)房地产税收的资源配置效应

一些研究认为对土地课税会造成对土地资源利用的扭曲。安德森(J. E. Anderson, 1986)认为土地税、土地改良税和财产税影响土地开发的资本投入密度和土地开发速度,影响的程度取决于资本投入和开发时间之间的互补和替代程度。布鲁科纳(J. K. Brueckner, 1986)建立了一个土地评估课税模型,证明在适当的条件下,减少土地改良税的税负有利于实现土地税收收入的稳步增长。

还有一些研究认为使用房地产税收收入投资建设基础设施是造成城市扩张和过度发展的原因之一。布鲁科纳和金(J. K. Brueckner and H. A. Kim, 2003)认为对城市房地产征税会降低人口密度,刺激城市的空间扩张。但较小的居住面积产生的相反效应可能会压倒前者的效应,提高人口密度,进而使城市变小。房地产税产生扭曲效应,导致城市空间非效率扩张。

房地产税收对经济活动产生影响。巴提克(T. J. Bartik, 1985)研究认为,生产活动尤其是企业选址最容易受到州税收的影响。

(三)房地产税收的激励效应

房地产税收对地方政府有激励效应。布伦南和布坎南(G. Brennan and J. Buchanan, 1978, 1980)关注税制结构对政府行为的影响。他们认为选民通过投票机制可以参与税制设计,制定对政府行为有效的激励机制,进而约束政府的自利行为。他们还将这一理论运用到对美国加利福尼亚州第13号决议和一般税制改革研究中去。格拉泽(E. Glaeser, 1996)对当房地产税是地方政府税收收入的主要来源时,房地产税对地方政府行为的影响进行了深入分析,研究结论是房地产税对地方政府行为有强烈的激励效应。当前的房地产的价值反映了对未来市政水平的期望,即使是最短视的地方政府为了追求税收收入最大化目标,也会鼓励投资于未来以提高公共福利水平,促使房地产价格上涨,从而扩大税基。地方房地产税内在地制约地方政府的过度税收需求,在某些情况下提高地方房地产税会导致整体税收水平更大幅度的下降。房地产税对地方政府的激励效应远大于中央政府。奥茨(W. E. Oates, 2001)认为房地产税的公开性和透明性的特点决定了它有助于约束地方政府的预算。费雪(W. A. Fischel, 2001)认为,房地产所有者为了保护自己财产的价值会向地方政府施加压力,要求其更有效地提供公共服务。博尔热和雷叟(L. E. Borge and J. Ratts, 2006)对挪威征房地产税和不征房地产税的地方进行比较研究后发现,课征房地产税的地方公共部门的成本要比不征房地产税的地方低20%左右,房地产税的激励效应有助于控制公共部门的成本。程瑶、高波(2008)证明房地产税对中国地方政府激励效应显著,呈现出非中性的特点,对地区间经济有一定的扭曲。

地方与地方之间对房地产税收的竞争可能会导致地方公共服务水平下降。布瑞克(G. F. Break, 1967)和奥茨(W. E. Oates, 1973)基于房地产税是资本税的视角,认为地方政府不愿对流动资本征税可能会导致他们将支出控制在没有效率的低水平上,相继提出房地产税竞争可能会导致地方公共服务水平低下的观点。英格(J. Yinger,1982)发现在中位选民模型中,征收房地税后产生的公共服务水平大大低于有效水平。布克沃特斯基和威尔逊(S. Bucovetsky and J. D. Wilson,1991)证明较大的行政区比小行政区所提供的边际服务水平更接近于(但仍然低于)有效水平,因为大行政区的相对高税率可能会使小行政区获得巨大的资本存储量,进而实际上小行政区可能会提供过高的公共服务水平。

第三节　房地产税收体制分析

一　房地产税收体制的内涵

税收制度或称税制,是指国家以法律形式规定的各种税收法律、法规的总称,或者说是国家以法律形式确定的各种课税制度的总和。从法律角度看,一个国家的税收制度是指在既定的管理体制下设置的税种以及与这些税种的征收和管理相关的,具有法律效力的各级成文法律、行政法规和部门规章等。税法是税收制度的核心。在征税过程中,国家依据税法征税,纳税人按照税法纳税,所以,税法是征纳双方共同遵守的准则,是征税的基本依据。在税法中,不仅规定对谁征税,对什么东西征税,征多少税,而且还规定征纳的程序和征管的方法。税法涉及的内容多、范围广,税法的构成要素是:纳税人、征税对象、税率、纳税环节、纳税期限、减税免税和违章处理等,其中纳税人、征税对象和税率是三个最重要的构成要素。

房地产税制是以房地产经济活动作为调节对象,涉及房地产的开发、持有、使用、经营和转让整个经济链条,征税对象涉及房地产开发经营、买卖交易、持有等各个环节的行为和标的,涵盖了税收体系中的大多数税种,税率包括比例税率、定额税率和累进税率等多种形式。

二　中国房地产税收体制的沿革与制度安排

(一)中国房地产税收体制沿革

从1949年中华人民共和国成立以来,中国税制改革大致上经历了三个历史时期:第一个时期是从1949年到1957年,即国民经济恢复和社会主义改造时期,这是新中国税制建立和巩固的时期。第二个时期是从1958年到1978年底中国共产党第十一届中央委员会第三次全体会议召开以前,这是中国税制曲折发展的时期。第三个时期是1978年底以来,是中国税制建设得到全面加强,税制改革不断前进的时期。

在上述三个历史时期内,中国的税收制度先后进行了五次重大的改革。第一次是新中国成立之初的1950年,在总结老解放区税制建设的经验和清理旧中国税收制度的基础上建立了中华人民共和国的新税制。第二次是1958年税制改革,其主要内容是简化税制,以适应社会主义改造基本完成、经济管理体制变革之后的要求。第三次是1973年税制改革,其主要内容仍然是简化税制,它是"文化大革命"的产物。第四次是1984年税制改革,其主要内容是普遍实行国营企业"利改税"和全面改革工商税收制度,以适应发展有计划社会主义商品经济的要求。第五次是 1994 年分税制改革,其主要内容是全面改革工商税收制度,以适应建立社会主义市场经济体制的要求(刘佐,2002,第 1~6 页)。房地产税制作为税收制度的一个组成部分,中国房地产税制的演变经历了以下五个阶段。

第一阶段(建国之初~1957 年),统一全国税政,建立新税制时期。这一时期,涉及房地产领域的税种主要有:房产税、地产税、契税、印花税和工商业税。1950 年 7 月,房产税和地产税合并为城市房地产税。

第二阶段(1958~1972 年),在原税负基础上简化税制时期,房地产税种未发生根本性变化。

第三阶段(1973~1983 年),合并税种,简化征收方法时期,房地产税制受到了严重冲击。税改后,虽然仍保留房地产税和契税,但在现实中已经名存实亡。对于房地产税而言,由于城市土地所有权属于国家,城市土地使用者仅仅拥有按规定的使用方向使用土地的权利,土地使用权不许流转,因而房地产税的课征对象仅为房产;同时企业不用交纳房地产税,而是合并到工商税中统一征收,实际上房地产税仅对个人和外侨征收,城市房地产税的征收范围相当小。对于契税来说,由于实行城市土地国有、农村土地集体所有,限制城市房屋个人所有的政策,土地一律不准买卖和出租,房屋基本上退出了商品流通领域,几乎不存在城市房地产交易行为(包括买卖、典当、互换等),以房屋和土地为课征对象的契税也就没有收入。

第四阶段(1984~1993 年),重塑税收功能,由单一税制转变为复合税制时期,新的房地产税制基本建立。这一时期我国房地产税制建设取得了实质性的进展,国家先后出台了一些房地产税收法规,陆续开征了一些房地产税收,中国新的房地产税收制度在此阶段基本形成。① 重新开征房产税。1984 年,国营企业第二步利改税,废除了原来的工商税。国务院决定重新开征房产税,并于 1986 年 9 月颁布了《中华人民共和国房产税暂行条例》,规定了房产税的征收范围和征收办法。② 开征固定资产投资方向调节税。1987 年,国务院颁布了《中华人民共和国建筑税暂行条例》,决定开征建筑税。1991 年,改建筑税为固定资产投资方向调节税,并颁布了《中华人民共和国固定资产投资方向调节税暂行条例》。③ 开征耕地占用税、城镇土地使用税。1987 年和 1988 年国务院为适应加强土地管理和土地使用制度改革的需要,先后颁布了《中华人民共和国耕地占用税暂行条例》和《中华人民共和国城镇土地使用税暂行条例》,决定开征耕地占用税、城镇土地使用税。④ 开征土地使用权转让及出售建筑物的营业税。1990 年 8 月,财政部发布了《关于营业税增设"土地使用权转让及出售建筑物"和"经济权益转让"税目的通知》,正式对土地使用权的转让及建筑物的出售开征营业税。这样,截至 1993 年,直接的房地产税种主要有:房产税、城镇土地使用税、契税、耕地占用税。房产税、城镇土地使用税是对内资企业和个人开征的,对外仍征收城市房地产税。与房地产紧密相关的税种有:城市维护建设税、固定资产投资方向调节税、营业税、印花税、企业所得税、外商投资企业和外国企业所得税等。

第五阶段(1994 年至今),统一税法、公平税负、简化税制,建立符合社会主义市场经济要求的分税制时期,中国房地产税制不断完善。1994 年出台《中华人民共和国土地增值税暂行条例》,开征了土地增值税。2005 年和 2006 年又落实开征了房地产营业税和房地产个人所得税。房地产税制进一步完善。

中国的房地产税制，对房屋和土地基本上是分别征税，而且以土地税为主。这里所说的房地产税是房产税和土地税的总称。其中房产税主要包括房产税、契税和印花税等；土地税主要包括耕地占用税、城镇土地使用税、土地增值税等。另外与两者相关的还有转让、销售、经营所得环节的营业税和个人所得税。不同税种的征税对象、征税目的、税率互不相同，共同之处是：征税基础为房、地不动产，其纳税环节发生在房地产的占有、流通、使用和经营活动阶段，分别属于行为、商品、财产、所得四大税类。

房地产税的计税依据主要有面积、价值和收益三类，三种计税依据被运用于不同的税种，其中，收益主要适用于所得性质的房地产税种。

根据房地产税收征税时间和征税依据的不同，房地产税收的征税方法大体上可分为逐年定期征税和不定期的在房地产转让、销售及取得经营收入时征税。

（二）中国房地产税种的制度安排

中国房地产税制是中国税制体系中较为复杂的一个行业税收体系，它几乎涉及到了中国税制结构体系中的所有税类。下面介绍主要的房地产税种。

1. 耕地占用税

耕地占用税，是国家对占用耕地建房和从事非农业建设的单位和个人征收的一种税。其征收的主要目的在于控制非农业建设对耕地的占用，稳定耕地面积，保障农业的发展。同时，通过征税逐步建立起一笔基金，用于农业开发，以补偿耕地被占用带来的损失。

耕地占用税范围，包括国家所有和集体所有的全部农用地，林地、牧草地、农田水利用地和养殖水面等，均应按照条例规定，缴纳耕地占用税。耕地占用税以纳税人实际占用的耕地面积为计税依据，按照规定的适用税额一次性征收。

《中华人民共和国耕地占用税暂行条例》的实施，对保护耕地、促进土地资源合理利用起到了积极的作用。根据人均耕地面积和经济发展状况，为执行更加严格的土地保护制度，国务院于2007年底颁布了新修订的《中华人民共和国耕地占用税暂行条例》，规定从2008年1月1日起，将每平方米税额在原条例的基础上提高4倍。

各地适用税额，由省、自治区、直辖市人民政府在规定的税额幅度内，根据本地区情况核定。经济特区、经济技术开发区和经济发达且人均耕地特别少的地区，适用税额可以适当提高，但是提高的部分最高不得超过当地适用税额的50%。占用基本农田的，适用税额应当在当地适用税额的基础上提高50%。

下列情形免征耕地占用税：① 军事设施占用耕地。② 学校、幼儿园、养老院、医院占用耕地。该条例还规定了一些减征情形。

2. 城镇土地使用税

城镇土地使用税，是对在城市、县城、建制镇和工矿区范围内使用国有土地和集体所有土地的单位和个人，按其实际占有的土地面积和规定的土地等级征收的一种税。征税目的是调节城镇土地级差收益，提高土地使用效益，加强土地管理，适当增加国家财政收入。

城镇土地使用税的纳税义务人通常包括以下几类：拥有土地使用权的单位和个人是纳税人；拥有土地使用权的单位和个人不在土地所在地的，其土地的实际使用人和代管人为纳税人；土地使用权未确定的或权属纠纷未解决的，其实际使用人为纳税人；土地使用权共有的，共有各方都是纳税人，由共有各方分别纳税。

城镇土地使用税采用分类分级的幅度定额税率。每平方米土地年幅度税额按城镇大小分为四个档次。

城镇土地使用税的政策性免税对象包括：国家机关、人民团体和军队自用的土地；由国家财政部门拨付事业经费的单位自用的土地；宗教、寺庙、公园、名胜古迹自用的土地；市政街道、广场、绿化地带等公共用地；直接用于农、林、牧、渔业生产的土地；经批准开山填海整治的土地和改造的废弃地（从使用月份起，免缴 5～10 年）；由财政部另行规定的能源、交通、水利设施用地和其他用地。

另外，纳税人缴纳土地使用税确有困难，需要定期减免的，经省、自治区、直辖市税务机关审核，报国家税务总局批准后，可给予减免税照顾。

由省、自治区、直辖市地方税务局确定减免城镇土地使用税的事项主要包括：个人所有的居住房屋及院落用地；房产管理部门在房租调整改革前经租的居民住房用地；免税单位职工家属的宿舍用地；民政部门举办的安置残疾人占一定比例的福利工厂用地；集体和个人办的各类学校、医院、托儿所、幼儿园用地；外商投资企业和外国企业也纳入城镇土地使用税的征税范围，个人住房仍将维持之前的规定——暂时免征城镇土地使用税。

3. 土地增值税

土地增值税是对转让国有土地使用权、地上建筑物及其附着物并取得收入的单位和个人就其转让房地产所获的增值额进行征收的一个房地产税种。开征此税的目的是合理调节土地增值收益，抑制房地产投机，减少国家土地资产流失，规范土地市场行为。

根据 1994 年 1 月 1 日起施行的《中华人民共和国土地增值税暂行条例》规定，土地增值税是以转让房地产取得的收入，减除法定扣除项目金额后的增值额作为计税依据，并按照四级超率累进税率进行征收。

应纳税额的计算公式如下：

土地增值额 = 转让房地产所取得的收入 − 规定的扣除项目金额

应纳税额 = 土地增值额 × 适用税率 − 扣除项目金额 × 速算扣除系数

土地增值税的主要减免政策有：① 纳税人建造普通标准住宅出售，增值额未超过扣除金额 20％的部分。② 因国家建设需要依法征用、征收的房地产。③ 个人因工作调动或改善居住条件而转让原自用住房，经税务机关核准，凡居住不少于 5 年，免征；居住满 3 年未满 5 年的，减半征收。

4. 房产税

房产税是国家以房产作为课税对象向产权所有人（或房产承典人、房产代管人或使用人）征收的一种财产税。对房产征税的目的是运用税收杠杆，加强对房产的管理，提高房产使用效率，控制固定资产投资规模和配合国家房产政策的调整，合理调节房产所有人和经营人的收入。

2008 年 12 月 31 日，国务院公布了第 546 号令，自 2009 年 1 月 1 日起废止《城市房地产税暂行条例》，外商投资企业、外国企业和组织以及外籍个人（简称外资企业和外籍个人），依照《中华人民共和国房产税暂行条例》缴纳房产税，建立内外统一的税收制度。

房产税的征税范围为城市、县城、建制镇和工矿区，不包括农村。根据 1986 年 10 月 1 日起实施的《中华人民共和国房产税暂行条例》，房产税的计税依据分为房价和房租两种。

以房价为计税依据是以房产的余值（房产原值一次减除 10%～30%）为计税依据；没有房产原值为依据的，由房产所在地税务机关参考同类房产核定。以房租为计税依据主要适用于出租的房产。房租指房屋所有权人出租房屋的使用权所得到的租金收入。房产税采用比例税率。

房产税的免征范围主要包括以下几种情况：国家机关、人民团体、军队自用的房产；由国家财政部门拨付事业经费的单位自用的房产；宗教、寺庙、公园、名胜古迹自用的房产；个人所有非营业用的房产；经财政部批准免征的其他房产等。此外，纳税人缴纳房产税确实有困难的，可以由省、自治区和直辖市人民政府确定给予定期减征或免征。

此外，较有影响的减免税规定有：① 对按政府规定价格出租的公有住房和廉租住房，包括企业和自收自支事业单位向职工出租的单位自有住房；房管部门向居民出租的公有住房；落实私房政策中带户发还产权并以政府规定租金标准向居民出租的私有住房等，暂免征收房产税。② 对个人按市场价格出租的居民住房，房产税暂减按 4%的税率征收。

5. 契税

契税是在土地使用权和房屋所有权发生转移时，由土地和房屋权属的承受人缴纳的一种税。取得土地、房屋权属包括下列方式：国有土地使用权出让，土地使用权转让（包括出售、赠与和交换），房屋买卖、赠与和交换。自 1997 年 10 月 1 日起施行的《中华人民共和国契税暂行条例》规定，契税实行 3%～5%的幅度比例税率，各地根据自身情况设定减免规定。

可以减征、免征契税的主要有：① 国家机关、事业单位、社会团体、军事单位承受土地、房屋用于办公、教学、医疗、科研和军事设施。② 城镇职工按规定第一次购买公有住房。③ 纳税人承受荒山、荒沟、荒丘、荒滩土地使用权用于农、林、牧、渔业生产的。④ 依照中国有关法律规定以及中国缔结或参加的双边和多边条约或协定的规定应予以免税的外国驻华使馆、领事馆、联合国驻华机构及其外交代表，领事官员和其他外交人员承受土地、房屋权属的，经外交部确认，可免征。⑤ 因不可抗力灭失住房而重新购买住房的酌情减免。⑥ 土地、房屋被县级以上人民政府征用、占用后，重新承受土地、房屋权属的，是否减征或免征，由省、自治区、直辖市人民政府确定。⑦ 财政部规定的其他减征、免征契税的项目。

6. 营业税

营业税是对单位和个人在中华人民共和国境内提供规定的劳务、转让无形资产或者销售不动产活动征收的一个流转税税种，它和增值税一起构成了中国流转税的主体。在中国境内发生转让、出租土地使用权及其土地附着物与销售、出租房地产的企事业单位和个人为营业税的纳税人，应按规定的税基核算方法和法定的税率来缴纳营业税。2008 年 12 月出台的《中华人民共和国营业税暂行条例实施细则》规定，纳税人有下列情形之一的，视同发生应税行为：① 单位或者个人将不动产或者土地使用权无偿赠送其他单位或者个人。② 单位或者个人自己新建（以下简称自建）建筑物后销售，所发生的自建行为。

涉及房地产的营业税的征税范围包括：转让、出租土地使用权；销售、出租建筑物和其他土地附着物。一般情况下，营业税征收所依据的营业额为纳税人销售不动产而向对方收取的全部价款和价外费用，其中，对 2008 年底出台的《中华人民共和国营业税暂行条例实施细则》规定价外费用，包括收取的手续费、补贴、基金、集资费、返还利润、奖励费、违约金、滞纳金、延期付款利息、赔偿金、代收款项、代垫款项、罚息及其他各种性质的价外收费。但不包括同时符合以下条件代为收取的政府性基金或者行政事业性收费:① 由国务院或者财政部批准设立的政府性基金,由国务院或者省级人民政府及其财政、价格主管部门批准设立的行政事业性收费。② 收取时开具省级以上财政部门印制的财政票据。③ 所收款项全额上缴财政。

涉及房地产的营业税一般适用5%税率,计算公式为:应纳税额=营业额×税率。

为了抑制房地产投机,2005年5月31日,财政部等三部联合颁布《关于加强房地产税收管理的通知》,规定2005年6月1日后,个人将购买不足2年的住房对外销售的,全额征收营业税。此后,对于个人购买住房再销售的,根据持有的期限(2年或5年)和住房的等级(普通住房或非普通住房)不同,规定全额、差额或免征营业税。

此外,根据2001年1月1日起实行的《财政部、国家税务总局关于调整住房租赁市场税收政策的通知》,有关减免规定如下:① 对按政府规定价格出租的公有住房和廉租住房,包括企业和自收自支事业单位向职工出租的单位自有住房;房管部门向居民出租的公有住房;落实私房政策中带户发还产权并以政府规定租金标准向居民出租的私有住房等,暂免征收营业税。② 对个人按市场价格出租的居民住房,其应缴纳的营业税暂减按3%的税率征收。

7. 个人所得税

个人所得税是以个人(自然人)取得的应税所得为征税对象所征收的一种税。个人所得税实行分类征收制度,应税所得分为11个税目,其中包括对个人转让、租赁建筑物、土地使用权时所获取的所得征税,适用20%的税率。

建筑物、土地使用权租赁的应纳税所得额=每次取得的财产租赁收入-合理费用-费用扣除标准。

合理费用包括以下项目:① 纳税人在出租财产过程中缴纳的税金、教育费附加,可凭完税凭证,从财产租赁收入中扣除。② 由纳税人负担的该出租财产实际开支的修缮费用,必须是实际发生并能够提供有效准确凭证的支出,以每次扣除800元为限,一次扣除不完的,可以继续扣除,直至扣完为止。费用扣除标准为每次收入不超过4 000元的,可以扣除800元;每次收入超过4 000元的,可以扣除收入的20%。

$$应纳个人所得税额 = 应纳税所得额 × 20\%$$

建筑物、土地使用权转让所得,以一次转让财产收入额(不管分多少次支付,均应合并为一次转让财产收入)减去财产原值和合理费用后的余额为应纳税所得额,适用20%的税率计算缴纳个人所得税。

$$建筑物、土地使用权转让应纳税所得额 = 每次转让建筑物、土地使用权收入额 -$$
$$财产原值 - 合理费用$$

每次转让建筑物、土地使用权收入额以实际成交价格作为转让收入。

财产原值确定可分为:一是建筑物,为建造费或者购进价格以及其他有关费用。二是土地使用权,为取得土地使用权所支付的金额、开发土地的费用以及其他有关费用。

上述财产原值的确定,个人必须提供有关的合法凭证;对未能提供完整、准确的财产原值合法凭证而不能正确计算财产原值的,税务部门可根据当地实际情况核定其财产原值或实行核定征收。如果纳税人不能准确提供房产原值和有关税费凭证,无法确定房产原值时,税务机关可以综合考虑该项房产的坐落地、建造时间、当地房价、面积等因素，按房产转让收入额的一定比例核定征收个人所得税。

合理费用是指个人在卖出财产时按有关规定所缴纳的税金，如实际缴纳的营业税及其城市维护建设税附加、教育费附加、土地增值税、印花税等，以及纳税人按照规定实际支付的住房装修费用、住房贷款利息、手续费、中介服务费、资产评估费、公证费等费用。

另外，《中华人民共和国个人所得税法实施条例》对个人转让自用 5 年以上、并且是唯一的家庭生活用房取得的所得，以及城镇居民按照国家规定标准取得的拆迁补偿款，实行暂免个人所得税。

8. 印花税

印花税是一个古老的税种，它以经济活动中签立的各种合同、产权转移书据、营业账簿、权利许可证照等应税凭证文件为对象所征的税。在中国境内书立、领受《中华人民共和国印花税暂行条例》所列举凭证的单位和个人，都是印花税的纳税义务人，应当按照规定缴纳印花税。根据《财政部国家税务总局关于印花税若干政策的通知》，对土地使用权出让合同、土地使用权转让合同按产权转移书据征收印花税；对商品房销售合同按照产权转移书据征收印花税。而现行产权转移书据税率按所载金额万分之五贴花。

三　房地产税收体制的国际比较

从世界房地产税收实践来看，房地产税收是个笼统的概念，主要表现为房地产税、财产税、不动产税等税种，但主要归属税收中的财产税类。在此，着重介绍美国、英国、法国、德国、日本和中国台湾等国家和地区的房地产税制。

（一）部分国家和地区的房地产税制

1. 美国的房地产税制

美国是个典型的财政联邦主义国家，根据联邦、州、地方三级政府的权责不同，实行联邦政府、州政府和地方政府的分税制，三级政府共同分享税收权力。联邦和州有税收立法权，而地方没有立法的权力，只能在州制定的税法约束下征税。

美国州和地方政府通常对包括房地产在内的不动产、动产和无形资产征收财产税，其中不动产部分是财产税的主要收入来源。不动产包括住宅物业（residential property）和商业物业（commercial property）等类别，住宅物业、商业物业的税收收入占了财产税收入的绝大部分，2002 年美国住宅物业占总财产税收收入的 65%、商业物业占 18%（方建国、梁瑞明，2006）。

财产税通常由州政府和地方政府共同分享，财产税在州政府的财政收入中占很小的比例，只有少数几个州的财产税收入占财政收入总额的 10% 以上，但财产税却是地方政府最重要的收入来源，如 2002 年美国财产税收入占地方税收收入的 74%（方建国、梁瑞明，2006）。

作为共享的地方税，州、县、市、镇等各级政府均有征收财产税的权力，一个地区财产税的总税率＝州税率＋县、市税率＋其他机构的税率。州政府一般通过税法把其财产税税率确定为某个确定值或某个范围，并且在税法没有更改的前提下保持不变。此外，各级地方政府根据当年的预算、应纳税财产的总价值、其他来源的收入等变量确定其当年的财产税税率。由于用于设定税率的变量每年都在变化,所以地方政府确定的税率通常每年都不同。

在财产税的征收过程中,地方政府有专门的评估机构对各类财产的价值进行评估,经过评估得出的价值被称为公平市场价值(fair market value, F. M. V)。税务部门并不根据 F. M. V 对财产征收财产税,而是把 F. M. V 乘以估价折价比率(assess ratio,根据州法律一般是 40%),从而得到估计价值(assessed of value)。估计价值是税务部门征收财产税的征税依据;估计价值扣除某个可能的税收减免以后,乘以财产税的总税率,最终得到应纳财产税总额。估计价值=公平市场价值×估价折价比率,应纳财产税总额=(估计价值-税收减免额)×总税率。

美国地方财产税是个备受争议的税种。美国的地方财产税不仅无法克服横向不公平而且带有明显的纵向不公平。次贷危机发生以来,美国再掀抗税风潮,抗议的民众驱逐了 Indianapolis 的市长,取消财产税成为州议会辩论主题,大规模削减财产税再次成为政府的被迫选择。当前,在财产税已经大幅削减的情况下,财产税的征管成本仍然显著高于其他税收。这可以从相关的民意测验中看出来,过半数的美国选民仍将财产税列为最坏(the worst tax)和最不公(the least fair)的税种。但是,财产税是与美国地方政府体系相适应的,废除它将是一个长期渐进的过程。

2. 英国的房地产税制

英国是一个房地产税制比较完善的国家,在国家税制中与房地产相关的税种较多,但专门对房地产课征的税种只有住宅税(Council Tax)和营业税(Business Rates)。这两种房地产税种是地方财政重要的收入来源,以英格兰地区为例,两项税收之和在地方财政总收入中所占比重达到 30%左右,是地方最大的收入项目(樊华、叶艳妹,2005)。住宅税和营业税所征集的税款一般专项用于地方基础设施建设和教育事业,在地方经济中发挥着极其重要的作用。

英国住宅税是对除北爱尔兰地区外的所有居民的住宅依据其资本价值课征的地方税种,其纳税人为年满 18 岁的住房所有者或承租者。它最早被称作 Domestic Rats,1990 年改称 Community Charge,1993 年又更名为 Council Tax。它是英国最大的地方税种,在地方财政收入体系中占有非常重要的地位,在英格兰地方政府本级财政收入中的比重高达 45%左右。地方政府课征此税的目的非常明确,主要是用于弥补地方财政支出与同中央政府转移支付之间的差额。英国共有 408 个不同级别的地方政府有权决定本地区住宅税纳税额及征收。依据英国地方税法规定,财政部所属价值评估机构体系(VOA)负责定期对应税住宅的价值进行更新评估和分级。目前英格兰、苏格兰地区采用评估价值标准是假定应税住宅在 1991 年 4 月 1 日可能被出售的市场价值。2005 年 4 月 1 日起,威尔士地区实行新的住宅税分级标准,它以 2003 年住宅的市场价值为计算基础。对规定的基准日期后发生的升值现象不予考虑,后建的住宅的价值以基准年价值来计价。依据应税住宅的价值高低情况,英格兰、苏格兰将其分为 A—H 的 8 个价值等级,改革后威尔士实行 A—I 的 9 个价值等级,其中 D 级为基准税级,其独特的分级计量(banding)的结构设计在全球财产税界及评估业界有极大影响(骆祖春,2008)。

营业税也被称为非住宅税(Non-domestic Rating),其课税对象为营业性的房地产,如商店、写字楼、仓库、工厂或其他非住宅房地产。与住宅税不同的是,英国的营业税从 1990 年开始被划为中央税种。地方征缴的营业税收入上交中央财政后,汇入专项基金,然后由中央财政依据各地的人口基数,将这一基金作为支付转移资金,以一定的比例在各地区之间进行分配。由此可见,虽然属于中央税种,但最终营业税的税款还是会专项返还给地方财政。以英格兰地区为例,返还后的营业税收入约占中央向地方支付转移资金的1/4左右,在地方财政总收入中的比重也在15%以上,在地方财政收入中占有非常重要的地位。

3. 法国的房地产税制

法国的土地年度税是其房地产税制的主要税种,按征税对象的不同又具体分为非建筑地产税、建筑地产税和住宅税三类。法国土地税为地方性税种,是地方政府主要收入来源。

非建筑地产税是对拥有非建筑用地产(如空地)者按年度征收的税,税率各地不一。课税依据是净租赁价值,即从评估的租赁价格中扣除20%的经营费用后的余额为计税价值。其税率由各地方政府自行确认。

建筑地产税的纳税人为拥有房产、厂房及其附属地产者。课税依据是以土地登记在册的评估租赁价值为基础,再扣除保险费、维修费、折旧费、管理费等(约为平均租赁价格的一半),对剩余额征税。其税率由各地方政府自行确认。

住宅税是对居民按年度征收的税,不论是房东还是房客,均须交纳。税率根据出租价格、居住面积、收入情况等综合计算,各地差异也很大。

在税收优惠政策方面,对政府、宗教组织、教育、社会福利、文化事业等机构所有的房地产给予一定额度的税收减免。另外,对新建筑物或者重新装修的建筑物在建筑完工后的开始两年免除土地税,对75岁以上老年人的居住地免除房地产税,对低收入的房屋主允许15年的免税,一些特殊用途的建筑物可以免税10至20年,对于改良的土地,如修篱笆和改进排水沟的土地,也可以临时性免几年税收。

4. 德国的房地产税制

土地税是德国最主要的房地产税种。土地税属于地方性税收,其征收权和归属权完全归市镇政府,不与联邦或州分享。土地税在德国地方财政体系中的作用,类似于美国等其他国家的财产税,是市镇地方财政收入的一个重要组成部分。

德国将应税土地分为两类,即农业生产用地和建筑用地,对前者征收土地税A,对后者征收土地税B。农业生产用地的计税价值为产出价值;建筑用地的计税价值为市场价值。土地税纳税额计算步骤如下:

(1)纳税土地总价值=单位价值×土地面积。农用地的单位价值是以国家统一的土地评估调查评定产值确定的。土地产出价值评估,根据土地的不同质量,将土地分为6等。建筑用地的单位价值则是以市场价值为参照,由各州专家评审委员会进行价值评估得出。

(2)土地的计税价值=纳税土地总价值×联邦税率。联邦统一税率对农业生产用地为6‰,对非农业生产用地为3.5‰。独户住宅土地税率,价值在38 346欧元以内的税率为2.6‰,38 346欧元以上的税率为3.5‰,双户住宅税率为3.1‰。

(3)应纳税额=市镇土地税税率×计税价值。德国土地税税率的确定权在市镇,各市镇在每年年初决定本年度的税率。州政府可以对市镇土地税税率上限进行控制,土地税税率在各个市镇之间变动幅度相当大。

税收优惠政策:① 对居民自有自用的第一套住宅(不包括度假村)不征收房产税,只对房基地征收土地税。② 从1990年起对居民购建的自有自用住宅,实行新的土地税优惠政策。对于一户 4 口人的标准家庭,税收优惠的面积为独户住宅在 156 平方米、双户住宅在 240 平方米以下。

5. 日本的房地产税制

自 20 世纪 60 年代日本经济腾飞以来,日本的房地产税制先后经过了 1969 年、1973 年、1981 年、1991 年、1994 年、1998 年和 1999 年等 7 次比较大的改革和调整,形成较完备的房地产税制(顾红,2003)。日本房地产税制,在取得阶段,有遗产继承税(国税)、登记许可税(国税)和不动产取得税(道、府、县省级地方税);在保有阶段,有固定资产税(市级地方税)、城市规划税(市、町、村地方税)、地价税(国税,1991 年开征,1998 年暂时停征);在转让阶段,对转让所得进行征税,有法人税、所得税(转移国税)、住民税(地方税)。

日本固定资产税是房地产税制保有环节的主要税种。征税主体为市町村级政府,其收入全部归市町村支配。应税对象是土地、房屋及应折旧资产(depreciable assets),汽车及其他轻便交通工具因单列入其他税种而免税。税基主要是土地、房屋、应折旧资产及其他在应税土地清册(tax cadastre)上注明的资产的价值,土地清册上的资产价值每隔 3 年需依据新的市场价值调查结果调整一次。日本在固定资产税的税基评估和评估价格确定方面形成一套完整的体系(顾红,2006)。固定资产税的标准税率为 1.4%,对公益事业、住宅用地(灾区)等采取了一系列按照各种财产评估额给予一定比例减除的优惠措施,并通过设定期限加强某些领域优惠措施的执行效果。固定资产税采用免征点制度,免征点为土地 30 万日元、房屋 20 万日元、折旧资产 150 万日元。对住宅占地,不足 200 平方米的按照其实际占用面积的 1/6 课税,超过 200 平方米的按照其实际占用面积的 1/3 课税;1963 年 1 月 2 日至 2004 年 3 月 31 日期间建造的,地基面积在 50 平方米到 280 平方米之间的住宅,前 3 年享受税收减半的优惠,对其中拥有三层以上的防火住宅建筑(fire-proof residential buildings),可享受前 5 年税收减半的优惠(钟伟、冯维江,2004)。

城市规划税是房地产税制保有环节的一个次要税种。它的纳税人和征收方法的规定均与固定资产税相同。不同的是,城市规划税的征税对象为城市化区域内和开发区内的房屋和土地,征收的税款专项用于该区域内的城市规划事业。折旧资产不包含在征税对象范围内。计税依据对住宅用地也设置了优惠措施,最高限制税率为 0.3%,对新建住宅一般不设减免税措施,但东京都例外。

日本自 20 世纪 70 年代以来,经历了经济高速发展过程房地产投资迅速膨胀的经济上升期,也经历过房地产泡沫破灭之后土地价格持续下跌的经济衰退期,既积累了大量丰富的房地产财税管理经验,更留下了深刻的历史教训。有人将日本房地产税制在房地产泡沫形成、破灭过程中的局限性归结为以下三点:保有阶段税收负担过低,起不到应有的调节作用;房地产买卖收益课重税对抑制投机并未十分有效;不科学的税收优惠导致房地产低效利用(唐明,2007)。

6. 中国台湾的房地产税制

台湾的房地产税收实行的是"分离主义"政策,即对土地的保有征收地价税,对土地上的建筑物与构筑物征收房屋税,并分别适用不同的法律,土地税收有《土地税法》,房屋税收有《房屋税条例》。1955~2006 年,台湾地区土地税占税收总额的年均比例达 9.72%,而房屋税占税收总额的年均比例仅为 3.4%(台湾经济规划与发展委员会,2007)。

地价税是台湾地区房地产税收的最大税种,是台湾房地产税制的核心。征收地价税的第一步是规定地价,即所谓"公告地价",每年年初由各地的地价评议委员会评定、发布地方的公告地价现值方案。公告地价现值实际远低于土地正常市场价格,2003 年的台湾公告地价现值总体平均值只有真正市价的 65%。公告地价现值是确定公告地价的基础,一般公告地价只有同期公告地价现值的 50%。真正课税地价则更低,通常只有真正市价的 20%～30%。

地价税采用 1%～5.5% 的六级超倍累进税率。土地所有权人的地价总额超过土地所在地直辖市或县(市)累进起点地价未达 5 倍者,就其超过部分课征 1.5%,超过累进起点地价 5 倍至 10 倍者,就其超过部分课征 2.5%,最高到 5.5%。累进起点地价以各直辖市或县(市)土地 700 平方米的平均地价为准。自用住宅用地享受 0.2% 的优惠税率,每户只能在其户籍登记地有一处自用住宅,城市以 300 平方米土地为限,农村以 700 平方米为限。具"三通一平"的土地,如其上建筑物价值不及所占地基申报地价的 10%,且经当地县(市)政府认定的,按该宗土地应纳地价税基本税额加征 2～5 倍的空地税。

台湾房屋税的税基为房屋现值,房屋现值的评定制度决定了税负的多少以及税负是否公平。房屋现值并不是房屋市场价,因为房屋市场价通常是房和地作为一个整体的价值表现,而房屋现值不包含该房屋的土地价格。稽征机关计算房屋现值的公式为:房屋现值=房屋标准单价×面积×(1－折旧率×已使用年数)×街道等级调整率。房屋标准单价、折旧率和街道等级调整率的具体标准由台湾不动产评价委员会决定。根据台湾"财政部"《不动产评价实施要点》,稽征机关指派有关专业人员到实地调查。评估方式采用重置法。街道等级调整率由房屋所处街道的商业、交通及房屋买卖价格决定。最后稽征机关将调查结果提请不动产评价委员会评定。2001 年后规定房屋标准单价每年重新评定一次。房屋税采用分别税率,住宅税率为 1.2%～2%,自住房屋为 1.2%。在规定税率范围内由县(市)政府根据地方实际情况分别规定,一般各县(市)都取最低的 1.2% 为住宅税率。营业用房税率为 3%～5%,实际各地都取最低的 3%。

土地增值税是在土地规定地价后,对土地自然涨价总额在土地所有权移转时征收,或在设定典权时预征税收。纳税人为土地所有权人或者出典人;实行超率累进税率;计税依据是土地所有权发生转移时,土地价值所产生的价差,同时考虑了通货膨胀因素。土地增值税在地方税收入中占较大比重。

台湾的房地产税制设计主要是在保有环节征税。在房地产保有环节征税,体现了房地产的本质属性(如位置不动性),若在取得、交易环节征税,房地产与非房地产没有本质差别。与此同时,在房地产保有环节征税,可以长期为地方政府提供源源不断的税收收入。台湾城市化过程中曾爆发过 4 次房地产价格飙涨,但台湾并没有发生严重的、导致宏观经济重创的房地产泡沫,可见,台湾房地产保有税对稳定房地产市场发挥了一定的作用。

(二) 全球房地产税制的一般特征

从全球范围来看,房地产税制在现代市场经济国家有很长的发展历史,具有重要的功能。OECD 组织和欧盟国家的房地产税制,虽各有特色,也存在一些共同特征。

(1) 房地产税主要归属财产税类,其课税对象包括土地、建筑物及土地与建筑物一体的财产(不动产);税种包括保有税、取得税和所得税三大类,但以保有税为主。税收的分布结构,大多数国家对房地产保有环节征税,而在房地产开发流转环节的税收相对较少。

（2）大多数国家的房地产税政策采取"宽税基、简税种、低税率"的原则。宽税基，即征税范围不只局限于城镇房地产，还包括农村、农场建筑物和土地。除对公共事业、宗教、慈善等机构的不动产实行免税外，其余的不动产所有者或占有者均为纳税主体。简税种，即有关房地产的税种较少，避免因税种复杂而导致重复征税等税后不公现象的发生，降低税收征管成本，提高税收效率。低税率，即主体税种税率一般都较低，总体税收负担水平也较低，从而降低税收征管阻力，推动房地产业的发展。虽然实行低税率，但由于税基宽、效率高，依然能为政府提供相对充足的收入。

（3）具备完善的房地产税法，明确各级政府对税种的管理权属，保证房地产税收征管的严肃性。房地产税在大多数国家属地方税种，通常是地方本级财政收入的主要来源。在房地产税制设计和征管过程中，地方政府有很大的自主权。一般由中央政府制定税基，地方政府可以根据本地的特殊情况选择税率，并确定一定的减免范围。

（4）大多数国家以评估期房地产市场评估价值或租赁评估价值为税基，具有随着房地产增值而增长的弹性特征。多数发达国家建立了规范而严密的财产登记制度，以有效获取财产信息和征管资料。

（5）建立完善的房地产价值评估体系，包括政府部门所属的房地产价值评估部门和市场中介房地产价值评估机构及拥有评估资质的个人。

本章小结

本章首先探讨了房地产税收的特征、功能与构成要素。其次，分析了房地产税收的收入效应、替代效应，房地产税收的效率损失，房地产税收归宿等。最后，介绍了中国房地产税收体制，并对美国、英国、法国、德国、日本和中国台湾等国家和地区的房地产税制作了国际比较。

通过本章的学习，可以了解房地产税收的特征、功能和构成要素，弄清房地产税收的经济效应，并初步认识中国和美国、英国、法国、德国、日本、中国台湾等国家和地区的房地产税制。

本章思考题

1. 房地产税收的基本特征是什么？
2. 房地产税收的税基有哪几种类型？
3. 试述房地产税收归宿的基本理论。
4. 中国房地产税制的基本内容是什么？

参考文献

［1］阿瑟·奥沙利文.城市经济学［M］.北京:北京大学出版社,2008.
［2］程瑶,高波.房地产税对地方政府的激励效应［J］.中央财经大学学报,2008(7).

[3] 顾红. 日本税收制度[M]. 北京：经济科学出版社，2003.

[4] 顾红. 日本房地产税制概况及经验借鉴[J]. 涉外税务，2006(8).

[5] 方建国，梁瑞明. 美国财产税的征收办法对我国物业税的借鉴[J]. 税务研究，2006(11).

[6] 樊华，叶艳妹. 英国房地产税制简介[J]. 涉外税务，2005(4).

[7] 刘佐. 中国税制[M]. 北京：人民出版社，2002.

[8] 骆祖春. 英国住宅税的分级计量法及对我国的借鉴意义[J]. 涉外税务，2008(1).

[9] 罗森. 财政学[M]. 北京：中国人民大学出版社，2009.

[10] 马克思，恩格斯. 马克思恩格斯全集（中文第 1 版第 19 卷）[M]. 北京：人民出版社，1958.

[11] 马克思，恩格斯. 马克思恩格斯全集（中文第 1 版第 4 卷）[M]. 北京：人民出版社，1958.

[12] 唐明. 日本房地产税制改革及其启示[J]. 涉外税务，2007(7).

[13] 台湾经济规划与发展委员会. 台湾统计年鉴(2007 年)[M]. 台北五南文化出版社，2007.

[14] 钟伟，冯维江. 物业税征收的国际经验及借鉴研究[J]. 税务研究，2004(4).

[15] 朱善利. 微观经济学[M]. 北京：北京大学出版社，1994.

[16] Borge,L. E. and Ratts J. Property Taxation as Incentive for Cost Control: Empircal Evidence for Utility Services in Norway. Working Paper Series. www. svt. ntnu. no/iso/wp/wp. htm, 2006.

[17] Break,G. F. Intergovemmental Fiscal Relations in the United States[M]. Washington DC: Brookings Institution,1967.

[18] Brennan, G. and Buchanan, J. Tax Instruments as Constraints on the Disposition of Public Revenues[J]. Journal of Public Economics，1978,9:301 - 318.

[19] Brennan, G. and Buchanan, J. The Power to Tax[M]. Cambridge: Cambridge University Press,1980.

[20] Brueckner J. K. and Kim H. A. Urban Sprawl and the Property Tax[J]. International Tax and Public Finance, 2003,10:5 - 23.

[21] Bucovetsky,S. and Wilson,J. D. Tax Competition with Two Tax Instruments[J]. Regional Science and Urban Economics, 1991,21(3):333 - 350.

[22] Chinloy,P. T. Effective Property Taxes and Tax Capitalization[J]. Canadian Journal of Economics, 1978,11:740 - 750.

[23] Fischel，W. A. Fiscal and Environmental Considerations in the Location of Firms in Suburban Communities[A]. In Edwin S. Mills and Wallace E. Oates, eds. Fiscal Zoning and Land Use Controls[M]. Lixington, MA: Heath-Lexington Books,1975.

[24] Fischel，W. A. Property Taxation and the Tiebout Model: Evidence for the Benefit View From Zoning and Voting[J]. Journal of Economic Literature, 1992,30(1):171 - 177.

[25] Fischel，W. A. Homevoters, Municipal Corporate Governance, and the Benefit View of the Property Tax[J]. National Tax Journal,2001,54:157 - 174.

[26] Glaeser, E. The Incentive Effects of Property Taxes on Local Government [J]. Public Choice,1996,89: 93 - 111.

[27] Hamilton, B. W. Zoning and Property Taxation in a System of Local Governments[J]. Urban Studies, 1975,12:205 - 211.

[28] Hamilton, B. W. Capitalization of Intrajurisdictional Differences in Local Tax Prices[J]. American Economic Review, 1976,66(5):743 - 753.

[29] Harberger,A. C. The Incidence of the Corporation Income Tax[J]. Journal of Political E-

conomy,1962,70(3):215 - 240.

[30] King,A. T. Estimating Property Tax Capitalization: A Critical Comment[J]. Journal of Political Economy, 1977,85:425 - 431.

[31] Mieszkowski, P. M. The Property Tax: An Excise Tax or a Profits Tax? [J]. Journal of Public Economics, 1972,1: 73 - 96.

[32] Mieszkowski, P. M. and Zodrow G. R. Taxation and the Tiebout Model: The Differential Effects of Head Taxes, Taxes on Land Rents, and Property Taxes[J]. Journal of Economic Literature, 1989,xxⅤⅡ:1098 - 1146.

[33] Musgrave,R. A. The Theory of Public Finance: A Study in Public Economy[M]. New York: McGraw-Hill Book Co. 1959.

[34] Netzer, D. Economics of the Property Tax[M]. Washington: Brookings Institute,1966.

[35] Oates, W. E. The Effects of Property Taxes and Local Public Spending on Property Values: An Empirical Study of Tax Capitalization and the Tiebout Hypothesis[J]. Journal of Political Economy, 1969, 77(6):957 - 971.

[36] Oates, W. E. The Effects of Property Taxes and Local Public Spending on Property Values: A Reply and Yet Further Results[J]. Journal of Political Economy,1973,81(4):1004 - 1008.

[37] Oates,W. E. Fiscal Competition and European Union: Contrasting Perspectines[J]. Regonal Science & Urban Economies,2001,33:133 - 145.

[38] Palmon, O. and Smith, B. A. New Evidence on Property Tax Capitalization[J]. Journal of Political Economy, 1998,106(5):1099 - 1111.

[39] Poterba, J. M. ,Weil,D. N. and Shiller,R. House Price Dynamics:The Role of Tax Policy and Demography[J]. Brookings Papers on Economic Activity, 1991, 2:143 - 203.

[40] Simon, H. A. The Incidence of a Tax on Urban Real Property[J]. Quarterly Journal of Economics, 1943, 57(3):398 - 420.

[41] Tiebout, C. M. A Pure Theory of Local Expenditure[J]. Journal of Political Economy, 1956,64(5):416 - 424.

[42] White,M. J. Firm Location in a Zoned Metropolitan Area[A]. Mills,E. S. and Oates,W. E. eds. Fiscal Zoning and Land Use Controls. MA:Lexington books,1975,31 - 100.

[43] Yinger,J. Capitalization and the Theory of Local Public Finance[J]. Journal of Political Economy,1982, 90(5):917 - 943.

[44] Zodrow,G. R. The New View of the Property Tax: A Reformulation[J]. Reg. Sci. and Urb. Econ. 1986,16:309 - 327.

第十章 公共房地产与住房保障

内容提要

1. 公共房地产的性质、类型。
2. 公共房地产的供给机制,公共服务房地产、社会事业房地产、基础设施的供给方式。
3. 公共住房保障的主要方式;经济适用房、廉租住房保障分析。

在房地产中还有一部分是具有纯公共物品或准公共物品性质的房地产,这些房地产一般具有非排他性或非竞争性,其供给方式也不同于非公共房地产。政府承担着确保公共房地产供给和有效使用的职责,并为解决社会住房问题制定一系列的住房保障政策,以多种形式为中低收入人群提供住房保障。

第一节 公共房地产的性质与类型

一 公共物品与公共房地产

从经济学角度来看,公共物品就是那些在消费上同时具有非排他性和非竞争性的物品和劳务。或者如经济学家萨缪尔森所界定的:所谓公共物品就是所有成员集体享用的集体消费品。社会全体成员可以同时享用该物品;而每个人对该物品的消费都不会减少其他社会成员对该物品的消费。通常,人们根据物品是否具有排他性和竞争性来对公共物品作出区分。

非排他性是指物品一旦被提供出来,就不可能排除任何人对它的不付代价的消费(至少从合理成本的角度来看是如此)。非排他性具有三层含义:① 任何人都不可能不让别人消费它,即使有些人有心独占对它的消费,但或者在技术上是不可行的,或者在技术上可行但代价却过高,因而是不值得的。② 任何人自己都不得不消费它,即使有些人可能不情愿,但却无法对它加以拒绝,亦称无可逃避性。③ 任何人都可以恰好消费相同数量。非竞争性是指一旦公共物品被提供出来,增加一个人的消费不会减少其他任何消费者的受益;也不会增加社会成本,其新增消费者使用该物品的边际成本为零。

　　非排他性与非竞争性之间存在着复杂的关系。一方面,许多非排他性的物品也是非竞争性的。例如国防、灯塔等。另一方面,非竞争性和非排他性这两个特征并不一定同时出现。例如,对桥梁而言,如果收费就是排他性的,如果拥挤就是竞争性的。依据物品在竞争性和排他性上的不同特征,如表10-1所示,可以将所有物品划分为四种类型(曼昆,1999,第230页)。

表 10-1　四种类型物品

		竞　争　性	
		有	无
排他性	有	[1] 私人物品 　　衣服 　　拥挤的收费道路	[3] 自然垄断 　　有线电视 　　不拥挤的收费道路
	无	[2] 共有资源 　　海洋的鱼 　　环境 　　拥挤的不收费道路	[4] 公共物品 　　国防 　　知识 　　不拥挤的不收费道路

　　在表10-1中,除第一类外,其他三类都具有公共物品性质。其中第四类是纯公共物品,第二、三类是准公共物品。一种准公共物品是共有资源,它的特点是在消费上具有竞争性,但是却无法有效地排他。将这些产品归入准公共物品的原因在于:① 与纯公共物品一样,共有资源的总量既定,具有向任何人开放的非排他性。这意味着在公有资源的消费中会出现不合作问题,即每个参与者个体按照自己的理性行事,而导致集体的非理性。② 公有资源的竞争性意味着个体消费的增加会给其他人带来负的外部效应。也就是说,在对公有资源的消费超过了一定的限度之后,也会出现"拥挤"问题。另一种准公共物品是自然垄断的物品,它的特点是在消费上具有非竞争性,但是却可以轻易地做到排他。例如,那些不拥挤的可以收费的公路和桥梁,以及公共游泳池、电影院、图书馆等都是这方面的例子。保证这种物品具有非竞争性和排他性的条件是:当消费成员超过一定的数目时会发生拥挤现象,破坏了其非竞争性特征,因而可以根据这种物品的排他性,采取措施如提高收费水平,以限制使用者的数目。

　　除了非排他性和非竞争性的特征外,公共物品还具有其他特征,包括:① 生产和利益的不可分性,如国防工程。② 规模经济性,如灯塔。③ 初始投资大,经营成本小,如桥梁和地铁等基础设施。④ 供给的自然垄断性,如消防、有线电视。⑤ 对消费者收费不易,或者收费本身所需成本过高。⑥ 消费具有社会文化价值。

　　依据上述公共物品的定义,在现实中有不少房地产具有公共物品的某些特征。例如,各种城市道路、城市人行天桥、立交桥、防洪的江海堤坝、灯塔等基础设施,防疫救灾防灾、维护生态环境用的房地产,以及纪念塔、城市雕塑等都基本上属于纯公共物品,而另一些用于艺术表演、展览、文物保护、文化娱乐、体育健身、卫生、科技、教育等公共事业房地产则可以归类于准公共物品。

如果从一个住宅小区来看,单元住宅属于私人物品,但同时仍有一些房地产属于公共物品。一般来说,公共房地产包括两部分,一部分是根据建设部所规定的商品房销售面积部分,包括电梯井、楼梯间、垃圾道、变电室、设备间、公共门厅和过道、地下室、值班警卫室、其他功能上为整栋建筑服务的公共房和管理用房以及套(单元)与公用建筑空间之间的分隔墙和外墙(包括山墙)墙体水平投影面积的一半;另一部分是根据国家物价局、建设部、财政部《商品住宅价格管理暂行办法》中规定的分摊到商品房房价中的基础配套设施部分,如公共绿地、道路等。对于这些公共房地产,虽然其费用由小区业主承担,但在使用上也呈现出准公共物品,甚至是纯公共物品的性质。

当然,对公共物品的划分不是绝对的,要取决于市场和技术条件。例如,一个大的图书馆阅览室一般是公共物品,但是随着读者数量的增加,就产生了"拥挤"问题。一个小区内的景观如果是对所有人都开放,则是公共物品,但当只对小区内部住户开放时,其性质就发生了改变。

综上所述,可以对公共房地产下一个定义:所谓公共房地产,是指同时具有非排他性和非竞争性或者只具有排他性和竞争性中的一个特征的房地产,以及由这种房地产为人们所提供的服务。

二　公共房地产的类型

根据公共房地产的内涵,结合房地产经济领域的实际情况,可以对公共房地产进行分类。

1. 公共服务房地产

公共服务房地产,是指那些专门用于为社会提供纯公共服务的房地产,包括各种社会公共机关组织团体的房地产、国防设施、减灾防灾设施等。这些公共服务房地产所有权本质上属于全体公众,实际的所有者是国家及各级政府和部门,由占有单位使用,为公众提供公共服务。在现实中,大多数公共服务房地产本身并不能作为一种供社会大众消费的最终产品,它是一种生产公共品的资产,如为国防服务提供基础条件。但也有部分公共服务房地产本身就可以供人们消费,使公众从中直接获得效用。如杭州西湖免费向公众开放,就是直接供人们消费的公共服务房地产。

2. 社会事业房地产

社会事业房地产,是指用于表演、展览、教育、卫生、体育等用途的公共房地产。当然社会事业房地产内部各类房地产在公共物品性质上有一定的差别,如公共图书馆,青少年宫,防疫站,各种历史、科学、自然博物馆,学校内的各类教育房地产,公共体育锻炼场馆等,其建造全部由政府投资,更倾向于纯公共物品;而医院、歌舞剧院等有一定营利性的事业房地产,可自筹一部分资金甚至全部依靠自筹,则更接近准公共物品。有一些社会事业房地产,如果选择企业化经营,既能满足公众的需求,也不会产生明显的负外部性,可以由法人单位自建,收费经营并盈利,这类社会事业房地产更倾向于私人物品。

3. 基础设施

基础设施是为企业生产和居民生活提供基本条件的公共设施,是城市赖以生存和发展的基础。城市市政公用设施和与城市住宅等房地产直接相连的商业服务、文教卫生、体育、娱乐等各种配套的公共服务设施均属于城市基础设施的范围。具体地说,城市基础设施主要包括两项内容。

一是住宅基本生活单元、居住小区、居住区的配套公共服务设施。在作为基本生活单元的住宅组群中,需要建设小商店、卫生站、文化室、儿童游戏场所等配套设施。居住区中,人口规模在1万人左右的住宅群成为住宅小区,与住宅小区相配套的公共设施有:托儿所、幼儿园、小学、中学、运动场、储蓄所、邮电所、变电所、百货商店、副食品店、农贸市场、粮店、饮食店、理发店、小修理门市部、自行车棚及停车场所、废物回收站、房管所、公共厕所、垃圾清运治理站等。居住区由若干住宅小区组成,人口规模在4~5万人左右。为满足居住人口的需要,在居住区内应配置以下公共设施:医院、银行办事处、邮电支局、电影院、科技文化馆、青少年及老年人活动场地、运动场、社区活动中心、各种与生活有关的商店、街道办事处、商业管理机构、物业管理机构、派出所、市政管理机构等。

二是市政公用设施,即城市公用事业和城市公共设施。城市公用事业是指城市供水、供热、供电、供气和公共交通等,由地方政府管辖或经营。城市公共设施由市政工程设施、园林绿化设施、公共卫生设施和其他设施组成。① 市政工程设施包括城市道路、桥梁、防洪堤坝、排水管道、污水处理及河湖整治。② 园林绿化设施包括公园、动物园、街道、广场等公共绿地和苗圃、花圃、植物园、城市风景区、防护林带及其他公共绿地。③ 公共卫生设施包括城市街道清扫、垃圾处理和公厕等。④ 其他设施指消防、路灯、殡仪馆、公墓等。

4. 公共住房

城市中大量中低收入家庭的支付能力与具有适宜标准的住房价格之间存在着较大的差距,这是住房问题的症结所在,也是社会存在公共住房的本质原因。根据这一认识,可以这样界定公共住房:公共住房是为了解决中低收入阶层居民的居住问题,由政府直接投资建造或由政府以一定方式对建房机构提供补助,由建房机构建设,并以较低价格或租金向中低收入家庭进行出售或出租的住房(姚玲珍,2003,第13页)。无论是发达国家(地区)还是发展中国家(地区),都有公共住房的建设。如英国由地方政府投资建设、主要针对工薪阶层的市(郡)议会住房以及住房协会投资建造并接受政府补贴的合作住房,美国联邦政府建造的公共住房,瑞典政府建造的公共住房和合作住房,日本政府建造的公营住房和公团住房,新加坡住房发展局建造的公共组屋,以及中国香港房屋委员会建造的公屋(包括廉租屋和居屋)等。

显然,公共住房在经济性质上与完全由市场提供的私人住宅具有较大区别。公共住房具有排他性,但这种排他性主要是指它所保障的对象是城市中符合保障条件规定的中低收入阶层而不是全部民众,在住房销售价格和廉租住房的租金水平上明显低于市场销售价格和市场租金。同时,公共住房的竞争性虽然与商品住房不同,但在不同情况下也有一定差别,在公共住房供给比较充分,不会出现拥挤现象时,它具有非竞争性;而在公共住房供给不足时,它具有一定的竞争性,通常通过按照条件排队的方式来解决。可见,公共住房介于准公共物品与私人物品之间,但可以被看作公共房地产的组成部分。

第二节　公共房地产的供给机制与供给体系

一　公共房地产的供给机制

（一）公共房地产的供给者

对于公共房地产来说,其核心问题是如何提供和提供多少的问题。然而,公共房地产的独特性质却决定了依靠市场方式很难获得有效的供应。因为在经济学看来,一个物品的有效提供要求边际收益等于边际成本。于是,对公共房地产的有效提供,要求每个人对最后一单位的边际评价之和等于边际成本。对于公共房地产来说,如果每个人消费的量是相同的,将每个人愿意支付的价格相加,来得出群体的支付意愿。但事实上,每个人消费的量并不同而且又很难确定每个人愿意支付的价格。最常见的解决方法包括:自愿捐献与成本分担;强制性融资(以对付搭便车的行为)等。可是,这些办法也难以奏效,因为即使没有人隐瞒自己从公共物品上所获得的真实的边际效益,也无法确定每一个人获得边际效益的数量。比如,无人能说清楚国防设施带给他的边际效益是多少。同时,强制性融资只解决了不付钱的搭便车行为,却解决不了付钱不平衡的行为,除非政府知道每个人的边际效益。

当公共房地产无法通过市场机制解决时,就要通过政府参与或干预公共房地产的供给。政府既对公共房地产的经营履行管理职能,又可能直接参与公共房地产的供给和经营。现实中,公共房地产可以有三种供给者供选择,即中央政府、地方政府及厂商。对于那些具有规模经济、受生产力布局客观要求的和跨区域的大型公共房地产,中央政府是合适的供给者,如大型机场、大型电站开发等。而对于那些地区性的公共房地产,则更适合由地方政府来供给,因为地方政府更容易了解当地居民的偏好及其消费水平,也更容易确定居民的收益程度,并以此来确定投资和收取费用。

在现实中,并不是所有的公共房地产都是由政府直接提供的。有相当一部分公共房地产是通过非政府方式提供的,尤其是在发达的市场经济国家这种现象更为常见,这样的公共房地产被称为非政府的公共物品。虽然非政府的公共房地产没有固定的范围和明确的界限,但却与一国的经济体制和政府的偏好有关,尤其是与一国政府受利益集团的操纵程度有关。通常非政府公共房地产的供给方式有:签订协议或合同、授予经营权、经济资助、政府参股、提供法律保护等。在厂商作为公共房地产的供给者时,通常以政府财力为后盾,或者保证垄断性、排他性经营,或者通过政府的强制税收给予资金支持。

（二）公共房地产的政府供给与"政府失灵"

在现代市场经济中,公共房地产供给的政策取向是效率性、公平性、社会性和政治性的统一。在公共房地产领域,出现"政府失灵"是比较普遍的现象。公共选择理论的研究表明,政府作为公共物品的供给者并不能够同时实现效率和公平。所谓公共选择理论,就是以经济学的基本假设(即所有个人都追求自身利益的最大化)为前提,依据自由的市场交换能使双方都获利的经济学原理,来分析政府的决策行为、民众的公共选择行为及两者关系的一种理论。从这一假定出发,公共选择学派认为,国家不具有正确无误的天赋,必须从虚构的幻想中走出来,去分析、寻找政府最有效率工作的规则和制约体系。

从公共房地产的供给决策机制来看,并不能够确保兼顾效率和公平。这是因为,将不同的社会成员提出的具有各自偏好的方案加总成集体的决策结果,总是存在着各种困难。在现实中,直接投票制会因为决策成本太高而贻误决策时机;代议制决策机制虽然能够减少搭便车行为,但却可能偏离整个集体的利益;集权制决策的失误概率较大,公众理解和支持的难度大;即使民主集中制式的决策机制,也存在着难以克服的缺陷。

事实上,导致政府公共房地产供给低效率的原因是多方面的:① 实际并不存在作为公共组织所追求的所谓公共利益,这就意味着公共房地产的供给是对不同利益集团的一个协调。② 普遍存在的信息不完全、不对称以及公众的有限理性都会导致政府在公共房地产的供给过程中出现失误。③ 寻租活动及缺乏竞争会导致政府在供给公共房地产的过程中偏离最初的目标,无法实现资源的合理配置。这些深层次原因的存在意味着公共房地产的供给并不是一件简单的事情,单独依靠政府是难以解决的。

(三) 公共房地产的市场供给与"市场失灵"

针对公共房地产供给的"政府失灵"问题,人们特别强调政府在公共房地产供给过程中坚持市场化原则。所谓市场化原则,就是指政府在资源配置过程中坚持四个公开。一是公开招标,如政府通过公开招标建设工程可以有效降低成本;二是公开拍卖;三是公开信息;四是公开竞争。在公共房地产的供给过程中,当任何经济主体都有公平、自由竞争的权利时,凭借实力而参与公共房地产的供给,有可能进一步提高效率。

为此,一是推进产权制度创新和有效保护产权,降低产权界定和交易的成本,构造一个完善的市场环境,由市场机制实现部分公共房地产的供给,如高速公路、桥梁等。同时,限定、规范政府直接参与市场的范围、内容、方式及力度。二是杜绝政府垄断、暗箱操作,引入市场竞争机制,加强社会监督。对必须由政府供给的公共房地产,在经营管理中尽量采用招标、拍卖、许可证授权或协议、公私合营等模拟市场机制。三是对自然垄断性公共房地产的生产经营,如果由国有企业国营,则要加强法律约束和接受社会公众的公开监督,以降低垄断利润和减少各种形式的浪费。

但是,市场机制在公共房地产供给中,也会出现"市场失灵"的问题,降低了房地产资源配置的效率。这是因为市场机制在公共房地产供给过程中发挥作用的同时,存在信息不完全、不对称,垄断,以及外部性等市场本身不能解决的问题。① 在现实中,生产者和消费者所了解的市场信息都是不完全的,只能在有限信息的条件下作决策;而买卖双方都存在彼此信息沟通的障碍,同样会影响决策,从而使买卖双方决策的结果偏离市场均衡。② 存在自然垄断性的公共房地产,是不可能实现充分竞争的,厂商可以通过控制产量来提高价格,使资源配置不合理。③ 由于存在外部性,必然会降低资源配置的效率。所谓外部性,是一个人的行为对旁观者福利的影响(曼昆,1999,第 208 页)。外部性也被称为外部效应、外在效应或溢出效应。在现实中,外部性可以分为正外部性和负外部性。正外部性是指个人或厂商的经济活动对其他人或厂商无偿地带来的好处。负外部性是指个人或厂商的经济活动对其他人或厂商带来的损害。在房地产经济活动中,由于存在外部性,在分散决策及追求个体利益最大化的条件下,个体与社会总体对某项房地产经济活动的成本与收益的评价会产生差距甚至对立。因此,由市场配置房地产资源的结果是,具有正外部性的公共房地产供应不足,而负外部性的公共房地产则供应过剩。可见,依靠市场的力量,难以使房地产资源配置达到合理状态。

(四) 小结

一般而言,公共房地产存在非排他性、非竞争性和利益的不可分性。但在现实中,由于这些特性的组合状况不同,公共房地产的类型或性质就会发生改变,相应的公共房地产的供给机制也有不同的选择。

对于同时具有非排他性和非竞争性的公共服务房地产,政府是其唯一的供给主体,并确定相应的供给机制,但要将公共服务房地产的供给纳入法制化、规范化的轨道,最大限度地克服"政府失灵"。

对于社会事业房地产,根据社会事业房地产的非排他性和非竞争性的程度不同,政府和厂商分别作为不同类型社会事业房地产的供给主体,并选择相应的供给机制。在社会事业房地产的供给和使用过程中,既要防止"政府失灵",又要减少"市场失灵"。而基础设施的供给,与社会事业房地产的供给十分相似。

公共住房是具有社会保障性质的房地产,本章第三节将对公共住房进行专题讨论。

二 公共服务房地产供给

公共服务房地产是真正意义上的公共物品。同其他类型的房地产相比,公共服务房地产的最大特点是具有显著的政府垄断特征,市场参与程度低,成本收益不易准确确定,投资决策过程是一个典型的公共选择的政治过程。因而公共服务房地产的供给机制是公共选择机制,政府则是其唯一的供给主体。

从规模来看,在房地产总规模中公共服务房地产占有一定比例,特别是随着各级公共服务机构、人员及财政预算支出的增加,公共服务房地产的需求也相应增长。除了必需的办公场所外,还有一定比例的会议室、招待所、停车场等其他为机构公务服务的辅助性房地产,总量极为可观。此外,国防房地产的规模也相当大,不仅包括了部队机关办公楼、公寓房、营房、干休所、招待所、仓库等,还包括了各地的军用机场、军港码头、导弹部队发射场、控制观测站等。

从投资来源看,公共服务房地产的投资主要来自于政府财政预算,政府根据公共服务房地产当前及今后一段时间的需要,列入财政预算案,待批准后用于建造或者购买、租赁作为公共服务的房地产。依照这一程序提供公共服务房地产的一个困难是,由于公共服务房地产几乎不参与市场竞争,其真实成本、收益很难直接确定。另一方面,公共服务房地产投资决策过程是一个公共选择过程,是各个利益集团争取自身利益的结果。因此,在公共服务房地产的投资决策过程中,很难避免公共服务房地产的低效率。

公共服务房地产的供给一般有建造、购买和租赁等多种方式。如何保证和约束公共服务房地产的投资,使公共服务房地产的效率得以提升,是一个涉及公共财政和公共选择的问题。因此,要实行公共服务房地产的投资体制改革,使公共服务房地产的供给决策更加科学化、规范化，限制一些不必要的奢侈性投资。同时，推进管理制度的创新，保障公共服务房地产的权益和物质功能处于正常状态，防止国家资产权益的流失；此外还要进行及时的折旧和更新，确保服务功能的实现。

三　社会事业房地产供给

社会事业房地产由于内容复杂，性质差别明显，而对于公众的消费需求来说，又十分重要。它为人们提供科技、教育、文化、艺术、体育、休闲娱乐、保健等服务，既要满足人们的基本生活需求，又要满足人们的情感归属、自我提升、自我实现等高层次需求。因此，应根据社会事业房地产的非排他性和非竞争性的程度不同，选择不同的供给机制和供给主体，确定不同的经营方式。

一般而言，社会事业房地产的供给和使用，有较强的地区性色彩，与地方政府的关系密切。一个地区的社会事业房地产的有效需求，受制于这个地区的经济发展水平和人们的生活质量。如一个城市的政治经济文化性质、地位及功能定位；社会事业服务的收费标准；城市居民的人均可支配收入；可替代的私人物品的状况和收费水平。根据这些影响因素，在现实中，现代化程度高的大城市、经济发达城市的社会事业房地产通常要比经济发展相对落后的城市和小城镇的种类更多、规模更大、品质更为优良、结构更加合理。

对于具有纯公共物品性质的社会事业房地产，如公共图书馆，青少年宫，防疫站，各种历史、科学、自然博物馆，城市广场，城市公园，公共体育锻炼场馆，基础科学研究等，其供给机制与政府、国防等公共服务房地产有相似之处。由于这类社会事业房地产全部由政府投资，它的供给决策机制也是一个政治行政行为过程，是通过公共机关确定供给社会事业房地产的类型、顺序、规模等，这个投资决策的过程，既涉及经济体制，也涉及政治体制。在西方议会民主制国家，表现为一个公共选择过程，实质上是一个投票和各利益集团角逐的过程。在中国则是一个民主集中制的决策过程，即各事业机关或行政主管部门及相应的政府部门经过多次反馈和上报计划，调整征求意见，再编制上报新的计划方案，最终由政府批准，重大建设项目要报同级人民代表大会批准。

对于具有准公共物品性质的社会事业房地产，如医院、歌舞剧院、学校等，由于其部分产权和利益界定的成本相对较低，它所提供的服务在一定条件下受益人愿意付费，并有一定的营利性，但如果完全由市场供给又会在某些领域出现"市场失灵"，所以政府和企业是这类社会事业房地产的供给主体，公共选择机制和市场机制是这类社会事业房地产的供给机制。

由于科技、文化、教育和医疗等给个人带来的收益不断提高，这类社会事业房地产的个人付费比例在快速提高，科技、教育、体育、医疗、艺术产业化水平大幅提高，市场配置这类社会事业房地产的比例在提高。但市场不能完全替代政府供给这类社会事业房地产，政府只能缩小对这类社会事业房地产出资的比例。在这类社会事业房地产的供给上，政府的角色是弥补市场供给之不足，对一些基础性事业房地产提供财政预算支出，以及通过在土地供应、贷款、税收等方面的优惠政策扶持和调控这类社会事业房地产，以解决外部性带来的问题。

对于具有私人物品性质的社会事业房地产，如休闲、娱乐和保健服务，可以由法人单位自建，收费经营并盈利。但是，政府要进行适当的干预，以防止"市场失灵"。

四　基础设施供给

为配合土地和建筑物的利用而附着于土地的基础设施，是房地产的重要构成要素。与房地产的其他要素相比，基础设施在使用和供给上具有下列几方面的特性。

第一，基础设施服务的公共性和使用的外部性。基础设施是一个由多种因素组成的综合体，它所服务的层次复杂，通常在公共生活空间的一个或大或小的范围内，供人们共同使用。由此看来，基础设施是为公众甚或是整个城市以至更大的范围提供社会化服务的。因此，在房地产中，基础设施具有服务的公共性特征，其中大量设施作为一种公共物品而存在。基础设施服务的公共性和使用的外部性，决定了它应适合人们不同层次的需求和物质生产的需要。因此，基础设施的规划设计和开发建设必须以此为依据，力求基础设施的多样化和全面发展。

第二，基础设施构成的多样性和内容的复杂性。由于人们的物质文化生活是多种多样的，社会生产也是错综复杂的，人们对基础设施的需求必然是多方面的，这就要求有多种要素组成的基础设施来满足人们各方面的需求。否则，基础设施就会成为社会生产发展和人们生活质量改善的瓶颈。因此，基础设施的建设应力求配套齐全，综合开发。一是从住宅基本生活单元到住宅小区、居住区乃至整个城市，都要分级地、配套地设置齐全的公众生活服务系统；二是在人们的公共活动中心，根据其性质和特点，配置齐全的相关服务项目；三是把城市的公众生活和社会生产结合起来，并充分考虑城市未来的发展趋势，配备满足生活和生产需求的完整的公共设施。

第三，基础设施运转的协作性和发展的均衡性。由多种因子构成的基础设施是以一个整体在发挥作用的，而各种因子之间又是相互联系、相互制约和各司其职的，呈现出一种特定的、直接的、间接的、多因多果的关系及联结方式。这种关联方式表现在技术上的紧密结合，经济上的相互影响，数量上的配合比例，质量上的彼此匹配以及时间上的先后制约和空间上的密切契合。可见，基础设施的各种组成因素必须相互适应、协调运转和均衡发展。从基础设施运转的协作性和发展的均衡性特点出发，安排基础设施的开发建设，要求做到具有超前性和不同设施形成时的同步性，克服基础设施的瓶颈约束，以满足物质生产和居民生活的需求。在基础设施的运转和开发中，应着重进行各种设施的整体协调，发挥良好的综合效应。

如前所述，基础设施中的相当大一部分属于公共物品，这种物品能够同时供许多人享用，并且供给它的成本与享用它的效果，不随享用它的人的规模的变化而变化。也就是说，公共物品必然存在搭便车的情况。因此，从一般意义上说具有公共物品特征的基础设施通常由政府来供给。

在基础设施中，还有一些属于非典型的公共物品：① 私人企业可以经营，但不如公营有效的公共物品。一种可能性是向更多人提供服务的边际成本很低（即使用的对抗性很低）的公共物品，但具有排他性，如消防服务。另一种可能性是具有一定利益的排他性，但因其具有外部性，私人通常不愿意提供足够社会需要的公共物品，如扫雪服务。由此可见，这些非典型的公共物品更适合于政府经营。② 具有拥挤特性的公共物品，兼有私人商品与公共物品的某些特性，但又不完全相同。如建成的公路可以不收费，但是在车辆很多时会发生拥挤。

综上所述,在市场经济条件下,具有典型的公共物品特征的基础设施的供给主要由政府供给,实行公营。而具有非典型公共物品特征的基础设施,要根据具体情况确定由厂商或政府供给。对于经营性的公共设施,可以主要由厂商来投资经营。

第三节 公共住房保障分析

一 公共住房政策的国际比较

从大多数发达国家的情况来看,当住房严重短缺时,各国政府都采取大规模的国家干预政策,政府直接投资或补贴建设公共住房。随着全国性住房短缺问题得到缓解以致消失,大规模国家干预政策不再适宜,取而代之的是发挥市场机制的弹性和选择性,鼓励运用市场机制解决居民的居住问题,改善居民的居住状况,政府只解决地区性和特殊阶层的住房需求。第二次世界大战以后到20世纪60年代,各国政府都把公共住房作为满足居民住房需求的主要形式;同时,通过减免住房税等措施,鼓励住房私有化。20世纪70年代中期以来,各国的住房基本以市场供给为主,国家投资建设住房为辅。多数国家通过住房私有化措施,通过将住房补贴从补贴住房供给方转向补贴住房需求方和对自有住房提供额外财政补贴等政策,减少公共住房的数量。当然,也有例外的国家,那就是瑞典和荷兰等少数国家(姚玲珍,2003,第323~335页)。概括而言,公共住房政策主要包括公共住房供应、租金管制、住房补贴、税收优惠等几个方面,下面将对这些政策的内容和效果作简要评述。

(一)公共住房供应模式比较

哈劳通过对英国、联邦德国、荷兰、丹麦和美国为代表的欧美工业化国家公共住房政策的分析,提出了公共住房供应的三种模式,即补充型、大量型和工人合作型。

补充型公共住房供应模式是指政府在公共住房的供应上采取以穷人为政策目标的小规模住房供应计划。所谓"补充",是指这种供应方式是对以厂商为主的住房供应的补充,即对无力通过市场供应方式解决居住问题的那部分低收入阶层等困难群体供应公共住房。在实施中,传统上常与贫民窟改造相联系。而在20世纪70~80年代以后,该模式则更多地与失业者等"新城市贫困阶层"相关联。

大量型公共住房供应模式是指对公共住房采取大规模的供应计划,这种计划至少在实施结果上并不只是面向穷人的,许多是面向中产阶级和所谓"值得尊重的"工人阶层(如技术工人)的。这是发达国家"非正常"的公共住房供应方式。之所以"非正常",是因为这种供应方式主要在发生普遍性社会危机时才采用,如在第一次世界大战刚结束后的社会和经济恢复时期,各国普遍在短时期内采用了这种供应方式。当然,这种方式也曾出现在西方社会结构重构的特殊时期,如在第二次世界大战结束到20世纪70年代中期这段时期,各国普遍形成了较长时期公共住房的大规模供应。

工人合作型公共住房供应模式是社会改良主义者提出的、有组织的工人阶层互助性的住房供应方式,是把住房作为非商品的尝试。这种方式在20世纪50年代后期逐渐消失。

从不同国家公共住房的主导供应模式看,英国、荷兰等国公共住房所占比例较高,是以大量型公共住房供应模式为主的欧美工业化国家的代表。英国在 20 世纪 80 年代以前工党执政时期,主要运用以地方政府为主的大量型公共住房供应模式;而在保守党执政时期,则多采用补充型公共住房供应模式。美国则是补充型公共住房供应模式的代表。除了 20 世纪 30 年代的特殊情况外,美国都采用以私有住房为主体、公共住房只起补充作用的补充型公共住房供应模式。美国公共住房占全社会住房总量的比例也是欧美工业化国家中最低的,其公共住房年开工量占全部住房开工量的比例较低,如表 10 - 2 所示。其他诸如法国、德国和丹麦等国的公共住房供应模式则更趋于多种模式的均衡,公共住房比例居于最多的瑞典、英国、荷兰和最少的美国之间。

表 10 - 2　美国公共住房年度开工量变化

年度 (年)	公共住房开 工量(千套)	公共住房和私有住 房开工量(千套)	比例 (%)	年度 (年)	公共住房开 工量(千套)	公共住房和私有住 房开工量(千套)	比例 (%)
1977	14.6	2 001.7	0.73	1983	9.4	1 712.5	0.55
1978	15.8	2 036.1	0.78	1984	6.3	1 755.8	0.36
1979	14.8	1 760.0	0.84	1985	3.1	1 745.0	0.18
1980	20.4	1 312.6	1.55	1986	1.7	1 807.1	0.09
1981	16.1	1 100.3	1.46	1987	2.2	1 622.7	0.14
1982	9.8	1 072.0	0.91				

资料来源:Yukio, Noguchi. and Poterba, J. M. , Housing Markets in the United States and Japan, Chicago:The Univ. of Chicago Pr, 1994。

需要指出的是,以前两种模式为主的公共住房供应模式,反映了西方国家公共住房的基本供应结构。在实践中,各国政府在不同时期往往采用不同的供应模式,或在同一时期同时采用其中的两种或三种模式。换言之,各种模式之间并非是排斥性的。从这三种模式的发展趋势看,随着 20 世纪 80 年代以来欧洲工业化国家福利政策的变化以及住房短缺问题的解决,大量型公共住房供应模式日渐式微,而仅针对失业者等少数社会贫困阶层的补充型公共住房供应模式成为主导模式。与此密切相关的是,新的以宗教等社会慈善团体为主的民间住房合作组织的"合作型"供应方式也有复兴的势头。

为了实现公共住房的效率和公平性,住房分配方式也成为住房供应模式中的重要构成部分。由于公共住房的需求总是大于供给,各国都制定过相应的申请标准,通常公共住房的分配采取的是轮候分配模式。例如,英国的公共住房配给政策由严密繁杂的资格标准和优先对待系统组成。这种配给政策从早期"先来先服务"的简单体系,发展为复杂的以"分数"为标准评价住房需求的排队体系。如对拥挤户、病人或残疾人、居住在低于最低居住标准住宅中的住户和军人等加分,按申请等候名单上的等候时间长短加分等。另外,公共住房的管理者有权力对特殊情况自行决定加分(田东海,1998,第 212 页)。英国公共住房分配的普遍规则详见图 10 - 1。

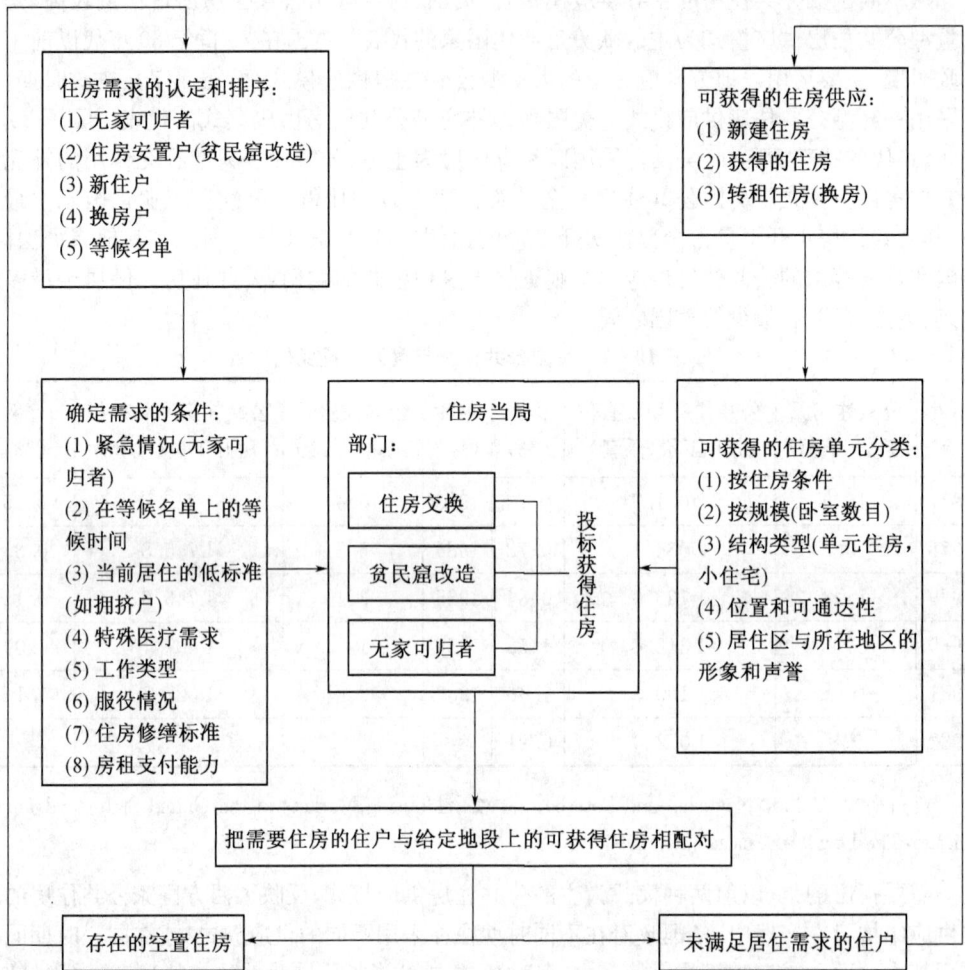

资料来源：Bourne，L.，The Geography of Housing，London：Aronld，1981：222。

图 10 - 1　英国公共住房的分配程序

（二）租金管制模式比较

所谓租金管制，是指通过立法对各类房租，特别是对低档住房的租金加以限制。这是各国为解决低收入阶层住房问题的主要政策之一。由于各国具体条件不一，所以，该政策在实施过程中也有所差别。

英国是实行租金管制政策最早的国家，英国政府采取的主要措施是：一方面由政府投资建造住房，建成的公共住房以低于市价的租金（约低 40%）出租给居民；二是对私房出租采取限制政策，私房出租的价格由地方政府决定，租金价格限制在使出租者只能获得微利的幅度之内。美国的租金管制政策通常由地方政府以立法形式作出规定，并通过投票方式进行调查，以决定是否由地方议会以立法方式控制房租。在美国，政府在出让土地给房地产开发商时，就根据需要让出一部分利益，同时，在协议中商定房屋建成后必须低价出租的份额。联邦德国的公共住房也由政府管制，其租金按住房投资价格加上维修管理等费用综合计算，租金标准由当地政府与承建者根据建房费用商定。瑞典的公共住房租金在全国没有统一的标准，而由公共住房公司与房客联合会谈判商定，一般租金占纳税后普通家庭收入的 25％ 左右，租金随物价和房屋维修费用的变动而增减。因此，房租需逐年商定，但年内基本保持不变。

虽然租金管制政策可能在特定条件下（如战时）发挥了作用，但是通过对中国香港地区租金管制效果的研究，经济学家张五常（2000，第 187 页）认为："一项法律原本想要让长期租客有房可住，可结果却使一些租客露宿街头"。其原因在于，租金管制使得作为重建新房的市场信号的租金价格传递了错误了信息。

（三）住房补贴模式比较

各国政府的住房补贴方式可以分为面向住房供应方的补贴和面向住房需求方的补贴两大类。前者又被称为住房建设补贴，后者则被称为房租补贴。住房供给补贴主要包括对低租金公共住房的建设和运行补贴、现代化补贴以及向低收入家庭出租私有住房的供应补贴。住房需求补贴则包括以现金方式支付给租房者的房租补贴和对于购买自有住房家庭的税收减免。从整体上看，尽管两种补贴在实际运作中往往并存，但各国的住房补贴政策都经历了由住房建设补贴向房租补贴的转变，即从"砖头"（补贴住房建造业）到"人头"（补贴住房需求者）的转移。

第二次世界大战以后，西方工业化国家逐渐以房租补贴代替住房建设补贴，作为政府住房政策的主要工具。到了 20 世纪 80 年代末，越来越多的发展中国家采用这种政策。同时，世界银行在过去十多年中也广泛参与了发展中国家解决住房问题的努力，也在一定程度上促进了各国政府的住房补贴政策从供给方面对增量住房的建设补助转向需求方面对存量住房的房租补贴。当然，各国在具体的补贴方式上存在着一定差别，如美国、日本、德国及英国住房补贴方案的特征就有所不同（见表 10-3）。

表 10-3　西方国家住房补贴方案的主要特征

项目＼国别	美国、日本	德国	英国
方案种类	低租金公房	房租补贴	地方政府公告
对象	地方政府房管部门	私营非营利、微利组织和个体房主	地方政府房管部门
补贴形式	建造费用（美国 100％、日本 50％～75％）、日常维修管理补贴	利率补贴	利率补贴、部分维修管理补贴
租户房租占成本租金的比例	32％或更低	初租时为 60％，12 年后补贴减少、房租增加	55％～60％
其他补贴	福利补贴	家庭补助	减免部分房租

资料来源：徐强，"住房制度的国际比较：补贴、金融、自由化"，《住宅与房地产》，1993(8)：28。

实践表明,对存量住房直接进行房租补贴具有显著的优点,与建设新公共住房相比,租金补贴是一项帮助贫困者获得既体面又支付得起的住房的更为经济的措施,补贴为大多数贫困家庭解决住房问题提供了有效的途径。承租者可以根据生活需要自由选择住房的位置和类型,有助于防止贫困家庭集中在特定的建筑物和聚居区内。当承受能力成为有待解决的最大的住房问题时,需求方面的补贴更具有意义。

(四)减免税政策比较

与住房供需相关的减免税政策主要包括对住房自有者的住房抵押贷款的利息抵扣所得税、出租收入免征所得税以及对自有住房免征财产税。显然,减免税政策的最大受益者是住房自有者。大量统计数据表明,与房租补贴相比,减免税政策导致了包括欧洲福利国家和美国在内的许多国家政府更大的财政支出,并加剧了租房户和购房户之间的不平等。随着20世纪80年代以来欧美公共住房政策普遍向以市场供应为主、政府干预为辅转变,政府一方面以减少公共支出为由大量削减出租住房的支出,以更加苛刻和严格的资格审查制度确定接受补贴的家庭;另一方面,却迟迟不减少以至取消未计入公共支出计划中的减免税补贴,从而更加剧了上述的不平等现象。另外,减免税虽然能鼓励住房使用者的住房自有化倾向,却无法直接刺激住房供应。

从国别来看,美国推行住房减免税政策在西方国家中是比较突出的,其住房减免税额在住房政策费用总额中所占的比重也是最高的,近年大致占78%,而英国、联邦德国的住房减免税额在住房政策费用总额中所占的比例分别为61%和53%左右。

二 中国公共住房政策的演进

(一)中国的住房问题

在城镇住房制度深化改革之前,中国城镇居民居住状况的明显特征是住房总量不足,缺房户、无房户的比例较高,住房质量普遍不高。如表10-4所示,从不同城市看,中等城市规模以上的城市居民人均居住面积普遍低于全国平均水平,特大城市居民的人均居住面积更低。

表10-4　1986年按城市规模划分的居民家庭居住情况　　平方米

指标	全国平均	特大城市	大城市	中等城市	小城市	县、镇
户均居住面积	28.9	22.61	27.39	29.57	34.83	36.59
人均居住面积	8.04	6.23	7.28	7.82	8.68	9.32

资料来源:全国第一次房屋普查资料(摘自云志平、白伊宏:《中国住房制度改革》,北京:中国经济出版社,1990)。

随着城镇住房制度改革的推进,中国城镇居民住房问题有了很大改善,不仅在住房的数量上有了很大提高,而且从住房质量看,住房的环境质量、功能质量以及综合配套水平都有了较大提高。如图10-2所示,人均居住面积已高于中等收入国家的平均水平,与西方国家相比仍有一定差距。

平方米/人

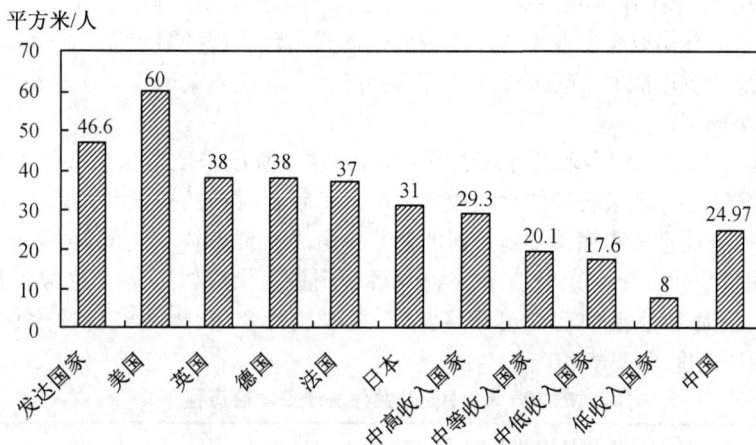

注:国外数据为 20 世纪 90 年代初人均居住面积,中国数据为 2004 年数据。
资料来源:中金公司研究报告和建设部,《2004 年城镇房屋概况统计公报》。

图 10－2　人均居住面积的国际比较

在住房条件获得持续改善的同时,当前中国的住房问题突出体现在低收入居民的住房还很困难。具体表现在以下几个方面。

1.“双困”家庭的住房困难

“双困”家庭是指收入在最低生活线以下,并且住房困难的家庭。据了解,全国仍有一定数量的“双困”家庭,他们有的蜗居在破损的棚屋内,有的住集体宿舍,也有的一家分住几个地方,生活极其不方便。其中,大多数家庭的人均居住面积不足 5 平方米,迫切要求改善居住条件和环境。

2. 特殊群体的住房困难

特殊群体包括孤老、烈属、残疾人等,他们的居住条件比较差,居住面积不大。由于自身条件的特殊性,这一群体迫切要求政府帮助改善居住条件和环境。

3.“新贫困群体”的住房困难

“新贫困群体”是指在经济发展过程中,由于经济体制转轨、产业结构调整,再加上自身由于工作和生活的不顺利或其他原因而成为贫困阶层的居民,包括国企下岗职工,一些破产、停产、半停产企业的职工,以及一些低收入的离退休人员等,他们的生活状况和居住状况还较为困难(姚玲珍,2003,第 365 页)。

(二)中国公共住房政策的演进分析

中国公共住房政策是在住房商品化和住房制度改革过程中不断发展和完善的,总体上经历了由政府直接调控和非商品化为基础的住房福利政策模式向政府间接调控和商品化为基础的政策模式转变的过程。从新中国成立至今,中国公共住房政策的发展经历了明显的两个阶段,即传统公共住房政策阶段和公共住房政策改革阶段。

在传统阶段公共住房政策的特征是:① 公共住房由政府统一供应,将住房建设纳入统一的国民经济计划和基建计划,由财政拨款,统一规划、建造,排斥非政府资源的参与。

② 公共住房的需求主体为企事业单位,企事业单位担负为职工提供住房的义务,从而本应作为个人需求的住房以企事业单位团体需求的形式出现。这种需求能否满足,取决于企事业单位与政府的供应能力。③ 公共住房实物分配,采取低租金政策。住房作为福利,以实物形式分配给职工。

1978 年,中国公共住房政策进入改革阶段,在这一阶段采取了从公共住房福利政策逐步向公共住房商品化政策转变的过渡模式。经过了较长时期的探索和试点工作,开始了公共住房政策的全面推进和完善实施。新的公共住房政策的基本内容是:① 停止住房实物分配,实行住房货币化分配。② 建立和完善经济适用住房供应体系。③ 继续推进存量公有住房的改革,培育和规范住房交易市场。④ 采取扶持政策,加快经济适用住房的建设。⑤ 建立廉租房制度等(见表 10-5)。

表 10-5 中国公共住房政策发展历程

时　　期	公共住房政策模式	具 体 措 施
传统公共住房政策阶段(1949～1977年)	公共住房福利化政策	(1) 政府统一建造,无偿提供 (2) 以实物分配为主 (3) 住房分配的低租金与等级制度
公共住房政策的改革阶段(公共住房供应"多种形式尝试"政策阶段,住房供应社会化、商品化和货币化阶段)(1978年至今)	(1) 开始公共住房商品化政策的尝试 (2) 公共住房福利化政策和商品化政策并重	(1) 以成本价出售公有住房 (2) 优惠出售公有住房 (3) 鼓励自建住房 (4) 提租补贴改革 (5) 全面推行公积金制度 (6)《国务院关于深化住房制度改革的决定》出台

资料来源:姚玲珍,《中国公共住房政策模式研究》,上海:上海财经大学出版社,2003 年,第336 页。

就经济适用房和廉租住房保障政策的演变而言,也经历了一个较长期的探索和制度化以及规范化的阶段。通过考察中国住房保障政策的演变,可以将其主要政策要点和改革过程总结为表 10-6 所示内容。

表 10-6 中国住房保障政策的演变

	时间	主 要 政 策 要 点
经济适用房保障政策	1991 年	国务院颁布《关于深化城镇住房制度改革的决定》,确定了"建立以中低收入家庭为对象,具有社会保障性质的经济适用房供应体系"的住房制度改革思路
	1994 年	建设部、财政部等部门联合颁布《城镇经济适用房住房建设管理办法》。将经济适用房定义为:由相关部门向中低收入家庭住房困难户提供按照国家住房建设标准而建设的价金低于市场价的普通住房

	时间	主 要 政 策 要 点
经济适用房保障政策	1998 年	国务院颁布《关于进一步深化城镇职工住房制度改革,加快住房建设的通知》,明确提出了深化城镇住房制度改革的重要目标,即停止住房实物分配,逐步实现住房分配货币化以及建立和完善以经济适用房为主的多层次城镇住房供应体系
	1999 年	建设部发布了《城镇居民已购公有住房和经济适用住房上市出售管理暂行办法》,对已购经济适用房上市交易的条件、程序、必备文件、具体政策等作出了明确规定
	2004 年	建设部、国家发改委等部门颁布施行了《经济适用住房管理办法》,对经济适用房政策加以规范,指导各地经济适用房管理
廉租住房保障政策	20 世纪90 年代初期	为解决辖区内流动人口日趋增多、居住困难的问题,深圳市建成了全国第一个为城市低收入家庭和打工者居住的廉租房住宅小区。受其启发,其他大城市相继效仿
	1998 年	国务院在《关于进一步深化城镇职工住房制度改革,加快住房建设的通知》中,正式提出建立廉租房供应体系,向最低收入家庭出租政府或单位提供的廉租房的意见
	1999 年	建设部颁布了《城镇廉租住房管理办法》,对廉租房制度作了具体的规定
	2004 年	2004 年建设部、财政部等部门发布《城镇最低收入家庭廉租住房管理办法》,进一步明确了保障标准、保障方式和保障对象,1999 年颁布的《城镇廉租住房管理办法》同时废止
	2005 年	建设部、国家发改委颁布《城镇廉租住房租金管理办法》,为规范城镇廉租房租金管理作出了明确的规定

三　经济适用房保障分析

(一)经济适用房的特性及其功能

经济适用住房是指以行政划拨土地,享受政府优惠政策,以保本微利为原则,面向中低收入职工家庭的普通商品房。

对经济适用住房的要求是,一般中低收入家庭买得起,功能齐全,有超前性。功能齐全是指每套应有卧室、起居室(厅)、厨房、卫生间、储藏间和阳台。套型面积标准要适当,一般一室户建筑面积为 40～50 平方米,二室户建筑面积为 60～80 平方米,三室户建筑面积为90～120 平方米。总的设计思路是,布局合理、环境优美、配套齐全,兼顾智能化的需要。

经济适用住房有两重性。它具有一般商品住房的属性,但在价格上给购房者予以优惠,与同类的商品房比较,其价格要低得多,使中低收入家庭买得起。从这个意义上说它又具有社会保障性。经济适用住房在价格构成和价格决定机制上,均与商品房有所不同。一是建房土地行政划拨;二是税费享受政府的优惠减免政策;三是限制开发商的利润幅度,要求开发商获取微利,即一般是 3%。开发商按成本构成加微利(3%)算出住房出售价格,报政府有关主管部门审核批准后,才可以向中低收入家庭销售。这就是经济适用住房与商品房的区别所在。其他各项建房要求和商品房要求是一致的。例如,1999 年北京市首批推出的经济适用住房的最高限价与当时周边商品房均价相比较,价格要低 1/3 左右。

从政策意图来看,经济适用房的主要功能是解决中低收入家庭的住房问题,改善一些无房或住房条件较差的城镇居民的生活质量。但同时,经济适用房还具有以下几个方面的经济社会功能。一是经济适用房建设有利于增加住房供给;二是经济适用房建设能够调节房地产投资及产品结构,增加小户型及低价位住房。三是经济适用住房有助于抑制房价水平的上升。此外,经济适用房在拉动住房消费需求,保证重点工程拆迁顺利实施等诸多方面也起到了重要作用。

从实践效果来看,经过多年的开发建设,中国已形成一定存量的经济适用房,平均销售价格较低(见表 10-7),对增加住房供给、缓解住房短缺、解决中低收入家庭的住房问题等发挥了较好的作用,有效发挥了住房保障的功能。

表 10-7 经济适用房开发建设及价格情况

年份(年)	竣工套数(套)	平均销售价格(元/平方米)
1999	484 978	1 093
2000	603 573	1 202
2001	604 788	1 240
2002	538 486	1 283
2003	447 678	1 380
2004	497 501	1 482
2005	287 311	1 655
2006	338 040	1 729
2007	356 580	1 754
2008	353 782	1 929

资料来源:国家统计局,《中国统计年鉴—2009》,北京:中国统计出版社,2009 年。

(二)经济适用房的经济效应

作为一项基本的国家住房制度,从其政策目标与执行方式来看,经济适用房属于住房供给者补贴的方式,同时,它也是采取最高限价的住房政策,这就决定了经济适用房对于资源配置具有多方面的影响。

经济适用房的价格是一种最高限价,是指把价格确定在低于市场均衡价格的水准,又被称为天花板价(ceiling price)。它通常会对消费者、生产者和社会总福利产生重大影响。

如图 10-3 所示,在政府未对市场干预的情况下,房地产供给和需求决定了房地产的均衡价格为 P_e。在对经济适用房采取最高限价的情况下,政府规定的经济适用房价格为 P_{max},显然 P_{max} 要低于市场均衡价格 P_e。P_{max} 决定了此时市场上的房地产需求量和供给量分别为 Q_d 和 Q_s,Q_d 大于 Q_s。由于实际的经济适用房市场交易量只能是 Q_s,因此,最高限价在使市场交易价格下降的同时也减少了市场交易量,市场超额需求为 $Q_d - Q_s$。

市场价格和市场供求的变化会改变在均衡价格状况下的福利水平。与市场均衡状态相比,消费者剩余增加了面积 A,但减少了面积 B,消费者剩余的变化为:$A-B$。这意味着,对能够买到经济适用房的消费者来说,他们的剩余增加了;但那些本来能够买到却无法买到经济适用房的消费者,却承受了剩余的损失。

类似地,可以分析生产者剩余的变化。那些继续生产的生产者的剩余损失了面积 A,而退出的生产者则失去了所有的剩余。生产者剩余的变化为:$-(A+C)$。

综合来看,市场剩余发生了两部分的变化:一部分是剩余的转移,即面积 A 的剩余从生产者转移到消费者;另一部分则是剩余的减少,即面积 B 和面积 C,也就是说经济适用房的最高限价政策导致净福利损失为 $(B+C)$。一般情况下,面积 A 大于面积 B,所以,总体上经济适用房最高限价的政策有利于消费者。

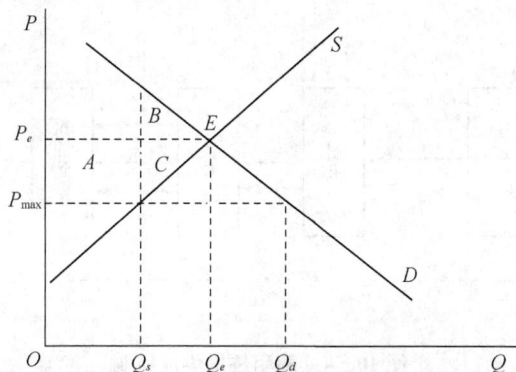

图 10-3　经济适用房对社会福利的影响

四　廉租住房保障分析

(一)廉租住房的供应机制

城镇廉租住房是指政府和单位向具有城镇常住居民户口的最低收入家庭提供的租金相对低廉的普通住房,它是住房社会保障的主要方式之一。具体来说,廉租住房制度是指由政府起主导作用,采取租金补贴、实物配租等不同形式,给城镇居民中的弱势群体等解决住房困难而建立的住房生产、供应、管理体系,运作程序和规则。它具有明显的社会保障性和社会福利性特征。

概括而言,廉租住房制度具有以下主要特点:一是供应方式的固定性。因弱势群体家庭无力购买商品房或经济适用房,要解决住房困难,只有采用租赁的方式。二是供给对象的确定性。因政府提供租赁的公共房屋的有限性和供应价格的福利性,就要求对申请租住的弱势群体对象进行资格认定,只有经过有关单位认定符合条件的家庭,才能按规定租住政府提供的公共房屋。三是运作过程的封闭性。廉租住房的运作过程是严格按照政府制定的有关政策法规进行的,以保证他们的家庭有房租住,但又不能转让、转租,并随家庭经济状况的变化而变化。

廉租住房供应机制主要涉及三个程序。一是资金运行、循环程序,即资金的筹措、投入和回收;二是行政运行程序,即低收入家庭申请租赁资格认定、配租、入住和更新配租等;三是整体运行程序,即从设立供应主体到资金筹措、房源储备、配租入住及回收的全过程,如图 10-4 所示。

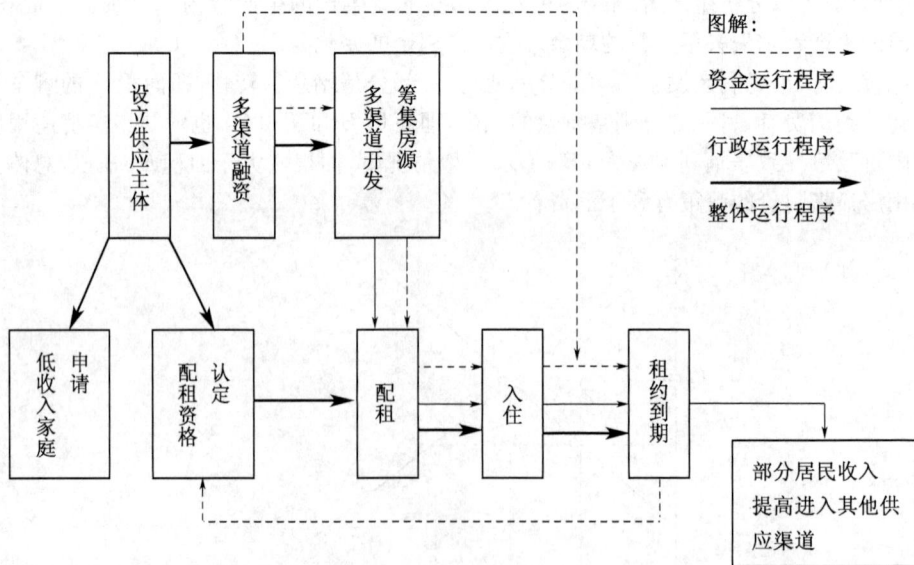

图 10-4　廉租住房供应机制

(二) 廉租住房的经济效应

根据 2004 年 3 月 1 日起施行的《城镇最低收入家庭廉租住房管理办法》(建设部、财政部、民政部、国土资源部、国家税务总局令第 120 号)规定,城镇最低收入家庭廉租住房保障方式以发放租赁补贴为主,实物配租、租金核减为辅。实物配租形式对低收入家庭消费及福利的影响如图 10-5 所示。在没有获得实物配租前,低收入家庭的预算线为 AB,无差异曲线为 U_1,在消费均衡点 H_1 对住房消费 X 和住房以外其他消费 Y 的消费数量分别为 X_1 和 Y_1。获得实物配租后,预算线向右上移动为 AC,与无差异曲线 U_2 相切于均衡点 H_2,均衡消费数量分别为 X_2 和 Y_2。相对于 H_1,点 H_2 的住房消费数量 X 及家庭总福利 U 都有所增加。但住房消费以外的其他消费 Y 的消费数量是否增加,要看实物配租形式对 Y 的收入效应是否大于 X 对 Y 的替代效应。一般来说,只要严格控制实物配租的标准,使低收入家庭的住房消费支出不随获得实物配租而增加,则 X 对 Y 的替代效应为零,获得实物配租后,低收入家庭的其他消费支出将由于收入效应的存在而增加。

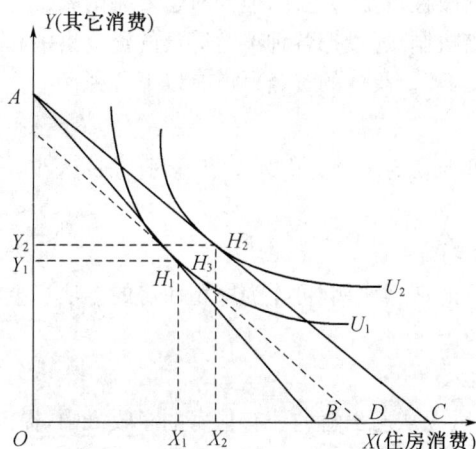

图 10 - 5 实物配租的消费扩张效应

在廉租房采用租赁补贴的条件下,由于收入效应的作用,低收入家庭的福利和消费水平都将增加。如图 10 - 6 所示,补贴前,低收入家庭的预算线为 AB,效用水平为 U_1,均衡点 H_1,住房消费与非住房消费的均衡消费数量分别为 X_1 与 Y_1。租赁补贴后,低收入家庭的预算线向右上平移至 CD,效用水平上升为 U_2,均衡点由 H_1 外移至 H_2,均衡消费水平为 X_2 与 Y_2。相比补贴前的均衡点 H_1,低收入家庭在点 H_2 的住房消费与非住房消费水平均有所上升。

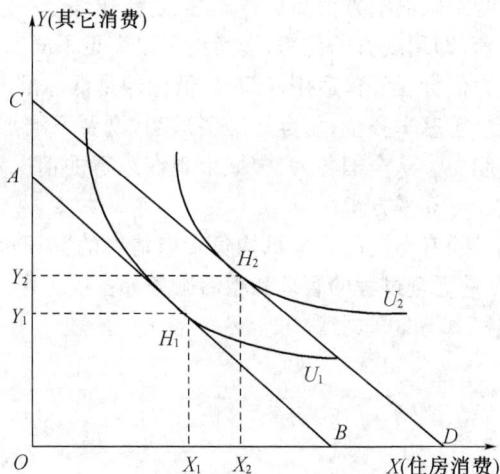

图 10 - 6 租赁补贴的消费扩张效应

综上可见,廉租住房的住房保障制度,可以大大提高住房保障对象的福利水平,扩大中低收入家庭的其他消费需求。

(三)廉租住房的多渠道融资

购买或建设廉租住房需要大量的资金,只有建立稳定的资金来源,才能保证住房供应。

虽然廉租住房应以政府财政性资金为主体,但同时也要靠国家、集体、个人和社会共同承担,即建立多渠道的资金筹措机制,通过把各种渠道筹集的资金集中起来,设立解困住房专用基金,专门用于廉租住房的购建。具体的资金渠道有以下几种:

1. 财政拨款

各级政府必须每年都要在财政预算中列支出解困住房资金的份额,保证购、建廉租住房资金的需要。

2. 住房公积金增值部分

住房公积金增值部分的适当比例,可作为廉租住房的专项资金的来源之一,作为政府财政支出的补充。

3. 已售公房的净收入

各市、区、县政府,还可以从已出售的公有住房的净收入中,提出适当比例作为专项购建廉租住房的支出。

4. 专项基金

发动社会团体、慈善机构和社会志愿者,为廉租住房专项基金积极捐献和募捐,扩大廉租住房专项基金来源。

(四) 廉租住房管理

在廉租住房的运行过程中,重点要解决房屋来源,设定住房标准及管理工作。

廉租住房在解决资金来源的同时,还要重视房屋来源,通过购、建、换、套等方式获得足够的房源。"购"就是收购一般的空置商品房;"建"就是新建部分一般商品住房;"换"就是利用差价换置空余公房;"套"即用现有的住房,套换出可以满足不同家庭需要的住房。

廉租住房标准一般为低标、经济、适用、配套。低标即是低标准的经济适用住房;配套就是要厨房间、卫生间、阳台等基本齐全;租金标准要适当,既要不增加其生活困难,同时还要考虑到政府的财政支出能力。从全国各大、中城市现在运行的情况看,各城市的标准不一,一般的人均使用面积在 6~10 平方米。

廉租住房的运行还必须有专门的管理机构负责申请者的登记审核、配租、资金筹措,寻找房源,制定相关政策以进行全过程的管理和租后服务等各项工作,发挥廉租住房的社会保障功能(陈伯庚,2003,第 200~209 页)。

本章小结

本章从公共物品的性质出发,首先界定了公共房地产的性质、类型;其次,探讨了公共房地产的供给机制,阐述了公共服务房地产、社会事业房地产和基础设施等三种公共房地产的特点及其供给方式;最后,比较分析了国际上公共住房保障的主要模式,探讨了中国公共住房政策的演进,分析了经济适用房和廉租住房的社会保障状况。

通过本章的学习,可以初步掌握公共房地产的性质、类型、供给方式,并基本了解中外公共住房的保障方式及其效果。

本章思考题

1. 什么是公共物品？什么是准公共物品？
2. 基础设施主要有哪些特征？
3. 公共房地产的性质、类型和供给机制是什么？
4. 试述廉租住房的供应机制。

参考文献

［1］陈伯庚. 城镇住房制度改革的理论与实践［M］. 上海：上海人民出版社，2003.

［2］高波. 房价波动、住房保障与消费扩张［J］. 理论月刊，2010(7).

［3］田东海. 住房政策：国际经验借鉴和中国现实选择［M］. 北京：清华大学出版社，1998.

［4］［美］曼昆. 经济学原理(上下册)［M］. 北京：三联书店，北京大学出版社，1999.

［5］徐强. 住房制度的国际比较：补贴、金融、自有化［J］. 住宅与房地产，1993(8).

［6］姚玲珍. 中国公共住房政策模式研究［M］. 上海：上海财经大学出版社，2003.

［7］张五常. 经济解释——张五常经济论文选［M］. 北京：商务印书馆，2000.

［8］Bourne L. The Geography of Housing［M］. London：Aronld，1981：222.

［9］Noguchi Yukio. Poterba J M. Housing Markets in the United States and Japan［M］. Chicago：The Univ. of Chicago Pr. ，1994.

第十一章　房地产周期波动与宏观调控

内容提要

1. 房地产周期的内涵及其阶段划分,部分国家(地区)及中国的房地产周期。
2. 房地产周期波动的影响因素。
3. 房地产市场宏观调控的目标及其政策选择。

美国著名经济学家米切尔(W. C. Mitchell)和伯恩斯(A. F. Burns)在 1946 年为经济周期下了一个定义:"经济周期是在主要以工商企业形式组织其活动的那些国家中,所看到的总体经济活动的波动形态。一个周期包含许多经济领域在差不多相同时间所发生的扩张,跟随其后的是衰退、收缩和复苏,后者又与下一个周期的扩张阶段相结合。"经济周期本质上反映了经济增长过程中呈现出有规律的起伏波动、循环往复的运行特征。与宏观经济运行过程中的周期波动一样,房地产业在发展过程中也存在周期波动现象,房地产业呈现出扩张和收缩、繁荣和衰退交替发生的有规律的周期波动。对房地产周期波动规律进行研究和探讨,可以为政府制定和完善相关的房地产业政策,对房地产市场实行有效的宏观调控提供科学依据,尽可能避免或减少由房地产周期波动带来的损失。

第一节　房地产周期波动:内涵与事实

一　房地产周期的概念

房地产周期的概念最早由霍伊特(Hoyt,1933)在对芝加哥土地市场的分析中提出。由于房地产周期是一种复杂多样的经济现象,对于房地产周期的表述和度量理论,也十分丰富。英国皇家测量师协会(RICS)在 1994 年的《理解房地产周期》著作中指出,房地产周期是指所有类型房地产的总收益率的重复性但不规则的波动;这种波动在其他许多房地产活动指标中也很明显,但它们的变动落后或领先于上述房地产总收益率周期。但在现实中,表示房地产市场活动的各种经济变量,例如房地产价格、租金、吸纳率、空置率和建筑活动等,都在不同层面上可以用于度量房地产周期。不少学者认为,空置率是划分房地产周期的最合适的指标。

穆勒(Mueller,1995)提出了房地产实际周期(physical cycle)与房地产金融周期(financial cycle)两个不同层次的房地产周期的概念,使早期笼统的包含多种复杂内涵的房地产周期概念更加明确具体。穆勒认为,由于房地产兼具实际生产要素(或生活资料)与投资品的双重属性,所以与之对应存在房地产实际市场与房地产金融市场两个层次的房地产市场,这两个层次市场具有各自的周期波动。所谓房地产实际周期,指的是房地产市场对房地产真实空间的需求、供给与使用的周期波动,它决定房地产租金;房地产金融周期,则是指房地产金融市场资本(债权或股权)向房地产流动的周期性变化,它决定房地产价格。两个层次的周期存在相互影响与联系;没有资本的流动,房地产实际市场也将不会发生;有时两种周期的走势会相互背离,如当房地产市场收益率高于其他资本市场收益率时,即使房地产实际周期正处于下降阶段,大量资本流向房地产市场也促使房地产价格上升,反过来的情况也同样存在。

综合多种研究成果,我们认为可以将房地产周期定义为:房地产周期是指房地产市场曲线围绕着市场均衡水平上下波动,而呈现出相似性、重复性、循环性特征的一种规律。而房地产价格、租金、房地产开发投资增长率、房地产销售增长率、建筑开工量、建筑竣工量、吸纳率、空置率等房地产经济指标的波动,是房地产周期现象的具体表现。房地产周期一般存在长周期、中长周期、中周期和短周期等四种类型。

二　房地产周期的划分和特征

在房地产周期波动过程中,可以清晰地观察到房地产业扩张与收缩相交替的两大阶段和复苏、繁荣、衰退、萧条循环往复的四个环节。如图 11-1 所示,在一个完整的房地产周期中($A \rightarrow E$),从谷底到峰顶 $A \rightarrow C$ 为上升阶段,从峰顶到谷底 $C \rightarrow E$ 为下降阶段。又可以把上升和下降两个阶段分为四个环节。从谷底到谷底,或者从峰顶到峰顶,房地产业增长经历了一个完整的上升和下降阶段,成为一个房地产周期。房地产周期是围绕趋势线上下起伏,波浪式演变。尽管每一轮房地产周期波动也可能存在一定的差别,但其本质特征是不变的。

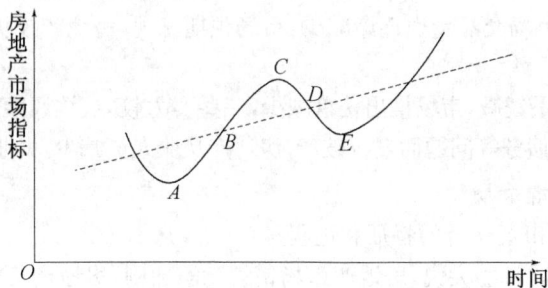

图 11-1　房地产周期波动过程

1. $A \rightarrow B$ 属于复苏期

这一阶段房地产市场运行的特征和过程是:

(1)这一阶段始于前一次周期循环的波谷,此时房地产供给大于需求,房地产供求处于非均衡状态。在这一阶段初期,期房价格仍然低于现房价格,购房者大部分因为自用而进入市场,炒家很少,房地产交易量较低,但楼价止跌趋稳。

(2)经过房地产市场复苏的初期,市场信心开始逐步恢复,房地产开发投资渐增,购房者开始增多,少数炒家开始入市。随着需求增加,存量房地产被市场吸纳,房地产交易量逐步回升,推动市场逐渐走出低谷。房地产价格和租金从稳定状态过渡到增长状态,市场预期开始好转。

(3)随着房地产市场回升,人们对市场走势预期充满乐观情绪,购房者特别是炒家进一步涌入,不但出现现房价格上涨,期房价格也回暖,房地产市场交易尤其是存量房交易日趋活跃,房地产投资开发逐步加速增长。

2. $B \rightarrow C$ 属于繁荣期

这一阶段房地产市场运行的特征和过程是:

(1)房地产需求继续以一定速度增长,房地产供给逐渐吃紧。房地产价格和租金开始快速上涨。由于房地产开发商对未来收益的预期大大提高,开发商的开发与建设规模进一步增大。其他行业的企业也因市场极度乐观和高额利润而进入房地产市场,房地产投资量剧增,存量房和新开发建设项目大量推出,各级市场的成交量激增。

(2)在房地产市场预期乐观的刺激下,个人和机构的房地产消费、投资都迅速增长。

(3)房地产市场新开发建设项目和存量房价格快速上涨,房地产投机增加,交易量急剧上升,房地产泡沫出现膨胀。限制或打击房地产投机的呼声日益成为社会的共识,政府运用土地政策、货币政策和财政政策等对房地产市场进行调控。

3. $C \rightarrow D$ 属于衰退期

当过高的楼价把自用型购房者挤出市场,主要依靠投机资金支撑时,房地产市场也就开始进入衰退阶段。这一阶段房地产市场运行的特征和过程是:

(1)房地产市场在经过繁荣阶段之后,过高的新开发建设房地产和存量房地产的价格使一般居民无力承担。房地产需求逐渐减少,而新竣工项目陆续进入市场,房地产市场供求状况开始发生逆转。房地产供给逐渐超过需求,房地产的空置率开始上升。

(2)由于房地产市场存在羊群行为,市场上的利空消息会导致人们跟风抛售,房地产价格开始下跌,房地产市场交易量也逐渐减少,市场预期悲观,房地产投机者纷纷抛售,买家观望,房地产价格继续下跌。

(3)房地产交易量锐减,市场推出楼盘减少,一些实力较差、抗风险能力较弱的房地产开发商可能会因为资金债务等问题而宣告破产,房地产从业人员减少,失业率和破产率上升。

4. $D \rightarrow E$ 属于萧条期

这一阶段房地产市场运行的特征和过程是:

(1)由于供求矛盾日益尖锐,房地产市场销售竞争加剧,房地产价格继续下跌。新开发建设房地产价格加速下降而大大低于存量房地产价格。

(2)伴随房地产价格大幅下跌,房地产交易量锐减。市场逐渐萎缩,物业的市场流动性在这个阶段降到很低,甚至处于"有价无市"状态。大多数房地产企业将不能正常运作,市场的停滞标志着整个房地产周期已进入谷底,并将在谷底持续一段时间。

(3)房地产企业破产现象比较普遍,甚至一些实力雄厚的大型公司也在所难免。房地产市场在经过较长时间的消化吸纳置的存量房地产过程后,将迎来下一轮房地产周期循环的复苏阶段。

三　部分国家和地区的房地产周期

1. 美国的房地产周期

对美国房地产周期研究的成果十分丰富。霍伊特(1933)在对芝加哥长达 100 年的土地价格分析中,首先发现了长度为 18 年的地价周期。此后,温茨利克(Wenzlick,1972,1973)等人对 18 年房地产周期作了更多的研究与分析。图 11 - 2 是 1830~1936 年以建筑支出指数度量的建筑周期,周期平均长度为 18.3 年。

除了长度为 18 年的房地产周期外,凯瑟(Kaiser,1997)分析了 1919~1995 年房地产总体回报率,发现 1920~1934 年的房地产大波动与 1980~1993 年的大波动非常相似,美国历史上的两次房地产负回报率期(20 世纪 30 年代初和 20 世纪 90 年代初)也分别处于这两个时期。

而凯瑟通过对更早时期的房地产周期的分析,认为存在着 50~60 年的长周期。表 11 - 1 是根据 18 年房地产周期划分的美国 18 世纪以来的房地产波谷和波峰。表中每三个波峰包含着一个大波峰(在表中将其年份用粗体标出),大波峰与大波峰之间,构成了 50~60 年的长周期。也即一个 50~60 年的长周期可分解为三个长度约为 18 年的房地产周期。

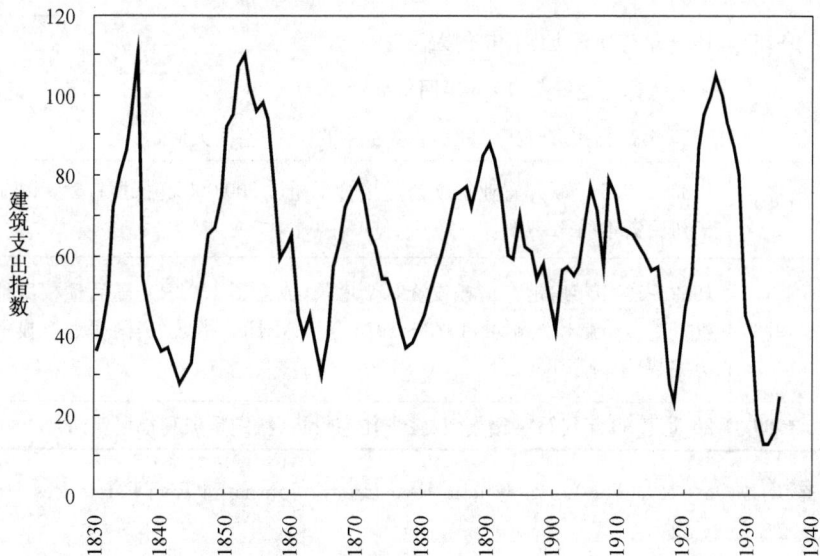

注:纵轴为以不变价格计算的、经趋势调整的建筑支出指数。

资料来源:Brown,G. T., Real Estate Cycles Alter the Valuation Perspective, Appraisal Journal, 1984, 54(4): 539,549.

图 11 - 2　美国 18 年建筑周期(1830~1936 年)

表 11-1　美国的 18 年房地产周期

谷	峰	
1795		1760~1795 年拓荒热（俄亥俄、纽约、乔治亚、亚祖河流域） 1795~1805 年康涅狄格 Gore 土地公司倒闭 1791~1795 年华盛顿特区土地繁荣,1796 年回落
1805	**1814**	
1825	1835	1832~1837 年芝加哥房地产繁荣和 1837 年的恐慌 1834 年从缅因到红河的投机 1837 年公共土地出售高峰
1845	1851	1848~1854 年加利福尼亚淘金热潮与土地繁荣,1854 年回落
1861	**1872**	1869~1872 年芝加哥土地价格的大波峰及其回落 1862~1873 年西部铁路沿线土地繁荣
1878	1888	南加利福尼亚房地产繁荣,1887 年回落 1891~1892 年芝加哥土地价格的波峰与下降
1897	1904	
1918	**1925**	1925 年芝加哥土地价格的大波峰 佛罗里达土地繁荣,1926 年回落 1927 年帝国大厦开工,1931 年落成并被称为"空国大厦"
1933	1946	1933~1935 年联邦置业贷款公司接管了超过 200 000 起抵押贷款,1951 年恢复了初始资本的 92%
1962	1973	1969~1971 年房地产信托投资基金增长（成立了 130 家）,随后债权房地产信托投资基金贷款违约剧增,1973~1974 年 NAREIT 指数（美国房地产投资信托协会编制）下降了 83%
1975	**1989**	20 世纪 80 年代写字楼繁荣、独户住宅投机(特别是加利福尼亚州)

资料来源:Kaiser,R.,The Long Cycle in Real Estate,Journal of Real Estate Research,1997,14(3):233-257。

再以住宅价格指数作为衡量房地产周期波动的指标,考察美国 1890~2009 年的房地产周期波动规律。美国住宅价格指数波动状况如图 11-3 所示。

根据图 11-3,按照波峰到波峰,可以将美国 1890~2009 年的住宅市场波动划分为以下 7 个住宅周期。

(1) 美国住宅价格 1890 年以来,第一个波峰出现在 1894 年,然后下探,在 1901 年到达谷底,1907 年再次到达波峰,历时 13 年,完成一个周期,住宅价格出现了巨幅波动。

(2) 从 1908 年住宅市场开始回调,1921 年真正见底,调整时间长达 14 年,1925 年到达

注：1890 年数据为基数 100。

资料来源：Shiller, Robert J. *Irrational Exuberance*, 2nd. Edition, Princeton University Press, 2005, Broadway Books 2006, as updated by author. http://www.irrationalexuberance.com/。

图 11 - 3　1890～2009 年美国住宅价格指数

波峰，历时 18 年。

（3）1926 年住宅市场继续调整，1932 年见底，之后住宅价格缓慢回升，1940 年到达波峰，历时 15 年。

（4）1942 年住宅价格再次见底，1947 年阶段性高点出现后，住宅价格震荡上行，1955 年到达波峰，历时 15 年，经历了一个住宅价格周期。

（5）1956 以后住宅价格小幅波动，缓慢下跌，1976 年见底，1979 年进入波峰，历时 24 年，完成一个周期。

（6）1980 年住宅价格下跌，1984 年滑入谷底，1989 年又进入波峰，历时 10 年，完成一个周期。

（7）1990 年住宅市场调整，1997 年住宅价格见底，随后住宅价格出现了历史最大幅度的快速上涨，2006 年到达波峰，第四季度出现住宅价格下跌，历时 17 年，完成一个周期。

由于美国住宅价格下跌，2007 年引发次贷危机，2008 年演变为全球金融危机。上述美国的住宅价格周期，从 1890～2009 年，大约按 10～24 年的频率完成一次周期循环波动，基本属于库兹涅茨的中长波周期，也即建筑周期。7 个周期中，有 4 个周期接近或符合 18 年周期。

2. 日本的房地产周期

对日本房地产周期的研究文献也较多，特别是日本 20 世纪 90 年代初期房地产泡沫破灭，使人们对日本房地产周期波动研究的兴趣更浓。在日本，地价的变动趋势能确切地反映房地产周期波动的规律。这是因为日本各主要城市地价在房价中的比例都比较高。据日本通产省与日本银行 1998 年的调查，地价约占房价的 60%～75%，日本商业楼宇的地价占房地产总价格的比例甚至达到 80%～90%。在日本首都东京，地价在房价中的比例高达 65%～85%（张文新、蒋立红，2004，50～54 页）。

在此,根据日本的地价指数,分析日本的房地产周期。图 11 - 4 是 1964～2009 年 3 月末的城市地价指数曲线图。由图 11 - 4 可以看出,1991 年以前基本上属于上升阶段,其中,1974 年出现了一个小波峰,1975 年见底,1991 年出现大波峰,间隔 17 年,是一个完整周期;1992 年开始进入下降阶段,长达 18 年,至今仍未出现明显的见底信号。

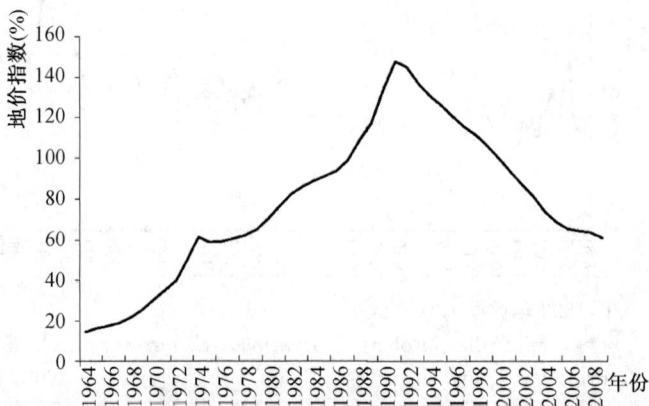

注:2000 年 3 月末数据为指数 100。

资料来源:日本不动产研究所研究部(Japan Real Estate Institute),《市街地价格指数(1964～2009)》。

图 11 - 4 1964～2009 年度日本城市地价指数

由于日本的房地产泡沫极其典型,关于日本房地产泡沫的研究,可谓汗牛充栋,见仁见智。在此,从房地产周期波动角度作一些探讨。

1985 年“广场协议”[①]后,日元迅速升值,由 1 美元兑换 240 日元升到 1 美元兑 200 日元,1986 年继续升到 160 日元,1987 年最高达到 1 美元兑 120 日元,升值近 100％。日元急剧升值对日本经济增长带来了巨大的冲击,1986 年日本工业出现了负增长。同时,日元升值导致企业生产成本上升,促使日本企业纷纷投资海外,结果是日本出现产业空心化趋势。面对这种情况,为了缓解日元升值对经济增长的影响以及避免通货紧缩,日本实行了扩张性的货币政策,官方贴现率不断调低,从 1985 年的 5％调至 1986 年 11 月的 3％。在 1987 年 2 月“卢浮宫协议”[②]后,为了制止美元急剧下跌,配合美国稳定美元的要求,日本又将官方贴现率下调到 2.5％,并一直维持到 1989 年 5 月。与此同时,日本货币供应量呈不断扩张的趋势。

在这种经济环境下,日本出现了严重的房地产泡沫。如表 11 - 2 所示,20 世纪 80 年代中期,东京都土地资产额仅仅只有 GDP 的一半左右。但是,由于地价暴涨,20 世纪 80 年代

---

① 1985 年 9 月 22 日,美国、日本、联邦德国、法国以及英国的财政部长和中央银行行长在纽约广场饭店举行会议,达成五国政府联合干预外汇市场,诱导美元对主要货币的汇率有秩序地贬值,以解决美国巨额贸易赤字问题的协议。因协议在广场饭店签署,故该协议又被称为“广场协议”。

② 1987 年 2 月,G7 国家财政部长和中央银行行长在巴黎的卢浮宫达成协议,一致同意 G7 国家要在国内宏观政策和外汇市场干预两方面加强“紧密协调合作”,保持美元汇率在当时水平上的基本稳定。此次会议协议史称“卢浮宫协议”。

后期其比率迅速升高。东京都的住宅用地市价总额,到 1988 年末迅速增加到了 GDP 的 1.4 倍。也就是说,仅在 1986～1988 年的三年中,就增加了接近一个 GDP 的量(野口悠纪雄,2005,第 3 页)。

表 11 - 2　日本国内总产值(GDP)与土地资产额的变动趋势(1981～1991 年)　万亿日元

年份(年)	1981	1982	1983	1984	1985	1986	1987	1988	1989	1990	1991
GDP	261	273	286	305	324	338	354	377	403	434	457
土地	128	135	139	149	176	280	449	529	521	517	504
土地/GDP	0.490	0.495	0.486	0.489	0.543	0.828	1.268	1.403	1.293	1.191	1.103

注:① 土地资产额是指东京都住宅用地的市价总额。1981～1990 年的数据是根据各年度年末值的单纯平均计算的;1991 年的数据是根据 1990 年数据和都道府县地价调查东京都的数值计算的。

② GDP 是各年度国内总产值的名义值。

资料来源:日本经济企画厅《国民经济计算》与国土厅《都道府县地价调查》。转引自[日]野口悠纪雄:《泡沫经济学》,北京:生活·读书·新知三联书店,2005。

针对日趋严重的泡沫经济,日本政府采取了从金融到土地的双管齐下的政策调控。1989～1990 年日本央行几次连续升息,为燥热的房地产市场下了一剂猛药,同时出台的《土地基本法》也成为抑制土地市场投机的重要措施。这种猛烈的政策调控,导致泡沫经济破灭。1991 年,日本股价和房地产价格同时开始暴跌,致使日本经济 20 世纪 90 年代出现了"迷失的 10 年"。

日本不动产研究所研究部(Japan Real Estate Institute)发表的《市街地价格指数(1964～2009)》表明,尽管东京等一些大城市部分地段的地价出现了上涨,但全国的平均地价依然在继续下跌,已连续 18 年下跌。与 1991 年相比,2009 年地价已经下跌了 58%,基本回到房地产泡沫产生前的 1974 年的水平。房地产价格的暴跌导致一些涉足房地产业较深的大、中、小企业纷纷倒闭。据统计,在日本的破产企业中,房地产商和建筑公司的比例最大,仅 2000 年,包括房地产商在内的建筑行业就有 6 000 多家公司破产,占当年破产企业总数的 33.6%。2002 年,日本有 28 家上市公司倒闭,其中 1/3 以上是房地产公司,创战后上市企业倒闭的最高记录①。

根据经验分析,导致资产泡沫的真正原因,是日本央行为了缓解本币升值对出口的冲击,大幅放松了银根,试图以货币对内贬值代替对外升值,使得货币政策失去了独立性。在此政策下,货币供应量在一个相当长的时期里持续快速增长。这使得商业银行流动性普遍过剩,而消费又难以在短期内快速增加。在以银行间接融资为主的金融环境下,这些货币的最好去处,就是股票和房地产市场。巨额的资本涌进股票和房地产市场,使资产价格的暴涨完全脱离了实体经济的支持,形成了举世闻名的日本泡沫经济(高波、毛中根,2006)。

3. 英国的房地产周期

根据英国的房地产价格指数,分析英国的房地产周期。图 11 - 5 是 1952～2009 年末的

---

① 《房地产泡沫重创日本经济 10 年后负面影响依然在》,http://finance.sina.com.cn/j/20050417/10311524501.shtml。

房地产价格指数曲线图。由图 11-5 可以看出,1954 年英国的房地产价格位于波谷,到 1992 年再出现波谷,长达 38 年,完成一个房地产周期。随后房价先是缓慢回升,后是加速上涨,2007 年到达波峰,2008 年房价下跌 15%,2009 年三季度触底回升,间隔 17 年左右。按照从波峰到波峰来看,1989 年位于波峰,1989 到 2007 年,间隔 18 年,完成一个房地产周期。

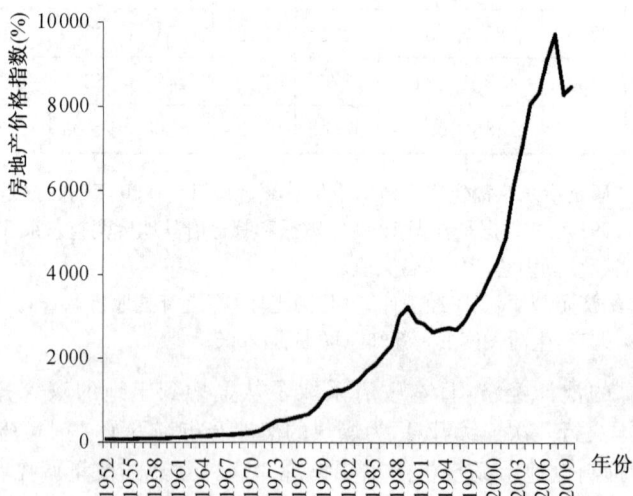

注:取 1952 年第四季度的房地产价格指数为基数 100,该指数是以房价名义值编制而成的。

资料来源:http://www.nationwide.co.uk/hpi/historical.htm。

图 11-5　英国房地产价格指数

四　中国的房地产周期波动分析

关于中国的房地产周期,目前还没有一个公认的划分标准。由于缺乏中国房地产市场的长期统计数据,尽管具备了研究房地产市场短、中周期的条件,但还不能对房地产市场长周期进行研究。对于房地产周期的划分,有多种方法和多种标准。

(一)直观分析

这里首先采用传统的房地产周期研究方法,使用搜集到的 1987 年以来比较完整的相关房地产数据资料,作为房地产周期变量,直观地判断和确定中国房地产周期的峰谷及阶段,从而对中国的房地产周期波动特征有一个初步的认识。对于中国房地产周期波动的基本特征,主要从房地产开发投资、供给和需求、房地产价格等三个方面进行分析。

1. 房地产开发投资的周期波动

从房地产开发投资来看,中国房地产市场存在显著的周期波动。1987 年以来房地产开发投资出现了 2 次波谷。第一次是 1990 年,房地产开发投资下降 7.1%。第二次是 1997 年,房地产开发投资下降 1.2%。2008 年,房地产开发投资增速不断下降,全年增长 20.9%,扣除价格因素,实际增长 12%。2009 年一季度房地产开发投资增长 4.1%,成为短期底部,而 2009 年房地产开发投资增长达到 16.1%(图 11-6)。按照从波谷到波谷来看,1991~1997 年是一轮周期,1998 年以来是新一轮周期,底部的确认还要等待时间来检验。

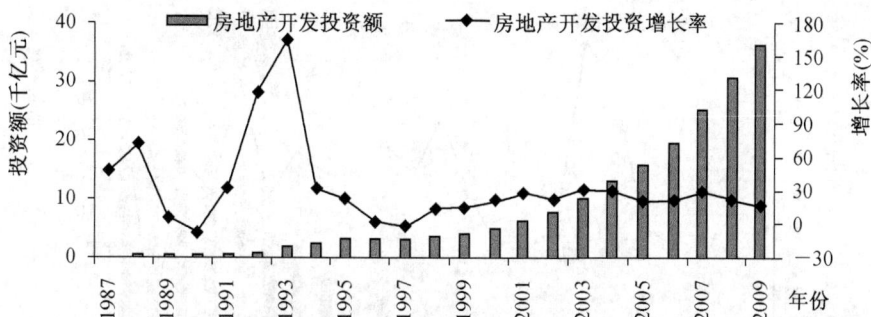

资料来源:国家统计局,《中国统计年鉴—2009》,北京:中国统计出版社,2009 年;国家统计局,《中华人民共和国 2009 年国民经济和社会发展统计公报》,www.stats.gov.cn,2010。

图 11-6 1987~2009 年全国房地产开发投资额及其增长率

2. 房地产供给和需求周期波动

对于房地产供给周期波动的研究,选用商品房竣工面积指标进行分析,这一指标最早的统计数据是 1994 年。20 世纪 90 年代以来,中国的房地产供给呈现出稳步上升的趋势。根据统计资料,商品房竣工面积从 1994 年到 2009 年一直增加,并未出现明显的下降趋势,但是商品房竣工面积的增速有较大幅度的波动,分别在 1997 年和 2004 年出现波谷(见图 11-7)。

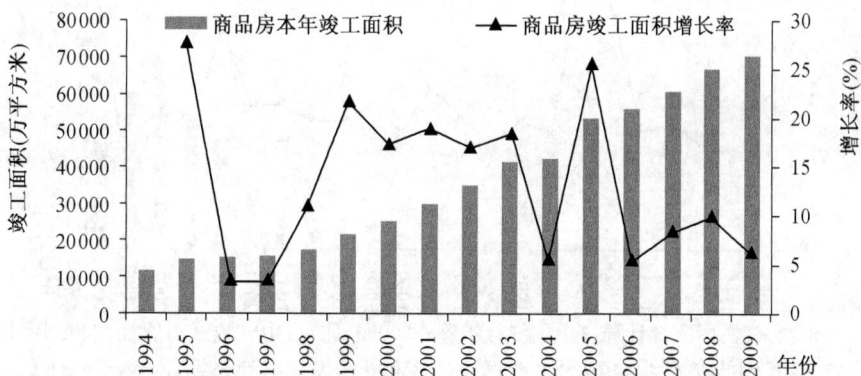

资料来源:国家统计局,《中国统计年鉴—2009》,北京:中国统计出版社,2009 年;国家统计局,《中华人民共和国 2009 年国民经济和社会发展统计公报》,www.stats.gov.cn,2010。

图 11-7 1994~2009 全国房地产开发企业房屋竣工面积及其增长率

从房地产销售来看,房地产需求表现出了较为明显的周期波动特征。根据统计,20 多年来,房地产销售出现了 3 次波谷。第一次是 1989 年,房地产销售面积下降 2.5%。第二次是 1996 年,房地产销售面积下降 0.1%。第三次是 2008 年,在上一年房地产市场火暴和美国次贷危机负面影响日趋加剧的背景下,房地产销售面积和销售额大幅萎缩,分别下降了 19.7%和 16.1%。2009 年一季度,房地产销售止跌回升,2009 年房地产销售大幅增长,房地产销售面积和销售额分别增长 42.1％和 75.5％(见图 11-8 和图 11-9)。综上可见,1994 年到 2009 年,房地产供给和房地产需求的周期波动是基本一致的。

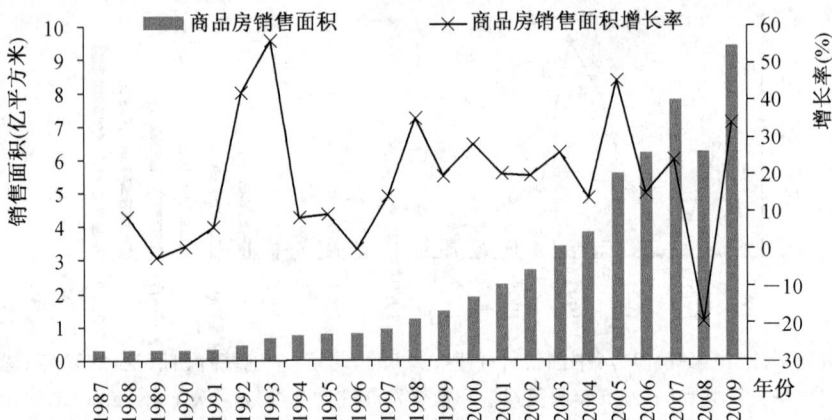

资料来源:国家统计局,《中国统计年鉴—2009》,北京:中国统计出版社,2009年;国家统计局,《中华人民共和国 2009 年国民经济和社会发展统计公报》,www. stats. gov. cn,2010。

图 11-8　1987～2009 年全国商品房销售面积及增长率

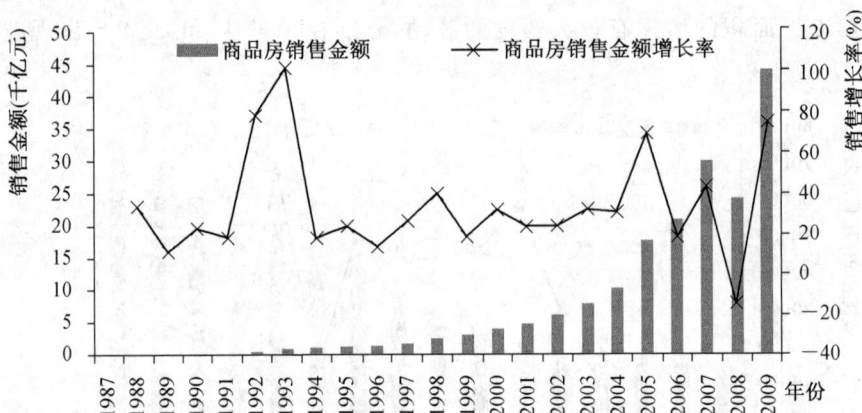

资料来源:国家统计局,《中国统计年鉴—2009》,北京:中国统计出版社,2009 年;国家统计局,《中华人民共和国 2009 年国民经济和社会发展统计公报》,www. stats. gov. cn,2010。

图 11-9　1987～2009 年全国商品房销售金额及增长率

3. 房地产价格周期波动

在房地产周期波动中最为突出和引人关注的是房地产价格指标,这里选用房地产平均销售价格来讨论房地产价格周期。从房地产价格增长率来看,房地产价格分别在 1991 年和 1999 年出现波谷。房地产价格经历了 2000～2003 年 2％～5％的缓慢上涨后,出现了 2004年、2005 年、2007 年和 2009 年房价分别上涨 17.76％、14.04％、14.76％和 23.55％的暴涨行情。2008 年,在房地产销售大幅萎缩的条件下,房价剧烈波动,房价下跌 1.66％,若考虑价格因素,实际下跌幅度更大。2009 年在应对全球金融危机的一系列经济政策刺激下,房地产市场快速复苏,一季度房价止跌企稳,全年房价出现了大幅飙升(见图 2-6)。由此可见,根据直观分析,中国房地产市场经历了两轮房地产价格周期,一轮是 1992～1999 年,另一轮是 2000～2008 年。

深入分析房地产开发投资周期、房地产供给和需求周期以及房地产价格周期的波动特征,不难发现,三者之间存在内在的关联性。在房地产周期波动过程中,先是房地产销售出现下滑,继而房地产开发投资下降,然后房地产价格出现下跌。而房地产市场的复苏,通常是房地产销售率先回升,继而房地产开发投资开始增长,然后房地产价格出现上涨。由此可见,房地产开发投资周期、房地产供给和需求周期以及房地产价格周期,存在明显的领先滞后关系。

(二)冲击-传导模型分析

为了更好地认识中国房地产周期波动的规律,这里从冲击-传导角度,首先构建存量-流量模型,并运用中国房地产市场数据对房地产周期波动的冲击-传导机制进行动态模拟分析。

在此基础上,引入谱密度分析等方法将房地产市场各变量的时间序列分解为一组互不相关的周期波动的叠加,从而大致估算出房地产周期所处的频率范围,进而使用 BP 滤波分析等滤波工具获得相应的周期曲线,并对周期作出测度与划分。

1. 11.5 年左右的房地产价格中周期

根据谱密度分析所获得的先验周期长度,再运用 BP 滤波的方法获得周期曲线。以11.5 年为中心,对经 HP 滤波的中国商品房销售均价作对称带宽的 BP 滤波,获得 11.5 年左右的中国房地产价格周期曲线,如图 11-10 所示。

根据谷—谷的划分方法(见图 11-10),在分析期内存在 3 个周期(见表 11-3):第一个周期,? ～1991;第二个周期,1992～2002,是一个完整的周期;从 2003 年开始的新一轮周期,于 2008 年到达波峰。

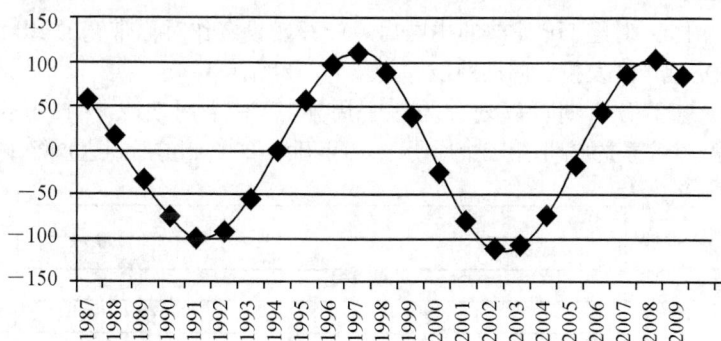

注:BP 滤波带通宽度为($P_L = 9.5, P_U = 13.5$)。

图 11-10　11.5 年左右的中国房地产价格周期

表 11 - 3　11.5 年左右中国房地产价格周期的划分　　　　　　　　　　　　　年

	上升期间	波峰	下降期间	波谷
周期 1		1987?	1988~1990	1991
周期 2	1992~1996	1997	1998~2001	2002
周期 3	2003~2007	2008	2009~	

2. 2.1~4.6 年的房地产价格短周期

以 2.1~4.6 年为带宽对经 HP 滤波的中国商品房销售均价作 BP 滤波,获得 2.1~4.6 年房地产价格周期曲线,如图 11 - 11 所示。

根据谷—谷的划分方法(见图 11 - 11),分析期内存在 7 个短周期:第一个周期,? ~1989;第二个周期,1990~1991;第三个周期,1992~1995;第四个周期,1996~1999;第五个周期,2000~2003;第六个周期,2004~2008;第七个周期,2009~?;有 5 个完整的周期。

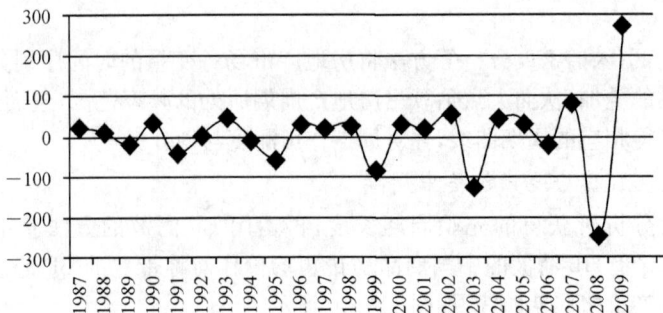

注:系列 BP 滤波带通宽度为($P_L=2.1, P_U=4.6$)。

图 11 - 11　2.1~4.6 年的中国房地产价格周期

3. 12 年左右房地产开发投资中周期

以 12 年为中心,对经 HP 滤波的中国房地产开发投资作对称带宽的 BP 滤波,获得 12 年左右的中国房地产开发投资周期曲线,如图 11 - 12 所示。

根据图 11 - 12,分析期可以划分为 3 个周期:第一个周期,? ~1990;第二个周期,1991~2003,是一个完整的周期;第三个周期,2004 年开始,2008 年前后到达波峰(见表 11 - 4)。

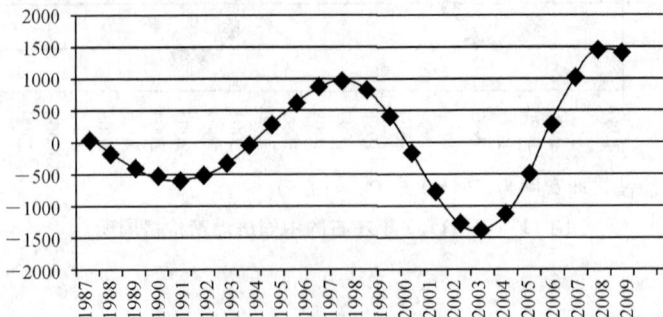

注:BP 滤波带通宽度为($P_L=8, P_U=16$)。

图 11 - 12　12 年左右的房地产开发投资周期

表 11－4　12 年左右房地产开发投资周期划分　　　　　　　　　　年

	上升期间	波峰	下降期间	波谷
周期 1			1986～1989	1990
周期 2	1991～1996	1997	1998～2002	2003
周期 3	2004～2007	2008?		

4. 4.8 年房地产开发投资短周期

除了 12 年左右的房地产开发投资中周期外，还可以通过 BP 滤波法获得 4.8 年房地产开发投资短周期曲线，如图 11－13 所示。

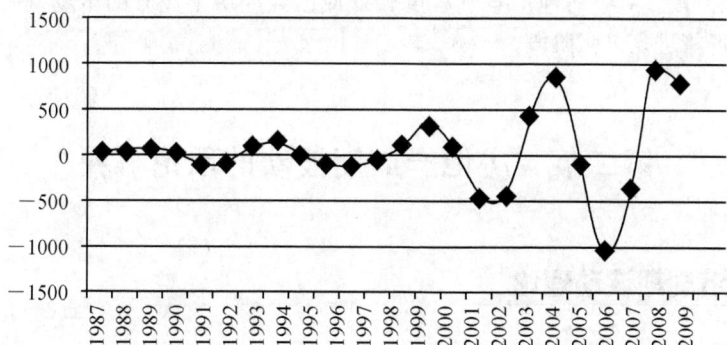

注:滤波器允许通过的带通宽度上下限(P_L, P_U)设为$(3.8, 5.8)$。

图 11－13　4.8 年左右的房地产开发投资周期

由谷—谷计算，分析期共存在 5 个 4.8 年左右房地产开发投资周期，其中包括 3 个完整的周期，具体周期划分如表 11－5 所示。

表 11－5　4.8 年的房地产开发投资短周期划分　　　　　　　　　年

	上升	波峰	下降	波谷
周期 1		1988	1989	1990
周期 2	1991～1992	1993	1994～1995	1996
周期 3	1997～1998	1999	2000	2001
周期 4	2002～2003	2004	2005	2006
周期 5	2007	2008	2009～?	

（三）小结

对中国房地产周期的研究，无论是学术界还是实际部门都未取得一致的看法。笔者认为，考察和分析中国的房地产周期波动现象，应特别关注以下几个特征。

1. 中国的房地产周期具有较强的政策周期性

1978 年以来，中国的房地产业是在经济转型条件下逐步成长和发展起来的，经济转型过程中的房地产业政策对房地产周期的形成产生直接作用，因而中国的房地产周期具有较强的政策周期性。

2. 中国的房地产周期与宏观经济周期关系密切

根据观察发现,在经济萧条时期,由于宏观经济环境的影响,房地产市场也不活跃;而当政府采取扩张性的政策刺激经济增长时,房地产市场率先复苏,宏观经济也趋于扩张。在经济走向繁荣时期,房地产市场更为活跃,甚至快于宏观经济周期达到繁荣阶段。政府为防止经济过热,实行宏观调控措施,在提高利率、削减货币供应量、提高税率、调节土地供给等政策冲击下,房地产需求降低,房地产市场先于宏观经济出现收缩效应。

3. 中国的房地产业区域发展不平衡,因而房地产周期存在较强的区域差异

对于房地产过热的城市,宏观紧缩将带来房地产市场的有效降温,房地产市场将进入相对平稳或收缩阶段。对于房地产景气程度较低或已经经历了充分的市场调整的城市或区域,房地产市场将进入扩张阶段。

第二节　房地产周期波动的理论解释

一　经济周期波动理论

在一个国家或地区的经济运行过程中,经济增长出现不同程度的波动,是一个比较容易观察到的现象。经济体系内外因素的变化或冲击,如投资、消费、创新、技术进步等,具有一定的规律性或随机性,导致经济增长的波动,并表现出一定的周期性,即经济周期。经济学家卢卡斯将经济周期定义为与某种类型的价格与其他变量协同运动相关联的就业、产出及产出组合的反复波动(卢卡斯,2000[1977],第273页)。房地产周期与经济周期存在一定的关联性,弄清经济周期理论,将有助于研究房地产周期波动的规律。在此,对几个主要的经济周期理论进行评述。

1. 创新理论

创新理论的代表人物德国经济学家熊彼特在《经济发展理论》(Joseph A. Schumpeter, 1990[1912])和《经济周期》(1939)中指出,经济周期是企业创新的结果。创新是提供新产品、新劳务,引进新方法、采用新原料,开辟新市场和建立新企业组织形式等行为。创新可以提高生产率、增加利润、引起投资增长,从而刺激经济增长。少数企业的成功创新会使企业获得垄断利润,并为其他投资者开辟道路。之后,许多企业群起而效仿,形成投资扩张倾向,创新浪潮的出现引起经济繁荣。而大量企业的模仿则导致垄断利润消失,进而导致信用紧缩,产生萧条。由于创新活动不可能经常出现,所以经济增长也就不可避免出现周期波动。

2. 有效需求理论

凯恩斯(1963)认为不稳定的自发消费和投资支出是经济周期出现的主要原因。凯恩斯的有效需求理论是其经济周期理论的基础。有效需求包括消费需求和投资需求,它主要由三大基本心理因素即消费倾向、收益预期、流动偏好和货币供应量决定,这些因素相互作用造成有效需求不足,从而引起失业和萧条。在经济周期的扩张阶段,人们受盲目乐观情绪支

配,往往过高地估计了产品的需求、价格和利润。企业经营者因对未来的乐观预期而增加与他有关联的货物和服务的需求,带动其他企业经营者也相应增加需求,从而导致过多的投资。然而,扩张导致资本品需求增加,资本品价格上升,从而资本边际效率下降。而随着收入增加,货币交易需求增加,利率上涨,导致投资需求下降,经济出现下滑,悲观情绪蔓延,股票价格和房地产价格也将下降,人们的财富缩水又导致了自发消费的下降,厂商积压了过多的存货从而缩减生产。在乘数机制的作用下,萧条不可避免地出现了。

3. 乘数-加速数理论

保罗·萨缪尔森(Samuelson, P. A., 1939)的乘数-加速数模型,使用投资的乘数和加速数来解释由投资引致的经济周期波动。自发投资的增长是诱导经济体系重新扩张的重要外在刺激因素。一旦有某一种自发投资出现,不论其来自人口增加、技术进步或其他原因,由此引起收入增加,收入的增加通过加速原理,使引致投资发散性扩大。投资的扩张通过乘数原理,使收入进一步增长,并逐步达到上限。当收入增长受到资源能力的限制,生产达到社会生产可能性边界时,根据加速原理,会引致投资逐渐回落。收入的绝对水平下降,生产能力过剩,乘数和加速数从相反方向起到放大作用,使社会生产急剧衰退,进入萧条阶段。经过一段萧条期后,存货耗尽,资本品无法再行缩减,投资支出再次增加,乘数与加速数重新发挥作用,导致经济复苏,并最终形成新一轮的经济周期。

4. 货币主义理论

以弗里德曼(Friedman, M. and Schwartz, A. J., 1963)为代表的货币主义学派,把经济周期波动看作总需求的不稳定,而总需求不稳定是货币供给的不稳定造成的,将经济周期波动完全或主要归结为货币供应量不规则变化所致。经济扩张源于货币供应量持续增加;经济衰退则是货币供应量持续减少所致。如果实际货币供应量超过了家庭和企业的合意持有量,家庭和企业为了减少过多的货币金额,可能通过增加货物和服务支出,也可能通过购买金融资产寻求平衡。这些超额货币供给将流向耐用消费品和证券市场。实际货物和服务价格将会上升,货物和服务生产将会增加,形成经济繁荣。反之,则形成经济衰退。货币学派认为,在长期中,经济系统是内在稳定、趋向充分就业的,价格的调整最终会使产出重返自然率水平;然而,在短期中,由于人们具有货币幻觉,货币当局政策的不稳定导致了总需求波动,从而引起了经济的不稳定,实际产出与充分就业产出水平出现偏离。

5. 理性预期理论

所谓理性预期,是指根据这种理论当人们预期未来时可以最好地利用他们拥有的所有信息,包括有关政府政策的信息(曼昆,1999,第383页)。在对经济周期的本质认识上,卢卡斯(Lucas, R. F., 1977)提出了不完全信息的货币幻觉理论,将随机的货币因素的冲击看作外生需求冲击的源泉,认为预期不到的货币供给的变化是价格和产量波动的驱动力。他假定厂商收集经济中其他产品价格的信息有困难,存在暂时的信息障碍,以至于厂商不能清楚地了解其他市场正在发生什么。如果货币供给增加导致一般价格水平上涨,但是由于信息不完全,生产者无法区分是一般性价格水平还是他所生产的产品的相对价格上涨,可能误认为是市场对他所生产的产品的需求上升导致的相对价格水平的上升,于是会扩大生产、增加投资以增加供给。然而,当发现经济系统中其他商品价格都在上涨、生产成本等幅度上升时,厂商将减少投资到正常水平,恢复原来的生产规模,这样就产生了经济的波动。

在以理性预期为基础的经济周期模型中,周期的传导机制可以分为三类。第一类理性预期模型假设经济结构中存在组织个体获得整体经济中关于潜在的周期性力量信息的机制,大多数的理性预期模型包括卢卡斯的周期理论都属于此类。第二类理性预期模型引入了学习过程,即理性预期并不能够自动立即形成,需要通过一个学习的过程才能达到,在这个学习过程中,预期模式接近于适应性预期。第三类理性预期模型不仅假设信息是完全的,预期也是完全理性的,但经济结构本身仍然存在发生周期性波动的机制(加比希、洛伦兹,2003)。

6. 真实经济周期理论

基德兰德和普雷斯科特(Kyaland and Prescott,1982)、朗和普劳什(Long and Plosser,1983)等学者,是真实经济周期理论的开创者。真实经济周期理论遵循了新古典经济学的主要原理。该理论假设,在经济行为主体追求效用最大化、价格具有粘性、存在自愿失业的情况下,市场是出清的。同时对古典理论的假设又做了修正,认为价格和工资在短期也具有粘性,但对于工资的持续变化是不敏感的,这样闲暇的跨期替代意味着工资率的较小变化会引起工作量(就业)的较大变化,从而引起产出的较大变化。该理论的核心思想是:导致经济周期的根源主要是以技术冲击为代表的真实因素,真实冲击导致了技术进步率大幅度的随机波动,从而引起了总量生产函数的移动,改变了全要素生产率和工资及利率等经济变量的相对价格。经济主体具备理性预期,他们从效用期望值最大化目标出发来选择消费和劳动供给。当真实的技术冲击引起全要素生产率波动时,理性经济主体会针对这种波动最优地调整其劳动供给和消费。这种最优调整会导致产量和就业的波动,从而产生经济周期。

7. 非线性经济周期模型

西方经济学家使用了大量的非线性模型来分析经济周期波动问题,卡尔多1940年的经济周期模型是动态经济学中非线性效应分析的最早尝试之一。在线性周期模型中,经济的运行或者一直沿着均衡路径,或者单调增减,或呈收敛式及爆炸式摆动,这些结果均与现实经济情况相冲突。非线性经济周期模型则避免了依赖外部冲击和特定参数值的缺陷,产生了真正的内生经济周期。然而,学20世纪50年代形成的非线性模型大多较为粗糙,难以令人满意。20世纪60年代以后,一些经济家将应用数学的一些代表性定理应用于大规模宏观经济波动的分析,形成了经济周期理论的另一分支。这一分支理论的一部分将物理学中古典的振动理论应用于经济周期分析,形成了非均衡分析和增长波动理论等;另一部分利用现代动态系统论来解释现实经济中更常见的、随机的、非规律性波动现象,形成了分岔理论、突变理论和混沌经济周期理论。

8. 外生冲击理论

最早将宏观经济波动与随机冲击相联系的是前苏联经济学家斯勒斯基(Slutzky,1937)。他利用统计方法得到的随机序列与英国1855~1877年的经济周期指数十分相似。使宏观经济产生波动的外生冲击大致可以分为三类。一是来自于生产方面的供给冲击,这类冲击包括技术知识进步、气候变化、自然灾害、资源发现和国际市场投入生产要素价格的波动等。二是来自于宏观管理当局的政策冲击,如货币供应量、汇率和财政政策的变动等。典型的如在政治周期理论中,执政党和政府利用扩张性或紧缩性的政策为自己再次当选和当政服务;在货币主义经济周期理论中,强调货币供给数量变动对经济波动的影响。三是来自私人需求方面的冲击,例如,由预期和偏好变动引起的投资和消费支出变动等。凯恩斯认为,由"动物精神"变化引起的投资波动,将引起总需求变化,进而对总产出产生影响。

在这些外生的特殊事件中,有的持续时间较长,成序列相关,有的属于与经济结构不相关的各种随机干扰(白噪音)。与这些不同外生冲击影响相对应的周期理论包括随机经济周期理论、政治周期理论、货币主义经济周期理论和新古典经济周期理论等。

有些经济学家在模型中引入随机变量,将该随机变量看作所有外生因素的综合,利用这一方法来说明经济的不规则波动。将外生冲击看作随机因素有两个理由:一是有些外生事件本身就是随机的;二是这些事件在其他学科可能不是随机因素,但它们在经济学家看来是随机的,这类事件包括农作物的收成、创造发明和政治行为等。随机经济周期模型除了可以使问题简化外,由于它包含了实践不能观察到的不规则现象,从而使周期理论更加丰富。

9. 新凯恩斯主义模型

在费希尔(Fischer,1977)、费尔普斯和泰勒(Phelps and Talor,1977)研究的基础上,20世纪 70 年代,许多经济学家发展了一大批建立在工资和物价刚性微观经济基础之上的新凯恩斯主义模型,包含了理性预期的非市场出清理论重新受到青睐,形成取代新古典宏观经济学之势。新凯恩斯主义根据不完全竞争、不完善市场、异质劳动和信息不对称等市场不完善产生的合作失败和宏观经济外部性,重新得到实际产量经常波动、波动具有非均衡性质、名义总需求冲击可以造成非均衡实际产量波动和政府应对经济进行一定程度干预的结论。

新凯恩斯主义认为,只要存在不完全竞争和市场不完善,经济将不能实现帕累托最优。通过将消费者、生产者、劳动市场参与者不完全信息决策的现代市场理论纳入模型,新凯恩斯主义就可以在很大程度上克服传统凯恩斯主义的微观缺陷。新凯恩斯主义尚未形成与经济规律性地发生的经济波动相一致的经济周期理论。大体而言,新凯恩斯主义研究可以分为两部分。一部分将物价和工资刚性看作偏离瓦尔拉斯一般均衡的重要原因,如不存在刚性,经济在受到冲击之后很快会回到充分就业的效率均衡。另一部分新凯恩斯主义者认为,物价和工资刚性并非经济偏离均衡的唯一原因,甚至不是主要原因。即使价格具有充分收缩性,如果存在市场不完善和合作问题,名义冲击仍然可能造成就业和产量的较大波动(胡永刚,2001)。

二　房地产周期波动的影响因素

宏观经济变量的变动,如收入、人口数量和结构、利率和货币供应量、汇率和国际资本流动,以及宏观经济政策等因素,都对房地产市场产生冲击,从而导致房地产市场的波动。

1. 人口数量和结构变动对房地产周期的影响

人口的周期性变化与房地产周期波动直接相关。人口是房地产市场的主体,在其他条件不变的情况下,一个国家或者地区的人口总量决定了住宅等房地产需求的大小。一般来说,这种需求随着人口的增长而增长。一些国家在特定的历史条件下出现的生育高峰,形成了"婴儿潮"现象,随着年龄的推移会对房地产产生较大的需求。从人口的城乡结构看,城市化过程中所导致的城市人口增多,将会改变城市人口总量和城市人口结构,相应地也会改变房地产需求总量和结构。另外,人口家庭规模的变动也会导致房地产市场的波动,即使总人口数量不再增加,但家庭规模的小型化也会影响房地产需求的总量和结构。而有的国家出现了人口老龄化及人口负增长,将会减少房地产需求。

2. 总产出和收入波动对房地产周期的影响

总产出或人均收入的波动是直接反映经济周期波动的指标。总产出或者收入的波动会直接影响到房地产投资、房价、空置率等房地产市场的一系列指标,对包括中国在内的经验研究表明,代表房地产周期的房地产投资增长率与代表宏观经济的总产出增长率的波动高度一致。一般而言,当人均收入呈现快速增长,宏观经济处于高度景气时,人们对未来收入和经济增长的前景乐观会倾向于从银行过度融资,从而增加杠杆、推高房价进而推动房地产投资。一旦宏观经济景气不再,收入下滑,此时一方面将减少房地产需求,另一方面在过去景气状态下积累的债务仍在,极易造成费雪所说的债务性通货紧缩,从而导致房地产市场和宏观经济的恶性循环。

3. 通货膨胀率对房地产周期波动的影响

通货膨胀因素影响房地产名义价格与真实价值变动,在价格机制作用下,进而导致房地产经济运行出现扩张或收缩性变化。一般来说,在通货膨胀持续高涨的年代,房地产价格出现明显上涨趋势。通货膨胀因素使房地产的保值与增值功能更加显著,进而影响房地产业增长。物价上涨引发通货膨胀后,导致货币价值下降,消费者宁愿持有实物资产而放弃货币资产,具有较强保值和升值潜力的房地产便成为消费者抵御物价上涨的有效投资渠道,从而推动房地产投资活动增加。相反,当物价下降特别是出现通货紧缩后,作为实物资产的房地产名义价值会有所下降或缩水,使房地产投资行为和投资规模受到影响。所以,通货膨胀因素对房地产周期波动的影响显著。

4. 货币供应量对房地产周期的影响

货币供应量的松紧,对房地产市场具有直接影响。货币供应量的增加和宽松的信贷条件将促进房地产投资的增加和房价的上涨。尤其是当货币供应量超常规的增加引发通胀预期时,通常将导致资产价格的快速上涨。充足的流动性不仅可能导致商品和服务的价格上涨,而且会因更多的货币将进入资产市场,从而带来资产价格的上涨。而一旦央行迫于通胀压力开始收紧银根,改变宽松的信贷条件,房地产投资和房地产消费需求将受到抑制,房地产市场会从繁荣走向衰退。

5. 利率对房地产周期的影响

利率对房地产周期的影响一般表现在两个方面:一是对房地产开发投资的影响,银行贷款是房地产开发资金的重要来源,利率的高低会直接影响开发成本和利润;二是对房地产消费需求的影响,利率高低影响到消费者的贷款信心、还款压力和支付能力等。利率的"价格比较"作用也一定程度上体现出利率在房地产周期波动中的引导作用。利率本质上是资金的价格表现,房地产投资的利润率和内部收益率、利率具有可比性,只有当房地产投资的收益率高于利率时,房地产开发商才借贷资金,反之就会退出信贷市场。当中央银行开始降低利率时,债券利率也随之降低,消费者将决定利用当前更为便宜的融资来建造或购买房地产,住宅和商业房地产的价格开始上涨,租金收入上涨超过了成本增加。在利率下降的情况下,房地产业开始扩张,对房地产开发用地需求的增长,推动土地价格上涨。当消费能力和工业产能达到顶峰后,租金开始下降,房地产空置率上升,房地产价格出现下滑。可见,在一轮房地产周期波动中,利率具有极其重要的影响作用。

6. 汇率和国际资本流动对房地产周期的影响

汇率虽然不是房地产周期波动的直接影响因素,但在经济全球化的背景下,汇率通过改变外资对东道国房地产市场的投资发挥作用。在开放经济条件下,资产价格不仅受自身供求因素的影响,也越来越多地受到汇率变动的影响。从经验来看,一国(地区)货币升值或贬值,都有可能对本国(地区)的房地产价格变化产生影响。例如,20世纪90年代,大量资本流入美国,使美元持续坚挺,与之相伴随的是美国利率的下降以及股票价格与房地产价格的上涨;再如1997年亚洲金融危机发生后,大多数发生危机的经济体伴随着本国货币急剧贬值而出现了股票价格下跌与房地产价格下跌的"三重危机"(trinity crisis)现象。在中国,人民币升值预期下的大量外资流入,对中国2000年以来的房地产价格上涨起到了推波助澜的作用。汇率的变动和大量国际资本的流入或流出,将对东道国资产市场产生冲击,导致资产价格的暴涨暴跌。

7. 房地产市场的"羊群行为"对房地产周期波动的影响

人们存在从众心理是一种普遍的现象,这就使房地产经济运行过程中产生"羊群效应",越来越多的家庭或厂商在同一时期进入或退出房地产市场,以致在房地产市场出现投机行为。而房地产投机活动,对房地产周期波动产生推波助澜的作用。在房地产投资、建设、交易和使用过程中出现不同类型的房地产投机行为,使房地产经济的运行受到冲击,"羊群行为"不但强化房地产周期波动的趋势,而且还加剧房地产周期波动的深度和广度。

8. 政策调整对房地产市场的影响

影响房地产周期波动的政策因素很多,主要包括与房地产业密切相关、敏感程度高的土地政策、财政政策、货币政策、投资政策、产业政策、经济体制改革等。这些具有反周期性质的宏观政策因素,在短期内对房地产市场运行状况的影响是较为显著的。在经济扩张政策与经济紧缩政策的相互交替作用下,政府政策的"相机抉择"能够在一定程度上削减房地产周期波动的幅度。政策调整或体制改革,也可能导致一轮房地产周期的出现。

第三节　房地产市场宏观调控

宏观经济运行的四大目标是实现经济增长、充分就业、物价稳定和保持国际收支平衡。由于存在市场失灵,市场不能自动实现资源的有效配置,单纯依靠市场机制难以实现宏观经济的四大目标。所谓资源的有效配置,是指能够使社会经济效率达到最大的资源配置。要使社会效率达到最大,一个必要条件是:所有资源的边际社会收益与边际社会成本相等。如果在某个地方,资源的边际社会收益大于边际社会成本,这意味着,在该处配置的资源太少,应当增加。因为在这种情况下,增加一单位资源使社会增加的收益要大于社会增加的成本。反之,如果在某个地方,资源的边际社会成本大于边际社会收益,这意味着,在该处配置的资源过多,应当减少。因为在这种情况下,减少一单位资源使社会减少的成本要大于社会减少的收益。由此可见,只有在边际社会收益和边际社会成本恰好相等时,资源配置才能够达到最优状态。

一般来说,市场机制本身只能保证资源配置的边际私人收益和边际私人成本相等,而无法保证边际社会收益和边际社会成本相等。市场机制本身还存在着各种各样的缺陷。正是这些缺陷造成了经济活动的边际社会成本和边际社会收益不一致,造成潜在的互利交换和生产不能得到实现,造成市场失灵,因而必须借助政府这只"看得见的手"来弥补市场失灵。所谓市场失灵是指在资源配置的某些领域,完全依靠市场机制的作用不能实现帕累托最优。市场失灵的存在表明了政府干预的必要性,但政府的作用并不是替代市场机制,而是弥补市场机制的不足,解决市场机制解决不了的问题。

在现实中,房地产市场同样存在市场失灵,并具有房地产业独特的行业特征,因而政府必须对房地产市场实行宏观调控。

一　房地产市场宏观调控的目标

1. 房价稳定

保持房地产价格的基本稳定是房地产市场宏观调控的目标之一。房地产价格上涨过快容易诱导公众形成不合理的价格预期,助长投机,促使房地产泡沫形成;房地产价格上涨过快会产生"挤出效应",压缩居民的其他正常支出,抑制消费需求;房价快速上涨还会导致房地产的虚假繁荣,妨碍资源的有效配置,导致社会福利受损。

与此同时,房价大幅下跌同样会产生较大的负面影响。房地产是资金密集型产业,并具有融资杠杆的功能,房地产业与金融部门存在共生的关系。房地产开发贷款和购房抵押贷款占金融部门资产的比例较大。如果房价大幅下跌,就意味着金融部门的资产缩水,银行贷款质量恶化,银行面临巨大的坏账风险。房价大幅下跌使人们所持有的房地产市值大量缩水,部分居民甚至成为"负资产者",从而产生负"财富效应",消费水平降低。资产价格的下跌,还会影响企业的资产负债表,降低企业融资借款能力,从而降低社会投资水平。

2. 供求平衡

由于房地产的耐用消费品性质以及供给时滞,房地产市场供求失衡容易使房地产价格出现波动和振荡,对房地产业的发展和经济增长带来负面影响,因而实现房地产供求平衡也是房地产市场宏观调控的主要目标。房地产供求平衡包括短期平衡与长期平衡。由于房地产建设周期较长,房地产供给在短期内变化不大,所以在短期内政府对房地产市场实行宏观调控应以需求调节为主,重点抑制投机需求。从长期来看,房地产业发展的根本目的是不断提高居民的房地产消费水平,政府对房地产市场实行宏观调控应从供给入手,改善住房供应结构,不断满足市场需求,保障中低收入居民的住房需求。

3. 实现房地产业与国民经济的协调发展

当一个国家或地区经济增长达到一定水平后,人们对房地产的需求不断增长,由此带动房地产业的发展和繁荣,房地产业逐步成长为国民经济的支柱产业。由于房地产业的产业链长、涉及面广,能直接或间接带动60多个上下游产业的发展,一旦房地产业出现过热,则房地产业通过其后向关联效应拉动其上游部门或行业增长过热,通过其前向关联效应推动其下游部门或行业增长过热。而其他与房地产业关联度较低或者不相关联的产业的增长则受到阻碍,从而使经济结构扭曲。另一方面,如果房地产泡沫破裂或者其他原因导致房地产投资规模下降,那么这些相关产业将出现大量的产能闲置和资源浪费,阻碍经济增长。因此,政府通过对房地产市场的宏观调控,使房地产业增长与经济增长相适应、与居民收入水平提高相适应,实现房地产业与国民经济的协调发展。

二　房地产市场宏观调控的主要手段和政策工具

当房地产市场出现剧烈波动时,政府可以通过经济手段,如土地政策、财政政策和货币政策、行政手段和法律手段等,对房地产市场实行宏观调控,"熨平"房地产周期波动。

(一)经济手段

1. 土地政策

我国实行土地公有制,城市土地所有权归国家所有,转让的是一定年限的土地使用权。政府作为土地供给者,在土地一级市场上处于垄断地位,政府可以通过土地政策来影响土地供给量,从而影响房地产供给和调节房地产市场。

如图 11-14 所示,在土地需求曲线不变的条件下,政府增加土地供给,供给曲线由 S_{L0} 移动到 S_{L1},与需求曲线相交于 E_1 点,土地成交数量增多,土地价格下降;相反,政府减少土地供给,供给曲线由 S_{L0} 移动到 S_{L2},与需求曲线相交于 E_2 点,土地成交数量减少,导致土地价格上升。因此,政府建立健全土地的招、拍、挂制度和土地储备制度,合理调节土地供给,可以防止房地产市场的大起大落,实现房地产业的持续、稳定、健康发展。

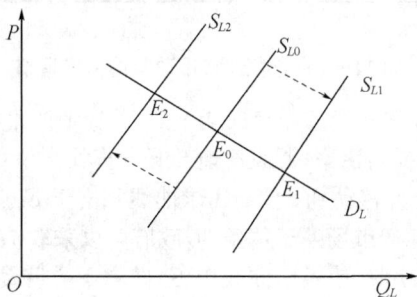

图 11-14　土地供给曲线变动对房地产市场的影响

2. 财政政策

合理运用财政政策,可以对房地产市场实行有效调控。① 运用税收杠杆,通过提高高档商品房税率抑制其需求,降低普通商品房的税率,刺激其供求,从而改善房地产市场的供求结构。② 调整转移支付政策,加大对低收入者的转移支付,缩小收入分配差距,保障低收入者的基本住房需求,健全住房保障体系。

3. 货币政策

灵活运用货币政策,可以对房地产市场实行有效调控。① 调节货币供应量,调整存款准备金率,将影响房地产市场的供给和需求。② 运用利率政策,如降低贷款利率,可以刺激房地产开发商增加供给;反之,则房地产开发商减少供给。降低房地产抵押贷款利率,可以刺激房地产需求;反之,提高房地产抵押贷款利率,则抑制房地产需求。③ 通过信贷政策,增加房地产开发贷款和房地产抵押贷款规模,可以提高房地产市场交易规模;反之,控制房地产开发贷款和房地产抵押贷款规模,可以限制房地产市场交易规模。

4. 财政、货币政策的混合运用

当房地产市场出现周期波动时,政府可以运用财政货币政策的有效组合,以实现其政策目标。如图 11 - 15 所示,假设房地产供给曲线不变,若房地产市场出现过热,政府可以采取紧缩性的财政货币政策,如提高税率、调高房地产抵押贷款利率和紧缩信贷等,使需求曲线由 D_0 向左下方移动到 D_2,与供给曲线相交于 E_2 点,使房地产价格下降,房地产交易量减少,房地产市场趋于稳定;相反,若房地产市场处于萧条期,政府可以采取扩张性的财政货币政策,如减税、降低房地产抵押贷款利率、扩张信贷等,使需求曲线由 D_0 向右上方移动到 D_1,与供给曲线相交于 E_1 点,刺激房地产价格上涨,房地产交易量上升,房地产市场走向复苏。

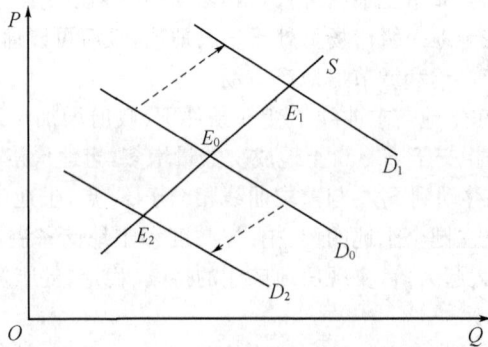

图 11 - 15　财政、货币政策的需求调节

如图 11 - 16 所示,假设房地产的需求曲线不变,若房地产市场出现过热,政府可以采取紧缩性的财政货币政策,如提高税率、调高房地产开发贷款利率和控制房地产开发贷款规模等,使供给曲线由 S_0 向左上方移动到 S_2,与需求曲线相交于 E_2 点,使房地产价格上涨,房地产交易量减少;相反,若房地产市场处于萧条期,政府可以采取扩张性的财政货币政策,如减税、降低房地产开发贷款利率等,使供给曲线由 S_0 向右下方移动到 S_1,与需求曲线相交于 E_1 点,使房地产价格下降,房地产交易量增加。

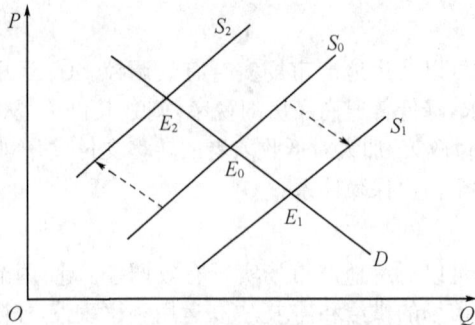

图 11 - 16　财政、货币政策的供给调节

（二）行政手段

根据房地产市场的运行状况，政府可以运用多种行政手段对房地产市场实行宏观调控。① 价格指导和价格管制。所谓价格指导，是指政府确定一个指导价格，由房地产开发商参照执行。价格管制，分为最高限价和成本加成定价。最高限价，是由政府确定一个最高价格，所有房地产开发商定价不能超过这个指标；成本加成定价，是政府根据房地产开发建设的平均成本加上一个合理的利润，来确定房地产的价格。② 城市规划是对城市建设的综合布局，主要通过各种法律条例、政府政策及技术控制参数，为城市布局调整和开发建设提供指导，在不断提高土地利用效率的同时，满足房地产投资开发的需求。城市规划对房地产市场调控的作用最直接、最具体也最具有影响力，它对房地产业的发展规模、发展时序、发展结构进行安排，决定着房地产开发的方向和深度。③ 加强房地产市场的制度建设，健全信息披露制度，以消除逆向选择和道德风险。政府确保房地产市场的信息公开、透明，合理引导消费者的心理预期。

（三）法律手段

通过立法，禁止房地产开发商形成价格同盟，促进市场竞争，是实行房地产市场宏观调控的重要手段。西方学者一般把反垄断法称为维护"经济自由的宪法"，认为它是自由企业的宪章（刘志彪，2003，第 36 页）。美国不但是现代反垄断法的摇篮，而且美国的反垄断法具有巨大的辐射力。谢尔曼法（The Sherman Act）于 1890 年通过生效，是美国反垄断的基础法律，重点是禁止垄断和合谋。谢尔曼法禁止任何限制交易的协议。所谓限制交易是指交易中的反竞争活动因素超过有利于竞争的因素。克莱顿法（The Clayton Act）于 1914 年制定，奠定了美国反托拉斯法的基本框架，其重点是防止价格歧视和通过产权重组形成排他性经营格局。联邦贸易委员会法（The Federal Trade Commission Act）禁止任何个人、合伙人和公司在交易活动中或任何影响交易的活动中利用不公平竞争以及欺骗性手段。制定和实施反垄断法的主要目的在于提高市场运行的效率，防止市场势力泛滥，创造竞争环境，实现公平竞争。处于转型期的中国，还没有进入大规模反垄断的阶段。但是，房地产市场特有的区域垄断性和房地产作为所有居民生活必需品的特性，要求政府运用法律手段，调节房地产市场的运行，提高房地产资源配置的社会总福利。

三　中国房地产市场宏观调控的过程与效应

由于房地产市场存在周期性运行规律，政府必须因势利导，对房地产市场实行宏观调控，尽可能降低房地产市场的波动。房地产市场与国民经济的运行态势密切相关，房地产市场的宏观调控也是宏观经济调控的有机组成部分。改革开放以来，中国政府根据经济运行态势和体制环境不同，共进行了五次收缩型的宏观调控和两次扩张型的宏观调控。与此相对应，在房地产市场成长过程中，针对房地产市场的宏观调控也充当了重要角色。

五次收缩型的宏观调控和两次扩张型的宏观调控的具体原因是有差异的。前四次的宏观调控都是收缩型的宏观调控。第一次宏观调控针对的是 1978 年的经济过热。第二次宏观调控针对的是 1984 年的经济过热。第三次宏观调控针对的是 1987～1988 年的经济过热。第四次宏观调控针对的是 1992～1993 年上半年的经济过热。1993 年 6 月,《中共中央、国务院关于当前经济情况和加强宏观调控的意见》发布,采取 16 条措施,以整顿金融秩序为重点、治理通货膨胀为首要任务。但同时,一些地方和企业要求放松银根的呼声也不断。经过 3 年多的努力,到 1996 年经济成功地实现了"软着陆"。第五次宏观调控是一次扩张型的宏观调控,1998～2002 年的宏观调控是为了治理国内的内需不足、通货紧缩,应对亚洲金融危机和国际经济衰退,自 1998 年 10 月开始,中国又连续近 7 年对国民经济实施以积极财政政策为主旋律的宏观经济调控政策。第六次宏观调控,2003 年下半年开始,针对的不是全面过热和严重通货膨胀,而是见势快、动手早、防患于未然的一次调控。第七次宏观调控,针对美欧等主要经济体和中国主要出口市场经济出现衰退、外需不足的问题更加突出,2008年 11 月 9 日,国务院宣布对宏观经济政策进行重大调整,实施积极的财政政策和适度宽松的货币政策,进一步扩大内需,促使中国经济平稳较快增长。

在上述宏观调控中,对于房地产市场具有重大影响或者说直接针对房地产市场的宏观调控有五次:1993～1997 年、1998～2003 年上半年、2003 年下半年到 2008 年 8 月、2008 年 9 月到 2009 年 12 月和 2010 年 1 月以来的新一轮宏观调控。下面就这五次房地产市场宏观调控的具体原因、政策选择和政策效应加以分析。

(一) 1993～1997 年房地产市场的紧缩型宏观调控

针对 1992 年、1993 年房地产开发投资超常增长带来的问题,为了促进房地产市场持续、稳定、健康发展,根据中共中央、国务院 1993 年 6 月 24 日印发的《关于当前经济情况和加强宏观调控意见》,开始对房地产市场进行大规模清理整顿,治理房地产泡沫。国务院要求建设部牵头土地、工商、税务等部门对房地产开发企业展开全面检查;对金融机构和土地部门开办的房地产开发企业限令其脱钩;对注册资金虚假、没有开发能力及偷税漏税的经营单位予以查处;对所有房地产开发公司都要求其承担 20% 以上微利居民住宅建设任务,如果购地后 1 年内投入的开发资金不足购地费的 25%,立即收回土地。此前,国家宣布终止房地产公司上市,对银行资金进入房地产开发领域采取了釜底抽薪的做法。

第一次房地产市场的宏观调控,中央政府主要采取了双紧政策,即紧缩财政支出、收紧银根(提高利率、减少贷款、提前收贷)。甚至强调,国有银行一律不能对房地产开发进行贷款。其目的是压缩固定资产投资(包括房地产开发投资),减少社会总需求,保持总需求和总供给的基本平衡。中央政府管理部门采取控制用于房地产开发的土地出让、停止高档楼宇的建设立项、规范市场行为等具体手段进行调控,通过减少对房地产的开发投资达到抑制社会总需求、减少社会总供给的目的。

经过三四年的努力,第一次房地产市场的宏观调控基本上达到了治理房地产过热的预期目标,取得了一定成效。房地产开发投资增长过快问题得到解决,房地产价格猛涨的势头得到抑制,房地产供应结构得以调整,房地产开发企业和房地产市场秩序也得到了整顿。经过房地产市场的宏观调控,房地产业进入调整发展阶段,全国有近 1/3 的开发区停办,1/3 的房地产开发企业关门,1/3 的房地产开发企业缩小规模。

第一次房地产市场的宏观调控也存在一些问题。一是货币政策实行"一刀切",带来了一定的损失。1993 年和 1994 年,在推行紧缩银根的货币政策时,规定一律不准对房地产开发项目发放贷款,已经发放的要收回。这一政策没有考虑不同房地产产品和同一产品不同开发阶段对于银行贷款需要的实际情况,采取"一刀切"的做法,造成了一些不必要的混乱和被动局面,并留下了大量烂尾楼,也给银行带来了巨大损失。二是在确立房地产市场宏观调控的指导思想和制定政策时,对房地产业在国民经济中的地位和作用缺乏正确的认识。

(二)1998～2003年上半年房地产市场的扩张型宏观调控

1993年开始的一轮房地产市场的收缩型宏观调控,使房地产市场出现了一次程度较深、时间较长的房地产中周期调整,房地产市场十分低迷,1996年房地产销售出现负增长,1997年房地产开发投资出现负增长,1999年房屋平均销售价格出现负增长。1997年爆发的亚洲金融危机及国际经济衰退,加深了中国房地产市场的调整。

伴随着1998年中国第五次以扩大内需为内容的扩张型的宏观调控政策的实施,对房地产市场也实行了扩张型的宏观调控。政府采取的房地产市场宏观调控的方法、手段主要有:① 中央政府鼓励各地建造低价住房,满足大量中低收入群体的住房需求。② 用宽松的住房金融政策,刺激住宅消费需求。在住宅消费公积金按揭贷款的基础上,推出和扩大实施商业银行的住房按揭贷款,并降低贷款利率,加大贷款成数,拉长还款年限。③ 减免税金,降低购房负担。对空置商品住宅免收营业税;居民出售自住旧公房购买新房,只交纳契税的差额部分;普遍降低新房购买契税;个别城市实行购买住房的款项可以抵扣个人所得税税基的政策。④ 房地产主管部门,普遍降低房地产交易费用。⑤ 促进存量住房进入市场,推动增量住宅市场发展。而1999年底基本取消住房实物分配,实行住房分配货币化,对于房地产市场的活跃起到了关键作用。

在房地产市场的宏观调控过程中,地方政府积极配合中央政府,并根据各地特点推出各种既符合中央精神又有地方特色的政策举措。从所采取的房地产市场宏观调控手段来看,比1993年显然是大大丰富了。除了采用金融工具和金融政策调控(放松银根)之外,大量地采用了财政税收手段。这显示了政府对房地产市场的宏观调控不断走向成熟。

1998年开始的房地产市场扩张型的宏观调控,很快就取得了预期的效果,房地产市场的供求关系发生了本质性转变,个人买房取代集团购房成为市场主体,消费者的住房消费信心大增,房地产市场出现了繁荣景象。

在房地产市场扩张型的宏观调控过程中,也暴露出一些问题。如,房地产业扩张过快,产业集中度不高,产业组织程度低,市场秩序混乱,土地市场不规范,存量住宅市场和房地产租赁市场不活跃,以及政府干预市场过度等。

(三)2003年下半年到2008年8月对房地产市场的紧缩型宏观调控

2003年下半年开始,房地产市场日趋繁荣,存在市场过热的风险,随着国民经济紧缩型宏观调控政策的实施,专门针对房地产市场的宏观调控逐步升温。这一轮房地产市场的收缩型宏观调控一直延续到2008年上半年,房地产市场出现了明显的调整迹象。2003年下半年到2008年上半年实施的对房地产市场的宏观调控,无论是从所出台的宏观调控政策内容之多,还是从对房地产市场的调控程度来看,都是历史上没有的。

1. 五年来房地产市场宏观调控的思路演变

回顾五年来房地产市场的宏观调控政策,各个年份的调控思路是有所不同的,调控的重点和方向也在逐步转变。2003下半年～2004年主要是从加强信贷业务治理、规范土地市场交易等层面切入。2005年,宏观调控目标明确为稳定房价,除了继续强化土地政策和金融政策外,还对房地产交易环节进行调节,个人将购买不足2年的住房对外销售的,全额征收营业税,以抑制投机行为。2006年,进一步完善和细化了房地产市场的宏观调控政策,涵盖了调控楼市供给结构的"90/70"政策,房地产交易环节的税收政策调整为对个人将购买不足5年的住房对外销售的全额征收营业税,实施新的营业税、个人所得税、土地增值税"三税并进"的税收政策,限制外资进入,制定行业规范等各个方面。2007年,除了落实前几年出台的各项政策措施外,更加重视住房保障制度的建设,更加强化了抑制投机行为和稳定房价。8月13日,国务院出台《关于解决城市低收入家庭住房困难的若干意见》(24号文),旨在建立和完善住房保障体系。9月27日,央行、银监会联合颁布《关于加强商业性房地产信贷治理的通知》,明确对于贷款购买第二套房,首付不低于四成,利率为基准利率的1.1倍。2008年上半年,没有再出台专门针对房地产市场宏观调控的政策,而国民经济宏观调控政策的调整和实施,直接对房地产市场产生影响。

2. 宏观调控政策的主要内容

国家这一轮房地产市场的宏观调控,主要运用了经济和法律手段,同时采取了一些必要的行政手段,力度之大是前所未有的。这些政策包括土地政策、金融政策、财税政策以及行政法规等调控手段。在房地产市场的宏观调控过程中,不断积累经验,不断细化政策,涉及面十分广泛(见表11-6)。

表11-6 2003年6月～2008年7月主要房地产市场宏观调控政策

政策	时间	内 容
土地政策	2004年3月30日	国土资源部、监察部联合下发《关于继续开展经营性土地使用权招标、拍卖、挂牌出让情况执法监察工作的通知》(即71号令),要求从即日起就"开展经营性土地使用权招标、拍卖、挂牌出让情况"进行全国范围内的执法监察,各地要在2004年8月31日前将历史遗留问题处理完毕,否则国家土地管理部门有权收回土地,纳入国家土地储备体系
	2004年4月28日	国务院下发紧急通知,要求全国半年之内暂停农用地转为建设用地审批,深入开展土地市场治理整顿
	2004年12月2日	国土资源部下发《关于开展全国城镇建设存量用地情况专项调查工作的紧急通知》,要求全国国土部门以2004年12月31日为基准日期,到2005年3月31日,对全国城镇的存量用地、闲置用地情况进行地毯式调查
	2006年7月24日	国务院办公厅发布《关于建立国家土地督察制度有关问题的通知》(国办发[2006]50号),九个国家土地督察局派驻地方,全国省(区、市)及计划单列市的土地审批利用,将纳入九大土地督察局严格监管之下
	2006年8月1日	国土资源部制定的《招标拍卖挂牌出让国有土地使用权规范》和《协议出让国有土地使用权规范》正式施行,规范对招标拍卖挂牌或协议出让国有土地使用权的范围作了细化,进一步明确六类情形必须纳入招标拍卖挂牌出让国有土地范围

政策	时间	内　　容
土地政策	2006 年 9 月 5 日	国务院发布《国务院关于加强土地调控有关问题的通知》,对各地和各部委提出了八大方面的要求,严把土地"闸门"
	2006 年 11 月 20 日	财政部、国土资源部、中国人民银行联合发布《关于调整新增建设用地土地有偿使用费政策等问题的通知》,以保护耕地,强化土地经济调控手段,控制固定资产投资过快增长,促进节约用地
	2008 年 1 月～4 月	1 月国务院下发了《关于促进节约集约用地的通知》,2 月国务院又发布《土地调查条例》,4 月国土资源部发布《土地违法案件查处办法》等。这些政策对于在经济高速发展期如何节约集约使用土地,从城市到农村、从规划到建设、从耕地到非耕地、从地上空间到地下空间,都做了全面、具体和严格的规定,也为如何消化闲置土地、实施最严格的耕地保护制度、及时查处土地违法案件等提供了有力保障
金融政策	2003 年 6 月 5 日	中国人民银行出台《关于进一步加强房地产信贷业务管理的通知》(银发[2003]121 号)
	2004 年 4 月 25 日	经国务院批准,中国人民银行决定从 2004 年 4 月 25 日起,提高存款准备金率 0.5 个百分点,即存款准备金率由 7% 提高到 7.5%
	2004 年 4 月 27 日	国务院发出通知,决定适当提高包括房地产开发在内的四大行业固定资产投资项目资本金比例,房地产开发(不含经济适用房项目)由 20% 及以上提高到 35% 及以上
	2004 年 10 月 29 日	中国人民银行决定从 2004 年 10 月 29 日起上调金融机构存贷款基准利率并放宽人民币贷款利率浮动区间和允许人民币存款利率下浮。金融机构一年期存款基准利率上调 0.27 个百分点,由 1.98% 提高到 2.25%,一年期贷款基准利率上调 0.27 个百分点,由 5.31% 提高到 5.58%
	2005 年 3 月 17 日	中国人民银行调整房贷利率,个人住房贷款利率从 2005 年 3 月 17 日起再次上调。调整商业银行自营性个人住房贷款政策:一是将现行的住房贷款优惠利率回归到同期贷款利率水平,实行下限管理,下限利率水平为相应期限档次贷款基准利率的 0.9 倍,商业银行法人可根据具体情况自主确定利率水平和内部定价规则
	2006 年 4 月 28 日	中国人民银行全面上调各档次贷款利率 0.27 个百分点,其中,5 年期以上的银行房贷基准利率由 6.12% 上调至 6.39%
	2006 年 7～11 月	7 月 5 日,8 月 15 日,11 月 15 日,三次上调存款准备金率,存款准备金率从 7.5% 调至 9%

政策	时间	内　　容
金融政策	2007年1~12月	1月15日,2月25日,4月16日,5月15日,6月5日,8月15日,9月25日,10月25日,11月26日,中国人民银行九次上调存款准备金率,每次上调0.5个百分点,从9%上调至13.5%。12月25日,存款准备金率调至14.5%
	2007年3~9月	3月18日,5月19日,7月20日,8月21日,9月14日,中国人民银行五次加息,5年期以上的商业贷款基准利率由6.84%上涨到7.83%,共计上涨了0.99个百分点;五次加息的幅度依次为0.27、0.09、0.18、0.18、0.27个百分点。公积金利率也同时上调,由4.59%上调至5.22%,共计上涨0.63个百分点;五次上调的幅度依次为0.18、0.09、0.09、0.09、0.18个百分点
	2007年9~12月	9月27日,中国人民银行、银监会联合颁布《关于加强商业性房地产信贷治理的通知》(359号文),对于贷款购买第二套房,首付不低于四成,利率为基准利率的1.1倍;不得发放加按揭、不指定用途贷款、循环贷;严控房地产开发贷款,项目资本金不达35%,不得发放贷款等。12月11日,中国人民银行、银监会联合发布《关于加强商业性房地产信贷治理的补充通知》,明确了以借款人家庭为单位认定房贷次数,并且规定"对于已利用银行贷款购买首套自住房的家庭,如其人均住房面积低于当地平均水平,再次向商业银行申请住房贷款的,可比照首套自住住房贷款政策执行",同时,已利用住房公积金贷款购房的家庭,再次向商业银行申请住房贷款时,也按照前述规定执行
	2008年1~6月	1月25日,3月25日,4月25日,5月20日,6月15日,6月25日,中国人民银行六次上调存款准备金率,每次上调0.5个百分点,至此,存款准备金率上调至17.5%
财政税收政策	2005年5月31日	财政部等三部联合颁布《关于加强房地产税收管理的通知》,规定2005年6月1日后,个人将购买不足2年的住房对外销售的,应全额征收营业税
	2005年5月31日	财政部等三部门联合下发《关于加强房地产税收管理的通知》,明确了房地产业所涉营业税的相关政策,明确了住房平均交易价格的计算办法,对纳税人申报减免税时应提供的资料进行了细化
	2006年5月31日	国税总局下发《关于加强住房营业税征收管理有关问题的通知》(国税发74号文件),对"国六条"中二手房营业税新政策的具体执行问题予以明确。要求各级地方税务部门要严格执行调整后的个人住房营业税税收政策。2006年6月1日后,个人将购买不足5年的住房对外销售全额征收营业税。个人将购买超过5年(含5年)的普通住房对外销售,应持有关材料向地方税务部门申请办理免征营业税的手续
	2006年7月26日	国税总局发布《关于住房转让所得征收个人所得税有关问题的通知》(108号文),宣布从8月1日起,各地税务局在全国范围内统一强制性征收二手房转让个人所得税

政策	时间	内 容
行政法规	2003年8月12日	《国务院关于促进房地产市场持续健康发展的通知》(18号令),明确房地产业是国民经济的支柱产业之一,要求保持房地产业的持续健康发展
	2005年3月26日	国务院下发了《关于切实稳定住房价格的通知》。"通知"共有八条意见(所谓的"旧国八条")
	2005年4月27日	国务院总理温家宝4月27日主持召开国务院常务会议,分析房地产市场形势,研究进一步加强房地产市场宏观调控问题,提出了"新国八点"
	2006年5月17日	国务院总理温家宝主持召开国务院常务会议。会上提出了促进房地产业健康发展的六项措施("国六条"),包括住房供应结构、税收、信贷、土地、廉租房和经济适用房建设等方面
	2006年5月29日	国务院办公厅出台《关于调整住房供应结构稳定住房价格的意见》(国办发〔2006〕37号),被称为九部委"十五条",对"国六条"进一步细化,而且在套型面积、小户型所占比例、新房首付款等方面作出了量化规定,提出新商品房套型面积90平方米以下占70%的标准
	2006年6月12日	商务部、国家外汇管理局联合发布《关于进一步加强、规范外商直接投资房地产业审批和监管的通知》
	2006年7月6日	建设部联合国家发展和改革委员会、国家工商行政管理总局下发166号文件《关于进一步整顿规范房地产交易秩序的通知》,要求房地产开发企业取得预售许可证后,应当在10日内开始销售商品房。同时加强房地产广告发布管理,未取得商品房预售许可证的房地产项目,不得发布商品房预售广告
	2006年7月12日	建设部颁发165号文件《关于落实新建住房结构比例要求的若干意见》,进一步明确了37号文件中90平方米标准为单套住房建筑面积,并提出要加强监督检查,落实责任追究制度,地方政府要负起切实责任
	2006年7月24日	建设部联合其他五部委下发171号文件《关于规范房地产市场外资准入和管理的意见》,被业内称为"外资限炒令",加强了对外商投资企业房地产开发经营和境外机构和个人购房的管理
	2006年9月4日	国家外汇管理局、建设部联合发布《关于规范房地产市场外汇管理有关问题的通知》,其主旨即在于加强外资购房结汇时的审核,其关键则在于把握真实性
	2006年11月30日	经国务院同意,全国房地产市场宏观调控部际联席会议向各省、自治区、直辖市人民政府以及国务院各部委、各直属机构印发了《关于各地区贯彻落实房地产市场调控政策情况的通报》

政策	时间	内 容
行政法规	2007 年 1 月 23 日	建设部、中国人民银行联合发布了《关于加强房地产经纪治理规范交易结算资金账户治理有关问题的通知》。全面推行房地产经纪机构备案公示制度、严格实施房地产经纪人员职业资格制度、建立存量房交易结算资金治理制度、规范交易结算资金专用存款账户开设和资金划转等
	2007 年 3 月 16 日	十届全国人大第五次会议表决通过了《中华人民共和国物权法》,10 月 1 日起实行
	2007 年 11 月 7 日	国家发改委、商务部联合下发《外商投资产业指导目录》,房地产业位列限制目录当中,包括土地成片开发(限于合资、合作)、高档宾馆、别墅、高档写字楼或国际会展中心的建设、经营、房地产二级市场交易及房地产中介或经纪公司。其中限制外资进入房地产中介或经纪公司是首次提出
	2008 年 7 月	国家发改委发出《关于进一步加强和规范外商投资项目管理的通知》;与此同时,商务部将委托省级商务主管部门对外商投资房地产业备案材料进行核对,并由地方商务主管部门进行审批及核准。虽然外资房地产备案权限下放,但政策仍表明了将加强对外资的监管、抑制国际热钱涌入的态度
住房保障政策	2004 年 5 月 13 日	《经济适用住房管理办法》以及《关于已购经济适用住房上市出售有关问题的通知》出台
	2007 年 8 月 13 日	国务院出台《关于解决城市低收入家庭住房困难的若干意见》,保障对象为低收入家庭,扩大了保障对象范围
	2008 年 2~3 月	建设部发布了《关于做好住房建设规划与住房建设年度计划制定工作的指导意见》,同月中国人民银行和银监会联合发布了《经济适用住房开发贷款管理办法》,3 月财政部和国税总局下发《关于廉租住房经济适用住房和住房租赁有关税收政策的通知》,同月住房和城乡建设部下发了《关于加强廉租住房质量管理的通知》

3. 房地产市场宏观调控的效应

这一轮房地产市场的宏观调控,是在房地产业快速增长,房地产市场上升期进行的,宏观调控延续的时间长,涉及的领域广,运用的宏观调控政策、手段复杂,取得了一定的效果。

一是实现了房地产市场的供求基本平衡。这一轮房地产市场的宏观调控,从单纯抑制房地产供给转变为对房地产市场供求实行双向调控,促使房地产市场供求趋于平衡。

二是有效抑制了房地产投机需求。从多方面抑制房地产需求,包括全面禁止投机需求,限制投资需求和住房消费需求,特别是房地产投机需求得到有效抑制,降低了房地产市场的风险。

三是合理调整住房的供给结构。增加了套型面积 90 平方米以下住房的供给,减少了别墅等高档房的建设。

四是遏制了房价上涨势头，部分地区房价趋向稳定。2004年、2005年和2007年房价上涨达两位数，其他年份房价比较平稳。

五是规范了房地产市场的交易秩序。一系列财税政策和行政法规的出台和实施，规范了房地产市场交易秩序。

六是建立健全住房保障体系。增加了经济适用房和廉租住房的建设规模，扩大了住房保障的覆盖范围。

（四）2008年9月到2009年12月房地产市场的扩张型宏观调控

2008年下半年以来，由美国次贷危机引发的全球金融风暴，不仅对世界一些主要国家和地区的金融市场和实体经济产生冲击并造成巨大损失，也对中国的金融市场和实体经济部门产生了巨大冲击，世界经济的颓势加深了中国经济的调整。在这种背景下，中国房地产市场出现低迷，并对经济增长产生了一定影响，而经济增长的下滑又进一步加深了房地产业的调整。

因此，从2008年9月起，各级地方政府陆续推出了包括减免税收、购房补贴等多条"救市"措施。中央政府推出了下调住房交易税费和下调利率等措施，鼓励住房消费需求，促进房地产交易。特别是2008年11月9日国务院宣布对宏观经济政策进行重大调整，实施积极的财政政策和适度宽松的货币政策，更加明确了房地产市场扩张型宏观调控的政策方向。扩大住房消费需求，对于"扩内需、调结构、保增长"起着关键性的作用。

在很短时间内，中央政府密集出台了多种房地产市场宏观调控的政策措施，显示了调控的决心。财政部出台契税减免政策，鼓励首次购买普通住房。根据这项政策，从2008年11月1日起，对个人首次购买90平方米及以下普通住房的，契税税率暂统一下调到1%；对个人销售或购买住房暂免征收印花税；对个人销售住房暂免征收土地增值税。个人将购买满2年的住房对外销售的，免征收营业税。

央行宣布新的房贷政策，以支持首次购买普通住房。2008年10月27日房贷新政开始执行。根据房贷新政，市民在首次购买普通住房时，商业性个人住房贷款利率的下限可扩大为贷款基准利率的0.7倍，最低首付款比例调整为20%。同时对改善住房消费需求的，也给予一定的优惠。央行自2008年9月16日到2008年12月23日，连续五次降息，共下调1年期人民币存贷款基准利率各2.16%，大大降低了消费者的购房成本。2008年9月25日部分中小金融机构存款准备金率从17.5%下调至16.5%。2008年10月15日，工行等六家商业银行存款准备金率从17.5%下调至17.0%，部分中小金融机构存款准备金率从16.5%下调至16.0%。2008年12月5日，部分中小金融机构存款准备金率从16.0%下调至14.0%，工行等六家商业银行存款准备金率从17.0%下调至16.0%。存款准备金率的连续下调，增强了市场的流动性。

2008年12月17日，国务院常务会议研究部署促进房地产市场发展的三方面政策之后，国务院办公厅下发《关于促进房地产市场健康发展的若干意见》，进一步将国务院精神细化为13条意见，全面促进房地产市场健康发展。

为了应对全球金融危机，2008年9月到2009年12月实行的房地产市场的扩张型宏观调控，取得了明显成效，对于实现"保增长、扩内需、惠民生"的目标，发挥了重要作用。房地产市场迅速走出低迷，并出现短期偏热现象。

（五）2010年1月以来房地产市场的紧缩型宏观调控

针对中国房地产市场的短期偏热问题,中央政府及时作出了对房地产市场实行紧缩型宏观调控的决策。2010年1月10日国务院办公厅发布《国务院办公厅关于促进房地产市场平稳健康发展的通知》(国办发[2010]4号),明确提出对部分城市出现的房价上涨过快等问题进行治理,规定购买第二套以上住房的家庭,贷款首付款比例不得低于40%。2010年4月17日国务院办公厅再次下发通知(国10条),指出部分城市房价、地价出现过快上涨势头,投机性购房活跃,需要引起高度重视。对贷款购买第二套住房的家庭,贷款首付款比例不得低于50%,贷款利率不得低于基准利率的1.1倍。商品住房价格过高、上涨过快、供应紧张的地区,商业银行可根据风险状况,暂停发放购买第三套及以上住房贷款;对不能提供1年以上当地纳税证明或社会保险缴纳证明的非本地居民暂停发放购买住房贷款。明确提出发挥税收政策对住房消费和房地产收益的调节作用。

这些紧缩型宏观调控政策的实施,对趋热的房地产市场产生了直接的影响,一些城市的房地产交易量大幅萎缩,并出现房价下跌,市场进入观望期。这一轮房地产市场的宏观调控,再一次引起了房地产市场的调整,房地产市场宏观调控的进程和效应有待进一步观察。

（六）小结

改革开放以来,针对中国房地产市场周期波动的现象,政府采取各种政策措施,对房地产市场实施了五轮宏观调控,在取得了一定的宏观调控效果的同时,也积累了一些房地产市场宏观调控的经验。

1. 建立完善的房地产供给体系和房地产市场,明确界定市场和政府的职能

建立健全高端商品房、普通商品房、限价商品房、经济适用房、市场租赁房、公共租赁房和廉租房等有机结合的住房供给体系,并根据实际情况,适时调整住房供给结构。房地产商与政府分工合作、互补长短,房地产商面向房地产市场,充分满足房地产需求;政府着力稳定房价,规范市场秩序和负责公共住房的供给。政府在采取经济手段的同时,可以采取各种行政手段,对房地产市场实行宏观调控。

2. 合理制定土地供应计划和土地政策,完善土地招拍挂制度

根据房地产市场运行的实际状况,科学确定土地供应计划,运用土地供给杠杆,对房地产市场实行调控。对于房价上涨快的城市,要增加土地的供应总量。依法加快处置闲置房地产用地,对收回的闲置土地,优先安排用于普通住房建设。明确规定房地产项目的开工、竣工期限,坚决限制和打击房地产商的囤地、炒地行为。在坚持和完善土地招拍挂制度的同时,探索"综合评标"、"一次竞价"、"双向竞价"等土地出让方式,抑制居住用地出让价格非理性上涨。

3. 制定灵活高效的货币政策,合理调节房地产供求关系

针对房地产市场的货币政策,包括房地产开发贷款政策、住房信贷政策和利率政策等,对调节房地产供求关系效果显著。在房地产市场的衰退或萧条期,大力推行适度宽松的货币政策,放松房地产信贷、降低房地产贷款利率,刺激房地产交易规模的扩大。在房地产市场的繁荣期,严格执行适度从紧的货币政策,紧缩房地产信贷、提高房地产贷款利率,抑制房

地产交易,严格限制各种名目的炒房和投机性购房。

4.科学运用房地产税收政策,有效调节住房消费需求和房地产收益

房地产税收政策,通过合理确定或调整税基和税率,对房地产市场进行调节,达到平衡房地产供求关系和调节房地产收益分配的目的。在房地产市场的衰退或萧条期,推行降低税率、减免税收的税收政策,刺激房地产交易规模的扩大。在房地产市场的繁荣期,执行提高税率、扩大税基的税收政策,抑制房地产交易,严格限制各种名目的炒房和投机性购房。如对高标准豪宅征收高额税,提高多套房投资收益税率,对首次置业给予税收减免等。

5.完善房地产市场信息披露制度,加强对房地产商行为的监管

房地产市场是一个信息不对称的市场。因此,要注重房地产市场信息的搜集、加工和处理,严禁虚假信息传播,健全信息披露制度,尽可能消减房地产商的信息优势,确保房地产市场的信息公开、透明,为购房者提供客观、准确的市场信息,合理引导消费者的心理预期。地方政府要及时向社会公布住房建设计划和住房用地年度供应计划,研究编制和公开发布能够反映不同区位、不同类型房地产价格变动的房价指数。同时,加快个人住房信息系统的建设。加强对房地产商在购地、融资和商品房销售等环节的监管,防范各种形式的房地产金融投机活动。

本章小结

本章从宏观经济视角,首先,讨论了房地产周期的内涵及其阶段划分,分析了部分国家(地区)及中国房地产周期的基本事实;其次,在简要回顾经济周期理论的基础上,分析了影响房地产周期波动的主要因素;最后,探讨了房地产市场宏观调控的目标及其政策选择。

通过本章的学习,可以理解房地产周期波动的现象和规律,弄清房地产周期波动的影响因素,了解房地产市场宏观调控的目标定位和政策选择。

本章思考题

1.房地产周期波动可以划分为哪几个阶段?
2.影响房地产周期波动的因素主要有哪些?
3.房地产市场宏观调控的目标是什么?通常采取的调控手段和政策工具有哪些?

参考文献

[1]曹振良.房地产经济学通论[M].北京:北京大学出版社,2003.
[2]高波,毛中根.汇率冲击与房地产泡沫演化:国际经验及中国的政策取向[J].经济理论与经济管理,2006(7).
[3]胡永刚.当代西方经济周期理论[M].上海:上海财经大学出版社,2001.
[4][英]凯恩斯.《就业、利息和货币通论》[M].北京:商务印书馆,1963.
[5]刘志彪.现代产业经济学[M].北京:高等教育出版社,2003.

[6] [美]曼昆. 经济学原理(下册)[M]. 北京:三联书店,北京大学出版社,1999.

[7] [美]小罗伯特·E·卢卡斯. 经济周期理论研究[M]. 北京:商务印书馆,2000.

[8] [美]熊彼特. 经济发展理论[M]. 北京:商务印书馆,1990.

[9] [日]野口悠纪雄. 泡沫经济学[M]. 北京:生活·读书·新知三联书店,2005.

[10] 张文新,蒋立红. 国外地价与房价关系及其启示[J]. 中国土地科学,2004(3).

[11] Brown, G. T. Real Estate Cycles Alter the Valuation Perspective[J]. Appraisal Journal, 1984, 54(4): 539 - 549.

[12] Friedman, M. and Schwartz, A. J. A Monetary History of the United States, 1867~1960 [M]. Princeton, NJ: Princeton University Press, 1963.

[13] Fischer, Stanley. Long-Term Contracts, Rational Expectations, and the Optimal Money Supply Rule[J]. Journal of Political Economy, 1977, 85(February):867 - 877.

[14] Hoyt. H. One Hundred Years of Land Values in Chicago[M]. Chicago:University of Chicagom Press,1933.

[15] Kaiser, R. The Long Cycle in Real Estate[J]. Journal of Real Estate Research, 1997, 14 (3):233 - 257.

[16] Kyaland, F. E. and Prescott, E. C. Time to Build and Aggregate Fluctuations[J]. Econometrica, 1982, 50(November):1345 - 70.

[17] Lucas, R. F. Understanding Business Cycles[A]. in Brunner, K. and Meltzer, A. H., eds. The Philips Curve and Labor Markets[C]. Carnegie-Rochester Conference Series on Public Policy, Volume 1,Amsterdam:North Holland, 1977.

[18] Long,J. and Plosser,C,L. Real Business Cycles[J]. Journal of Political Economy, 1883, 91:39 - 69.

[19] Mueller,G. R. Understanding Real Estate's Physical and Financial Market Cycles[J]. Real Estate Finance, 1995, 12(3):47 - 52.

[20] Phelps,Edmund S. and Talor,John,B. Stabilizing Powers of Monetary Policy Under Rational Expectations[J]. Journal of Political Economy, 1997, 163 - 190.

[21] Samuelson,P. A. Interactions Between the Multiplier Analysis and the Principle of Acceleration[J]. The Review of Economic Statistics, 1939, 21(2):75 - 78.

[22] Schumpeter, Joseph A. Business Cycles: A Theoretical Historical, and Statistical Analysis of the Capitalist Process[M]. New York: McGraw-Hill, Book Company, Inc, 1939.

[23] Slutzky,F. The Summation of Random Causes as the Source of Cycle Processes. Econometrica[J], 1937, 5:105 - 146.

[24] Wenzlick,A. The Wenzlick 18. 3—Year Cycle Real Estate Analyst[J], 1972, 1973.

附录：常用中外房地产经济数据

一	中国内地及中国台湾、香港地区房地产经济数据

表1　1978～2009年中国GDP、全社会固定资产投资和房地产开发投资情况

项目 年份(年)	GDP		全社会固定 资产投资		房地产 开发投资		房地产开发 投资占全社 会固定资产 投资比重(%)	房地产开发 投资占GDP 比重(%)
	总量 (亿元)	增长 率(%)	总量 (亿元)	增长 率(%)	总量 (亿元)	增长 率(%)		
1978	3 645.2	11.7						
1979	4 062.6	7.6						
1980	4 545.6	7.8	910.9					
1981	4 891.6	5.2	961.0	5.5				
1982	5 323.4	9.1	1 230.4	28.0				
1983	5 962.7	10.9	1 430.1	16.2				
1984	7 208.1	15.2	1 832.9	28.2				
1985	9 016.0	13.5	2 543.2	38.8				
1986	10 275.2	8.8	3 120.6	22.7	101.0		3.24	0.98
1987	12 058.6	11.6	3 791.7	21.5	149.9	48.4	3.95	2.85
1988	15 042.8	11.3	4 753.8	25.4	257.2	71.6	5.41	1.71
1989	16 992.3	4.1	4 410.4	−7.2	272.7	6.0	6.18	1.60
1990	18 667.8	3.8	4 517.0	2.4	253.3	−7.1	5.61	1.36
1991	21 781.5	9.2	5 594.5	23.9	336.2	32.7	6.01	1.54
1992	26 923.5	14.2	8 080.1	44.4	731.2	117.5	9.05	2.72
1993	35 333.9	14.0	13 072.3	61.8	1 937.5	165.0	14.82	5.48
1994	48 197.9	13.1	17 042.1	30.4	2 554.1	31.8	14.99	5.30
1995	60 793.7	10.9	20 019.3	17.5	3 149.0	23.3	15.73	5.18

项目 年份(年)	GDP		全社会固定 资产投资		房地产 开发投资		房地产开发 投资占全社 会固定资产 投资比重(%)	房地产开发 投资占 GDP 比重(%)
	总量 (亿元)	增长 率(%)	总量 (亿元)	增长 率(%)	总量 (亿元)	增长 率(%)		
1996	71 176.6	10.0	22 974.0	14.8	3 216.4	2.1	14.00	4.52
1997	78 973.0	9.3	24 941.1	8.8	3 178.37	−1.2	12.74	4.02
1998	84 402.3	7.8	28 406.2	13.9	3 614.22	13.7	12.72	4.28
1999	89 677.1	7.6	29 854.7	5.1	4 103.20	13.5	13.74	4.58
2000	99 214.6	8.4	32 917.7	10.3	4 984.05	21.5	15.14	5.02
2001	109 655.2	8.3	37 213.5	13.0	6 344.11	27.3	17.05	5.79
2002	120 332.7	9.1	43 499.9	16.9	7 790.92	22.8	17.91	6.47
2003	135 822.8	10.0	55 566.6	27.7	10 153.80	30.3	18.27	7.48
2004	159 878.3	10.1	70 477.4	25.8	13 158.05	29.6	18.67	8.23
2005	183 217.4	10.4	88 773.6	26.0	15 909.25	20.9	17.92	8.69
2006	211 923.5	11.6	109 998.0	23.9	19 422.92	22.1	17.66	9.17
2007	257 305.6	13.0	137 323.9	24.8	25 288.84	30.2	18.42	9.83
2008	300 670.0	9.0	172 828.4	25.9	31 203.20	23.4	18.05	10.38
2009	335 353.0	8.7	224 846.0	30.1	36 232.00	16.1	16.11	10.80

资料来源:国家统计局,《中国统计年鉴—2009》,北京:中国统计出版社,2009 年;国家统计局,《中华人民共和国 2009 年国民经济和社会发展统计公报》,www. stats. gov. cn。

表 2　中国人口数及城市化水平

年份(年)	年底人口数(万人)	城镇人口数(万人)	城镇人口比重(%)
1949	54 167	5 765	10.64
1950	55 196	6 169	11.18
1953	58 796	7 826	13.31
1960	67 207	13 073	19.75
1965	72 538	13 045	17.98
1970	82 992	14 424	17.38
1975	92 420	16 030	17.34
1978	96 259	17 245	17.92
1980	98 705	19 140	19.39

年份(年)	年底人口数(万人)	城镇人口数(万人)	城镇人口比重(%)
1985	105 851	25 094	23.71
1990	114 333	30 195	26.41
1991	115 823	31 203	26.94
1992	117 171	32 175	27.46
1993	118 517	33 173	27.99
1994	119 850	34 169	28.51
1995	121 121	35 174	29.04
1996	122 389	37 304	30.48
1997	123 626	39 449	31.91
1998	124 761	41 608	33.35
1999	125 786	43 748	34.78
2000	126 743	45 906	36.22
2001	127 627	48 064	37.66
2002	128 453	50 212	39.09
2003	129 227	52 376	40.53
2004	129 988	54 283	41.76
2005	130 756	56 212	42.99
2006	131 448	57 706	43.90
2007	132 129	59 379	44.94
2008	132 802	60 667	45.68
2009	133 474	62 186	46.60

资料来源:国家统计局,《中国统计年鉴—2009》,北京:中国统计出版社,2009 年;国家统计局,《中国人口统计年鉴—1991》,北京:中国统计出版社,1992 年;国家统计局,《中华人民共和国 2009 年国民经济和社会发展统计公报》,www.stats.gov.cn。

注:(1) 1982 年以前数据为户籍统计数;1982～1989 年数据根据 1990 年人口普查数据有所调整;1990～2000 年数据根据 2000 年人口普查数据进行了调整;2001～2004 年数据为人口变动情况抽样调查推算数;2005 年数据根据全国 1‰人口抽样调查数据推算。

(2) 年底人口数和按性别分人口中包括中国人民解放军现役军人,按城乡人口中现役军人计入城镇人口。

(3) 各年人口未包括香港、澳门特别行政区和台湾省的人口数据。

表3 中国房地产开发企业土地开发及购置   万平方米

年份(年)	本年完成开发土地面积	土地购置费用（亿元）	待开发土地面积	本年购置土地面积
1997	7 371.3	247.6	17 670.1	6 641.7
1998	7 730.1	375.4	13 530.7	10 109.3
1999	9 319.6	500.0	13 505.2	11 958.9
2000	11 666.1	733.9	14 754.8	16 905.2
2001	15 315.8	1 038.8	14 582.1	23 409.0
2002	19 416.0	1 445.8	19 178.7	31 356.8
2003	22 166.3	2 055.2	21 782.6	35 696.5
2004	19 740.2	2 574.5	39 635.3	39 784.7
2005	22 676.2	2 904.4	27 522.0	38 253.7
2006	27 128.4	3 814.5	37 523.7	36 573.6
2007	27 566.2	4 873.2	41 484.0	40 245.8
2008	28 709.8	5 995.6	48 161.1	39 353.4
2009	23 006.0	6 039.0		31 906.0

资料来源:国家统计局,《中国统计年鉴—2009》,北京:中国统计出版社,2009 年;国家统计局,《中华人民共和国 2009 年国民经济和社会发展统计公报》,www. stats. gov. cn。

表4 中国商品房开工、竣工、销售情况

年份（年）	本年新开工房屋面积（万平方米）	竣工房屋		房屋销售		商品房销售	
		面积（万平方米）	增长率（%）	面积（万平方米）	增长率（%）	金额（亿元）	增长率（%）
1987	39 856.6			2 697.24		110.10	
1988	42 735.2			2 927.33	8.5	147.22	33.72
1989	40 649.9			2 855.36	−2.5	163.75	11.23
1990	37 923			2 865.5	0.4	201.83	23.25
1991	41 054.2			3 025.46	5.6	237.86	17.85
1992	51 885.4			4 288.86	41.8	426.59	79.35
1993	65 374.2			6 687.91	55.9	863.71	102.47
1994	78 032.2	11 637		7 230.35	8.1	1 018.50	17.92
1995	89 862.8	14 873.9	27.8	7 905.94	9.3	1 257.73	23.49
1996	129 087	15 365.7	3.3	7 900.41	−0.1	1 427.13	13.47

年份 (年)	本年新开工 房屋面积 (万平方米)	竣工房屋		房屋销售		商品房销售	
		面积 (万平方米)	增长率 (%)	面积 (万平方米)	增长率 (%)	金额 (亿元)	增长率 (%)
1997	14 026.98	15 819.7	3.0	9 010.17	14.0	1 799.48	26.1
1998	20 387.9	17 566.6	11	12 185.30	35.2	2 513.30	39.7
1999	22 579.4	21 410.8	21.9	14 556.53	19.5	2 987.87	18.9
2000	29 582.6	25 104.9	17.3	18 637.13	28.0	3 935.44	31.7
2001	37 394.2	29 867.4	19	22 411.90	20.2	4 862.75	23.6
2002	42 800.5	34 975.8	17.1	26 808.29	19.6	6 032.34	24.1
2003	54 707.5	41 464.1	18.6	33 717.62	25.8	7 955.66	31.9
2004	60 413.9	42 464.9	2.4	38 231.64	13.4	10 375.71	30.4
2005	68 064.4	53 417	25.8	55 486.22	45.1	17 576.13	69.4
2006	79 252.8	55 830.9	4.5	61 857.07	11.5	20 825.96	18.5
2007	95 401.5	60 606.7	8.6	77 354.72	25.1	29 889.12	43.5
2008	102 553.4	66 544.8	9.8	62 100.00	−19.7	25 068.18	−16.1
2009	115 385.0	70 219.0	19.0	93 713.00	42.1	43 995.00	75.5

资料来源:国家统计局,《中国统计年鉴—2009》,中国统计出版社,2009 年;国家统计局,《中华人民共和国 2009 年国民经济和社会发展统计公报》,www.stats.gov.cn。

表 5　中国房屋平均销售价格、房地产价格指数及 CPI

年份 (年)	房屋平均销售		房屋销售 价格指数 (上年=100)	房屋租赁 价格指数 (上年=100)	土地交易 价格指数 (上年=100)	CPI (上年=100)
	价格(元)	增长率(%)				
1987	408					100.7
1988	503	23.21				107.5
1989	573	14.04				109.3
1990	703	22.56				103.1
1991	786	11.86				103.4
1992	995	26.52				106.4
1993	1 291	29.84				114.7
1994	1 409	9.07				124.1
1995	1 591	12.94				117.1

年份 (年)	房屋平均销售		房屋销售 价格指数 (上年=100)	房屋租赁 价格指数 (上年=100)	土地交易 价格指数 (上年=100)	CPI (上年=100)
	价格(元)	增长率(%)				
1996	1 806	13.55				108.3
1997	1 997	10.56				102.8
1998	2 063	3.30	101.4	102.4	102.0	99.2
1999	2 053	−0.48	100.0	98.5	100.0	98.6
2000	2 112	2.87	101.1	102.4	100.2	100.4
2001	2 170	2.75	102.2	102.8	101.7	100.7
2002	2 250	3.69	103.7	100.8	106.9	99.2
2003	2 359	4.84	104.8	101.9	108.3	101.2
2004	2 778	17.76	109.7	101.4	110.1	103.9
2005	3 168	14.04	107.6	101.9	109.1	101.8
2006	3 367	6.28	105.5	101.4	105.8	101.5
2007	3 864	14.76	107.6	102.6	112.3	104.8
2008	3 800	−1.66	106.5	101.4	109.4	105.9
2009	4 695	23.55	101.5	99.4	105.4	99.3

资料来源:国家统计局,《中国统计年鉴—2009》,北京:中国统计出版社,2009 年;国家统计局,《中华人民共和国 2009 年国民经济和社会发展统计公报》,www. stats. gov. cn。

表 6　中国城镇新建住房与人均住宅建筑面积及住房负担

年份 (年)	城镇新建 住宅面积 (亿平方米)	人均住宅 建筑面积 (平方米)①	住宅价 格(元/平 方米)②	人均住房 价值(元) ③=①×②	人均可 支配收 入(元)④	房价收入 比⑤=③/④
1978	0.38	6.7			343	
1980	0.92	7.2			478	
1985	1.88	10.0			739	
1986	2.22	12.4			901	
1987	2.23	12.7	377	4 798	1 002	4.79
1988	2.40	13.0	464	6 032	1 180	5.11

续表

年份 (年)	城镇新建 住宅面积 (亿平方米)	人均住宅 建筑面积 (平方米)①	住宅价 格(元/平 方米)②	人均住房 价值(元) ③=①×②	人均可 支配收 入(元)④	房价收入 比⑤=③/④
1989	1.97	13.5	529	7 116	1 374	5.18
1990	1.73	13.7	648	8 851	1 510	5.86
1991	1.92	14.2	756	10 716	1 701	6.30
1992	2.40	14.8	996	14 737	2 027	7.27
1993	3.08	15.2	1 208	18 401	2 577	7.14
1994	3.57	15.7	1 194	18 735	3 496	5.36
1995	3.75	16.3	1 509	24 579	4 283	5.74
1996	3.95	17.0	1 605	27 326	4 839	5.65
1997	4.06	17.8	1 790	31 823	5 160	6.17
1998	4.76	18.7	1 854	34 587	5 425	6.38
1999	5.59	19.4	1 857	36 063	5 854	6.16
2000	5.49	20.3	1 948	39 456	6 280	6.28
2001	5.75	20.8	2 017	41 948	6 860	6.12
2002	5.98	22.8	2 092	47 670	7 703	6.19
2003	5.50	23.7	2 197	52 077	8 472	6.15
2004	5.69	25.0	2 549	63 715	9 422	6.76
2005	6.61	26.1	2 937	76 655	10 493	7.31
2006	6.30	27.1	3 119	84 532	11 760	7.19
2007	6.88	28.0	3 645	102 065	13 786	7.40

数据来源:国家统计局,《中国统计年鉴—2009》,北京:中国统计出版社,2009 年;国家统计局,《新中国 50 年统计资料汇编》,北京:中国统计出版社,1999 年。

注:城市人均住宅建筑面积由住房和城乡建设部提供,2007 年该数值根据住房和城乡建设部副部长齐骥的讲话得到,http://news.xinhuanet.com/misc/2008-03/17/content_7805358.htm。

表 7　中国商业性房地产贷款情况

年份 (年)	商业性房 地产贷款 余额(亿元)	商业性房 地产贷款 增长率(%)	房地产开 发商贷款 余额(亿元)	房地产开发 商贷款余额 增长率(%)	购房贷款 余额(亿元)	购房贷款 增长率(%)
1998	2 454		2 028		426	

年份 （年）	商业性房 地产贷款 余额（亿元）	商业性房 地产贷款 增长率（%）	房地产开 发商贷款 余额（亿元）	房地产开发 商贷款余额 增长率（%）	购房贷款 余额（亿元）	购房贷款 增长率（%）
1999	3 832	56.15	2 350	15.88	1 482	247.89
2000	6 019	57.07	2 628	11.83	3 391	128.81
2001	9 092	51.05	3 494	32.95	5 598	65.08
2002	12 723	39.94	4 465	27.79	8 258	47.52
2003	18 437	44.91	6 657	49.09	11 780	42.65
2004	23 732	28.72	7 810	17.32	15 922	35.16
2005	27 507	15.91	9 141	17.04	18 366	15.35
2006	36 800	33.78	14 100	54.25	22 700	23.60
2007	48 000	30.43	18 000	27.66	30 000	32.16
2008	52 800	10.40	19 300	10.30	33 500	11.67
2009	73 300	38.10	25 700	33.16	47 600	43.00

资料来源：中国人民银行网站（http://www.pbc.gov.cn/）。根据有关数据整理计算而得。

表8 中国房地产税收情况

年度（年）	城镇土地使用税		契税		房产税		土地增值税	
	绝对值 （万元）	增长率 （%）	绝对值 （万元）	增长率 （%）	绝对值 （万元）	增长率 （%）	绝对值 （万元）	增长率 （%）
1999	590 592		959 623		1 833 568		68 104	
2000	647 648	9.66	1 310 811	36.6	2 093 819	14.19	83 936	23.25
2001	661 542	2.15	1 570 772	19.83	2 284 249	9.10	103 296	23.07
2002	768 328	16.10	2 390 709	52.2	2 823 827	23.62	205 104	98.56
2003	915 681	19.20	3 580 454	49.77	3 238 610	14.69	372 812	81.77
2004	1 062 260	16.00	5 401 041	50.85	3 663 167	13.11	750 391	101.3
2005	1 373 444	29.30	7 351 400	36.11	4 359 577	19.01	1 403 140	86.99
2006	1 768 092	28.73	8 676 745	18.03	5 148 467	18.10	2 314 724	64.97
2007	3 854 900	118.03	12 062 500	39.02	5 754 600	11.77	4 031 000	74.15
2008	8 169 000	111.91	13 075 300	8.40	6 803 400	18.23	5 374 300	33.32

资料来源：国家统计局，《中国统计年鉴》（1999～2009），北京：中国统计出版社。

注：契税为当年征收的契税总额，不是房地产契税。

表 9　中国台湾地区宏观经济情况

年份 (年)	本地居民生产总值			人均本地居民生产总值	
	新台币(亿元)	比上年增长(%)	亿美元	新台币(元)	美元
1989	40 293	8	1 526	201 402	7 626
1990	44 120	5.5	1 641	218 092	8 111
1991	49 278	7.6	1 837	240 909	8 982
1992	54 598	7.3	2 170	264 338	10 506
1993	60 322	6.7	2 286	264 196	10 011
1994	65 710	6.8	2 483	286 191	10 812
1995	71 291	6.3	2 691	336 042	12 686
1996	77 876	5.9	2 836	364 115	13 260
1997	84 174	6.2	2 933	390 103	13 592
1998	90 066	4.2	2 692	413 582	12 360
1999	97 314	6	3 016	443 294	13 737
2000	101 716	6.2	3 257	459 729	14 721
2001	100 542	−1.6	2 974	451 308	13 348
2002	105 358	5.1	3 047	470 426	13 604
2003	108 484	4.3	3 152	482 284	14 012
2004	114 376	6.3	3 421	506 650	15 156
2005	117 456	3.3	3 650	518 511	16 113
2006	122 015	4.9	3 751	536 566	16 494
2007	129 339	5.7	3 938	566 566	17 252
2008	126 730	0.1	4 018	553 289	17 542

注:1992 年以前的数据按 1986 年价格计算;其余的按当年价格计算;按当年汇率折算。
资料来源:国家统计局,《中国统计年鉴》(1990~2009),北京:中国统计出版社。

表 10　中国台湾地区按用途分的批准动工建筑面积　　　　万平方米

年份(年)	总计	住宅用	商业用	工业用	办公用	其他用
1988	2 977	1 489	478	640	197	172
1989	3 126	1 506	607	624	180	209
1990	3 128	1 242	969	547	156	213
1991	3 200	1 324	947	478	222	229

年份(年)	总计	住宅用	商业用	工业用	办公用	其他用
1992	3 692	1 566	898	464	251	153
1993	4 754	2 177	1 264	482	237	203
1994	5 816	2 858	1 536	539	216	220
1995	5 526	2 646	1 534	440	290	195
1996	4 571	2 063	1 086	393	249	253
1997	3 846	1 459	964	378	290	213
1998	3 868	1 392	922	461	247	241
1999	4 124	1 356	894	681	409	241
2000	3 502	1 037	621	688	304	263
2001	3 117	819	438	611	243	236
2002	2 439	792	320	331	177	263
2003	2 650	1 001	436	287	266	206
2004	2 787	1 176	453	256	144	205
2005	3 103	1 333	566	344	132	171
2006	3 620	2 081	297	566	231	196
2007	3 606	2 152	94	615	277	200
2008	3 271	1 841	100	536	355	

资料来源:国家统计局,《中国统计年鉴》(1990~2009),北京:中国统计出版社。

注:按建筑技术规则总则第三条的规定,从 2006 年起,将统计项目改为公共集合类、商业类、工业及仓储类、休闲和文教类、宗教和殡葬类、卫生和福利类、办公和服务业、住宿类、危险物品类及其他,与以前数据不可比。

表 11   中国香港地区宏观经济情况

年份 (年)	本地生产总值 (按当年价格计算)		本地生产总值 与上年比较的实 际增长率(%)[①]	人均本地生产总值 (按当年价格计算)	
	(亿港元)	(亿美元)		(港元)	(美元)
1988	4 550	526	8.0	80 855	943
1989	5 239	592	2.6	92 128	10 570
1990	5 990	769	3.9	104 996	13 480
1991	6 903	888	5.7	120 015	15 444

续表

年份 (年)	本地生产总值 (按当年价格计算)		本地生产总值 与上年比较的实 际增长率(%)[1]	人均本地生产总值 (按当年价格计算)	
	(亿港元)	(亿美元)		(港元)	(美元)
1992	8 051	1 040	6.1	138 795	17 930
1993	9 280	1 200	6.0	157 261	20 328
1994	10 475	1 355	6.0	173 554	22 458
1995	11 157	1 442	2.3	181 241	23 428
1996	12 295	1 590	4.2	191 047	24 702
1997	13 650	1 763	5.1	210 350	27 170
1998	12 928	1 669	−6.0	197 559	25 508
1999	12 667	1 633	2.6	191 731	24 714
2000	13 177	1 691	8.0	197 697	25 375
2001	12 992	1 666	0.5	193 500	24 811
2002	12 773	1 638	1.8	189 397	24 285
2003	12 348	1 586	3.0	183 449	23 558
2004	12 919	1 659	8.5	190 451	24 454
2005	13 826	1 778	7.1	202 928	26 093
2006	14 759	1 900	7.0	215 238	27 708
2007	16 162	2 072	6.4	233 358	29 914
2008	16 769	2 154	2.4	240 327	30 863

资料来源:国家统计局,《中国统计年鉴》(1990~2009),北京:中国统计出版。

① 数字已根据以环比物量计算的本地生产总值数列而作出修订。以环比物量计算的本地生产总值是采用按年重订权数及环比连接法编制而成,以取代之前按固定 2000 年价格计算的物量数字。

注:政府统计处在 2005 年 8 月中完成一项工作,就是在估计香港国民经济核算统计数字时,采用最新国际指引处理由银行所提供的金融中介服务。由于这项统计发展,载于本表内的数字已修订。

表 12　中国香港按楼宇种类划分的新落成私人楼宇

楼宇类别	1993 年	1994 年	1995 年	1996 年	1997 年	1998 年	1999 年	2000 年	2001 年	2002 年	2003 年	2004 年	2005 年	2006 年	2007 年	2008 年
住宅楼宇																
楼宇数目(栋)	457	862	670	608	328	453	309	378	189	870	543	364	402	552	150	571

楼宇类别	1993年	1994年	1995年	1996年	1997年	1998年	1999年	2000年	2001年	2002年	2003年	2004年	2005年	2006年	2007年	2008年
实用楼面面积(万平方米)	761	832	553	429	42	54	57.6	82.2	56.3	94.7	39.6	60.1	39.4	43.7	34.5	15.2
商住两用楼宇①																
楼宇数目(栋)	130	120	109	97	81	59	115	46	56	71	79	51	35	32	40	39
实用楼面面积(万平方米)																
住宅	606	374	302	302	18	29	67.2	27.2	37.9	36.3	58.6	41.2	29.5	26.3	10.2	25.1
非住宅	94	129	66	67	9	8	23.5	4.2	8.8	7.8	12.1	3.9	2.6	4.5	4.9	2.4
商业楼宇																
楼宇数目(栋)	50	80	60	65	57	61	50	26	14	26	18	19	7	16	18	13
实用楼面面积(万平方米)	284	617	479	353	45	79	37.1	11.8	8.3	21.0	32.9	43.3	3.9	16.8	28.4	34.6
工业楼宇																
楼宇数目(栋)	60	41	63	51	43	45	26	28	27	18	6	3	1	10	2	7
实用楼面面积(万平方米)	660	406	427	426	39	40	19.5	10.4	7.1	2.0	4.4	3.6	0.9	2.9	1.5	8.2
其他用途楼宇																
楼宇数目(栋)	148	174	156	165	295	189	146	133	153	119	131	203	333	202	148	125

续表

楼宇类别	1993年	1994年	1995年	1996年	1997年	1998年	1999年	2000年	2001年	2002年	2003年	2004年	2005年	2006年	2007年	2008年
实用楼面面积(万平方米)																
住宅	0	50	30	38	12	4.5	9.9	0.7	2.3	5.0	1.7	1.8	2.0	1.5	0.4	3.1
非住宅	388	488	305	218	20	38	48.2	15.0	14.8	24.0	9.5	18.1	44.3	43.1	23	21.1
总计①																
楼宇数目(栋)	845	1 277	1 058	986	804	807	646	611	439	1 104	777	640	778	812	358	755
实用楼面面积(万平方米)																
住宅	1 367	1 255	885	769	71	88	135	110.1	96.5	136.0	99.9	103.2	70.9	71.5	45.1	43.4
非住宅	1 426	1 640	1 277	1 065	114	165	128	41.4	39.1	54.8	58.8	68.8	51.7	67.3	57.8	66.3

资料来源：国家统计局，《中国统计年鉴》(1994~2008)，北京：中国统计出版社。

表13　中国香港地区主要房屋类别的永久住宅单位数目(三月底的情况)

年份(年)	1996	1997	1998	1999	2000	2001	2002	2003	2004	2005	2006	2007	2008
私人单位(千个)	1 085	1 056	1 073	1 089	1 119	1 171	1 238	1 279	1 308	1 333	1 369	1 386	1 399
房委会公营租住房屋单位(千个)	708	700	700	706	691	685	686	685	692	709	717	717	722
房委会资助出售单位(千个)	211	224	239	270	325	381	372	397	393	389	392	398	397

资料来源：国家统计局，《中国统计年鉴》(2000~2008)，北京：中国统计出版社。

注：不同年份的统计年鉴有数据调整的，以最近版本为准。

表 14　中国香港地区租金与入息比例中位数——永久房屋住户的租金与入息比例中位数（第一季度）

%

年份（年）	1996	1997	1998	1999	2000	2001	2002	2003	2004	2005	2006
私人永久房屋	25.0	26.0	25.8	27.6	26.9	26.5	27.9	26.7	26.3	25.8	25.0
公营永久房屋	8.6	9.0	8.8	9.4	9.9	10.4	11.1	13.8	14.4	14.5	14.3
所有永久房屋	10.7	11.3	11.0	12.0	12.5	13.1	14.3	16.5	16.9	17.0	16.6

表 15　中国香港地区永久住宅单位租金情况（三月底的情况）　港元/平方米

房委会供应租住房屋单位 （每平方米室内楼面面积的平均月租）	1996 年	2001 年	2006 年
香港岛	37	45	47
九龙	35	45	51
新界	34	39	42

表 16　中国香港地区私人永久住宅单位价格（每平方米实用面积的平均价格）

港元/平方米

	1995 年	2000 年	2005 年
香港岛	54 019	41 928	46 333
九龙	42 514	31 800	36 061
新界	39 227	31 546	32 129

表 17　中国香港地区楼宇买卖合同

	1995 年	2000 年	2005 年
楼宇（千个）	98	86	124

注：在 2005～2006 年，居屋第二市场计划的居屋及租置单位买卖宗数分别为 1 630 及 140。

表 18　中国香港地区房屋方面的公共开支

年度（年）	1995 ～1996	1996 ～1997	1997 ～1998	1998 ～1999	1999 ～2000	2000 ～2001	2001 ～2002	2002 ～2003	2003 ～2004	2004 ～2005	2005 ～2006	2006 ～2007	2007 ～2008	2008 ～2009
房屋方面的公共开支（10 亿港元）	18.59	23.73	24.13	38.32	45.36	42.12	31.57	23.60	24.86	17.97	15.87	14.67	14.33	18.30
占公共开支总额的百分比（%）	9.7	11.3	10.3	14.4	16.8	15.8	11.7	9.0	9.2	7.0	6.3	6.1	5.7	5.5

表 19　中国香港居民住房占有情况　　　　　　　　　　户

项目	1971 年	1976 年	1981 年	1986 年	1991 年
合计数	846 670	990 290	1 237 643	1 445 689	1 580 073
自有住房的户数	152 874	229 620	345 026	506 926	673 067
一户独租住房的户数	384 897	459 140	545 158	657 818	719 954
主要为一户租用的住房户数	50 160	42 090	48 634	24 353	12 209
部分租用住房户数	170 992	143 240	145 382	73 570	41 505
合租住房的户数	34 866	46 570	68 910	85 274	63 683
免费住房的户数	52 881	34 980	30 534	31 486	16 969
由雇主提供住房的户数		34 650	53 999	66 262	52 685

表 20　中国香港房地产企业的经营概况　　　　　　　　百万港元

年份（年）	企业数（个）	从业人员（人）	雇员年薪	各种燃料、电、水和维修等服务消耗	其他经营支出	房地产开发利润	服务和租金收入	增加值	总盈余	固定资产增值
1984	3 285	24 762	1 063	1 042	4 265	6 090	8 522	13 171	3 295	
1985	3 652	28 913	1 298	1 180	4 230	6 217	10 149	14 087	10 001	−808
1986	3 699	31 728	1 582	1 339	4 793	8 727	10 596	16 819	12 075	915
1987	4 123	33 307	1 759	1 495	4 718	13 906	11 807	22 589	18 223	4 738
1988	4 814	37 992	2 493	1 840	5 778	20 068	16 198	32 196	26 675	5 281
1989	5 522	40 393	2 691	2 170	8 172	23 028	21 830	39 869	31 051	10 364
1990	6 388	40 410	3 355	2 541	9 336	25 359	26 595	45 837	34 869	5 941
1991	7 415	50 754	4 436	3 049	11 776	28 128	30 521	50 795	37 183	8 689
1992	7 598	50 549	5 212	3 692	11 647	39 572	33 122	63 671	50 998	25 085
1993	7 899	53 616	6 821	4 148	13 597	51 173	37 913	79 066	61 808	26 767
1994	8 443	60 662	8 567	5 170	20 299	69 326	50 520	105 219	83 068	21 935
1996	18 510	155 898	50 125	45 757	25 294		14 711	65 077	14 332	1 653
1997	19 649	168 457	57 636	52 571	24 464		12 624	71 667	13 519	1 674

资料来源:国家统计局,《中国统计年鉴》(2000～2006),北京:中国统计出版社;香港房屋委员会网站,http://www. housingauthority. gov. hk;香港房屋署网站,http:// www. housingauthority. gov. hk。

二　美国房地产经济数据

表 21　美国经济和房地产基本情况

年份 （年）	国内生产总值 （10 亿美元）	人口（百万人）	房地产贷款总 额（10 亿美元）	新建房屋销售 价格（美元）	租金价格指数 （1982 年＝100）	房屋销售数量 （1 000 套）
1989	5 438.7	247.387	770.3	148 800	132.8	650
1990	5 743.8	250.181	856.3	149 800	140.0	534
1991	5 916.7	253.53	619.6	147 200	146.3	509
1992	6 244.4	256.922	901.5	144 100	151.2	610
1993	6 558.1	260.282	941.5	147 700	155.7	666
1994	6 947.0	263.455	1 003.4	154 500	160.5	670
1995	7 265.4	266.588	1 079.9	158 700	165.7	667
1996	7 636.0	269.714	1 129.0	166 400	171.0	757
1997	8 304.3	272.958	1 246.3	176 200	176.3	804
1998	8 747.0	276.154	1 336.9	181 900	182.1	886
1999	9 268.4	279.328	1 475.8	195 600	187.3	880
2000	9 817.0	282.425	2 396.0	207 000	193.4	877
2001	10 128.0	285.358	2 561.0	213 200	200.6	908
2002	10 469.6	288.24	2 850.0	228 700	208.1	973
2003	10 960.8	291.085	3 144.0	246 300	213.1	1 086
2004	11 712.5	293.714	3 680.0	274 500	218.8	1 203
2005	12 455.8	296.6	4 141.0	297 000	224.4	1 283
2006	13 253.9	299.5	4 508.0	304 700	232.1	1 060
2007	13 743.0	301.6	4 782.0		234.7	776
2008	14 165.6	304.1	4 704.0		243.3	485

　　资料来源：http://www. census. gov；http://www. gpoaccess. gov/indicators；http://www. nber. org。

三 | 欧盟房地产经济数据

表 22　欧盟 12 个国家住宅价格指数

年份(年)	1981	1982	1983	1984	1985	1986	1987	1988	1989	1990	1991	1992	1993
住宅价格指数 (2003＝100)	32.82	33.98	36.16	36.76	37.48	38.95	42.1	46.31	52.03	58.10	62.73	66.18	67.92

年份(年)	1994	1995	1996	1997	1998	1999	2000	2001	2002	2003	2004	2005	2006
住宅价格指数 (2003＝100)	69.29	70.24	71.65	73.13	74.86	78.31	82.78	87.49	93.52	100	107.18	115.7	

资料来源:http://epp.eurostat.ec.europa.eu。

四 | 日本房地产经济数据

表 23　日本宏观经济与房地产市场情况

年份 (年)	国内生产总值 (10亿日元)	人口 (1 000人)	房地产业创造价值 (10亿日元)	住宅投资(亿日元)	房屋供给面积(万平方米)	房屋交易量(套)	房屋租赁价格指数 (2000年＝100)		城市土地价格指数 (2000年＝100)			
							私人房屋	公共房屋	平均	商业用地	住宅用地	工业用地
1960	16 009.7	94 302	7 061.0	7 061			12.7	11.4	6.13	9.1	4.1	6.2
1961	19 336.5	94 287		8 862			14.1	11.9	8.74	12.4	5.7	9.6
1962	21 942.7	95 181		10 395			15.1	12.5	11.10	15.4	7.2	12.5
1963	25 113.2	96 156		13 453			16.6	14.2	13.00	18.1	8.3	14.9
1964	29 541.3	97 182		16 759		1 808.0	15.1	14.80	20.2	9.4	17.3	
1965	32 886.0	99 209		20 219			21.1	16.1	16.80	22.9	10.8	19.4
1966	38 170.0	99 036		23 594			23.4	16.8	17.70	24.4	11.4	20.0
1967	44 730.5	100 196		29 868			25.3	17.5	19.20	27.0	12.6	20.9
1968	52 974.9	101 331		35 953			26.5	18.3	21.80	30.7	14.7	23.0
1969	62 228.9	102 536		44 728			28.5	19.3	25.50	35.9	17.6	26.4
1970	73 344.9	104 665	5 899.0	52 276	21 300		31.1	20.4	30.50	42.9	21.5	30.8
1971	80 701.3	106 100	6 972.9	56 918	22 800		33.6	22.3	35.30	49.0	25.3	35.5
1972	92 394.4	107 595	8 135.8	74 989	23 400		36.4	23.6	40.00	54.4	29.0	40.5

年份 (年)	国内生产总值 (10亿日元)	人口 (1 000人)	房地产业创造价值 (10亿日元)	住宅投资(亿日元)	房屋供给量面积(万平方米)	房屋交易量 (套)	房屋租赁价格指数 (2000年=100)		城市土地价格指数 (2000年=100)			
							私人房屋	公共房屋	平均	商业用地	住宅用地	工业用地
1973	112 498.1	109 104	9 853.5	103 557	22 800		39.5	25.5	50.10	65.9	37.4	50.5
1974	134 243.8	110 573	10 944.5	103 914	19 700		42.6	26.8	61.60	78.6	47.1	62.1
1975	148 327.1	111 940	12 138.0	119 399	16 300	2 495 743	46.8	29.1	58.90	75.5	45.2	58.8
1976	166 573.3	113 094	14 208.2	131 774	15 000	2 541 188	51.5	32.0	59.40	76.0	45.9	59.0
1977	185 622.0	114 165	16 663.5	140 007	13 500	2 546 343	56.2	39.7	60.70	76.5	47.7	59.4
1978	204 404.1	115 190	19 036.6	148 924	13 600	2 650 184	60.6	45.1	62.30	78.2	50.0	60.2
1979	221 546.6	116 155	20 965.4	164 685	13 400	2 759 522	63.5	50.9	65.20	80.7	53.7	61.9
1980	240 175.9	117 060	22 654.3	160 170	12 400	2 597 700	66.1	54.4	70.70	86.0	60.6	65.6
1981	257 962.9	117 902	24 402.3	157 058	11 800	2 509 110	68.9	57.9	76.90	92.0	68.0	70.0
1982	270 600.7	118 728	25 675.4	160 952	11 400	2 413 502	71.3	61.3	82.30	97.5	74.2	73.9
1983	281 767.1	119 536	27 409.1	147 846	11 200	2 260 619	73.7	65.4	86.20	101.7	78.5	76.7
1984	300 543.0	120 305	29 802.4	150 815	10 800	2 223 805	75.1	70.3	89.00	104.9	81.3	78.9
1985	320 418.7	121 049	32 358.5	156 048	10 200	2 131 798	77.1	73.8	91.50	108.1	83.5	80.8
1986	335 457.2	121 660	34 785.9	169 927	10 400	2 151 132	78.9	76.0	94.10	112.5	85.3	82.5
1987	349 759.6	122 239	37 848.1	216 435	10 300	2 271 693	81.4	78.6	99.20	121.3	89.1	85.3
1988	373 973.2	122 745	40 823.7	229 145	10 700	2 132 359	83.4	81.4	109.10	137.5	96.6	91.9
1989	399 998.3	123 205	43 796.5	244 554	10 300	2 258 440	85.5	85.6	117.40	151.3	101.9	98.4
1990	430 039.8	123 611	46 792.2	267 359	10 800	2 205 122	87.5	88.5	133.90	175.4	114.9	111.6
1991	458 299.1	124 101	50 215.6	242 828	11 200	2 003 833	89.9	90.0	147.80	195.5	126.1	122.6
1992	471 020.7	124 567	54 121.6	240 080	11 000	1 818 198	92.5	92.4	145.20	191.6	123.0	122.1
1993	475 381.1	124 938	58 239.6	256 458	10 400	1 773 226	94.7	95.4	137.20	177.1	116.9	118.4
1994	479 260.1	125 265	60 865.5	274 208	108 00	1 836 815	96.5	98.5	130.90	163.9	113.5	115.4
1995	483 220.2	125 570	62 290.3	257 684	10 600	1 847 921	98.0	101.5	126.10	152.8	111.8	113.3
1996	500 309.7	125 859	66 112.1	294 396	10 100	1 956 943	99.0	104.1	120.50	140.1	109.7	110.9
1997	509 645.3	126 157	68 818.9	238 568	9 400	1 847 156	99.8	104.7	115.60	128.9	108.0	108.9
1998	498 499.3	126 472	70 237.2	209 924	8 800	1 704 601	100.3	100.8	111.50	120.0	106.5	107.1
1999	496 606.0	126 667		217 955	8 400	1 718 072	100.2	99.9	106.10	110.2	103.7	104.0

年份(年)	国内生产总值(10亿日元)	人口(1 000人)	房地产业创造价值(10亿日元)	住宅投资(亿日元)	房屋供给量面积(万平方米)	房屋交易量(套)	房屋租赁价格指数(2000年=100)		城市土地价格指数(2000年=100)			
							私人房屋	公共房屋	平均	商业用地	住宅用地	工业用地
2000	501 068.0	126 926	57 864.0	212 473	8 600	1 700 075	100.0	100.0	100.00	100.0	100.0	100.0
2001	496 777.0	127 313		195 200		1 643 463	99.8	100.4	93.70	90.5	96.0	95.3
2002	489 618.0	127 480		187 300		1 600 011	99.5	99.9	87.40	81.8	91.7	90.3
2003	490 544.0	127 687		18 200			99.3	99.5	81.20	73.6	87.3	84.8
2004	498 491.0	127 787	59 841.0				100.5		74.4	66.1	81.7	77.4
2005	503 187.0	127 768	60 100.0				99.7		69.1	60.6	77.3	71.2
2006	510 925.0	127 770	60 465.0				99.1		65.7	57.3	74.3	67.3
2007	515 858.0	127 771	61 290.0				98.7		64.4	56.0	73.2	65.3

资料来源：http://www.stat.go.jp/english/index.htm。

五　世界城市化概况

表 24　世界各国城市化水平　　　　　　　　%

国家和地区	世界	中国	中国香港	中国澳门	孟加拉国	印度
1990 年	43.6	26.4	99.9	98.7	19.8	25.5
2000 年	47.4	36.2	100	98.8	25.0	27.7
2001 年	47.8	37.7	100	98.9	25.6	27.9
2002 年	48.3	39.1	100	98.9	26.2	28.1
2003 年	48.7	40.5	100	98.9	26.8	28.3
国家和地区	印度尼西亚	伊朗	以色列	日本	哈萨克斯坦	朝鲜
1990 年	30.6	56.3	90.3	77.4	57.0	58.4
2000 年	41.0	64.0	91.6	78.8	55.8	60.2
2001 年	41.0	64.7	91.8	78.9	55.9	60.5
2002 年	43.1	65.4	91.9	79.1	55.9	60.8
2003 年	44.1	66.1	92.1	79.2	55.9	61.1

国家和地区	韩国	马来西亚	蒙古	缅甸	巴基斯坦	菲律宾
1990 年	73.2	49.8	57.0	24.6	30.6	48.8
2000 年	81.9	57.4	56.6	27.7	33.1	58.6
2001 年	82.4	58.1	56.7	28.2	33.4	59.4
2002 年	83.0	58.8	56.7	28.7	33.8	60.2
2003 年	83.5	59.4	56.8	29.2	34.1	61.0
国家和地区	新加坡	澳大利亚	新西兰	斯里兰卡	泰国	土耳其
1990 年	100	85.1	84.7	21.3	18.7	61.2
2000 年	100	90.7	85.8	22.8	19.8	65.8
2001 年	100	91.1	85.9	23.1	20.0	66.2
2002 年	100	91.5	86.0	23.5	20.2	66.6
2003 年	100	91.9	86.1	23.8	20.4	67.0
国家和地区	越南	埃及	尼日利亚	南非	加拿大	墨西哥
1990 年	20.3	43.6	35.0	48.8	76.6	72.5
2000 年	24.1	42.7	44.1	56.9	78.7	74.4
2001 年	24.5	42.7	44.9	57.6	78.9	74.6
2002 年	25.0	42.8	45.7	58.4	79.1	74.8
2003 年	25.4	42.9	46.6	59.2	79.3	75.0
国家和地区	美国	阿根廷	巴西	委内瑞拉	白俄罗斯	保加利亚
1990 年	75.2	86.5	74.8	84	66.3	66.5
2000 年	77.2	88.2	81.2	86.9	69.4	67.5
2001 年	77.4	88.3	81.7	87.2	69.6	67.5
2002 年	77.7	88.5	82.2	87.4	69.7	67.5
2003 年	77.9	88.6	82.8	87.6	69.9	67.5
国家和地区	捷克	法国	德国	意大利	荷兰	波兰
1990 年	74.8	74.0	85.3	66.7	88.7	60.7
2000 年	74.5	75.4	87.5	66.9	89.5	62.3
2001 年	74.6	75.5	87.7	67.1	89.6	62.6
2002 年	74.6	75.7	87.9	67.3	89.7	62.8
2003 年	74.7	75.9	88.1	67.4	89.8	63.0

国家和地区	罗马尼亚	俄罗斯联邦	西班牙	乌克兰	英国	
1990 年	53.6	73.3	75.4	66.9	89.1	
2000 年	55.1	72.9	77.6	67.9	89.5	
2001 年	55.3	72.9	77.8	68.0	89.5	
2002 年	55.5	72.9	78.1	68.1	89.6	
2003 年	55.7	72.9	78.3	68.2	89.7	

图书在版编目(CIP)数据

现代房地产经济学 / 高波编著. —南京:南京大
学出版社,2010.8(2019.8重印)
(励学.经济学系列)
ISBN 978 - 7 - 305 - 07460 - 8

Ⅰ.①现… Ⅱ.① 高… Ⅲ.① 房地产经济学
Ⅳ.①F293.30

中国版本图书馆 CIP 数据核字(2010)第 163478 号

出版发行	南京大学出版社	
社　　址	南京市汉口路 22 号	邮编　210093
出 版 人	金鑫荣	

丛 书 名　励学·经济学
书　　名　现代房地产经济学
编 著 者　高　波
责任编辑　耿飞燕　　　　　　　　编辑热线 025 - 83594087

照　　排　南京理工大学资产经营有限公司
印　　刷　江苏凤凰数码印务有限公司
开　　本　787×1 092　1/16　印张 23　字数 560 千
版　　次　2010 年 8 月第 1 版　2019 年 8 月第 4 次印刷
ISBN 978 - 7 - 305 - 07460 - 8
定　　价　58.00 元

网　　址:http://www.njupco.com
官方微博:http://weibo.com/njupco
微信服务号:njuyuexue
销售咨询热线:(025)83594756